兰州大学"双一流"建设资金人文社科类图书出版经费资助
甘肃省社科规划项目"甘肃省少数民族特色文化产业发展研究"(项目编号:YB010)成果之一
兰州大学中央高校基本科研业务费专项资金资助(项目编号:18LZUJBWZY038)

民族文化产业的
生态化发展与制度保障

ECOLOGICAL DEVELOPMENT
AND INSTITUTIONAL GUARANTEE OF
NATIONAL CULTURAL INDUSTRY

王雅霖 著

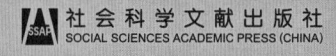

社会科学文献出版社
SOCIAL SCIENCES ACADEMIC PRESS (CHINA)

前　言

　　民族文化产业是文化产业的主要形态之一。我国民族文化资源极其丰富，民族文化产业是推动经济发展的优势产业，具有强大的经济功能，特别是在经济落后却拥有丰富民族文化资源的贫困地区和民族地区，民族文化产业已成为区域经济发展重要的增长极。同时，民族文化具有凝聚民族精神、塑造民族价值观、维系民族和谐等重要作用，以民族文化作为核心资源禀赋的民族文化产业也具有动态保护民族文化、维持民族文化生态的文化功能。此外，民族文化产业还具有节约自然资源、保护生态环境的生态功能。发挥比较优势，提升区域民族文化产业的竞争力，促进其可持续发展，对加快民族地区和贫困地区的经济社会发展，对生态文明建设、小康社会的实现与和谐社会的构建，对提升我国的国际文化竞争力都具有举足轻重的作用。

　　民族文化产业的发展与民族文化资源的产业化开发是一把"双刃剑"。对民族文化资源适度的、科学的、有序的、遵循民族文化发展客观规律的开发才能促进民族文化产业的可持续发展；相反，过度的、不合理的、无序的、未遵循民族文化发展客观规律的开发会使民族文化产业发展陷入困境，并造成民族文化资源流失、民族文化生态破坏、自然环境污染和生态危机以及危害国家文化安全等问题。民族文化产业应该理性发展。但近年来我国各地民族文化产业的发展实践呈现比较明显的消极开发与非可持续发展特点，并未充分发挥该产业的经济功能、文化功能和生态功能，也未实现经济效益、文化效益、生态效益的共同提升。区域民族文化产业需要思考如何发展才能兼具经济效益、文化效益和生态效益，才能在充分发挥该产业经济、文化、生态功能的基础上实现可持续发展。

民族文化产业的生态化发展则为上述命题提出了一个新思路与新方向。

本书在全面梳理和归纳相关文献的基础上，沿着"民族文化产业为何要生态化发展——何为区域民族文化产业的生态化发展——区域民族文化产业如何生态化发展——特定区域的民族文化产业是否生态化发展——制度如何保障区域民族文化产业生态化发展"的研究思路，用九个章节对民族文化产业的生态化发展与制度保障进行了全面深入的分析和论证。本书从区域经济学、生态经济学、产业经济学、文化产业学、系统学、生态学、民族学、文化学、法学等多学科交叉研究的视角，运用系统分析、比较研究、综合集成、计量分析等方法，在分析我国各地民族文化产业发展现状与主要问题的基础上，针对区域民族文化产业与民族文化资源的特性，引入系统论、协同论、可持续发展理论、区位论、比较优势理论、资源稀缺论以及生态学相关理论，提出了区域民族文化产业生态化发展的概念，从运行基础、运行规律、运行机理、内涵与本质、优势等五个方面构建了区域民族文化产业生态化发展的理论框架。在此基础上，着重分析论证了区域民族文化产业实现生态化发展的两条具体路径，即区域民族文化产业系统的协同发展和构建区域民族文化产业生态系统。在路径研究中，本书构建了区域民族文化产业系统协同进化模型和协同度测度模型，建立了相关的序参量与指标体系，并分别以甘肃省甘南藏族自治州和内蒙古、广西、新疆、西藏、宁夏五个自治区为例，对其民族文化产业发展进行了实证分析。之后，本书从产业政策的引导推动和法律法规的有效保障两个角度探讨了区域民族文化产业生态化发展的制度保障。

本书以多学科交叉的视角研究民族文化产业的可持续发展，构建了民族文化产业生态化发展的理论框架，并着力探寻其实现路径，具有一定的前瞻性。本书首次从民族文化产业、民族文化资源与民族文化生态、自然资源与自然生态环境三者的关系入手，提出通过生态化发展路径即促进区域民族文化产业系统及其内部区域民族文化子系统、区域产业子系统、区域生态子系统的协同发展和构建区域民族文化产业生态系统，实现区域民族文化产业的可持续发展，并探讨了其制度保障。该研究结论在同类研究中具有一定的创新性，对丰富我国文化产业理论、产业生态化理论与可持续发展理论都具有一定价值；对促进各地民族文化产业的可持续发展、推动区域经济快速发展、促进区域民族文化资源保护、推进"一带一路"建设，以及在民族文化产业领域贯彻科学发展观、进行生态文明建设与供给侧结构性改革都具有一定的现实意义。

目 录

第1章 绪论 …………………………………………………………… 1
1.1 研究背景与研究意义 ………………………………………… 1
1.2 国内外研究述评 ……………………………………………… 8
1.3 研究思路、研究方法与研究内容 …………………………… 27
1.4 可能的创新 …………………………………………………… 35

第2章 主要理论基础与相关概念的厘清 …………………………… 37
2.1 主要理论基础 ………………………………………………… 37
2.2 相关概念的厘清 ……………………………………………… 54
2.3 本章小结 ……………………………………………………… 84

第3章 我国区域民族文化产业的发展现状 ………………………… 86
3.1 我国文化产业的发展 ………………………………………… 86
3.2 我国区域民族文化产业发展的特点 ………………………… 91
3.3 我国区域民族文化产业发展存在的问题 …………………… 105
3.4 本章小结 ……………………………………………………… 114

第4章 区域民族文化产业生态化发展的理论框架 ………………… 116
4.1 生态化发展的运行基础 ……………………………………… 116

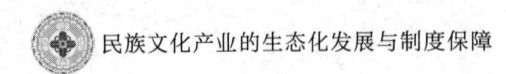

4.2 生态化发展的运行规律 …………………………………………… 136
4.3 生态化发展的运行机理 …………………………………………… 144
4.4 生态化发展的内涵与本质 ………………………………………… 148
4.5 生态化发展的优势 ………………………………………………… 155
4.6 本章小结 …………………………………………………………… 167

第5章 路径一：区域民族文化产业系统的协同发展 ……………………… 171
5.1 区域民族文化产业系统协同发展的进化机制 …………………… 172
5.2 区域民族文化产业系统的协同进化模型 ………………………… 193
5.3 区域民族文化产业系统协同度测度模型 ………………………… 207
5.4 区域民族文化产业系统协同发展的序参量与指标选取 ………… 209
5.5 本章小结 …………………………………………………………… 213

第6章 路径二：构建区域民族文化产业生态系统 ………………………… 215
6.1 生态学理论在区域民族文化产业生态系统中的应用 …………… 215
6.2 区域民族文化产业生态系统的内涵与特征 ……………………… 218
6.3 区域民族文化产业生态系统的结构与功能 ……………………… 223
6.4 区域民族文化产业生态系统的关键：生态产业链 ……………… 231
6.5 区域民族文化产业生态系统的构建途径 ………………………… 240
6.6 本章小结 …………………………………………………………… 246

第7章 区域民族文化产业生态化发展路径的实证分析 …………………… 248
7.1 甘南藏族自治州民族文化产业协同进化及产业生态
    系统分析 …………………………………………………………… 248
7.2 五个自治区民族文化产业协同度测度分析 ……………………… 290
7.3 本章小结 …………………………………………………………… 299

第 8 章 区域民族文化产业生态化发展的制度保障 …… 301
8.1 充分发挥产业政策的引导和推动作用 …… 302
8.2 有效发挥法律法规的保障作用 …… 306
8.3 本章小结 …… 325

第 9 章 结论与展望 …… 328
9.1 主要研究结论 …… 328
9.2 研究展望 …… 333

参考文献 …… 335

附录一 关于游客对甘南州民族文化旅游体验的调查问卷 …… 353

附录二 关于本地居民对甘南州民族文化旅游产业发展感受的调查问卷
…… 358

后 记 …… 362

图目录

图1-1 CNKI数据库中2000~2016年相关研究文献数量 …………… 26
图1-2 技术路线 …………………………………………………… 34
图2-1 系统协同演化进程 ………………………………………… 51
图2-2 资源、环境和生态的关系 ………………………………… 82
图3-1 文化产业发展历程 ………………………………………… 87
图3-2 城乡居民恩格尔系数变化趋势 …………………………… 98
图3-3 文化资源丰富指数 ………………………………………… 101
图3-4 中国文化产业发展水平指数 ……………………………… 102
图3-5 中国文化产业发展模式指数 ……………………………… 103
图3-6 2013年区域文化产业发展指数 …………………………… 104
图3-7 2014年区域文化产业发展指数 …………………………… 104
图3-8 中国、美国、西班牙、澳大利亚、英国五国2011~2012年
　　　 文化产业增加值比较 ……………………………………… 106
图4-1 区域民族文化产业系统的结构 …………………………… 118
图4-2 生态系统演变关系 ………………………………………… 123
图4-3 区域民族文化产业系统 …………………………………… 129
图4-4 民族生态文化与民族文化生态的关系 …………………… 136
图4-5 区域民族文化产业生态化发展的目标 …………………… 167
图5-1 区域民族文化产业系统协同发展机理示意 ……………… 192

图目录

图 6-1 系统生态学视角下区域民族文化产业生态系统组分
及其相互作用 …………………………………………… 226
图 6-2 组织生态学视角下区域民族文化产业生态系统的结构 …… 229
图 7-1 2007~2016 年甘南州地区生产总值及增长速度 ………… 250
图 7-2 2007~2016 年甘南州人均 GDP 及增长速度 ……………… 251
图 7-3 2007~2016 年甘南州固定资产投入及增长速度 ………… 251
图 7-4 2007~2016 年甘南州财政收入及增长速度 ……………… 252
图 7-5 2007~2016 年甘南州三次产业产值比重对比 …………… 252
图 7-6 2007~2016 年甘南州城镇、农村居民人均可支配收入
及增长速度 ……………………………………………… 253
图 7-7 2007~2016 年甘南州社会消费品零售总额及增长速度 …… 253
图 7-8 全国、甘肃、甘南 2015~2016 年生产总值增速比较 …… 254
图 7-9 全国、甘肃、甘南 2015~2016 年人均 GDP 增速比较 …… 255
图 7-10 甘南州民族文化子系统、产业子系统、生态子系统的
有序度 …………………………………………………… 257
图 7-11 甘南州民族文化子系统、产业子系统、生态子系统的数值
模拟结果 ………………………………………………… 258
图 7-12 2015 年、2016 年甘南州与全国的文化产业增长率比较 …… 261
图 7-13 2007~2016 年甘南州国内外游客数量及增长速度 ……… 264
图 7-14 2007~2016 年甘南州旅游综合收入及增长速度 ………… 265
图 7-15 五个自治区民族文化子系统得分比较 …………………… 293
图 7-16 五个自治区产业子系统得分比较 ………………………… 294
图 7-17 五个自治区生态子系统总得分 …………………………… 295
图 7-18 五个自治区民族文化子系统、产业子系统、生态子系统的
协同度与协同度级别 …………………………………… 297

表目录

表 2-1 可持续发展理论形成大事记 …………………………… 43
表 2-2 我国文化遗产的范围 …………………………………… 61
表 2-3 不同国家对文化产业的称谓、定义与分类 …………… 64
表 2-4 部分中外学者对文化产业的定义 ……………………… 66
表 2-5 《文化及相关产业分类》2004 年版、2012 年版、2018 年版
内容比较 ………………………………………………… 69
表 2-6 资源与环境和生态的关系 ……………………………… 81
表 3-1 我国文化产业重要事件、重大战略和政策梳理 ……… 88
表 3-2 2007~2016 年文化产业增加值、增长率、占 GDP 比重 … 91
表 3-3 我国各省域世界遗产数目统计（截至 2018 年）……… 92
表 3-4 我国各省域国家级非物质文化遗产数目统计 ………… 94
表 3-5 中国旅游业发展情况 …………………………………… 96
表 3-6 文化资源丰富指数及其构成指标数值 ………………… 100
表 3-7 我国城乡居民家庭人均收入、消费性支出与文化
娱乐消费比重 …………………………………………… 108
表 4-1 少数民族宗教文化类型及其主要生态文化特点 ……… 134
表 5-1 区域民族文化产业系统协同进化模型分析说明 ……… 206
表 5-2 区域民族文化产业系统协同度级别划分 ……………… 209
表 5-3 区域民族文化产业系统协同发展的序参量与指标体系 … 212

表目录

表6-1 自然生态系统、产业生态系统、区域民族文化产业生态系统组分比较 ⋯⋯⋯⋯⋯⋯⋯⋯⋯⋯⋯⋯⋯⋯⋯⋯⋯⋯ 223

表6-2 自然生态系统、产业生态系统、区域民族文化产业生态系统层次比较 ⋯⋯⋯⋯⋯⋯⋯⋯⋯⋯⋯⋯⋯⋯⋯⋯⋯⋯ 227

表7-1 甘南州民族文化产业系统协同发展的序参量与指标体系 ⋯ 255

表7-2 甘南州民族文化子系统、产业子系统、生态子系统的有序度 ⋯⋯⋯⋯⋯⋯⋯⋯⋯⋯⋯⋯⋯⋯⋯⋯⋯⋯⋯⋯⋯⋯⋯ 257

表7-3 甘南州民族文化产业系统协同进化模型参数估计结果 ⋯⋯ 259

表7-4 甘南州民族文化产业系统协同进化模型平衡点的特征值 ⋯ 259

表7-5 2015~2016年甘南州文化产业法人单位、从业人员、资产总计增加值 ⋯⋯⋯⋯⋯⋯⋯⋯⋯⋯⋯⋯⋯⋯⋯⋯⋯⋯⋯ 261

表7-6 2015~2016年甘南州文化产业分行业增加值占比情况 ⋯⋯⋯ 262

表7-7 "十二五"期间甘南州文化产业建设重点项目概览 ⋯⋯⋯⋯ 263

表7-8 甘南州旅游景点概览 ⋯⋯⋯⋯⋯⋯⋯⋯⋯⋯⋯⋯⋯⋯⋯ 265

表7-9 甘南州旅游评价概览 ⋯⋯⋯⋯⋯⋯⋯⋯⋯⋯⋯⋯⋯⋯⋯ 266

表7-10 甘南州节庆活动概览 ⋯⋯⋯⋯⋯⋯⋯⋯⋯⋯⋯⋯⋯⋯⋯ 275

表7-11 五个自治区民族文化产业系统协同度序参量与指标体系 ⋯⋯ 292

表7-12 五个自治区民族文化子系统总得分 ⋯⋯⋯⋯⋯⋯⋯⋯⋯⋯ 293

表7-13 五个自治区产业子系统总得分 ⋯⋯⋯⋯⋯⋯⋯⋯⋯⋯⋯⋯ 294

表7-14 五个自治区生态子系统总得分 ⋯⋯⋯⋯⋯⋯⋯⋯⋯⋯⋯⋯ 295

表7-15 五个自治区民族文化子系统、产业子系统、生态子系统协同度 ⋯⋯⋯⋯⋯⋯⋯⋯⋯⋯⋯⋯⋯⋯⋯⋯⋯⋯⋯⋯⋯⋯⋯ 296

表7-16 五个自治区民族文化产业系统协同类型比较 ⋯⋯⋯⋯⋯⋯ 298

第1章 绪论

1.1 研究背景与研究意义

1.1.1 研究背景

在世界经济发展进程中，文化产业是国际社会公认的 21 世纪最具有发展潜力的黄金产业，是各国经济新的增长极。文化产业在我国经济发展中具有极其重要的地位，从 2000 年"十五"计划首次提出"文化产业"一词，到"十三五"规划强调"十三五"期间要实现"文化产业成为国民经济支柱性产业"的目标，伴随着国家战略方针的不断调整和政策支持，我国文化产业获得了巨大发展。近 10 年来，文化产业高速增长，远高于同期 GDP 增速，2017 年实现增加值 34722 亿元，占 GDP 的比重为 4.2%[1]，成为新常态下经济稳定增长和结构优化升级的重要推动力。

民族文化产业是文化产业的主要形态之一，它对促进国民经济的快速增长发挥着重要作用。我国是一个多民族国家，拥有五千多年的文明史，各民族在悠久的历史发展过程中形成了各种各样独具特色的民族文化，拥有极其丰富的民族文化资源，为民族文化产业的发展奠定了良好的基础。尤其是在

---

[1] 本数据来自国家统计局官方网站，www.stats.gov.cn/tisi/zxfb/201810/t20181010_1626867.html，最后访问日期：2018 年 10 月 11 日。

十八大之后,《关于推动特色文化产业发展的指导意见》等一系列促进政策与措施的出台,为各地民族文化产业的发展指明了方向,掀起了我国区域民族文化产业发展的热潮。民族文化资源的产业性开发成为区域经济与区域文化产业发展中的普遍行为,有些地区已形成一些标志性品牌,成为区域地理名片。民族文化产业已成为当前我国区域经济发展的重要方向。

特别是在那些经济落后却拥有丰富民族文化资源的贫困地区和民族地区,民族文化产业更是对促进当地经济发展发挥着至关重要的作用。由于历史、自然条件等因素,这些地区的经济与社会发展长期处于相对落后状态。也正是由于经济发展落后、交通不便,其受到强势文化、他族文化与现代文化的影响反而较小,本民族文化的原生性、独特性与多样性得以保持,经济发展过程中对自然环境与生态的破坏较少,由此也形成了民族文化产业发展的资源优势与自然环境优势。目前贫困地区和民族地区民族文化产业的发展除了满足当地人的文化与精神需求外,更多是借助旅游平台将本地独特的原生态民族文化资源与特色自然资源开发为体验式产品,以自身的原生性与独特性吸引消费者,满足游客的需求。区域民族文化旅游产业已成为民族地区和贫困地区经济发展的重要增长极。

发展民族文化产业的重要性不仅在于其经济意义,还在于其文化、社会与政治意义。

民族文化是民族文化产业的核心资源禀赋。民族文化是一个民族在长期的历史发展过程中与其所在地域的自然环境不断互动而逐渐形成的具有时空特性的生产、生活与行为方式。对一个国家和民族而言,民族文化不仅能够作为文化产业的资源要素产生经济效益、推动国家和地区经济发展,它的文化功能更加突出。民族文化是一个民族的自我意识,是各民族繁衍和发展的写照,它记录了人类发展的历史,是各民族人群了解和认识自身的关键依据;对民族共同体而言,民族文化是其相互认同、激发民族向心力与凝聚力、提升民族自信的核心要素,是维系民族和谐、促进民族团结的重要纽带;对国家而言,保护本国民族文化的独特性和多样性,保持民族文化生态的平衡,事关一国的文化安全。

从世界经济发展历程来看,文化与产业合体带来的不仅是巨大的经济收益，文化产业强势国家在倾销文化产品的同时也伴随着价值观的输出和对别国传统文化资源的掠夺。"文化产品的根本意义在于它的文化意义、社会意义和政治意义。"[①] 文化产品的输出与输入，会直接影响国家与民族的认同感。各国越来越认识到，一个国家或地区所拥有的民族文化资源及其整合配置能力决定着文化产业发展的结构和规模，直接影响着国家与地区的文化竞争力。

总体来看，民族文化产业已逐渐成为我国区域经济增长新的推动器。发展区域民族文化产业，发挥比较优势，提升区域民族文化产业的竞争力，促进其可持续发展，对加快贫困地区与民族地区的经济社会发展，对生态文明、小康社会与和谐社会建设，对提升我国文化的国际竞争力、推进"一带一路"建设，都具有举足轻重的作用。

但我们也不得不意识到，民族文化产业的发展与民族文化资源的产业化开发是一把双刃剑。对民族文化资源适度的、科学的、有序的、遵循民族文化发展客观规律的开发才能促进该产业的可持续发展；相反，过度的、不合理的、无序的、未遵循民族文化发展客观规律的开发会使民族文化产业发展陷入困境，并造成民族文化资源流失、民族文化生态破坏、环境污染与生态危机以及危害国家文化安全等问题。民族文化产业应该理性发展，要不断扩大民族文化资源产业化的积极作用，尽量避免其消极影响。

从我国各地民族文化产业发展的实践进程看，近年来，其发展现状呈现较为明显的非可持续发展特点，只注重短期经济利益，忽视文化利益、生态利益与长期发展。从民族文化资源开发的角度看，大量存在民族文化歪曲化、失真化、庸俗化现象，以及对民族文化只开发不保护等行为；从产业发展的角度看，普遍存在无序开发、产业化程度低、资源使用效率低、产业规模小、结构不合理、发展不均衡、专业人才匮乏、产业竞争力低下等情况。

---

① 〔加拿大〕斯图亚特·麦克法蒂因：《开放型经济中的文化发展问题》，李惠斌、薛晓源主编《世界文化产业前沿发展报告（2003~2004）》，社会科学文献出版社，2004，第76页。

这些都造成了民族文化优势资源流失与消逝、民族文化生态破坏、自然生态环境恶化、民族文化市场混乱、产业低水平发展等问题，影响了各地民族文化产业的健康发展。这也对区域民族文化产业的可持续发展提出了迫切的现实需求。

1.1.2 问题的提出

胡惠林先生曾谈到，文化产业理性发展的核心应该是文化内容的创新发展、发展方式的可持续发展、发展理念的协调发展、发展价值观的资源积累性发展和发展伦理的公正与和谐发展[①]。

作为我国区域经济发展的重要力量，民族文化产业应该思考如何才能实现理性发展，其发展思路和路径设计应关注以下问题：①民族文化产业如何才能实现可持续发展；②民族文化产业的发展如何才能兼具经济效益、文化效益与生态效益，如何才能充分发挥其自身的经济功能、文化功能与生态功能；③民族文化产业如何发展才能有助于民族文化的传承与保护，有助于民族文化生态的保障，有助于国家与民族的文化安全；④民族文化产业如何发展才能有助于自然环境与生态保护，有助于生态文明建设。也就是说，民族文化产业发展必须既要通过民族文化资源的开发创造经济利益，也要通过民族文化产业的发展保护与传承优秀的民族传统文化；既能保障自己的蓬勃生机与生命力，也要为保护自然生态环境作出贡献；既要努力推动经济发展，也要自觉承担起社会文化价值秩序构建的使命。

民族文化产业的生态化发展则为回答和解决上述问题提供了一个新思路与新方向。本书正是试图通过对民族文化产业生态化发展的理论分析、实现路径和制度保障的研究，回答民族文化产业如何通过生态化发展实现其经济效益、文化效益与生态效益的共同提升，保障其经济功能、文化功能与生态

[①] 胡惠林：《构建具有目标导向的中国文化产业发展指标体系》，《中国文化产业评论》2013年第2期。

功能的充分发挥,如何在实现自身可持续发展的同时也为整个社会的和谐发展作出贡献等问题。

由于我国民族文化产业的发展体现出非常典型的区域性特征,各地民族文化产业在民族文化资源、产业发展水平、自然生态环境等方面具有很大的差异,也都有各自明显的优势和特点,民族文化产业的生态化发展也得落脚到区域民族文化产业上来。因此,本书在论证中将研究对象表述为"区域民族文化产业的生态化发展",以便更加清晰和严谨。

1.1.3 理论价值

从现有文献来看,国内学者对文化产业的研究主要集中在企业和集群层面,很少有生态视角的讨论。对民族文化产业的研究则多集中于民族文化资源的开发与保护、产业竞争力、产业政策、产业发展水平评估等方面,其中有一些涉及区域民族文化产业发展的探讨,但绝大部分都是具体区域民族文化产业发展的实证分析与发展规划,关于区域民族文化产业发展的普适性理论探讨很少。对产业生态化的研究都是针对产业发展过程中如何更有效地利用自然资源以达到经济效益和生态效益的同步提升而展开的,针对文化资源以及将产业的经济效益、生态效益与文化效益综合起来探讨的相关研究几乎是空白。

区域民族文化产业有其显著特性,它在推动经济发展、保护与传承民族文化、保护生态环境等方面都具有特殊的意义与作用。因此,如何推动区域民族文化产业的可持续发展,如何同时提升其经济效益、文化效益和生态效益,充分发挥其经济、文化、生态功能等问题就成为该产业发展的重中之重。

本书针对区域民族文化产业的特性,运用多学科交叉的研究方法,提出了区域民族文化产业生态化发展的概念,并在构建理论框架的基础上着重对其运行基础、实现路径与制度保障进行了深入研究。

该书的理论价值主要体现在以下方面。

第一,该书为实现我国区域民族文化产业的可持续发展提供了新的思路与方法。它能促进区域民族文化产业经济效益、文化效益、生态效益的共同提升,保障其经济、文化、生态功能的充分发挥,促进区域民族文化产业、区域民族文化生态和区域自然生态环境的协调发展,进一步提升我国经济实力和可持续发展能力,推动生态文明与和谐社会建设。

第二,本书尝试建立了一个较为系统完整的区域民族文化产业生态化发展的理论框架,并论证了其实现路径,对丰富我国的文化产业理论、产业生态化理论与可持续发展理论都具有一定的价值。

1.1.4 现实意义

(1) 促进区域民族文化产业可持续发展

本书从跨学科研究的视角,引入多学科相关理论,以区域民族文化产业系统的生态化为核心,通过区域民族文化产业系统协同发展路径和构建区域民族文化产业生态系统路径实现区域民族文化产业的生态化发展,其目标是保障该产业经济、文化、生态功能的充分发挥,促进区域民族文化产业的可持续发展,并为人类与人类社会的可持续发展作出贡献。

(2) 推动区域经济快速发展

民族文化产业是区域经济新的增长极,对于文化资源丰富的民族地区和贫困地区尤为如此。本研究的目的是探寻区域民族文化产业可持续发展的有效路径,通过发挥特定区域在民族文化资源、自然生态环境等方面的比较优势,扬长避短,提升产业竞争力,并带动区域经济整体快速发展。

(3) 促进区域民族文化资源保护

作为区域民族文化产业核心资源禀赋的民族文化,具有极强的生态脆弱性,极易失真、流失或消逝,成为影响区域民族文化产业发展的短板。区域民族文化产业的生态化发展主张避免对民族文化资源产业化开发的消极影响,扩大其积极影响,不仅要实现长期的经济效益,也能发挥自身优势,与文化事业相辅相成,共同保护区域民族文化资源。

（4）是科学发展观在民族文化产业领域的具体体现

科学发展观是中国特色社会主义理论体系的重要组成部分，是在以人为本的基础上，统筹兼顾，实现全面、协调、可持续的发展。区域民族文化产业的生态化发展正是通过对区域民族文化产业的规划与调控，对产业发展、民族文化的保护与传承、生态保护统筹兼顾，实现经济、文化、生态的协调与可持续发展。

（5）是生态文明建设在民族文化产业领域的具体体现

党的十八大报告指出，要把生态文明建设融入经济、政治、文化、社会建设的各方面和全过程。十九大报告进一步指出，要加快生态文明体制改革。区域民族文化产业生态化发展以民族文化产业、民族文化、自然生态协同发展和区域民族文化产业生态系统构建为路径，以促进区域民族文化产业经济效益、文化效益、生态效益共同提升，实现可持续发展为目标。具体方式上，它强调生产过程的低消耗、低污染以及民族文化资源的高质量与原生态利用、自然资源的循环重复利用、民族文化产品的绿色消费。从功能上看，它既能通过民族文化资源的产业化开发推动区域经济快速发展，也能发挥自身优势保护传承民族传统文化，还有益于区域自然生态环境的保护。从价值观秩序的构建看，它还能利用民族文化产品的生产消费传播我国民族传统文化中的生态文化，为整个和谐社会的构建发挥作用。区域民族文化产业生态化发展在生产与消费、民族文化传承、价值观构建、社会建设等方面都体现着生态文明理念，是生态文明建设在民族文化产业领域的具体体现。

（6）是供给侧结构性改革在民族文化产业领域的体现

供给侧结构性改革是针对当前我国经济存在的普遍性供给约束、供给抑制和供给结构老化等主要矛盾提出的，其基本出发点是引导新供给创造新需求。我国民族文化产业发展在结构性供给方面存在深层次问题，供给与需求之间存在错位与失衡。区域民族文化产业生态化发展以提供优质高端的民族文化产品和服务为导向，避免盲目生产，抛弃低端、滥俗、不合乎消费者需求的民族文化产品供给，用精品和优质服务创造需求，提升消费品位，加快区域民族文化产业转型升级，是民族文化产业领域的供给侧结构性改革的体现。

（7）对"一带一路"建设发挥着独特的作用

民族文化产业契合"一带一路"的内涵，是"一带一路"建设中的优势产业。

第一，从产业资源来看，"一带一路"倡议圈定的18个国内省份生活着众多民族，也覆盖了很多少数民族聚居区，民族文化资源极其丰富。其中大部分地区由于经济社会发展相对落后，民族文化的原生性、独特性、多样性以及优美的自然风景得以保持，由此形成了其在"一带一路"建设中的资源优势与自然环境优势。

第二，从文化交流来看，"一带一路"建设中文化是灵魂，民族文化贯穿于民族文化产业生产到消费的整个过程，人们通过各种民族文化产业相互了解，彼此沟通，实现文化上的交流。此外，民族文化产业发展对各国科技、文化、商贸人才交流也会产生积极的影响。

第三，从促进经济增长来看，在"一带一路"建设中，中西部地区特定民族的民族文化资源和技术独占优势转化成了竞争优势，使其在产业竞争中占得先机。民族文化产业也因此成为这些地区的支柱性产业，成为"一带一路"建设中经济发展的助推器。

区域民族文化产业的生态化发展致力于该产业经济、文化、生态功能的充分发挥和经济效益、文化效益、生态效益的共同提升，也只有同时发挥这三种功能、同时实现这三种效益时，才能实现它在"一带一路"建设中促进经济增长与推动文明复兴的独特功能。

1.2 国内外研究述评

1.2.1 国外研究动态

通过文献检索发现，国外的相关研究中没有关于"区域民族文化产业"和"文化产业生态化发展"的提法,因此,对国外研究动态的综述主要从"文化产业理论研究演进"和"产业生态化研究演进"两方面阐述。

1.2.1.1 文化产业理论研究演进

一般认为,西方文化产业理论研究始于20世纪20年代法兰克福学派的"文化工业"理论,它对西方主流文化产业理论体系产生了极其深远的影响,其后,本雅明、阿多诺、霍克海默、詹姆逊、汤普森等学者都提出了各自的相关理论,推动着文化产业理论的不断演进。国外文化产业理论的演进可分为三个阶段,即法兰克福学派的"文化工业"理论、伯明翰学派的理论、文化产业应用理论[①]。

(1) 法兰克福学派的"文化工业"理论

该理论出现于20世纪20~40年代,它以对工业文明的批判为特征,其思想观点集中体现在《论流行音乐》(阿多诺著)、《文化工业再思考》(阿多诺著)、《启蒙的辩证法》(霍克海默、阿多诺合著)、《艺术和大众文化》(霍克海默著)、《作为文化批判的哲学》(霍克海默著)、《单面人》(马尔库塞著)、《文化的肯定性质》(马尔库塞著)、《机械复制时代的艺术作品》(本雅明著)等著作中,其中以《启蒙的辩证法》最为典型。

"文化工业"的概念由阿多诺和霍克海默于1947年首次提出,指随着科学技术的发展和先进科技手段在文艺作品制作中的日益普及,文化由前资本主义时代的精英文化逐渐转化为资本主义发达阶段对文艺作品的机械化和自动化大规模复制与批量生产。

该理论的发展经历了对文化工业从批判到肯定的态度转变。批判性态度以20世纪三四十年代阿多诺(Adorno)的观点为中心,他认为文化工业是国家控制意识形态的工具,它只追求利润的最大化,丧失了艺术本质,消解

---

① 欧阳友权:《文化产业通论》,湖南人民出版社,2006,第9~11页;邵培仁:《文化产业经营通论》,四川大学出版社,2007,第27~33页。

了人的个性，成为标准化的生产，无法实现自由创造，限制了文化的批判精神和否定意识；肯定性态度则以 20 世纪七八十年代本雅明（Benjamin）的观点为中心，他认为复制技术实现了艺术的普及与大众化，给文化带来了新的发展空间。

法兰克福学派开创了文化产业研究的先河，其对大众文化的理论批判至今仍具有重要的现实意义。比如，如何让民众既享受大众文化产品所带来的精神欢愉又不沦落至任其摆布的境地，仍是亟待解决的现实问题。

（2）伯明翰学派的理论

继"文化工业"理论之后，20 世纪 50~70 年代，西方文化产业理论开始向基础和应用两个方向发展。文化产业基础理论肇始于伯明翰学派（英国伯明翰大学文化研究中心）对大众文化和文化产业的研究，该学派侧重于从"文化研究"的视角研究文化产品中所包含的具体内容。

伯明翰学派的代表人物及主要观点如下。

雷蒙·威廉姆斯（Williams）在《文化与社会》一书中提出，应将整个文化生产纳入文化研究的范畴。斯图尔特·霍尔（Hall）提出了"编码/解码"电视理论，认为大众对文化产品的消费是一个意义选择和重构的复杂过程，从而否定了传统文化批判理论对文化产业发展所造成的障碍，该理论在 20 世纪 70 年代产生了很大的影响。布迪厄（Bourdieu）提出了文化资本理论，认为经济资本、文化资本、社会资本是资本的三种基本形态，文化资本会以教育、出版、销售等显性方式转化为经济资本，或者以知识、培训等隐性方式转化为社会资本。詹姆逊（Jameson）认为，电视、电影等大众传媒工具的发展与普及促使现代主义的语言中心转向了后现代主义的视觉中心，大众文化成为后现代社会典型的文化模式之一，应辩证地看待其积极和消极作用。大卫·索罗斯比（Throsby）认为，文化资本是与物质资本、人力资本、自然资本并列的第四种资本，它是以财富形式表现出来的文化价值的积累，是文化产业承继和发展的源头活水。约翰·费斯克（Fiske）阐述了文化的产生、消费和价值实现以及文化产业的特征，使文化产业的理论体系更趋完善。

伯明翰学派的理论为文化产业研究奠定了理论基础，也促使学者们更多地关注文化（或产品）及其产业化的双重属性。

（3）文化产业应用理论

20世纪80年代末以来，文化产业应用理论逐步发展起来，具体包括文化产业的概念界定、行业划分、运行机理、价值链、产品与服务的流动、产业政策、与地区发展的关系等。文化产业应用理论引入经济学和管理学的很多知识，并直接面向市场和消费者展开。

文化产业应用理论研究中，英国的研究比较深入，取得了丰富的成果[1]。麦耶斯考夫（Myerscough）研究了艺术与文化产业在经济和就业方面的影响。伽纳姆（Garnham）认为，文化产业是运用特有的生产方式和行业法人组织来生产和传播以文化商品和服务为形式的符号，符号具有诱导和制裁的力量，并且其诱导力量必须与其他的控制形式（或社会交往）有所区分。兰德里（Landry）则在实践研究中引入"价值链分析法"，提出构成文化产业基本价值链的五个阶段，即创意形成、产品生产、产品流通、产品发送、最终消费者接受等。

1.2.1.2 产业生态化研究演进

国外文献中几乎没有"产业生态化"这样的表述，相关概念一般被表述为"产业生态"或"产业生态学"（industrial ecology）。在产业生态问题和产业生态学理论与方法的研究和实践探索中，国外学者有较多研究成果，主要表现在理论研究和应用研究两个方面。

（1）理论研究方面

产业生态学研究始于美国科学家罗伯特·弗罗什（Robert Frosdi）和尼古拉斯·盖洛普（Nicolas Gallopoulos）提出的产业生态思想，1989年他们发表文章《制造业的战略》，提出了"产业生态系统"[2]的概念，并主张在

---

[1] 王克岭：《微观视角的西部地区少数民族文化产业可持续发展研究》，光明日报出版社，2011，第15页。

[2] F. A. Robert. "N. E. Gallopoulos. Strategies for Manufacturing", *Scientific American*, 1989, 189 (3): 152–156.

产业系统中应用生态系统原理以提升其可持续性。耶鲁大学的托马斯·格雷德尔（Thomas Graedle）和阿伦比（Allenby）对产业生态学内容的研究，主要是从企业组织与自然生态系统的相似性以及企业与环境协调发展的角度展开，他们提出产业生态系统的三级进化理论，按照产业生态系统中资源和废物的关联关系将系统分为一级（线性模型）、二级（不完全循环模型）、三级（闭路循环模型）[1]。狄博思（Tibbs H. B. C）认为产业生态学主要研究如何按照自然系统来塑造产业系统[2]。保罗·霍肯（Paul Hawkeniw）在《商业生态学》一书中探讨了产业运作中生态系统理论的应用，认为产业生态系统是整合众多企业形成的一系列关联关系与自然生态系统形成的人工生态系统，解决生态环境问题的根本出路是设计出可持续发展的商业模式[3]。国际机电与电子工程师协会在《可持续发展与产业生态学白皮书》中指出，产业生态学理论是研究产业系统与自然系统相互关系的交叉学科[4]。1997年耶鲁大学和麻省理工学院（MIT）合作出版了全球第一期《产业生态学杂志》（Journal of Industrial Ecology），随后成立国际产业生态学研究中心（International Society of Industrial Ecology）。瑞士产业生态学专访记者埃尔克曼（S. Erkman）认为，产业生态学研究如何基于我们对自然生态系统的认知调整产业以使它与自然协调发展[5]。洛文塔尔（Micah D. Lowenthal）等人认为，产业生态学是从生态学中借鉴工具、原则和视角应用于产业系统的分析[6]。

---

[1] 格雷德尔、阿伦比：《产业生态学》，施涵译，清华大学出版社，2004，第37页；Gradel, T. E. B. R. Allenby, P. B. Linhart. "Implementing Industrial Ecology", *IEEE Technology and Society Magazine*, 1993, 5.

[2] Tibbs H. B. C. "Integrating the Supply Chain", *International Journal of physical Distribution and Materials Management*, 1992, 19 (8): 3.

[3] 张艳辉：《基于生态学视角的产业经济理论新阐释》，《学术研究》2005年第10期。

[4] Hardin Tibbs. *Industrial Ecology: An Environmental Agenda for Industry*, Published by Arthur D. Little, Inc, 1995, 3.

[5] ERKMAN. S. "Industrial Ecology: An Historical View", *Cleaner Prod*, 1997, (122): 15.

[6] Lowenthal. MD. Kastenberg. WE. "Industrial Ecology and Energy Systems: A First Step", *Resources, Conversation and Recycling*, 1998, 24 (1): 51 – 63.

此后，产业生态学的研究领域不断拓展，主要集中于产业生态系统的含义、特征、系统分析，产业生态化演化与博弈等领域。

（2）应用研究方面

产业生态与产业生态学的实际应用和实践方法的探索与研究在20世纪90年代后期逐渐展开，主要集中于产业生态实现途径、产业生态化水平、产业生态化公共政策分析等方面。

卡贝扎斯（Cabezash）等人认为，产业和环境的和谐发展应上升到实践层面，他们模拟生态与技术实验，提出工业、农业与自然生物之间构成了广义食物网[1]。美国学者魏兹舍克（Weizsacker）提出产业生态化数理应用方面的"生态包袱（Eco-rucksack）计算方法"，以明确资源浪费情况[2]。1990年，国际环境毒理学与化学学会提出"生命周期评价"，用以分析一种工艺或产品整个生命周期的环境影响。1992年加拿大里斯（Willian E. Rees）教授提出"生态足迹"概念，并发展为测度生态环境综合承载力和判断地区生态承载力的常用方法[3]。巴素（Basu）、范泽尔（Vanzyl）等人（2006）指出，洁净生产的程度依赖于产业生态化的程度[4]。

20世纪90年代开始，产业生态学的应用研究较多集中于生态产业园的物质循环、能量传递和协同机制[5]、生态产业网络模型[6]、生态产业园的设

---

[1] Cabezash. "Simulated Experiments with Complex Sustainable Systems: Ecology and Technology", *Resources, Conservation and Recycling*, 2005, (44): 279-291.

[2] M. Solow R, Tobin J, Weizsacker V, etal. "Neoclassical Growth with Fixed Factor Proportions", *REVIEW OF ECONOMIC STUDIES*, 1966, 33 (2): 79-115.

[3] Rees WE. "Ecological Footprints and Appropriated Carrying Capacity: What Urban Economics Leaves Out", *Environment and Urbanization*, 1992, 4 (2): 121-130.

[4] Basu. A J, Vanzyl J. A. "Industrial Ecology Framework for Achieving Cleaner Production in the Mining and Minerals Industry", *Journal of Cleaner Production*, 2006 (14): 299.

[5] Thermoshare. Integrated Eco-industrial Park with Cogeneration, Energy Cascading and Recycling, a Report prepared for environment Canada, Industry Canada and Natural Resources Canada. *Ottawa*, 1997.

[6] Carolyn Eve Nobel. A Model for Industrial Water Reuse: A Geographic Information Systems (GIS) Approach to Industrial Ecology, The University of Texas, Austin, 1998. http//: www.usc.eduPsppdP research PNCEID.

计与操作[①]、生态案例研究[②]等方面。

1.2.2 国内研究现状

1.2.2.1 国内文化产业理论研究的演进

20世纪90年代初关于"大众文化"的大讨论是我国文化产业理论研究的发端。1991年,《上海文论》发表了"大众文艺"系列文章,引发了社会对于大众文化运行机制和文化产业相关问题的广泛讨论,对大众文化肯定、接受的观点和否定、批判的观点各执一词。到90年代末,学术界主流逐渐接受并认可了大众文化,并将其定性为"现代工业与市场经济充分发展后的产物""当代大众大规模的共同参与的当代社会文化公共空间或公共领域"[③]。至今,伴随着国家对文化产业的政策扶持,学术界对文化产业的相关研究和讨论持续保持一定热度。

国内对文化产业的研究成果极其丰富,内容涉及产业发展、产业集群、运行机制、产业竞争力、管理体制、产业政策、产业园区、区域文化产业发展等各个方面。

出现了一些有较大影响的论坛,如北京大学组织的"中国文化产业高层新年论坛"、上海交通大学组织的"全国文化产业新年圆桌论坛"等。也出版了大量有较大影响的论著:如《北大文化产业前沿报告》,叶朗先生连续多年主编的《中国文化产业年度发展报告》,张晓明、胡惠林、章建刚连续多年主编的《中国文化产业发展报告》,胡惠林等撰写的《文化经济学》(2003)及他的著作《文化产业学》(2006)等,丹增的著作《文化产业发展论》(2005),王永章主编的《中国文化产业典型案例选编》(2003、2007),花建的著作《区域文化产业发展》(2007),顾江编著的《文化产

[①] Ernest AL. "Eco-Industrial Park Handbook", Accessed at 6, 10, 2004. http//: www.Indigodev.com.

[②] Research Triangle Institute. *Eco-industrial Park: A Case Study and Analysis of Economic, Environmental, Technical and Regulatory Issues, Final Report for the U.S. Environmental Protection Agency*, Research Triangle Park (RC), 1994. 123.

[③] 金元浦:《定义大众文化》,《中华读书报》2001年7月25日,第20版。

业经济学》（2007）及《文化产业规划案例精析》（2008），潦寒编著的《中国文化产业经典案例分析》（2007），宋培义主编的《文化产业经营管理——成功案例解读》（2008），郭鉴撰写的《吾地与吾民：地方文化产业研究》（2008），蔡尚伟等撰写的《文化产业比较案例》（2009），张彩凤等撰写的《全球化与当代中国文化产业发展》（2009），彭翊的著作《中国城市文化产业发展评价体系研究》（2011），赵阳等编著的《文化产业政策与法规》（2012），李思屈等撰写的《中国文化产业政策研究》（2012），何敏等编著的《文化产业政策激励与法律保障》（2012），陈霞红等撰写的《文化产业生态学》（2012），史征的著作《文化产业园区发展研究：机理、评价、对策》（2013）等等。相关学术论文的数量也很多。

国内文化产业理论研究曾经很长一段时间都在争论文化产业是经济问题还是文化问题，时至今日，伴随着我国社会经济的发展，对文化产业基本达成了以下共识：①其作为产业的属性；②其产品和服务以文化为内容；③其产业化的经营可实现文化的传播；④以文化为内容进行生产的特点使其具有了不同于其他产业的产业链和产业结构。

但整体来看，国内文化产业理论研究还存在以下问题：①研究成果数量多，但大多是转述国外相关理论，原创性和针对性的研究不足；②立足文化角度的泛谈较多，系统性的深入研究缺乏；③以定性研究为主，定量研究较少；④逐渐引进了经济学、管理学等学科的理论与方法，但理论深度和系统性还有待加强；⑤宏观层面的研究较多，中观层面和微观层面的研究较少，有关文化产业发展的制约因素、动力因素、政策法规等研究缺乏；⑥文化产业战略和规划侧重整体推进，对重要行业的重点突破考虑不足；⑦文化产业理论的发展落后于实践需求[①]。

1.2.2.2 民族文化产业研究

国内文化产业研究中，民族文化产业的相关问题是近年来大家持续关注

---

① 王克岭：《微观视角的西部地区少数民族文化产业可持续发展研究》，光明日报出版社，2011，第17~19页。

的一个重点。内容主要涉及民族文化产业与地区经济增长的关系、民族文化产业发展、品牌传播、产业模式、集群、创新、民族文化资源的开发与保护、民族文化产业园区、互联网与新媒体的运用、民族文化产业制度保障体系以及民族文化产业的空间布局、主体协作、制约因素、驱动机制以及特定区域的民族文化产业发展等方面。

(1) 关于民族文化产业发展

孙信茹从民族学和文化产业的研究视角，认为广告应被视为民族文化产业发展中的一种典型类型，并探讨了广告等文化要素在民族文化产业发展中的运用机理①。施惟达等人探索和阐释了民族文化及其产业化发展的基本理论、要素特征和路径模式②。徐晶认为意识形态、资本运作、民族身份认同是民族文化产业发展的三个深层次驱动因素③。贾银忠对中国少数民族的文化资源产业化、文化软实力、文化产业发展的空间布局和市场拓展、资源的法律保护以及少数民族的文化创意产业、文化旅游产业、影视动漫与传媒产业、文化教育产业的发展进行了深入研究④。刘涛分析了民族文化产业与现代化、工业化和市场化的关系⑤。孟航将民族文化产业划分为本地型、外向型、媒介型、创意型、综合型等类型⑥。王洪涛、丁智才分析了民族文化产业发展与少数民族特色文化保护互动机制的内在运行规律，并提出机制的良好运行需平衡民族特色文化的消解和保护这两股力量，协调各主体之间的利益诉求矛盾，规范其各自的参与行为⑦。陈庆德等人认为，造成当前文化产业理论分析直观性与局限性的原因之一是民族学的缺失，因此在文化与经济的二元对立中引入强调总体性和透视性的民族学视野作为实现二元关系有机

---

① 孙信茹：《广告与民族文化产业》，人民出版社，2011。
② 施惟达：《文化与经济：民族文化与产业化发展》，云南大学出版社，2011。
③ 徐晶：《民族文化产业发展的深层驱动》，《理论月刊》2012 年第 12 期。
④ 贾银忠：《中国少数民族文化产业发展概论》，民族出版社，2012。
⑤ 刘涛：《论民族文化产业发展中的若干问题》，《中国文化产业评论》2013 年第 2 期。
⑥ 孟航：《机理·类型·模式：民族文化产业发展论纲》，《理论月刊》2013 年第 4 期。
⑦ 王洪涛、丁智才：《民族文化产业发展与特色文化保护互动机制研究》，《文化产业研究》2014 年第 1 期。

合成的基点，建立起总体性的分析方法和框架，并在对文化产品社会性转换问题的民族学分析基础上，阐述了民族文化产业的相关理论和运行机制①。晏雄认为，西部地区要形成民族文化产业集群，既要具备民族文化资源、文化环境、社会资本、文化市场、产业人才等要素，也要具备地理、经济和社会文化等空间②。王平认为，新型城镇化建设和民族特色文化产业发展是促进民族地区发展的两大动力③。王艳秀认为，民族文化产业的发展要构建"互联网+民族文化"产业链，并提出"互联网+民族旅游""互联网+文化艺术""互联网+文化教育""互联网+产业金融"等四种具体的构建路径④。

(2) 关于区域民族文化产业

覃萍、梁培林认为，人才是西部民族文化产业发展的关键⑤。赵世林有针对性地研究了云南省的民族文化产业化进程，分析了民族文化产业与文化传承机制的关系，并对如何运用好经济手段和市场机制传承保护民族文化进行了有益的探索⑥。罗昌勤从文化生态学的视角对广西红水河流域的民族文化产业发展进行了研究，认为在民族文化产业开发过程中应关注生态缺失问题，构建民族文化产业化发展的生态链结构⑦。王克岭从微观视角对我国西部地区少数民族文化产业的可持续发展进行了深入探讨，并从产业链的延伸、微观主体的创新和发展以及政策创新等方面提出了有益建议⑧。晏雄认

---

① 陈庆德、郑宇、潘春梅：《民族文化产业论纲》，人民出版社，2014。
② 晏雄：《丽江民族文化产业集群式发展研究》，经济科学出版社，2015。
③ 王平：《民族地区新型城镇化建设进程中民族文化产业发展的原则及路径探析》，《青海民族大学学报》（社会科学版）2015 年第 2 期。
④ 王艳秀：《基于"互联网+"时代的民族文化产业发展研究》，《云南社会科学》2016 年第 3 期。
⑤ 覃萍、梁培林：《突破人才瓶颈：西部民族文化产业发展的关键》，《经济与社会发展》2006 年第 10 期。
⑥ 赵世林：《云南少数民族的文化产业与文化传承机制研究》，民族出版社，2010。
⑦ 罗昌勤：《文化生态学视角下探析民族地区文化产业的生态缺失及对策——以广西红水河流域民族文化产业发展为例》，《经济与社会发展》2011 年第 10 期。
⑧ 王克岭：《微观视角的西部地区少数民族文化产业可持续发展研究》，光明日报出版社，2011。

为文化自觉意识是民族文化产业持续发展的动力所在,是更高层次的文化产业发展观,是文化产业未来发展的必然选择①。李海央、朱明月、唐璞以云南为例,对促进民族文化产业发展的法律与政策完善提出了相应对策②。覃玉荣认为,文化距离对跨境文化产业从业人员的适应、产业贸易、文化企业进入模式的选择、深层文化理论和价值观都会产生影响③。杨福泉认为,在新的时空情境下,文化资源的再生与再创造以及城市民族文化资源的开发与传承、年轻人与城市文化遗产保护等是促进民族文化产业发展的重要研究课题④。王晓君、邓志新以贵州省为例,分析了民族文化产业的地源特色,认为应当尊重民族文化的自有特性,在关注区域特殊发展因素的基础上,合理规划知识产权策略,推动民族文化与地方经济和谐发展⑤。唐孝辉分析了内蒙古民族文化产业的现行立法体系,并对民族文化产业地方法规体系的构建和完善提出了建议⑥。

1.2.2.3 区域民族文化产业生态化研究

(1) 产业生态化研究

自20世纪90年代初西方产业生态学理论被引入我国后,国内学者对它一直保持着高度关注。对产业生态化的研究集中于理论研究与应用研究两大部分。

第一,理论研究方面。

刘则渊等人认为,实现产业生态化是经济可持续发展的战略选择,并阐

---

① 晏雄:《文化自觉与民族文化产业发展——以云南丽江为例》,《西南民族大学学报》(人文社会科学版) 2012年第9期。
② 李海央、朱明月、唐璞:《促进云南民族文化产业发展的法律思考》,《西南农业大学学报》(社会科学版) 2012年第10期。
③ 覃玉荣:《中国—东盟跨境民族文化产业发展与合作——基于文化距离的探究》,《广西社会科学》2012年第11期。
④ 杨福泉:《探寻文化资源与民族文化产业发展之间的平衡——以云南为例》,《中央民族大学学报》(哲学社会科学版) 2013年第2期。
⑤ 王晓君、邓志新:《民族文化产业发展的知识产权策略——以贵州省为例》,《国家行政学院学报》2013年第5期。
⑥ 唐孝辉:《内蒙古民族文化产业发展的立法体系构建》,《黑龙江民族丛刊》2015年第4期。

述了产业生态化的概念、范围、本质和目标①。著名生态环境学学者王如松认为,产业生态学是研究社会生产活动中自然资源的全代谢过程、组织管理体制以及生产、消费、调控行为的动力学机制、控制论方法及其与生命支持系统相互关系的系统科学②。李孔岳认为,产业生态化的本质是全程生态化,即拓展生态园区的概念至绿色原料、能源及工业无机环境的构建,后至消费领域,提倡生态营销,倡导绿色消费③。厉无畏等人认为,生态化是指产业依据自然生态的有机循环原理建立的发展模式④。戴锦提出了"生态化产业结构"的概念,认为其可划分为资源产业、广义制造产业、服务产业、还原产业(环保产业)四个部门⑤。陈柳钦认为,生态化是一种新型产业模式,是产业发展的高级形态⑥。朱红伟认为,产业系统是自然生态系统演化的产物,其发展要符合经济规律并遵循自然规律,但它在性质和对物质、能量的利用方式上与生态系统有本质不同,应该从自然和社会两方面看待和研究产业生态系统的构建⑦。李慧明、左晓利认为,应以区域环境禀赋为逻辑起点,选择产业生态化发展的路径,以实现产业发展与生态环境保护良性互动的产业生态化目标⑧。张宏武、时临云从技术创新和创新经济学角度对产业生态化进行了研究⑨。刘红玉、彭福扬认为的产业生态化,一是指整个社会产业系统的生态化,即各类产业之间协调发展;二是指产业内部的生态

---

① 刘则渊、戴锦:《产业生态化与我国经济的可持续发展道路》,《自然辩证法研究》1994年第12期。
② 王如松:《产业生态学和生态产业转型》,《世界科技研究与发展》2000年第5期。
③ 李孔岳:《对产业生态化理论的思考》,《生态经济》2001年第9期。
④ 厉无畏、王慧敏:《产业发展的趋势研判与理性思考》,《中国工业经济》2002年第4期。
⑤ 戴锦:《产业生态化理论与政策研究》,东北财经大学博士学位论文,2004。
⑥ 陈柳钦:《产业发展的可持续性趋势——产业生态化》,《未来与发展》2006年第5期。
⑦ 朱红伟:《产业生态化理论的演化和发展研究》,《中国地质大学学报》(社会科学版)2008年第5期。
⑧ 李慧明、左晓利:《破解"生态"隐喻的困境——基于环境禀赋的产业生态化研究》,《中国科技论坛》2009年第3期。
⑨ 张宏武、时临云:《技术创新与产业生态化研究》,经济管理出版社,2009。

化,即不同行业产业协调发展和同一行业内产业链的有序运行①。鲁雁研究分析了产业生态化的动力因子及经济特性,认为产业生态化的动因是环境保护及清洁生产、同质产业间的竞争、技术进步与创新②。张文龙、邓伟根、余锦龙认为,在产业生态化过程中存在外部性问题,通过管制途径、补贴途径和产权途径可以不同程度地实现产业生态化外部性的内部化③。吴巨培、彭福扬认为,实现产业生态化发展,必须实现产业结构生态化、产业组织方式生态化和产业生产模式生态化④。

第二,应用研究方面。

袁增伟等人依据产业经济、环境和社会效益最大化的目标,提出了实现传统产业生态化转型的理论模式⑤。虞震认为,产业生态化的路径是发展生态产业、环境成本内在化的制度设计以及面向环境的技术创新⑥。厉无畏认为,产业生态化路径有三:实现产业系统内部产业与环境的高度统一;应用法律和经济手段把产业生态化和可持续发展理论植入产业政策全过程;推广环境无害化技术和环境友好技术,降低物质消耗和污染排放⑦。孟祥林认为,产业生态化的本质是寻找经济发展与生态环境之间的平衡,这需要通过发展生态旅游、生态农业、循环经济、生态聚集等多种模式,在产业链延伸、工业园模块化设计中实现⑧。张文龙、邓伟根认为,产业生态化是经济发展模式转型的必然选择,具体路径包括推行清洁生产、发展生态产业和传

---

① 刘红玉、彭福扬:《马克思的产业思想与当代产业发展》,《自然辩证法研究》2011年第2期。
② 鲁雁:《产业生态化动因机制及其模型构建》,《统计与决策》2011年第4期。
③ 张文龙、邓伟根、余锦龙:《产业生态化的外部性及其内部化研究》,《湖南社会科学》2012年第3期。
④ 吴巨培、彭福扬:《产业生态化发展及其实现路径》,《湖南社会科学》2013年第5期。
⑤ 袁增伟、毕军、张炳、刘文英:《传统产业生态化模式研究及应用》,《中国人口·资源与环境》2004年第2期。
⑥ 虞震:《我国产业生态化路径研究》,上海社会科学院博士学位论文,2007。
⑦ 厉无畏:《中国产业生态化发展的实现途径》,《绿叶》2008年第12期。
⑧ 孟祥林:《产业生态化:从基础条件与发展误区论平衡理念下的创新策略》,《学海》2009年第4期。

统产业的生态化改造等①。王国印提出，在"产品—产品"循环与"产品—废物—产品"循环这两种产业生态化形式之间建立一种优化的生态化耦合关系，形成"资源—产业—环境"全生态化耦合优化机制②。尹坚按照"生态位产业关联生态化"的研究思路探讨了传统工业园的生态化升级，并构建了工业园产业生态化评价指标体系③。刘传江等人从投入、占用、产出与排放四个角度构建了全面衡量产业生态化过程及阶段的IOOE模型，并以中国工业部门为例分析了全国及东部、中部、西部各区域工业生态化转型过程④。

第三，对具体产业生态化发展的相关研究。

胡芬提出了旅游产业的生态化发展观⑤；明庆忠、陈英、李庆雷认为，低碳旅游是旅游产业生态化的战略选择⑥；兰新萍研究了煤炭城市的产业生态化转型⑦；田昕加基于循环经济视角探究了林业资源型城市的产业生态化发展⑧；李德智研究了房地产业生态化及其在我国的实现路径⑨；张雅对钢铁产业的生态化设计与政策选择作了研究⑩；方忠、张华荣研究了创意产业生态化商业模式对企业绩效的影响⑪；姜仁良研究了会展产业生态化的价

---

① 张文龙、邓伟根：《产业生态化：经济发展模式转型的必然选择》，《社会科学家》2010年第7期。
② 王国印：《论产业生态化的两种形式及其耦合》，《当代经济研究》2012年第11期。
③ 尹坚：《工业园产业生态化评价指标体系及其升级路径研究——以镇江新区为例》，江苏大学博士学位论文，2013。
④ 刘传江、吴晗晗、胡威：《中国产业生态化转型的IOOE模型分析——基于工业部门2003~2012年数据的实证》，《中国人口·资源与环境》2016年第2期。
⑤ 胡芬：《可持续旅游产业生态化发展论》，中国环境科学出版社，2009。
⑥ 明庆忠、陈英、李庆雷：《低碳旅游：旅游产业生态化的战略选择》，《人文地理》2010年第5期。
⑦ 兰新萍：《煤炭城市产业生态化转型研究》，中国矿业大学出版社，2011。
⑧ 田昕加：《基于循环经济的林业资源型城市产业生态化发展研究》，中国林业出版社，2011。
⑨ 李德智：《房地产业生态化及其在我国的实现》，《东南大学学报》（哲学社会科学版）2011年第4期。
⑩ 张雅：《钢铁产业的生态化设计与政策选择》，《中国人口·资源与环境》2012年第7期。
⑪ 方忠、张华荣：《创意产业生态化商业模式对企业绩效的影响》，《现代经济探讨》2014年第5期。

值、特征、对策等问题①；陈航、王海鹰、张春雨等人构建了我国海洋产业生态化水平评价指标体系，并通过测算找出了影响海洋产业生态化发展的主要因素②；汪桥红对基于超网络模型的互联网金融产业生态化发展进行了研究③。

第四，专题探讨区域产业生态化发展相关问题的研究。

首先，关于区域产业生态化的实现路径与产业生态化水平，张文龙、余锦龙指出，区域产业生态化的路径选择是构建区域产业共生网络，并阐述了生态产业园和区域副产品循环这两种产业共生网络的具体形态④；左晓利认为，基于区域差异，不同区域应选择"资源环境促经济""经济促环境""资源与经济互促"等不同的产业生态化路径⑤；张福庆、胡海胜提出了区域产业生态化耦合度评价模型，并以鄱阳湖生态经济区为例进行了实证分析⑥。

其次，针对某些具体区域的产业生态化研究，何景熙认为，我国西部农村地区应实施以产业生态化为目标的结构调整，以摆脱自然环境、资源、人力资本存量、传统产业结构和经营方式的限制，走上可持续发展的道路⑦；杨凯研究分析了上海第三产业生态化建设的调控激励机制⑧；张建勇等人研究了广西桂东经济区的产业生态化模式并提出了发展对策⑨；陈祖海研究并分析了

---

① 姜仁良：《会展产业生态化：特征、价值及对策研究》，《科技管理研究》2014年第6期。
② 陈航、王海鹰、张春雨：《我国海洋产业生态化水平评价指标体系的构建与测算》，《统计与决策》2015年第10期。
③ 汪桥红：《基于超网络模型的互联网金融产业生态化发展研究》，《湖南科技大学学报》（社会科学版）2015年第6期。
④ 张文龙、余锦龙：《基于产业共生网络的区域产业生态化路径选择》，《社会科学家》2008年第12期。
⑤ 左晓利：《基于区域差异的产业生态化路径选择研究》，南开大学博士学位论文，2010。
⑥ 张福庆、胡海胜：《区域产业生态化耦合度评价模型及其实证研究——以鄱阳湖生态经济区为例》，《江西社会科学》2010年第4期。
⑦ 何景熙：《产业生态化，人力资本投资与西部农村可持续发展：问题和建议》，《社会科学研究》1998年第5期。
⑧ 杨凯：《上海第三产业生态化建设的调控激励机制》，《上海社会科学院学术季刊》2002年第3期。
⑨ 张建勇、宋书巧、宁常郁：《桂东经济区产业生态化模式与发展对策研究》，《地域研究与开发》2005年第5期。

西部产业生态化重组的制约因素[①]；程春生研究了福建省的产业生态化与可持续发展[②]；张雪梅研究并探讨了中国西部地区产业生态化发展的路径[③]；邱跃华以科学发展观视域对我国的产业生态化发展进行了研究[④]；王晶研究了鄱阳湖生态经济区的产业生态化[⑤]；明庆忠从生态文明的视角研究了云南旅游产业的生态化转型[⑥]；陈晓雪、潘海芹对江苏省的产业生态化水平进行了动态分析[⑦]；施本植、许树华专题研究了云南省的产业生态化改造与转型[⑧]；马勇、刘军研究了长江中游城市群的产业生态化效率[⑨]。

（2）文化产业生态化研究

目前学者们对文化产业的生态化讨论还很少，没有搜索到相关的书籍和著作，只有以下几篇学术论文直接论证或间接论及。

胡惠林在提出要构建具有目标导向的中国文化产业发展指标体系时用到了"文化产业生态化"的表述，认为"科学地推进我国文化产业的生态化、可持续性发展，就需要我们在理论和实践上，建立科学的指标体系"[⑩]。邢志勤认为，文化产业生态化是该产业发展的重要途径，是世界文化产业新的发展趋势，指出文化产业生态化系统由文化生物群落和非生物环境组成，并提出了我国文化产业实现生态化的建议[⑪]。屈峰以湄洲岛妈祖文化产业为研究对象，综合运用生态足迹、文化人类学、田野调查等方法，设计了实现湄

[①] 陈祖海：《西部循环经济战略：产业生态化重组与政策选择》，《中南民族大学学报》（人文社会科学版）2006年第4期。
[②] 程春生：《产业生态化与福建可持续发展》，《福建论坛》（人文社会科学版）2007年第1期。
[③] 张雪梅：《中国西部地区产业生态化的发展路径研究》，兰州大学博士学位论文，2009。
[④] 邱跃华：《科学发展观视域下我国产业生态化发展研究》，湖南大学博士学位论文，2013。
[⑤] 王晶：《鄱阳湖生态经济区产业生态化研究》，江西财经大学博士学位论文，2013。
[⑥] 明庆忠：《基于生态文明的云南旅游产业生态化转型研究》，中国社会科学出版社，2014。
[⑦] 陈晓雪、潘海芹：《江苏省产业生态化水平的动态分析》，《江苏社会科学》2014年第6期。
[⑧] 施本植、许树华：《产业生态化改造及转型：云南走向绿色发展的思考》，《云南社会科学》2015年第1期。
[⑨] 马勇、刘军：《长江中游城市群产业生态化效率研究》，《经济地理》2015年第6期。
[⑩] 胡惠林：《构建具有目标导向的中国文化产业发展指标体系》，《中国文化产业评论》2013年第2期。
[⑪] 邢志勤：《文化产业生态化系统的实现路径》，《重庆社会科学》2015年第1期。

洲岛妈祖文化产业的最佳经济、社会与文化效益开发路径①。王贵生、三月认为，"生态化"应是甘肃民俗文化产业开发中具有统管全局性的战略思想，它包括生态优先、生态平衡、生态富民、"优生态"渗透、双向互动、生态模式、生态建构等内容②。王凯宏提出，冰雪文化产业的发展应引入生态化理念，以崇尚自然、亲近自然、回归自然、人与自然和谐发展为创新主题的生态化发展有利于未来冰雪文化产业的国际化发展③。曹秀玲分析了我国体育文化产业发展的制约因素，提出了完善管理体制、打造行业品牌、强化人才培养、拓展融资渠道等生态化发展策略④。李百晓分析了四川影视文化产业，提出其应立足于地域文化优势，走与地域文化弘扬及城市魅力传播一体化的生态化发展道路⑤。

（3）区域民族文化产业生态化研究

对区域民族文化产业生态化的研究比较罕见。笔者曾探讨过民族文化产业生态化发展的必要性，提出了初步的理念，并分析了民族文化产业生态化发展对相关制度保障的要求及其完善⑥，但对民族文化产业生态化发展的理论支撑、框架构建、实现路径、区域性特征等均未深入探讨。本书正是试图从以上方面对民族文化产业与区域民族文化产业的生态化发展进行更深入的分析与研究，并期望找到实现的具体路径，避免空洞的理论构想，能有效地服务于我国区域民族文化产业的可持续发展。

1.2.2.4 国内研究现状评价

通过相关文献综述可以看出，国内对文化产业、民族文化产业发展、区

---

① 屈峰：《湄洲岛妈祖文化产业生态化开发路径探析》，《厦门理工学院学报》2014年第4期。
② 王贵生、三月：《甘肃民俗文化产业开发的"生态化"战略》，《甘肃社会科学》2009年第1期。
③ 王凯宏：《中国北方冰雪文化产业生态化发展探究》，《学术交流》2013年第7期。
④ 曹秀玲：《我国体育文化产业发展的限制因子及生态化策略》，《广州体育学院学报》2015年第3期。
⑤ 李百晓：《生态化创作 人文性关怀——四川影视文化产业发展创新模式研究》，《黄河之声》2016年第6期。
⑥ 王雅霖、贾登勋：《论民族文化产业的生态化发展及其制度保障》，《兰州大学学报》（社会科学版）2014年第3期。

域民族文化产业、产业生态化、区域民族文化产业生态化发展等领域的研究呈现以下特点。

第一，学界对文化产业的关注度很高，研究成果也非常丰富，涉及文化产业的方方面面，并呈现越来越深入、越来越细化的特点。在文化产业的相关研究中，对民族文化产业的关注度逐渐提高，并形成了一些关于民族文化产业理论与实践的研究成果。这些成果同样涉及民族文化产业的不同方面，其中民族文化产业发展是受到集中关注的主题，虽然研究方向各有不同，但最终目的都在于探讨如何更好地发展民族文化产业，提升其竞争力。在这些研究中，虽然没有直接以"区域民族文化产业"或"区域民族文化产业发展"命名的，但有些是以专题形式针对具体地域的民族文化产业及其发展而展开研究的。学界对产业生态化也有持续的关注，并形成了较为丰富的研究成果。

第二，不论是对前述文化产业、民族文化产业发展、区域民族文化产业还是对产业生态化等任何一个领域的研究，都体现了与国家政策密切相关的特点，充分反映了学术研究为实践服务的本质特性。自20世纪80年代至今，随着国家支持力度的不断加大，文化产业对国民经济发展的重要作用日益凸显，文化产业相关研究及其成果的数量一定程度上也反映了其与国家推进文化产业政策的正相关关系。产业生态化的研究也是如此，在我国经济发展过程中环境污染和生态破坏日益严重的背景下，国家不断出台各种政策措施加强生态环境保护，在这个过程中，产业生态化研究成果的数量也和国家政策推进保持着正相关性。

第三，现有研究体现出一些不足。对文化产业的相关研究很少涉及文化产业的生态化发展，有个别文献初步探讨了用仿照自然生态系统的方法促进文化产业的生态化发展，其他文献只是用了"生态化"的提法，并未深入探讨什么是文化产业的生态化以及如何实现文化产业的生态化。对民族文化产业发展的相关研究比较少，内容也有趋同化的特点，大多是关于民族文化资源的开发与保护、民族文化产业竞争力、民族文化产业政策、民族文化产业发展水平评估、区域民族文化产业发展的实证分析等，关于民族文化产

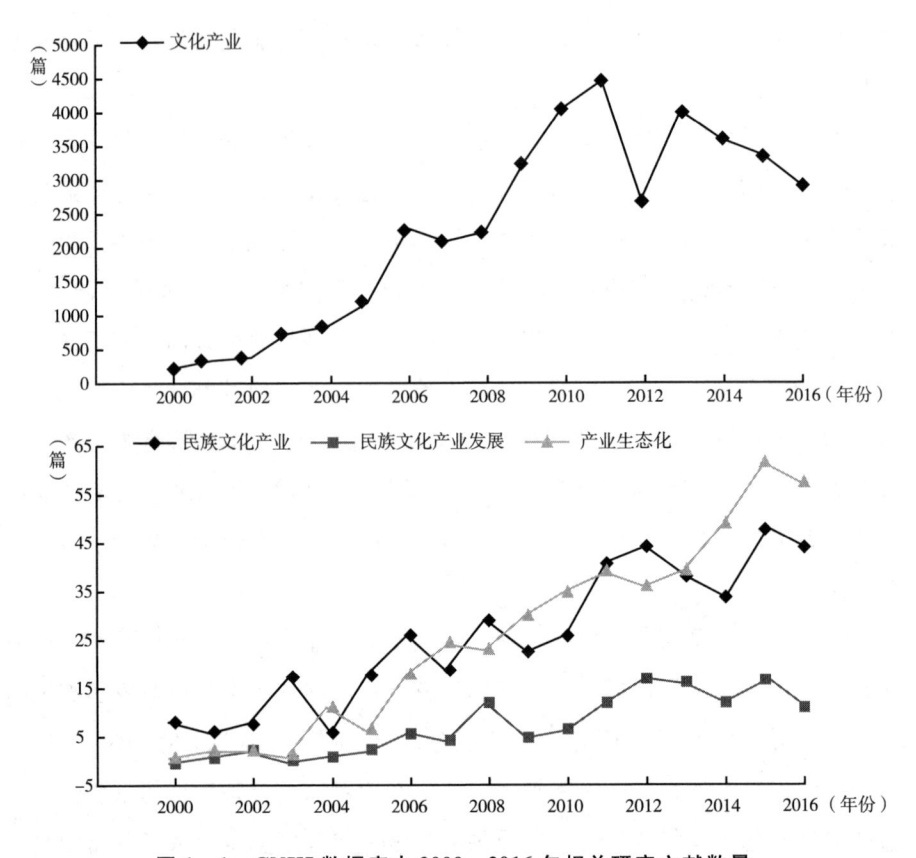

图 1-1　CNKI 数据库中 2000～2016 年相关研究文献数量

生态化发展的研究还是空白。对区域民族文化产业的研究大多具体到某地域的实证分析与发展规划，理论探讨非常少。对产业生态化的研究都是针对产业发展过程中如何更有效地利用自然资源，以达到经济效益和生态效益的同步提升而展开的，针对文化资源的相关研究几乎是空白。

而文化资源中的民族文化资源，由于在性质上与自然资源有相似性，如遗产性、价值性等，其本身又是人类的精神产品，属于意识形态的范畴，其产生、发展与传承也具有不同于其他文化的特殊规律，具有极强的生态脆弱性。同时，它还具有典型的区域性，而它又是民族文化产业的核心资源禀赋。这一切使得区域民族文化产业在推动经济发展、保护与传承民族文化资源、保护自然生态与环境等方面都具有特殊的意义和作用。因此，如何推动区域民族文化产业的可持续发展，如何充分发挥该产业的经济、文化、生态功能，如何促进该产业经济效益、文化效益、生态效益的共同提升等问题就成为该产业发展所必须面对并解决的焦点。这些正是本书所关注并试图解决的问题。

1.3 研究思路、研究方法与研究内容

1.3.1 研究思路

对"区域民族文化产业生态化发展"这个命题可以从两个方向去确定研究思路：一是以区域为重点，探讨特定区域的民族文化产业是否属于生态化发展以及如何实现生态化发展，这种路线需要以既有的民族文化产业生态化发展理论为基础，但目前学界尚未有相关的理论研究；二是以生态化发展为重点，在明确何为民族文化产业生态化发展以及为何要生态化发展的基础上，探讨如何实现生态化发展，之后再落脚到特定区域的民族文化产业，研究其是否实现生态化发展。

由于目前学界尚未出现对民族文化产业生态化发展的理论研究，也少有对区域民族文化产业发展的共性研究，因此，本书选择第二种路线来确定研究方向与思路：首先，先构建区域民族文化产业生态化发展的理论框架，在明确生态化发展的内涵、机制以及重要作用的基础上，再研究区域民族文化产业如何实现生态化发展；其次，具体到特定区域的民族文化产业，研究其是否属于生态化发展，并以此来验证相关理论；最后，分析研究其制度保障。

本书在总体研究思路上遵循了"引出问题—现实需求—理论分析—实证分析—研究结论"的逻辑结构，具体内容围绕"民族文化产业为何要生态化发展、何为区域民族文化产业的生态化发展、区域民族文化产业如何生态化发展、特定区域的民族文化产业是否属于生态化发展、制度如何保障区域民族文化产业生态化发展"这条主线展开。各部分内容具有独立性，相

首先，本书在全面梳理和归纳相关文献的基础上，针对我国民族文化产业的发展现状与存在的问题，结合区域民族文化产业的特性，以多学科交叉研究的视角，引入区域经济学、生态经济学、产业经济学、文化产业学、系统科学、生态学、民族学、文化学、法学等学科的相关理论，分析区域民族文化产业生态化发展的运行基础、运行规律、运行机理，论证其内涵、本质与优势，构建区域民族文化产业生态化发展的理论框架。这部分解决的是"民族文化产业为何要生态化发展"以及"何为区域民族文化产业的生态化发展"的问题。

其次，本书运用系统论、协同论和生态学相关理论，重点研究区域民族文化产业生态化发展的两条实现路径：关于区域民族文化产业系统的协同发展路径，在分析区域民族文化产业系统协同进化机制的基础上，通过构建协同进化模型和协同度测度模型进行研究，并建立相关的序参量和指标体系；关于构建区域民族文化产业生态系统路径，首先分析生态学理论在区域民族文化产业生态系统中的应用，在此基础上，论证区域民族文化产业生态系统的内涵与特征、自组织结构特性与功能，分析其在该产业生态化发展过程中的优势，并探讨其构建途径。这部分回答"区域民族文化产业如何生态化发展"的问题。

再次，本书选择特定区域，对其民族文化产业是否属于生态化发展进行研究，并对相关理论探讨进行验证。先以甘肃省甘南藏族自治州为例，根据区域民族文化产业系统协同进化模型和相关的统计数据，对其民族文化产业在特定阶段内是否处于协同进化发展的状态进行纵向研究，并对其民族文化产业生态系统的构建进行分析；再以内蒙古、广西、新疆、西藏、宁夏五个自治区为例，根据区域民族文化产业系统协同度测度模型和相关统计数据，对其民族文化产业的协同度与协同类型进行研究。通过这部分实证分析，可以明确"特定区域的民族文化产业是否属于生态化发展"的问题。

最后，本书从政策与法律法规两个方面对民族文化产业生态化发展的制度保障进行研究。先论证如何充分发挥产业政策对民族文化产业生态化发展的引导与推动作用；其后，在论证区域民族文化产业生态化发展对法律保障普适性要求的基础上，以甘肃省为例，分析民族文化产业法律保障的现状及问题，并提出完善区域民族文化产业生态化发展法律保障的对策与建议。这部分探讨的是"制度如何保障区域民族文化产业生态化发展"的问题。

1.3.2 研究方法

（1）系统分析方法

区域民族文化产业是一个多方面都难以定量的极其复杂的巨系统，因此，本书运用系统分析方法加以研究，分析它作为一个复杂巨系统的结构、功能及其与内部各子系统、各要素以及外部环境的关系，研究如何通过生态化发展路径即区域民族文化产业系统与各子系统的协同发展和构建区域民族文化产业生态系统实现可持续发展。

（2）比较研究方法

本书在多学科交叉研究的过程中，运用比较研究方法对自然生态系统、民族文化系统、区域民族文化产业系统进行了全方位的比较分析，并分别在现状分析、理论分析、实证分析三个部分对民族文化产业的区域性特征作了比较研究。

（3）定性与定量相结合的综合集成方法

1990年，钱学森先生与他的研究伙伴提出了综合集成方法，并指出它是一个有效处理开放的复杂巨系统的方法。它将各种专家、数据、技术、学科理论、经验知识相结合，构成一个系统，发挥其整体优势和综合优势[1]。该方法强调"综合"与"集成"，前者需要依据不同事物组合形成的整体进行思考和研究，后者需要将相关事物集中在一起构成系统去解决问题。该方

---

[1] 钱学森、于景元、戴汝为：《一个科学新领域——开放的复杂的巨系统及其方法论》，《自然杂志》1990年第1期。

法包括定性综合集成、定性与定量相结合的综合集成、从定性到定量的综合集成[①]，是一种将多学科研究、多部门综合交叉的软系统方法与硬系统方法相结合的方法。

本书运用了定性与定量相结合的综合集成方法，先在整体上思考并构建了区域民族文化产业生态化发展的理论框架，并将区域民族文化产业及其发展的各种要素集中在一起构成区域民族文化产业系统，通过各子系统的协同发展和构建区域民族文化产业生态系统的路径解决问题，实现该产业的生态化发展。本书定性分析了区域民族文化产业的生态化发展概念以及如何实现生态化发展，也定量分析研究了区域民族文化产业系统各子系统的相互关系及其协同发展机制。

（4）文献分析方法

文献分析方法是社会科学的主要研究方法之一。本书对文献分析方法的运用主要是文献阅读方法和文献计量方法。笔者利用图书馆、电子数据库、互联网等查阅了大量相关文献，充分了解、掌握关于文化产业、民族文化产业、产业生态化、产业可持续发展等领域的研究成果，尽可能以更全面的视角、更扎实的理论基础和更翔实的案例展开研究，并在此基础上通过提炼、归纳、总结形成本书的研究思路。此外，本书也运用了文献计量方法说明相关问题。

（5）规范分析与实证分析相结合的方法

规范分析要解决的是"应该是什么"的问题，实证分析要解决的则是"是什么"的问题。本书在研究中运用了规范分析的方法探讨了区域民族文化产业应该怎样通过生态化发展实现可持续发展的问题，也运用了实证分析方法构建了区域民族文化产业系统协同进化的计量模型和协同度测度计量模型，选择样本区域进行了实证分析。

[①] 顾基发、王浣尘、唐锡晋：《综合集成方法体系与系统学研究》，科学出版社，2007，第276页。

1.3.3 研究内容

本书用九章的内容对区域民族文化产业生态化发展的理论、路径以及制度保障进行了分析和论证。

第1章，绪论。

本章阐述了选题背景，提出了问题，阐明了其研究意义；在掌握国内外研究动态与现状的基础上，设计了研究方案，陈述了思路，说明了研究方法、研究内容、技术路线和可能的创新之处。

第2章，主要理论基础与相关概念的厘清。

本章介绍了本书研究所依据的经济学相关理论（区位论、比较优势理论、资源稀缺论、可持续发展理论）、系统科学相关理论（系统论、协同论）、生态学相关理论（生物食物链理论、种内生存理论、种间关系理论、生物冗余及多样性原理）。在此基础上，界定了区域民族文化产业与生态化发展：从对文化产业、民族文化、区域、生态化、发展的剖析逐步展开，抽丝剥茧，明确了它们各自的概念、属性、特征、类型、功能及相互关系，并最终厘清了区域民族文化产业与生态化发展的内涵与外延，为整体的研究和论证奠定了基础。

第3章，我国区域民族文化产业的发展现状。

本章首先简单阐述了我国文化产业的发展历程；其次，重点分析了我国区域民族文化产业的发展现状与五个特点，即区域民族文化资源富集、区域民族文化产业发展迅速、以区域民族文化旅游产业为核心、区域性特点突出、各地民族文化产业发展不平衡；最后，着重分析了我国区域民族文化产业发展中存在的三个主要问题，即经济效益不高、经济功能有待提升，文化效益较差、文化功能发挥不足，生态效益较低、生态功能亟须提升。这是区域民族文化产业生态化发展的现实依据。

第4章，区域民族文化产业生态化发展的理论框架。

本章围绕生态化发展的运行基础、运行规律、运行机理、内涵与本质、优势等五个方面构建了区域民族文化产业生态化发展的理论框架：第一，分析了其运行基础，即区域民族文化产业系统的结构、特性及其与文化系统、经济系统、产业系统、生态系统的关系；第二，明确了其运行规律，即需要同时遵循文化产业发展规律、民族文化发展规律和生态经济协调发展规律；第三，分析了其运行机理，在论证产业生态化核心的基础上，指出区域民族文化产业生态化发展的作用对象是区域民族文化产业系统，其实现路径则是模仿自然生态系统的运行机制，这种模仿又有两种具体的路径，一是模仿自然生态系统内部各组分之间的协同进化机制，二是通过构建区域民族文化产业生态系统直接模仿高度协同的自然生态系统的结构方式与作用机制；第四，阐述了其内涵与本质，指出区域民族文化产业生态化发展是生态经济模式的发展；第五，分析了生态化发展的优势，它符合民族文化资源特性的要求，能保障区域民族文化产业经济功能、文化功能、生态功能的充分发挥，有利于实现该产业的可持续发展。本章为探寻区域民族文化产业生态化发展路径奠定了理论基础。

第5章，路径一：区域民族文化产业系统的协同发展。

模仿自然生态系统的协同进化机制实现区域民族文化产业系统的协同发展，是区域民族文化产业生态化发展的路径之一。本章首先运用协同论分析论证了区域民族文化产业系统及其内部区域民族文化子系统、区域产业子系统、区域生态子系统之间的协同进化机制；其次，基于逻辑斯蒂增长模型，构建了区域民族文化产业系统的协同进化模型，对该系统的协同进化进行纵向演化的计量分析，同时，也构建了区域民族文化产业系统协同度测度模型，对该系统的协同度进行计量分析；最后，根据序参量与指标选取的一般原则，构建了区域民族文化产业系统协同发展的序参量与指标体系。

第6章，路径二：构建区域民族文化产业生态系统。

通过模仿自然生态系统的结构方式构建区域民族文化产业生态系统，是区域民族文化产业生态化发展的路径之二。本章首先分析了生态学相关理论在区域民族文化产业生态系统中的应用；其次，论证了区域民族文化产业生态系统的内涵与特征，从系统生态学、组织生态学、生态哲学等不同视角着重剖析了其结构与功能；再次，分析了该产业生态系统运行的关键，即区域民族文化生态产业链的自组织特性与优势所在；最后，对区域民族文化产业生态系统的构建途径提出了建议。

第7章，区域民族文化产业生态化发展路径的实证分析。

本章基于前文的论证对区域民族文化产业生态化发展的两种路径进行了实证分析。首先，以甘肃省甘南藏族自治州为例，根据协同进化模型和相关的统计数据，对2008年至2016年甘南州民族文化产业的发展过程进行了有序度分析和竞争与合作关系分析，结果显示，其处于协同发展状态，符合甘南州民族文化产业发展的实际状况，也验证了本书所建立的区域民族文化产业系统协同进化模型和计算方法是可行的；其次，对甘南州民族文化产业生态系统的构建进行了实例分析；最后，以我国内蒙古、广西、新疆、西藏、宁夏五个自治区为例，根据区域民族文化产业系统协同度测度模型和相关统计数据，对其2016年民族文化产业的协同度与协同类型进行了分析。

第8章，区域民族文化产业生态化发展的制度保障。

制度环境是引导和保障区域民族文化产业生态化发展的关键。本章从政策与法律法规两个方面对区域民族文化产业生态化发展的制度保障进行了分析。首先，从制定科学有效的区域民族文化产业促进政策和将区域民族文化产业政策与民族文化产业资源的保护相结合两个方面论证了如何充分发挥产业政策对区域民族文化产业生态化发展的引导与推动作用；其次，探讨了区域民族文化产业生态化发展对法律保障的普适性要求，在此基础上，以甘肃省为例，分析了其民族文化产业法律保障的现状与问题；最后，对区域民族文化产业生态化发展法律保障的完善提出了对策与建议。

第9章，结论与展望。

本章对全书作了总结，阐述了主要结论。在分析不足的基础上，展望了后续研究方向和本书尚未解决、有待进一步研究的问题。

1.3.4 技术路线图

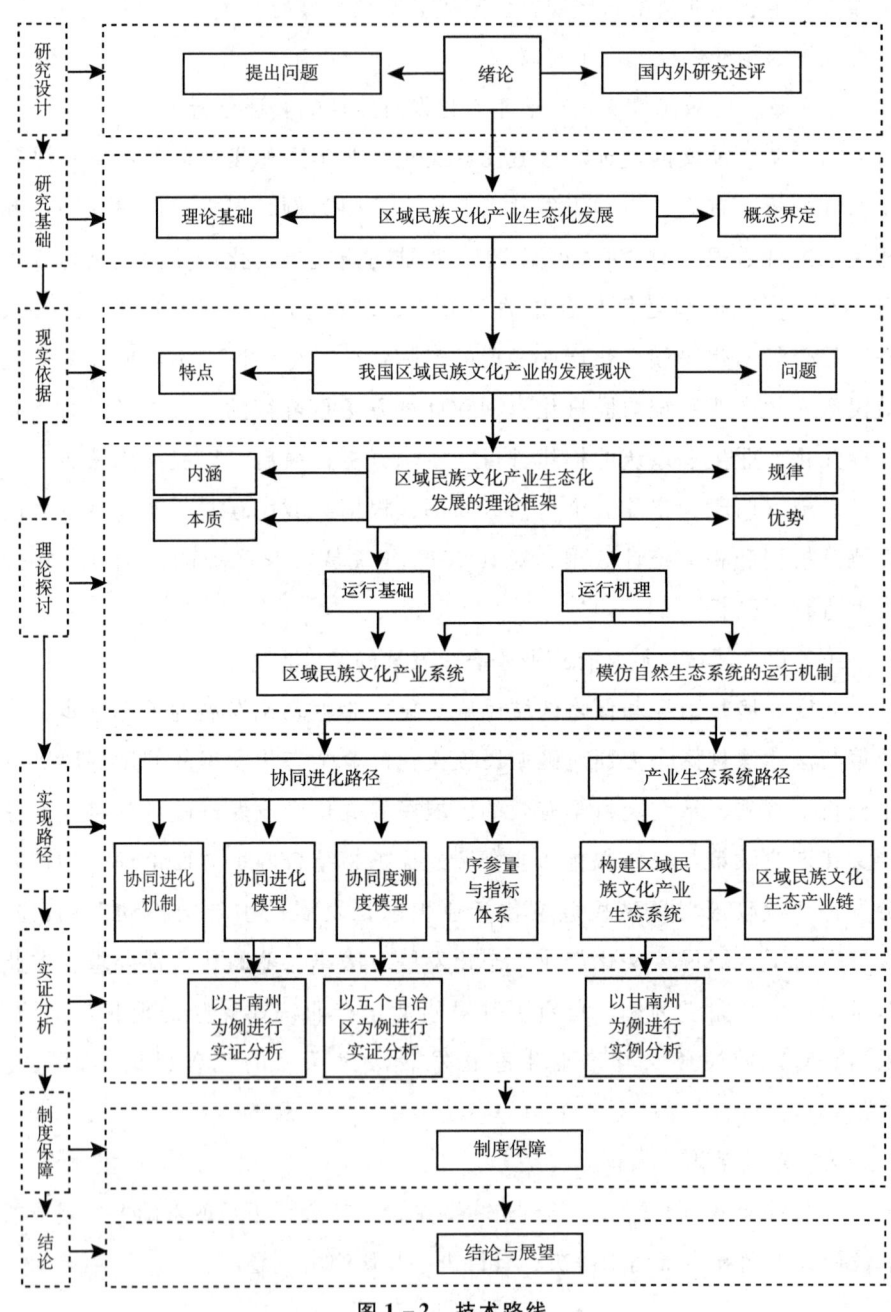

图 1-2 技术路线

1.4 可能的创新

对于区域民族文化产业的发展,现有研究和实践少有提及生态化发展方向,也未见到具体方法和路径的探讨。本书提出区域民族文化产业应实现生态化发展,并研究了其理论框架、实现路径以及制度保障,为区域民族文化产业的可持续发展提出了一个新的方向和思路。

本书可能的创新如下。

(1) 以多学科交叉视角研究区域民族文化产业的可持续发展

现有对区域民族文化产业的研究多是单纯从经济学或文化学的角度进行,本书以多学科交叉的视角,在生态经济学与区域经济学研究的基础上,引入系统科学、生态学、产业生态学、文化学、民族学、法学等多学科相关理论,提出通过生态化发展路径实现区域民族文化产业的可持续发展,并从产业自身发展、民族文化资源与文化生态保护、自然资源与自然生态保护三者的关系上加以论证,拓展了民族文化产业可持续发展的研究视野。

(2) 构建了区域民族文化产业生态化发展的理论框架

现有对区域民族文化产业的研究少有关于生态化发展方向的探讨,只有个别文献论及文化产业系统的某些问题,也少有针对区域民族文化产业发展共性的理论阐述。本书从运行基础、运行规律、运行机理、内涵与本质、优势等五个方面构建了区域民族文化产业生态化发展的理论框架,丰富了民族文化产业的理论研究。

(3) 探讨了实现区域民族文化产业生态化发展的两条具体路径并进行了实证研究

本书运用系统论、协同论、生态学与生态经济学、区域经济学相关理论,论证了实现区域民族文化产业生态化发展的两条具体路径及其相互之间的关系。对区域民族文化产业系统协同发展路径的研究,尝试运用计量经济学方法进行了定量分析,构建了区域民族文化产业系统的协同进化模型,并以甘南藏族自治州为例进行了实证分析;同时,构建了系统协同度测度模型,并以五个自治区为例进行了实证分析。对构建区域民族文化产业生态系统路径的研究,则主要从区域民族文化产业生态系统、区域民族文化生态产业链的自组织结构与功能以及特性与优势等方面加以论证,并对甘南民族文化产业生态系统的构建进行了实例分析。这两条具体路径为区域民族文化产业生态化发展理论服务于实践提供了可行有效的途径。

(4)分析了区域民族文化产业生态化发展的制度保障

由于目前学界尚未出现对民族文化产业生态化发展的理论研究,对其制度保障的相关研究自然也缺失。本书在论证了区域民族文化产业生态化发展的理论与路径基础上,从产业政策的引导推动与法律法规的有效保障两个方面对区域民族文化产业生态化发展的制度保障进行了分析和论证。

(5)从民族文化的形成与传承机理及其本质属性角度研究了民族文化资源与区域民族文化产业可持续发展的关系

现有对民族文化产业可持续发展的研究大多是从经济学角度分析,本书运用了文化学相关知识,从民族文化的形成与传承机理角度,论证了作为区域民族文化产业核心资源禀赋的民族文化资源与自然资源的相似性与差异,并基于民族文化的本质属性分析了区域民族文化产业对生态化发展的内在需求。

第2章 主要理论基础与相关概念的厘清

2.1 主要理论基础

2.1.1 经济学相关理论

2.1.1.1 区位论

区位论也称经济区位论、空间经济学，是研究人类经济行为的空间区位选择及空间区内经济活动优化组合的理论。它研究人类社会经济活动的空间分布规律，揭示了各区位因子（因素）在地理空间形成发展中的作用机制。

一般认为，区位论的发展经历了古典区位论、近代区位论和现代区位论三个阶段。古典区位论以杜能的"农业区位论"和韦伯的"工业区位论"为代表，特点是以单一的企业为研究对象，着眼于成本、运费最省。近代区位论以费特的"贸易区边界区位理论"、俄林的"贸易与工业综合区位论"、克里斯塔勒的"中心地理论"、廖什的"市场区位论"等为代表，研究方向转向追求市场的扩大。现代区位论开始运用动态的研究方法研究区域总体的生产、交换、价格与贸易等，以解决现实的社会经济问题。

区位论认为，区位是人类行为活动的空间，是自然地理区位、经济地理区位、交通地理区位等在空间地域上的有机结合，它强调地理要素与经济社会活动之间的相互作用在空间位置上的反映。区位论的研究主要包括区位主体、区位因素、区位条件、区位优势、区位选择等几个部分，它们紧密关联、相互作用。

区位主体是指企业经营活动、个人活动等与人类相关的经济和社会活动。区位主体在空间区位中的相互运行关系被称为区位关联度，它会影响投资者和使用者的区位选择，其选择总是倾向于成本最低的区位。区位条件是指区位本身具有的特点、属性、资质等，它由各种区位因素所构成。区位因素（也称为区位因子）则是指促使区位地理特性与各种功能形成、变化的原因或条件，它是影响区位主体分布的原因，包括自然因素、社会经济因素、技术因素等。自然因素具体包括地理位置、地形地貌、气候水体、自然资源、区位形状等因子，社会经济因素具体包括人口、民族、文化、政策、管理、教育、资金、市场、旅游、交通等因子，技术因素主要指科技水平因子。有利的区位条件和区位因素如资源、劳动力、工业聚集、地理位置、交通等会形成区位优势，但区位优势是一个综合性概念，单项的有利条件往往难以形成区位优势。区位优势会随着区位条件和区位因素的变化而不断发展变化。

区位论告诉我们，在进行区位选择时，应遵循因地制宜和动态平衡的原则，根据具体经济活动的内容和地点，综合考虑影响区位活动的各种因素，尤其是市场、交通、政策、技术等不断发展变化的动态因素，促使经济活动能合理充分地利用当地各种资源，从而降低成本，提升经济效益。同时，也应该遵循统一性原则，将区位看作一个开放的复杂巨系统，分析该系统及其内部各组分以及外部环境之间的相互作用机制，在保持区位系统内部各要素、区位系统与其他系统的协调统一以及区位活动经济效益、社会效益、环境效益协调统一的基础上作出选择。

本书的研究对象是区域民族文化产业，该产业是在民族文化资源、自然生态环境、地理位置以及社会、经济、科技、管理、旅游、交通等各方面形成的综合资源与条件优势的基础上发展的，区位论是本书研究论证的基础。

2.1.1.2 比较优势理论

比较优势理论起源于西方古典经济学家对国际贸易理论的研究。这里的比较优势主要是指两个国家或地区通过比较体现出来的优势或有利条件。比较优势理论主要包括亚当·斯密的绝对优势理论、大卫·李嘉图的相对比较优势理论、赫克歇尔与俄林的生产要素禀赋理论。迈克尔·波特的竞争优势理论也被一些学者认为是对比较优势理论的发展。

英国古典经济学家亚当·斯密于1776年在其《国民财富的性质与原因的研究》一书中提出了绝对优势理论，也被称为绝对利益理论。该理论认为，每个区域都有一定的绝对有利的生产条件，以这些条件进行分工和生产的成本更低，各区域相互之间的交换会使每个区域的资源得到最有效的利用，从而提高区域生产率，增进区域利益。这里的绝对有利的生产条件即绝对优势，它可以是自然形成的，也可以是后天获得的。绝对优势理论并未说明无任何绝对优势即生产成本和效率都处于绝对劣势的国家和区域如何参与分工并从中获利。

英国经济学家大卫·李嘉图继承和发展了绝对优势理论，在1817年出版的《政治经济学及赋税原理》一书中系统提出了相对比较优势理论，也被称为比较利益理论。该理论认为，每个国家或地区没必要生产所有产品，即便是具有绝对优势的国家和地区，也都应该选择生产优势最大的产品，相反，那些处于劣势的国家和地区则应该选择生产不利程度最小的产品。换言之，每个国家或地区都应该集中力量生产那些利益较大或不利较小的产品，并从这种分工与贸易中获得比较利益。在该理论中，比较优势既存在于绝对优势的最大优势里，也存在于绝对劣势的最小劣势里。一般认为，绝对优势理论是相对比较优势理论的特例，后者具有更普遍的适用性。相对比较优势理论并未对比较优势原理的形成作出合理解释。

瑞典经济学家伊·菲·赫克歇尔（Eli F Heckscher）在1919年发表的《国际贸易对收入分配的影响》一文中探讨了各国资源要素禀赋构成与商品贸易模式之间的关系，认为要素绝对价格的平均化是国际贸易的必然结果。其后，他的学生瑞典经济学家戈特哈德·贝蒂·俄林（Bertil Ohlin）在

1933年出版的经典著作《地区间贸易与国际贸易》一书中对这个理论进一步加以阐释和发展，形成了赫克歇尔—俄林生产要素禀赋理论，简称H－O定理。该理论认为，国家或地区分工产生的基本原因是每个国家或地区的生产要素禀赋不同，假定生产要素流动存在障碍且忽略需求因素的影响，国家或区域利用其相对丰裕的生产要素进行生产就会处于有利地位，相互依赖的多种生产要素的差异是比较优势的源泉。该理论阐释了比较优势的成因，补充和推进了比较优势理论。

第二次世界大战后，以要素分析为基本方法的"里昂惕夫之谜"、技术差距论、新要素理论、产品差异化理论、产品生命周期理论以及规模经济、集聚经济等概念的应用使比较优势理论得到了全新的发展。

美国经济学家迈克尔·波特提出了国家竞争优势理论。该理论认为，国家竞争优势来源于生产要素、需求状况、相关产业和支持产业表现、企业战略/企业结构与竞争对手这四个基本因素以及机会、政府作用这两个辅助因素，它们共同构成打造国家优势的钻石体系。企业的竞争优势来源于其所在国的国家竞争优势。土地、劳动力、资本、自然资源等是竞争优势的低级要素，机制、政府质量、管理水平、人力资源、品牌、技术创新等动态可变的高级软要素在更高层次上决定了竞争力。有学者认为，比较优势与竞争优势是对立的，后者应取代前者，波特本人就持这种观点，但熊贤良[1]、林毅夫[2]等学者则认为，竞争优势与比较优势具有一致性，两者相辅相成，竞争优势是扩大了的比较优势，其建立以比较优势的发挥为基础，是对比较优势理论的补充与发展。

本书探讨的是民族文化产业的生态化发展问题，民族文化产业属于特色经济，不同区域的民族文化产业在民族文化资源、产业发展水平、自然生态环境等方面都具有各自的优势，也有很大的差异，具有典型的区域性特征，需要运用比较优势理论对其进行科学的分析与论证。

---

[1] 熊贤良：《比较优势与竞争优势的分离与结合》，《国际贸易问题》1991年第6期。
[2] 林毅夫、李永军：《比较优势、竞争优势与发展中国家的经济发展》，《管理世界》2003年第7期。

2.1.1.3 资源稀缺论

资源稀缺以及由此产生的资源分配问题是经济学研究的核心命题，也是可持续发展理论研究的起点。随着资源稀缺对经济发展制约的日益凸显，阐释资源稀缺问题的理论不断出现，资源稀缺论即为其一。古典经济学家关于资源稀缺对经济增长的约束通常被归纳为资源绝对稀缺论与资源相对稀缺论两种。

资源绝对稀缺论的代表人物是马尔萨斯。该理论认为，自然资源的总量相对于人类无限的需求而言，在任何时候都是有限与稀缺的，会逐渐耗竭，一旦没有替代品出现，就会对经济发展构成绝对的约束。该理论从供给和生产成本的角度来建立自然资源的稀缺及其效应理论，认为人口在不受阻碍的情况下将以几何级数增加，而人类生存所需的生活资料只以算术级数增加，二者极不平衡；动态来看，前者终有超过后者的趋势，此时就会导致经济停滞，也会导致人口灾难性的减少，技术进步和社会发展也不会对此有所改变，因此，应该控制人口增长，使其与生活资料的增长保持平衡。学界普遍认为，资源绝对稀缺论低估了技术进步的力量，忽视了收入水平、教育水平的提高以及人们家庭态度和生育观念的改变对资源稀缺与经济增长关系的影响。也有学者认为，对该理论的完整理解并不准确，其也体现了一定的相对稀缺的思想[①]。该理论后来被增长极限论所发展。

资源相对稀缺论的代表人物是斯密（A. Smith）和李嘉图（D. Ricardo）。该理论从土地质量存在的差异性和收益递减规律出发，以资源质量下降的相对稀缺否定了资源的绝对稀缺。它认为资源虽然是有限的，但不

[①] 周纪昌：《马尔萨斯的自然资源稀缺论》，《生态经济》2012年第5期；哈罗德·巴尼特（Harold J. Barnett）和钱德勒·莫尔斯（Chandler Morse）认为，如果马尔萨斯的理论仅仅是建立在"自然资源是固定有限的""人口趋于不断地扩张"这两个假定基础上，那么其对自然资源稀缺性的理解可以认定为一种长期趋势下的绝对稀缺思想，但如果要产生马尔萨斯理论中所需要的收益递减趋势，仅有这两个假定是不够的，还需要对时间维度和人口趋势、自然资源的可得性、技术和制度、生产过程这四个方面进行详细说明，此时，该理论更像是考虑了现实众多因素讨论关于短期问题的相对稀缺思想。

是绝对稀缺的，当资源被消耗时，稀缺性上升，单位生产边际成本提高，在市场经济中会以价格的形式反映出来；此时，经济系统会对该价格信号作出相应的回应，不断增加的成本会刺激技术进步，替代资源会出现，或者会通过各种方式更有效地开发利用资源；因此，虽然资源分布不均会造成局部的资源稀缺，但一定时空内资源的总供给能够满足总需求。该理论强调资源稀缺会使经济增长出现暂时的、不断增加的相对性稀缺，但不会构成绝对约束。资源相对稀缺论后来被新古典主义所发展，成为其经济分析的核心。

本书运用资源稀缺论对民族文化产业的资源禀赋进行了分析。民族文化产业的资源有两种，一种是其核心资源禀赋民族文化，另一种则是民族文化依托的物质载体所需要的自然资源。自然资源是稀缺的，民族文化资源基于其特殊的发展变迁规律也具有稀缺性，二者都制约着区域民族文化产业的发展。本书即在运用资源稀缺论分析民族文化资源与自然资源的基础上展开对区域民族文化产业可持续发展的研究。

2.1.1.4 可持续发展理论

传统的经济增长方式导致了世界各国陷入生态环境危机，给人类的发展带来了巨大的挑战，人们开始深刻反思，探求能够带领人类走出资源与环境困境的发展方式。可持续发展理论就是伴随着各国经济社会发展的实践需求，在各国学者与国际组织不断努力的基础上逐渐发展起来的。

（1）可持续发展的理论渊源

从理论渊源看，可持续发展理论就是针对资源稀缺与发展的矛盾展开的。很多经济学家都对资源的稀缺与经济增长的宏观前景提出了自己的观点，如斯密的"人口与经济增长的限度论"、李嘉图的"资源相对稀缺论"、穆勒的"静态经济论"等，它们都是可持续发展的理论思想资源，但对可持续发展理论的形成最有影响的还是1972年发表的《增长的极限——罗马俱乐部关于人类困境的研究报告》提出的"增长极限论"。它认为，世界人口、经济、粮食消费、资源消耗和污染都是按照指数式增长的，增长是有极限的①，并由此提出了经济"零增长"观。虽然增长极限论被认为存在各种缺陷，遭到了很多经济学家的批评和反对，但它第一次明确提出自然资源与生态环境是人类发展的必要支撑，促使人们开始考虑如何实现经济社会与自然生态系统和谐发展，为可持续发展理论的产生奠定了基础。

（2）可持续发展理论的演化过程

从可持续发展理论形成的里程碑事件来看，它经历了从最初仅强调对自然资源与环境的保护发展到现在强调人口、资源、环境与经济协调发展的演化过程（见表2-1）。

表2-1 可持续发展理论形成大事记

时间	事件	内容
1962年	英国学者雷切尔·卡森（Rachel Carson）出版著作《寂静的春天》	描述了农药污染对环境的影响，引发对发展理念全球性的思考
1972年	美国学者芭芭拉·沃德（Barbara Ward）、勒内·杜博斯（Rene Dubos）发表《只有一个地球》	在对生存和环境的理解中引入了可持续发展理念
1972年	联合国在瑞典斯德哥尔摩召开人类与环境大会	正式提出"可持续发展"，把"发展"由"单纯的经济增长"引申为"经济增长中的数量与质量的改善"，是世界范围内首次强调经济与环境协调发展
1980年	联合国环境规划署委托世界自然保护联盟（IUCN）起草文件《世界自然保护战略》，世界野生生物基金会（世界自然基金会）（WWF）发表《世界自然资源保护大纲》	从植物资源保护的角度提出，保护资源与发展经济相结合，实现可持续发展，呼吁必须确定自然的、社会的、生态的、经济的以及利用自然资源过程的基本关系，这是首次出现"可持续发展"的概念
1987年	以挪威首相布伦特兰夫人（G.H.Brundland）为主席的世界环境与发展委员会（WCED）向联合国提交文件《我们共同的未来》	正式界定可持续发展为"既满足当代人的需要，又不损害后代人满足需要的能力的发展"，构建了可持续发展理论及战略的基本框架
1991年	世界自然保护同盟（INCN）、世界野生生物基金会（WWF）和联合国环境规划署（UN-EP）共同发表《保护地球——可持续生存战略》	提出可持续发展是"在生存和不超过维持生态环境系统涵养能力的情况下，提高人类的生活质量"，并提出九条人类可持续生存的基本原则

---

① 米都斯：《增长的极限》，吉林人民出版社，1997，第17页。

续表

时间	事件	内容
1991年	国际生物科学联合会（IUBS）、国际生态学联合会（INTECOL）提出可持续发展的定义	"可持续发展是保护和加强环境系统的生产和更新能力"，强调了可持续发展的自然属性
1992年	联合国"环境与发展"国家首脑大会在巴西里约热内卢召开，会议通过了《里约宣言》《21世纪议程》《生物多样性公约》等纲领性文件	可持续发展理念被确定为21世纪的全球发展战略，其中《21世纪议程》提出，"一个国家的可持续发展能力，很大程度上取决于在其生态和地理条件下人民和体制的能力，具体包括一个国家在人力、科学、技术、组织、机构和资源方面能力的培养和增强"
1994年	中国发表《中国21世纪议程》	中国正式选择了可持续发展战略
1996年	约100个国家设立了专门的可持续发展委员会，1600个地方政府制定了当地的21世纪议程	可持续发展理论与发展战略在世界范围内得到普遍接受并付诸实施
2002年	可持续发展世界首脑会议（地球峰会）在南非约翰内斯堡召开	包括104个国家元首和政府首脑在内的192个国家的代表共商全球未来的可持续发展大计

（3）可持续发展的概念

许多不同研究领域的学者从不同角度对可持续发展的概念作出了或侧重于自然属性或侧重于社会属性或侧重于经济属性或侧重于科技属性或侧重于空间属性等不同的阐述。但目前，国际社会运用最广泛的仍是1987年布伦特兰夫人提出的"可持续发展是指既满足当代人的需要，又不损害后代人满足需要的能力的发展"这个概念。

（4）可持续发展理念的内涵

可持续发展理念，体现了人类对自身发展强烈的忧患意识，是人类对自身与自然的关系理性思考后确定的发展目标与发展模式。它把经济发展建立在生态可持续、社会公正和人民积极参与自身发展决策的基础上，将人口、资源、环境、经济与科学技术及其之间的相互作用看作一个复杂的以人的发展为中心的"生态—经济—社会"三维复合的可持续发展系统，追求在一定的时空范围内和一定的科技发展水平下人口、资源、经济、环境和科学技术等的持续、稳定、协调、均衡发展，是在资源和环境支持的限度内既满足当代人的需要，又不损害后代人利益的发展。

生态持续、经济持续、社会持续、科学技术是可持续发展的四大内涵。其中，生态持续是基础，地球的自然资源和环境为人类提供发展的空间；经济持续是核心，要通过经济总量的增加和质量的提高实现人类生活质量的不断提高；社会持续是目的，生态持续发展与经济持续发展的目的就是实现人类福利的最大化和社会的持续发展，而人是实践的主体，只有人们普遍具有可持续发展的意识并广泛参与才能真正实现生态持续和经济持续，因此，发展要以人为本，实现人的全面发展，促进社会的发展进步，并反过来进一步促进生态持续与经济持续，最终实现社会持续；科学技术是手段，凭借不断进步的科学技术节约与保护自然资源，寻求开发替代性资源，探索少污染或无污染的生产与生活方式。

（5）可持续发展的原则

可持续发展的实现需要坚持公平性、可持续性、和谐性、需求性、高效性、阶跃性[①]、共同性等原则。

第一，公平性原则，即当代人在满足自己的需求与消费时不能剥夺后代人对资源与环境的权利，同代人之间在全球范围内每一个国家或地区之间应该拥有公平的分配资源与公平发展的权利。此外，还应考虑人与其他生物之间的公平性。

第二，可持续性原则，即人类应调整自己的生产生活方式，保障经济社会活动不超越生态环境和自然资源的承载能力。

第三，和谐性原则，即促进人与自然和人类相互的和谐。

第四，需求性原则，可持续发展是满足所有人的基本需求而非只注重市场的发展，它强调人均财富不因代代更迭而下降，人们应该合理利用资源与环境。

第五，高效性原则，不仅经济生产要高效，满足人们的基本需求也要高

---

① 梁山、姜志德：《生态经济学》，中国农业出版社，2007，第274~276页。

效，可持续发展追求的是人类整体发展的高效。

第六，阶跃性原则，即人类需求的内容具有不断从较低层次向较高层次发展的阶跃性特点。

第七，共同性原则，地球是一个整体，世界各国在地球上共同生活，相互依存，只有在正视各国历史、文化与发展水平差异的基础上展开全球的联合行动，每一个国家和个人都共同坚持可持续发展理念，才能互惠共生，真正实现可持续发展。

本书研究的核心就是区域民族文化产业的可持续发展，本书在分析民族文化产业运行机理的基础上，结合其他理论的应用探究了区域民族文化产业实现自身可持续发展的路径。

2.1.2 系统科学相关理论

2.1.2.1 系统论与系统方法论

一般认为，系统论是由奥地利理论生物学家贝塔朗菲（L. V. Bertelanffy）提出的。自20世纪20年代起，他多次发表文章表达了一般系统论的思想，随后，他又在1932年发表《理论生物学》、1934年发表《现代发展理论》、1945年发表《关于一般系统论》，并于1954年发起成立一般系统论学会，出版《一般系统年鉴》，不断阐明完善该思想。1968年出版了一般系统论的纲领性著作《一般系统论——基础、发展和应用》。几经波折，在20世纪60~70年代，一般系统论最终被人们重视并承认。随后，系统论作为一门新学科，伴随着运筹学、控制论、信息论等学科与理论的发展而迅速发展，人们对系统的认识不断深化，很多新的系统科学理论不断被提出，更加深刻地揭示了系统的性质和规律。

贝塔朗菲认为，系统是"处于一定的相互关系之中并与环境发生关系的各种组成部分（要素）的总和"[1]，并在其理论中强调了系统、动态、等级的观点。他认为，有机体都是一个由相互作用的诸要素组成的系统；一切

---

[1] 贝塔朗菲：《一般系统论》，社会科学文献出版社，1987，第46页。

生命现象本身都处于积极的活动状态，生命机体是一个能保持动态稳定的系统。我国学者在此基础上突出了系统的功能性，认为系统是"由相互作用和相互依赖的若干组成部分相结合的具有特定功能的有机整体"[①]。

系统论认为自然界、人类社会和人类思维描述的各个领域的事物普遍以系统的形式而存在。要素是构成系统的最基本的单位，系统由两个以上要素组成；各要素相互之间的有机联系形成了系统内部的结构和秩序，同时，每个系统又是更大系统的要素；每个要素之间、系统与要素之间、系统与环境之间存在相互作用的机制；系统内部的有机联系和结构决定了任何系统作为一个整体都具有特定的不同于各组成要素的新功能[②]。系统的结构决定功能，功能反作用于结构，二者相互依存、不可分割。

系统具有组分（component）的整体性、结构的有序性、功能的整合性、结构与功能的可控性等性质。组分的整体性是指任何系统都有边界，并具有水平分离[③]和垂直分离[④]的特征。结构的有序性指系统的各个组分之间存在一定的量比关系并由其决定系统的特性和功能，各组分各层次分工合作，共同完成系统的整体功能，某一组分的变化会对其他组分造成影响并最终影响系统整体。功能的整合性是指系统各组分相互作用产生的集体效应与整体功能大于各部分的功能之和。结构与功能的可控性是指可通过系统控制改变系统的组分与结构，从而影响系统的功能。

演化是系统的普遍属性。系统的结构和功能随着时间的推移而发生的变化即为系统的演化，自组织理论能有效地描述系统演化的过程。一个系统在外界条件不变的情况下经过一定的时间会达到一个宏观上看并不随着时间的变化而变化的平衡态，但平衡态的系统是最无序最混乱的状态，非平衡态才

[①] 钱学森、许国志、王寿云：《论系统工程》（增订本），湖南科学技术出版社，1988，第7～27页。
[②] 李国纲、李宗山：《管理系统工程》，中国人民大学出版社，1993，第4～5页。
[③] 系统水平分离的特征是指系统都是由两个或者两个以上的组分按照一定的规格和严格的程序有序结合起来构成的。
[④] 系统垂直分离的特征即系统的层次结构特征，指系统组分又自成系统（子系统）并可垂直存在于系统的每一个层次中。

存在有规则的物质与能量流动的有序的状态。一个系统如果能随着时间的推移一直保持从无序走向有序或从低度有序走向高度有序的有序性，就成为一个自组织系统，系统自己走向有序结构的过程就是系统的自组织。自组织是自然界和社会长期演化的过程中形成的非常优化的进化方式，它也在自然界各个子系统的演化中形成了一套有效利用资源、物质和能量的循环方法。自组织理论群包括耗散结构理论、协同理论、突变理论、超循环理论、分形理论和混沌理论。

系统也是一种方法论体系，它是指用系统的概念去认识和解决各种实际问题，强调把研究对象当作一个系统，从整体出发，从各要素之间、系统与要素之间、系统与环境之间相互关联、相互促进、相互制约的关系综合地考察事物，得出科学的结论，以便对问题的处理达到最佳状态。它具有整体性、综合性、最佳化的特点。一般认为，系统方法论的哲学依据是唯物辩证法，其核心是对立统一，体现在系统科学领域，就是不同方法和描述形式之间的融会贯通，主要表现为还原论与整体论相结合、定性描述与定量描述相结合、局部描述与整体描述相结合、确定性描述与不确定性描述相结合、理论方法与经验方法相结合、分析方法与综合方法相结合、静力学描述与动力学描述相结合、精确方法与近似方法相结合，等等[①]。

本书既运用了系统方法论，也运用了系统的基本理论，将区域民族文化产业看作一个复合系统，通过分析该系统与其内部各子系统的关系和运行机制以及构建区域民族文化产业生态系统，以期寻求能充分发挥区域民族文化产业经济功能、文化功能、生态功能并促进该产业可持续发展的路径。

2.1.2.2 协同论

协同理论是由德国物理学家、斯图加特大学教授赫尔曼·哈肯（H. Haken）创立的。他在1971年提出"协同"的概念，1977年出版了《协同学导论》一书，系统论述了协同理论，此外，他还著有《高等协同学》等

---

① 谭璐、姜璐：《系统科学导论》，北京师范大学出版社，2009，第27~30页。

论著。协同理论是目前研究系统演化最成熟的理论,它越来越多地被用来解释和预言各种系统的非平衡有序现象,具有哲学的一般意义,被认为适用于整个系统物质世界,有普适性与客观性,除了物理学、化学、生物学外,它在天文学、经济学、管理学以及社会学等领域也被广泛应用。

协同理论的基本思想是,当生命和非生命的开放系统内各个系统处于一定条件时,会通过非线性的相互作用而产生协同作用与相干效应,在一定范围内,当涨落达到一定的临界点,就可以通过自组织而使系统的旧有结构在时间、空间、性质、功能等诸方面发生变化,产生新的有序结构[1]。换言之,协同理论研究的是各种不同系统相互之间从无序转为有序结构的协同合作的规律。

协同理论提出了三个基本原理:不稳定性原理、序参量原理和役使原理。不稳定性在新旧结构转换中起重要的媒介作用,由此产生序参量,序参量又导致役使的发生。役使原理包括慢变量原理、绝热消去原理和中心流形原理,它们是说明系统在临界点附近竞争与协同的动力学理论[2]。

协同理论的基本内容包括协同放大原理(指整体大于局部之和)、协同进化(其结果是形成和谐系统)、协同的开放性(这是产生有序结构的直接原因)[3],这些都是通过自组织与协同作用实现的。

自组织是系统自己走向"有序结构"的过程(既包括从无序走向有序,也包括从较低程度的有序走向较高程度的有序),具体演化进程如下:如果系统处于不变的外界条件下,一段时间后它一定会达到宏观上不随时间变化的状态并长久保持这种平衡态,此时,虽然它的分子仍在持续进行热运动,但系统的宏观观测值不变。平衡态的系统最无序、最混乱,熵(热力学熵)也最大。随着时间的推移,如果系统能抵消内部增熵并保持或不断增加其有序性,它就会逐渐走向存在规则的物质能量流动的非平衡态,成为一个"自组织系统"。这里有一个前提,即在开放的条件下,系统的自组织才能

---

[1] 哈肯:《高等协同学》,科学出版社,1989。
[2] 曾健、张一方:《社会协同学》,科学出版社,2000,第33页。
[3] 乌杰:《协同论与和谐社会》,《系统科学学报》2010年第1期。

克服其内部的增熵。

自组织是通过协同作用而进行的。系统内部各要素或各子系统之间相互作用与有机整合产生的协同作用左右着系统相变的特征和规律。系统由于其各子系统的协同作用可达到熵产生为最小的有序结构，使其组成的大系统达到最优的结果，从而实现系统的自组织。也就是说，协同通过减弱系统内各组分之间的离散和抵触状态而形成有序的整体合力与整体功能，减少内耗，发挥整体效益，使系统最终走上协同发展的道路[1]。

系统协同进化的过程是系统所承受的外力内力（即外部环境压力与内部要素变化的内力）合力造成的结果。外部环境对系统施加外力时，系统会根据受力的大小与自身的稳定性作出相应的反应。当外力在系统所能承受的阈值范围内时，系统会仅仅通过功能上的调整与新的环境达成相对的功能耦合状态，不会发生结构上的变化，但当外力增强、超出系统阈值时，微涨落变为巨涨落，系统会由"稳恒态"（即"平衡态"）进入"非平衡态"，为能更好地保证功能的实现，系统进入新的耗散结构，达到新的结构与功能的平衡。新的有序结构具有一定的稳定性，能够通过自我调节适应外界对其处于阈值之内的干扰，保持其结构与功能，但当干扰的强度再次超出系统所能承受的阈值时，系统无法再实现自我调节，其结构发生改变，功能受到破坏，于是又开始了新一轮由无序到有序的变化过程。系统也正是在这样一轮又一轮从无序到有序的转变过程中完成它的协同进化（见图2-1）。

协同作用会产生协同效应，即不同系统通过协同作用产生的效应大于这些系统的简单相加，也就是"1+1>2"的结果[2]。正如"蜜蜂与花"的启示：蜜蜂采蜜原本是自身生存的必需手段，但在采蜜过程中，蜜蜂有意无意地对花的传粉授粉起到了帮助作用，花因此可以继续繁衍，而花的存在反过来也进一步保障了蜜蜂的生存。从经济学角度讲，即两个正外部性系统叠加

---

[1] 罗贞礼：《边缘区域经济协同发展理论与实践体系研究》，《贵州社会科学》2011年第1期。
[2] 綦良群、孙凯：《高新技术产业与传统产业协同发展机理研究》，《科学学与科学技术管理》2007年第1期。

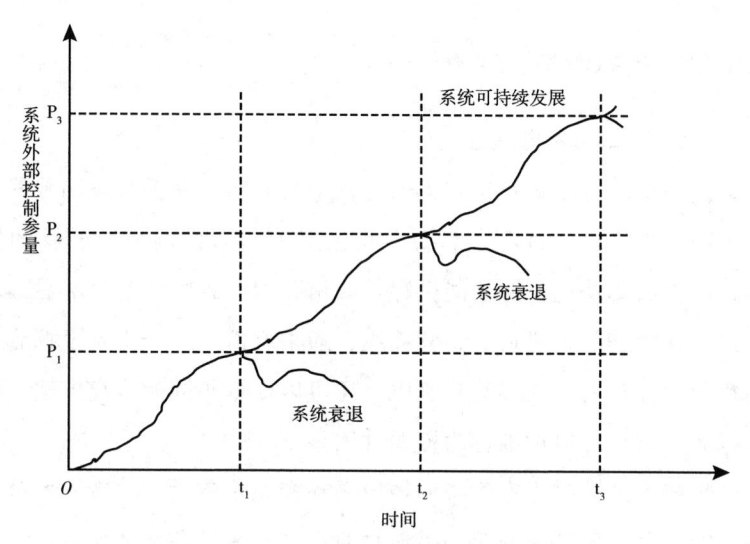

图 2-1 系统协同演化进程

带来了放大效应的结果①。

协同是为了发展，协同也是发展的前提。复杂大系统内各子系统之间互相协作、互相促进，各种因素相互调整、适应、联动，形成良性循环，实现和谐的发展。换言之，协同作用的最终目标是实现良性发展，通过系统的不断协调和各要素的共同优化，达到各子系统的比例关系处于良性发展的状态，让系统实现阶段性的、层次性的量变到质变。协同发展不能等同于协调发展，但它与协调发展具有极其密切的关系：协同发展是系统内部存在的、固有的、必然协同的客观要求，是协调发展的内在根源和动力，协同决定协调，而协调则是协同的表现②。

本书运用协同理论分析了区域民族文化产业的发展过程，将其看作一个复杂巨系统，通过厘清其内部各要素与各子系统及其相互之间的关联，分析其协同作用机制，以期发挥区域民族文化产业系统的整体合力，实现大于其内部各组分功能之和的系统整体功能。

---

① 任海军、曹盘龙、王国富：《生态经济与文化产业协同发展机理探究——以甘肃省为例》，《甘肃社会科学》2012 年第 3 期。
② 王力年：《区域经济系统协同发展理论研究》，东北师范大学博士学位论文，2012。

2.1.3 生态学相关理论[①]

2.1.3.1 生物食物链理论

食物链是指所有生物在生存繁衍过程中所必需的从低级生物营养级逐渐向高级生物营养级进行资源（营养物资及其所包含的能量）转移的链状连接。所有生物都要消耗资源才能生存与繁衍，因此食物链是自然界最基本的运行方式。食物链的主要环节是营养级，通常有四个，分别是发掘者、生产者、消费者和分解者。同一营养级中，还可以根据相同的生存方法、栖息地和捕食行为的物种群体再细分为资源种团。

在食物链中蕴藏着生态系统的物质循环和能量流动，二者不可分割、相辅相成，能量是物质循环的驱动力，物质是能量流的载体，能量在流动过程中随营养级的上升而减少，物质则相反，能量在流动过程中会衰变为热能并最终离开生态系统，而物质则是循环往复且不灭的。生物在物质循环中发挥着重要作用，是物质循环的动力并调节着物质在生态系统内的分配。各种不同物质的循环过程相互联系不可分割。物质循环也受到生态系统稳态机制的控制，具有一定的自我调节能力。

2.1.3.2 种内生存理论

种内生存理论包括群聚理论、种内竞争与自疏理论、隔离与领域性理论、种群的社会等级及分工理论。

（1）群聚理论，即生物营养级或资源种团内部形成的大小不同的群，根据种的生理特点、温度降水等环境条件、种的分工合作方式等呈现非随机分布状态。群聚可以增强种群的能力和力量，也会使群内个体间的竞争加剧，过疏或过密都会对种群产生限制性影响，种群也总会尽量避免过疏或过密，从而获得最佳的生存条件。

（2）种内竞争与自疏理论，即自然界物种内个体之间普遍存在竞争，而且这种竞争直接受到密度制约，有限的环境中，种群的数量与个体竞争得

[①] 沈满洪：《生态经济学》，中国环境科学出版社，2008，第 115～119 页。

到的资源呈反比，与个体受到的影响呈正比，换言之，种群数量越多，个体得到的资源越少，个体受到的影响越严重，会直接导致死亡率和出生率的变化，因此，物种内竞争可以调节种群数量的动态趋势。

（3）隔离与领域性理论，即种群内个体之间或小群体之间为减少生存竞争会保持间隔或产生一定的隔离，以此来调节种群，有些种群个体或家族往往会将它们的活动局限在被称为领域的特定区域并加以保护。隔离会减少生物种群之间的竞争，而领域则是保持间隔或隔离的积极机制。

（4）种群的社会等级及分工理论，即生物种群在进化过程中形成了社会等级，以保证种内的强者在食物、栖所、交配、生育等方面的优先权，等级的数量和配置情况构成了种群的社会结构，也有利于种群的保存和延续，伴随着社会等级的形成，生物种群也会逐渐在行为、生理形态等方面形成分工与合作，并由此推动该种群整体的发展。

2.1.3.3 种间关系理论

（1）种间正相互作用理论，即生物种间存在的原始合作、互利共生、偏利共生这三种相互促进的作用。原始合作是指两个生物种群一起生活，彼此都有所得但并不互相依赖的关系。互利共生是指两个生活在一起的生物种群相互依赖并互相得益的关系。偏利共生是指共生的两种生物一方得利但对另一方却无害的关系。

（2）种间负相互作用理论，即生物种间存在的相互影响、相互制约的作用，包括竞争、捕食、寄生、偏害等，负相互作用使种群增长率降低，但也具有增强自然选择能力、产生新适应的作用。

（3）种间协同进化理论，即物种之间相互适应、相互作用、共同进化的关系。一个物种的进化会改变作用于其他生物的选择压力，从而引起它们的变化，而它们的变化反过来又会引起该物种的变化。

2.1.3.4 生物冗余及多样性原理

冗余是指生物体所具有的各种功能组分超过它正常生命活动所需的现象。它非常普遍地存在于自然界中。从个体来看，生物体具有冗余现象；从整体来看，生态系统也有冗余的表现。物种的多样性即为如此，丰富的物种在功能上彼此近似或重叠，因而具有一定的互补性，不会因为一个或几个物种的消失而使其功能发生明显变化。

生物的多样性包括遗传的多样性（即存在于生物体内、物种内和物种间的基因多样性）、物种的多样性（即物种水平的生物多样性）、生态系统的多样性（即生物圈内生境、生物群落、生态过程的多样性和生态系统内生境差异、生态过程变化的多样性）。

一定程度的生物多样性有助于维持群落的稳定性。群落的稳定性是指一定时间内维持物种互相结合与各物种数量关系的能力以及受到扰动时恢复到之前平衡状态的能力。一般情况下，物种多样性高的群落，其物种相互之间的关系更复杂，食物链和食物网也更趋复杂，群落内部的能量流动途径更多，对外界环境变化和内部种群波动的反馈系统比较强大，相应缓冲就会比较大，群落比较容易维持稳定。反之，群落的稳定性则较差。但生物的多样性并不能等同于群落的稳定性，在一些更复杂的系统中，物种更多，但稳定性反而较差，如热带雨林相较于温带森林或沼泽地等生态系统而言即为如此。

2.2 相关概念的厘清

2.2.1 区域民族文化产业

在现有研究资料中，"区域民族文化产业"这样的表述较少出现，也很少有资料对它进行清晰的界定，但它是本书研究展开的基础，对它的界定有助于厘清本书研究对象的范围。

从研究对象的逻辑关系上分析，"民族文化产业"是以民族文化作为核心资源禀赋的文化产业，它与"文化产业"是种属关系，"民族文化产业"是种概念，从属于属概念"文化产业"，而"区域"则将本书研究的"民族文化产业"限定在特定地域范围之内，这种限定既体现在该产业的核心资源民族文化上，也体现在该产业所依托的自然地理范围上。因此，界定

"区域民族文化产业"要从对"区域""民族文化""区域民族文化""文化产业"的剖析逐步展开,最终厘清"区域民族文化产业"的内涵与外延。

2.2.1.1 区域

(1) 区域的概念

"区域"最早是一个地理学概念,用来标示地理范围,指由地形特征形成的自然系统,包括地质地理、生态生物、人类活动三个层面。20世纪30年代初,德国地理学家克里斯塔勒(Christaller)分析了人类聚落的相对规模、区位、等级关系,认为区域是按照社会关系和组织原理组成的系统,一个区域的经济和社会关系构成该区域内人类活动的不同方式。这一观点也是后来人们从经济关系出发研究区域发展的理论根源[1]。

现阶段学术研究中一般认为,区域是按一定标准划分的连续的有限空间范围,是具有自然、经济或社会特征的某一方面或几个方面同质性的地域单位[2]。

虽然区域在经济学、政治学、社会学等学科的研究中基于不同视角被赋予了不同含义,但关于其内涵的表达是一致的,它强调其作为地理单元的整体性和同质性,是自然意义与社会经济意义上的空间系统的集合。

区域隐含着"特殊"的意思,指相较于其他区域,本区域在某一或某些方面所体现的不同特征。对一个区域而言,其内部具有高度相关性(一致性、同类型或联系性),外部则具有区别于其他地区的特征(即结构的差异性),换言之,区域内必然有某组事物是同类型或具有联系性,而在区域间则表现为差异性[3]。

本书中的"区域"既可以限定民族文化,也可以限定民族文化产业。在限定民族文化时,它是社会学概念,指具有相同语言、信仰和民族特征的社会聚落。在限定民族文化产业时,它是经济学概念,指由人的经济活动所

---

[1] 陈霞红、林日葵:《文化产业生态学》,浙江工商大学出版社,2012,第99页。
[2] 高洪深:《区域经济学》,中国人民大学出版社,2002,第22~23页。
[3] 聂华林、王成勇:《区域经济学通论》,中国社会科学出版社,2006,第2页。

造成的，具有特定地域特征的经济社会综合体。

（2）本书中区域的具体界定与说明

区域的范围可大可小，根据具体研究对象而有所不同。本书中区域的具体界定，按照经济学研究中对区域划分一般所遵循的同质性与内聚性原则，结合史密斯认定区域的五个标准（即足够大，能容纳一组专业行政管理人员、包含主要交通的腹地、包括人口聚集地区、能够为服务业发展提供必要人才、考虑地形因素），再考虑民族分布状况，以及民族文化产业引导与调控的行政可能性，将其界定为县级以上行政辖区。

此外，还要说明两个问题。

①本书选择以"区域民族文化产业"作为研究对象的原因：第一，民族文化产业以民族文化作为核心资源禀赋，而民族文化是各民族在长期的历史发展过程中与当地自然生态环境互动融合而逐渐形成的本民族特殊的生产生活方式，它根植于当地自然生态环境，烙刻着本民族独特的印迹，具有极其鲜明的民族性与地域性，不同地域的民族文化有明显的区域性特点；第二，民族文化产业的生产能力与发展水平直接受制于当地经济社会发展水平，不同区域的民族文化产业在资源要素需求、产业内部分工深化、产业边界拓展程度、市场等方面都具有明显的区域性特点；第三，我国地域辽阔，民族众多，各地经济发展水平有很大差异，各地民族文化也差异很大，这又凸显了我国各地民族文化产业的区域性特点。

②本书主要是针对区域民族文化产业发展过程中存在的共性问题进行研究。现阶段，我国各地民族文化产业在发展过程中显现出很多共同特点与问题，如产业发展水平较低、经营分散、有较为显著的同质化倾向、缺乏竞争优势、对民族文化资源的滥用和破坏性开发较为常见、片面追求经济效益而忽视民族文化的继承与发展、破坏自然生态环境，等等。从整体上看，区域民族文化产业大都存在经济功能发挥不足、文化功能低下、生态功能较差的问题，从而限制了该产业的可持续发展。本书正是针对这些区域民族文化产业发展过程中存在的共性问题进行相关研究，立足于各地民族文化产业发展

的共性特点，通过对生态化发展路径的研究，找到能够解决问题从而实现区域民族文化产业可持续发展的科学之路。

2.2.1.2 民族文化

（1）民族文化的概念与特征

民族文化即某一特定民族的文化。"民族"一词并未出现在古代汉语中，其时，"民"与"族"是被分开使用的。据考证，1899年梁启超在《东籍月旦》一文中将其合成"民族"一词使用，自此开始普及大众。

民族学研究认为，民族与文化相互依存，文化反映着民族成员的生产生活方式，是民族的知识积累和行为准则，团结凝聚着民族整体并推动民族社会不断进步。民族产生后，民族群体成为文化的创造者和承载者，文化开始以民族文化的形式表现出来。广义上的民族文化指各民族在适应和改造自身生存环境的实践活动中创造的所有与生活相关的事物和现象，是物质财富和精神财富的总和；狭义的民族文化则指各民族在长期社会生活中所创造出来并不断传承的一系列习惯行为的总和，特指精神财富[1]。这些界定强调了民族文化的历史性和传承性。

经济学研究中，学者们对"民族文化"的界定大多都强调其作为资源的属性[2]，也有学者着重强调民族文化的融合性[3]。

本书认为，民族文化是各民族在历史发展中创造的带有民族特点的文化，是一种重要的资源。它具有以下特征：第一，历史性，民族文化是各民族在历史发展的过程中不断创造、累积而逐渐形成的；第二，传承性，民族文化伴随各民族的发展而逐渐传承延续下来，并将继续传承延续下去；第三，动态演进性，民族文化在社会历史发展过程中被不断创造、积累和传承，社会发展的任一时间点上民族文化都是历史的积累和未来的开端，它始

---

[1] 高永久：《民族学概论》，南开大学出版社，2009，第259页。
[2] 徐宝华、郭英：《民族文化产业的发展路径探析》，《当代经济》2007年第6期。
[3] 尹绍亭：《文化的保护、创造和发展——民族文化生态村的理论总结》，《云南社会科学》2009年第3期。

终处于动态的演进发展过程中。

(2) 民族文化内涵与外延的厘清

对民族文化内涵与外延的厘清还应把握以下三点。

第一,民族文化就是民族传统文化。

《辞海》中对"民族传统文化"没有直接的解释,但它将"传统"解释为"历史上流传下来的社会习惯力量"①,凸显了传统的历史延续性与可承继性,认为这种力量"存在于制度、思想、文化、道德等各个领域",强调了传统对社会生活各领域的渗透与控制力,明确了传统的形成与人类群体、民族相关,并指明传统有积极消极之分,积极的传统会促进社会发展。《现代汉语词典》中将"传统"解释为"世代相传、具有特点的社会因素"②,这个解释则强调了传统基于"世代相传"而具有的传承性和基于"具有特点"而体现的特色性。它虽然是立足于社会学角度的解释,但社会因素中是包括文化因素的。

用"传统"加以修饰和限定的"传统文化"则是指伴随着历史发展而产生的、经人类世代相传而保留和延续下来的、具有自身特点的不同群体的文化。文化是在特定场域随着特定人群的生产生活逐渐形成和发展的,任何一种文化都离不开特定的自然条件和社会历史条件。

民族传统文化是世代相传的带有自身显著特征的特定族群或特定地域人群的生产生活方式和价值观的历史积淀。它强调的是伴随历史发展逐渐积累和传承至现代社会的民族文化。

可见,"民族文化"就是"民族传统文化",只不过后者更强调立足于现代这个时间段对历史上延续至今的民族文化的累积和承继。

各类文献资料对"民族文化"与"民族传统文化"的使用也未加以区分,都是在强调民族性、历史性、传承性的意义上混用,所指向的内容属于同一领域,只是根据语言习惯与具体的使用目的加以倾向性

---

① 辞海编辑委员会:《辞海》(1989年版缩印本),上海辞书出版社,1990,第2032页。
② 王同亿:《新世纪现代汉语词典》,京华出版社,2000,第183页。

选择。

第二，民族文化包括民间文化、民俗文化。

现有研究大多将民族文化、民间文化、民俗文化混用。本书认为，对"民族文化"的界定还应明确其外延，考察其与"民间文化""民俗文化"的关系。

鲁迅先生曾指出，民俗文化是普遍存在于民间的"俗"文化，包括民间艺术、民间文学、民间礼仪、民间信仰和其他风俗习惯等①。

被誉为"中国民俗学之父"的钟敬文先生曾提出著名的中华民族文化三分法，认为中华民族的传统文化可分为三条干流：第一条是主要由封建地主阶级创造并享用的上层文化；第二条是市民文化，即中层文化；第三条是由广大劳动人民创造并传承的下层文化，中下层文化就是民俗文化，其范围包括存在于民间的各种社会习惯、意识形态、风尚事物、口头语言等②。而民间文化则指群众在长期社会生活中所创造、继承和发展的包括物质文化、精神文化以及社会组织在内的各种民族文化。民间文化（民族中下层文化）是民族的基础文化，也是上层文化的"母体"和"乳娘"③。

可见，民间文化与民俗文化是同一事物的不同表述，但二者侧重点不同，民间文化侧重于强调其产生的环境和主体，而民俗文化侧重于强调该文化所具有的大众化的、通行的特质。民间文化和民俗文化作为种概念，均属于民族文化这个属概念，每个民族都有各自的民间文化和民俗文化。

第三，民族文化还有一些其他称谓。

在各类研究资料和官方文件中，民族文化还被称为"民族民间传统文化""文化遗产""物质文化遗产""非物质文化遗产""传统知识""传统与民间文化""文化财产"等等，其范围和具体指向虽有些微差异，但内容和本质属性都是民族文化。

---

① 朱晓进、唐纪如：《鲁迅概论》，苏州大学出版社，1999，第123页。
② 钟敬文：《民俗文化学发凡》，《北京师范大学学报》（社会科学版）1992年第5期。
③ 漆凌云、龙开义：《钟敬文与中国民间文化遗产抢救》，《西北民族大学学报》（哲学社会科学版）2004年第2期。

在国际法律文件中，最初使用的是"文化财产"一词。1972年联合国教科文组织在《保护世界文化和自然遗产公约》中正式使用了"文化遗产"这一表述，并用列举具体种类的方式对其进行了界定，其后多个国际法律文件沿用该名称，其中也有部分文件对其作出了明确界定，这些界定都强调了文化遗产的民族传统文化属性。此外，在联合国教科文组织的其他文件中也有将具有历史、艺术、科学等价值的无形文化遗产称为"传统与民间文化"（traditional and folk culture）、"口头及非物质文化遗产"（oral and intangible heritage）、"民俗"、"民间文学艺术"（folklore）或"民间文学艺术表达"（expressions of folklore）①的情况。在1989年11月通过的《保护传统文化与民间文化建议案》中则将其称为"民间文化"和"传统文化"②。世界知识产权组织则将其称为"传统知识"，并在对它的界定中强调了"基于传统的"特性，即"知识系统、创造、创新和文化表达从一代传向下一代"，而且认为这种特性通常与特别的民族和地域有关，并会随着环境变化而经常演化③。

在我国，1982年《宪法》中就使用了"文化遗产"一词，但实践中，"民族民间传统文化"一词用得更加普遍，到2004年我国加入联合国《保护非物质文化遗产国际公约》后，"民族民间传统文化"逐渐被"非物质文化遗产"一词所取代，2011年《非物质文化遗产法》颁布施行，此后，国家和地方各种法律文件中使用的均是"文化遗产"或"非物质文化遗产"的表述。2005年《国务院关于加强文化遗产保护的通知》中指出，文化遗产包括物质文化遗产和非物质文化遗产，并对它们作出界

---

① See UNESCO & WIPO. Model Provisions For National Laws On The Protection Of Expressions Of Folklore against Illicit Exploitation and Other Prejudicial Actions (1985)，转引自刘银良《传统知识保护的法律问题研究》，法律快车网，http://www.lawtime.cn/info/zscq/zscqlw/2010123158414.html, 2016年1月20日。
② 戴琳：《民族民间传统文化产业的制度环境》，中国社会科学出版社，2007，第1~2页。
③ WIPO. Intellectual Property Needs and Expectations of Traditional Knowledge Holders: WIPO Report on Fact-Finding Missions on Intellectual Property and Traditional Knowledge (1998 - 1999). Geneva, April 2001. P. 25.

定,《非物质文化遗产法》中也界定了非物质文化遗产的概念并列举了其种类,这些界定和解释都强调了文化遗产与非物质文化遗产的民族传统文化属性(见表2-2)。

表2-2 我国文化遗产的范围

文化遗产	物质文化遗产	文物	不可移动文物
			可移动文物
		历史文化名城(街区、村镇)	
	非物质文化遗产	(一)传统口头文学以及作为其载体的语言	
		(二)传统美术、书法、音乐、舞蹈、戏剧、曲艺和杂技	
		(三)传统技艺、医药和历法	
		(四)传统礼仪、节庆等民俗	
		(五)传统体育和游艺	
		(六)其他非物质文化遗产	

伴随着国际公约与国家政策法律的不断出台,学者们在学术研究中也都结合具体研究内容从不同角度使用前述各种称谓。

2.2.1.3 区域民族文化

(1) 区域民族文化的概念

综合前文所述,本书认为,区域民族文化是指特定地域具有相同语言、相同信仰和民族特征的特定人群世代相传的、独具特色的生产生活方式和价值观的历史积淀。它反映了该民族或该区域人群独特的生产生活习俗、宗教信仰及与自然环境之间的互动模式。

需要强调的是,区域民族文化是有特色的民族文化。"特色"指某一事物非常有意义的或独特的品质或色彩[①],凸显的是事物的独特性。"特色"隐含着比较的意思,只有经过比较才能显示出与众不同的特点,所以,该词在汉语中使用时经常会和其他限定范围或领域的词语组合在一起以凸显其比

---

① 王同亿:《新世纪现代汉语词典》,京华出版社,2000,第1172页。

较的标准和对象。比如,"地方特色"指的就是某一特定地方的独特之处,"民族特色"指的是某一民族与众不同的特点或事物。

本书将研究对象表述为"区域民族文化产业"而非"区域特色民族文化产业",主要是从汉语文字表述的严谨性出发,考虑到民族文化的产生本就是不同区域的不同民族与当地自然生态环境长期互动融合所形成的,不同区域的自然生态环境不同,形成的民族文化自会独具本区域特色。在这里,区域民族文化显然包含了"特色"之意。

特色往往是最具辨识度的,因此,特色民族文化也往往成为代表特定区域的名片。比如,西藏的宗教文化,云南的白族、彝族等少数民族文化,甘肃兰州的牛肉面文化,等等。

正是基于区域民族文化所具有的独特性,它们成为区域文化产业发展中极其重要的资源禀赋。区域文化产业发展的重点之一,也正是立足于区域特色民族文化资源的产业化开发,发挥该产业投入低、效益高、发展速度快、财富创造能力强、区域外辐射力强、影响力大等特点,提升区域特色民族文化的认可度,打造代表区域发展的实力符号,增强区域的"软实力"。区域民族文化产业也成为体现区域文化、经济、生态、社会特色的产业。

（2）区域民族文化的类型

区域民族文化按照不同的标准可分为不同的类型。

①区域民族文化是一个有机整体,其内部具有一定的组织结构,以其结构为标准可分为:第一,区域物质文化,即以物质或实物的形态或技术手段的形式呈现的区域民族文化,包括区域内各民族在生产劳动时使用的各种有特色的劳动工具和为满足衣、食、住、行需要所创造的各种有特色的物质产品,如饮食、衣着、住宅、生产工具等;第二,区域精神文化,即区域内各民族群体和其成员脑力劳动所创造的思维、语言、哲学、科学、道德、法律、风俗习惯等各种成果;第三,区域制度文化,一类是区域内各民族与自然界以及社会群体所生产的物质产品有关的制度,包括历法、度量衡、技术标准、产品标准等,另一类是区域内各民族与人类社会事务有关的经济、政

治、教育等制度。

②以区域民族文化的具体内容作为标准,可将其分为以下类型。第一,区域民族历史文化遗产,它是伴随着该区域人类发展的历史逐渐积淀下来流传于后世的特色民族文化,它的范围很广,包括历史遗迹(如古人类遗址、古代都城遗址、古战场遗址、名人遗迹、近现代重要史迹等)、古建筑(如关隘、城墙、坛庙、民居等)、古代陵墓(如帝王陵墓、名人陵墓、悬棺等)、文物、历史文化名城等。第二,区域民间民俗文化,它是各民族在长期历史发展过程中逐渐形成并流传于民间的生产生活方式与风俗礼仪习惯等,包括各种饮食、服饰、节庆、婚丧礼俗、民间艺术等。第三,区域民族非物质文化遗产,它是特定区域各族群和各社区代代相传、不断创新的各种实践、表达、知识、技能等传统文化表现形式以及相关的工具、实物和文化空间。第四,区域民族宗教文化,它是特定区域的不同民族在历史发展过程中逐渐形成的信仰和信念。各民族都有自己信仰的宗教,它在民族历史发展过程中影响甚至形塑着人们的价值标准和行为方式,并伴随着社会政治、经济、文化环境的变化而不断变化,从而使不同区域、不同民族的宗教具有了不同特色,即便是信仰同一宗教的不同民族,其信仰的宗教也有许多不同的特点。第五,区域少数民族文化,少数民族由于长期生活在特定的区域,在与当地特殊的自然环境互动的过程中形成了特有的生产生活方式,从而拥有了本民族特殊的语言文字、建筑、服饰、信仰、生活习俗、民族艺术等特色民族文化。

对于区域民族文化类型的理解还需要把握以下两点:第一,前述按照具体内容的特点所作的分类并不精确,各类别相互之间有包含或交叉关系,区域民族历史文化涵盖民间民俗文化、民族非物质文化遗产、民族宗教文化、少数民族文化,而后四种民族文化的具体内容也是相互交叉的;第二,文化的形成是人类与生活环境互动的结果,由于不同民族往往生活在不同区域,或者即便是同一民族,但因其生活的地域不同,自然生态环境不同,也会在漫长的历史发展过程中形成该区域本民族独特的生产生活方式以及价值观,所以特定区域的特定民族和不同区域的同一民族在各种传统文化上都会体现出各自的特点,所谓"十里不同风,百里不同俗"即为此理。

2.2.1.4 文化产业

文化产业被国际社会公认为21世纪最具有发展潜力的朝阳产业、黄金产业,是世界经济发展进程中各国经济新的增长极。

(1) 文化产业的概念、分类与特点

对于什么是文化产业,到目前为止仍是仁者见仁智者见智。各国对文化产业的称谓、分类、特点等的认识仍有区别(见表2-3)。学术界对文化产业的概念和界定也有所不同(见表2-4)。形成这种现象的原因是:第一,不同国家或地区的地域、社会经济发展、文化背景有很大差异;第二,同一国家或地区在不同发展阶段的科技水平和产业化水平有很大差异;第三,研究者团体或个人的研究视角和理解有差异。我国学术界对文化产业研究"百家争鸣"的局面也从一个侧面反映了我国经济社会发展过程中对文化产业日益重视的现状。

表2-3 不同国家对文化产业的称谓、定义与分类

	称谓	定义	定义来源	分类
英国	创意产业	源自个体创造力、技能及才华的活动,通过知识产权的生产和利用,这些活动可以发挥创造财富和扩大就业的潜力	英国创意产业特别工作组	广告、建筑、艺术和古董、手工艺、设计、时尚设计、电影、互动休闲软件、音乐、电视和广播、表演艺术、出版和软件
美国	版权产业	所有以版权为基础的产业部分,包括核心版权产业、部分版权产业、发行类版权产业	美国国际知识产权联盟(IIPA)	文化艺术业(表演艺术、艺术博物馆)、影视业、图书报刊、出版业等

第2章 主要理论基础与相关概念的厘清

续表

	称谓	定义	定义来源	分类
加拿大	文化创意产业	包括"信息和文化产业""艺术、娱乐和休闲"两类。	北美产业分类系统（NAICS）	娱乐业与电子传媒业、印刷业与出版业、旅行与旅游产业
德国	文化经济	涉及面极广的跨行业产业	首届全国文化经济会议	出版、音乐、图书、艺术和电影、广播电视、表演艺术、图像、设计、媒体、博物馆售货部、艺术展览、文化产品个人商贩等
法国	文化产业	传统文化事业中特别是可大量复制的产业	文化通信部	展现传统文化服务的文化基础设施建设、文化设施管理、图书出版、电影、旅游业等
澳大利亚	文化与休闲产业	文化与休闲有千丝万缕的联系，尤其是文化的展示、保存与传承多数与休闲活动密不可分	澳大利亚国家统计局	遗产类、艺术类、体育和健身娱乐类、其他文化娱乐类
日本	文化产业	能使人们在精神上得到满足的文化性产业	《日本现代用语基础知识》（1998年版）	电影、音乐、游戏软件、观光旅游、艺术设计、娱乐演出、动画制作、广告业、出版业、数字内容产业等
韩国	文化内容产业	与文化商品的生产、流通、消费有关的产业	《文化产业振兴基本法》（1999年）	影视、广播、音像、游戏、动画、卡通形象、演出、文物、美术、广告、出版印刷、创意性设计、传统工艺品、传统服装、传统食品、多媒体影像软件、网络以及与其相关的产业
中国	文化产业	为社会公众提供文化产品和文化相关产品的生产活动的集合	国家统计局	文化产品的生产、文化产品生产的辅助生产、文化用品的生产、文化专用设备的生产

续表

	称谓	定义	定义来源	分类
联合国	文化产业	指按照工业标准生产、储存以及分配文化产品和服务的一系列活动,以艺术创造为表达形式、以遗产古迹为基础的活动和产出	教科文组织	文化商品核心层(文化遗产、印刷品、音乐和表演艺术、视觉艺术、视听媒介),文化商品相关层(音乐、影院和摄影、电视和收音机、建筑和设计、广告、新型媒介),文化服务核心层(视听及相关服务,特许使用税和许可费,娱乐、文化和运动服务,个人服务),文化服务相关层(广告、市场研究和民意调查,建筑、工程和其他技术服务,新闻机构服务)

表2-4 部分中外学者对文化产业的定义

国家	姓名	定义	角度
德国	霍克海默、阿多诺	文化产业指凭借现代科技手段大规模地复制、传播和消费文化产品的工业体系。它包括传统的或前工业化时代的文化产品,如书籍和报纸,也指工业化的大众文化产品,如广播和电影。它是对现实的一种逃避和妥协,是文化所应具有的自由意志和批判精神的丧失	纯艺术、哲学的立场,持否定的态度
英国	尼古拉斯·加纳姆	文化产业指那些使用类似生产和组织模式(如工业化的大企业)的社会机构,生产和传播文化产品和文化服务,如报纸、期刊和书籍出版部门、影像公司、音乐出品部门、商业性体育机构等	文化的商品性和服务性角度
英国	贾斯汀·奥康纳	文化产业是指以经营符号性商品为主的活动,这些商品的基本经济价值源于它们的文化价值。它首先包括我们称之为"传统的"文化产业和"传统艺术"	文化价值和商业价值并重
英国	约翰·霍金斯	创意产业指其产品都在知识产权法保护范围内的经济部门,包括版权、专利、商标和设计产业	创意的角度
英国	大卫·赫斯蒙德哈尔什	文化产业的本质在于创造、生产和流通文本,分为核心的文化产业和边缘的文化产业	文化产业的本质
日本	日下公人	文化产业的目的就是创造一种文化符号,然后销售这种文化和文化符号	文化、经济结合

第2章 主要理论基础与相关概念的厘清

续表

国家	姓名	定义	角度
澳大利亚	大卫·索斯比	把文化产业的每个行业比作一个由许多大小不同的圆圈组成的同心圆,圆圈与圆圈之间没有明显的界线。表示各行业之间的界限模糊。创造性是这个同心圆的核心、处于中心位置并向外辐射。它分为三个层次。核心层的有音乐、舞蹈、戏曲、文学;第一层是那些虽然具有较高的文化内涵,但不像前一类那样具有创意的行业,这一类行业主要包括书籍、杂志、电视、广播、新闻、电影;处于最外围的是那些有时候具有文化内容的行业,包括广告、旅游、建筑等	商品性和服务性是基本特性,又强调艺术创造性对它的重要性
澳大利亚	斯图亚特·坎宁安	艺术、文化正在日益广泛地与教育和学习、出版、设计、信息设备以及电子商务等内容繁多的服务业相联系,因此文化产业的概念正在不断扩大,对文化产业的界定也应该更具包容性,更倾向于使用"创意产业"一词	文化产业概念、发展史的角度
芬兰	芮佳莉娜·罗马	以艺术、经济和技术为支点,其中的任何一个都根据情况在文化产业中或多或少地发挥作用,缺一不可	金字塔式模型
中国	万里	为提升人类生活尤其是精神生活品质而提供的一切可以进行商品交易的生产与服务	文化产业提供的产品和服务角度
中国	叶朗	文化产业是由市场化的行为主体实施的,以满足人们的精神文化需求为目的而提供文化产品或文化服务的大规模商业活动的集合	文化产业的实施主体和消费需求的角度
中国	胡惠林	现代文化产业实际上是一个巨大的"产业群",它们奠基于大规模复制技术之上,履行最广泛传播的功能,经商业动机刺激和经济链条中介,迅速向传统文化艺术的原创和保存这两个基本环节渗透,将原创变成资源开发,将保存变成展示,并将整个过程建立在现代知识产权之上	文化产业的产业属性和相较于其他产业所具有的社会和意识形态等特殊属性角度
中国	顾江	①文化产业是生产、提供同类或具有密切替代关系的文化产品、服务的企业的集合。②文化产业应该以利润为追求目标,利润是文化产业生存、发展的前提,是否以利润最大化为追求目标也是文化产业与文化事业的根本区别。③从产业功能来看,文化产业以满足市场的精神需求为主要功能。④从产业内部结构来看,文化产业可以分为内容产业和媒介产业两个互为补充、互相交叉的产业门类	文化产业本质、目标、功能、结构等角度

续表

国家	姓名	定义	角度
中国	花建	以生产和经营商品和服务为主要业务,以创造利润为核心,以文化企业为骨干,以文化价值转化成为商业价值的协作关系为纽带,所组成的社会生产的基本组织结构	文化产业本质的角度
中国	孙连才	文化产业是由市场化的行为主体实施的,以满足人们的精神文化需求为目的,提供文化产品和文化服务的生产、分配、交换的一系列活动的总和	文化产业的主体、目的、过程等角度

我国的文献资料在谈到文化产业的概念和分类时,大多都引用《文化及相关产业分类》作为依据。国家统计局根据文化产业发展的具体情况和各种变化,在2004年、2012年、2018年分别印发了三版《文化及相关产业分类》,其内容有所不同（见表2-5）。2012年版和2018年版分类均是借鉴联合国教科文组织的《文化统计框架—2009》的分类方法,在定义和覆盖范围上与其衔接。2012年版分类标准还指出,统计上指称的"文化及相关产业"覆盖全部文化及相关单位,"文化事业"着重指公益文化单位,而"文化产业"主要指经营性文化单位。

本书认为,按照《文化及相关产业分类》的界定,文化产业是指为社会公众提供文化产品和文化相关产品的生产活动的集合,它以文化为资源,以产业化为手段,生产文化产品,提供文化服务,以满足大众需要。

事实上,任何产业的发展都是一个动态演化的过程,科学技术的不断提高促使生产方式不断变革,从而推动生产力不断发展。文化产业也是如此。科技进步使文化产品的生产和消费方式不断变化,现实需求的持续增长为产业发展提供了巨大空间,文化产业必然不会在当前状态下停滞不前,它的发展和变化也必然会使文化产业的界定和分类处于动态过程中,在不同社会发展阶段体现出不同的特点。但这不会改变文化产业把文化作为资源进行文化产品和文化服务的生产、分配、交换的本质内涵,也不会改变文化产业既具有文化性因素又具有经济性因素,"既保持各自的特殊性又把二者合为一体"[1]的特点。

---

[1] 胡惠林:《文化产业学》,高等教育出版社,2006,第56页。

表2-5 《文化及相关产业分类》2004年版、2012年版、2018年版内容比较

内容	《文化及相关产业分类》(2004)	《文化及相关产业分类》(2012)	《文化及相关产业分类》(2018)
文化产业的定义	为全社会提供各类文化产品及服务的相关活动,以及与这些活动相关联的、围绕文化消费的活动集合	为社会公众提供文化产品和文化相关产品的生产活动的集合	为社会公众提供文化产品和文化相关产品的生产活动的集合
文化及相关产业分类	文化产业核心层:新闻服务,出版发行和版权服务,广播、电视、电影服务,文化艺术服务 文化产业外围层:网络文化服务,文化休闲娱乐服务,其他文化服务	文化产品的生产:新闻、出版、发行服务;广播、电视、电影和影视录音服务;文化艺术服务(文艺创作与表演、图书馆与档案馆、文化遗产保护、群众文化等) 文化相关产品的生产:文化信息传输服务(互联网信息、增值电信(文化部分)、广电传输等);文化创意和设计服务(广告、建筑设计、专业设计等)	新闻信息服务(新闻、报纸信息、电视信息、互联网) 内容创作生产(出版物发行,广播影视节目制作,创作表演服务,数字内容服务,内容存储服务,工艺美术品制造,艺术陶瓷制造) 创意设计服务(广告服务、设计服务) 文化传播渠道(出版物发行,广播电视节目传输,广播影视发行放映,艺术表演,互联网文化娱乐平台,艺术品拍卖及代理,工艺美术品销售) 文化投资运营(投资与资产管理、运营管理)

续表

内容	《文化及相关产业分类(2004)》	《文化及相关产业分类(2012)》	《文化及相关产业分类(2018)》
文化产业外围层	网络文化服务、文化休闲娱乐服务、其他文化服务	文化休闲娱乐服务（文化产品的生产）：景区游览服务,休闲娱乐服务,摄影扩印等；工艺美术品的生产：工艺美术品的制造,陈设艺术品及其他工艺美术品的制造销售等	文化娱乐休闲服务：娱乐服务、景区游览服务、休闲观光游览服务
文化及相关产业层	文化用品、设备及相关文化产品的生产,文化用品、设备及相关文化产品的销售	文化产品生产的辅助生产：印刷复制,文化经纪代理,文化贸易出口拍卖,会展,其他文化辅助服务；文化用品的生产：办公用品的制造,视听设备的制造,鞭炮烟花产品的制造,其他文化用品的制造销售等；文化专用设备的生产：印刷专用设备的制造,广播电视电影设备的制造,广播电视设备的批发,舞台照明设备的批发等	文化辅助生产和中介服务：文化辅助用品制造,印刷复制服务,版权服务,文化经纪代理服务,文化设备（用品）出租服务,文化科研培训服务；文化装备生产：印刷设备制造及销售,广播电视及销售,摄录设备制造及销售,演艺设备及设备制造及销售,游乐器制造及销售,乐器制造及销售；文化消费终端生产：文具制造及销售,玩具制造,节庆用品制造,笔墨制造,信息服务终端制造及销售

(2) 文化产业与文化事业

要准确把握文化产业，除了理解其概念、分类与特征外，还需明确文化产业与文化事业的区别，而且本书所研究的区域民族文化产业的生态化发展与文化事业具有密切的互动关系，因此，有必要对文化产业与文化事业加以区分。

①文化事业。文化事业既指具有一定目标、规模和系统而对社会发展有影响的文化活动，也指文化事业组织。

新中国成立后，文化领域由国家核拨经费，统称为文化事业。20世纪90年代以后，随着社会主义市场经济体制的建立与完善，文化体制改革也逐步开始并不断深化，文化事业的指代逐渐发生了变化，实践中，"经营性文化事业""经营性文化产业""文化产业"等词被混用。

在文化体制改革的过程中，中央文件和学界研究都认同文化事业改革中分类改革的基本思路，因此，对文化事业改革的分类一直都是研究的重点，曾经有过"四分法"[①]、"三分法"[②] 和"两分法"，其中"两分法"由于对文化事业内涵和外延的把握更加科学而受到更多的认可。"两分法"把文化事业分为公益性文化事业和非公益性文化事业[③]：公益性文化事业为社会成员无偿提供文化产品和文化服务，它们具有公共物品和公共服务的属性，与市场属性和产业属性不兼容，产业化运作机制无法运转，需要政府作为主体

[①] "四分法"是将文化事业分为公益性文化事业组织、非经营性文化事业组织、经营性文化事业组织、经营性文化产业单位四类。第一类是政府为公众提供的公共文化产品，如政府公报，这些单位由政府投入，不进入市场。第二类不具备公益性，也不宜具备经营性，如党史出版社，一般情况下不进入市场。第三类包括报纸、杂志、广播电台、电视台、文艺演出团体等。第四类则完全进入市场经营，如新华书店等。

[②] "三分法"是将文化事业分为三类：第一类是国家兴办的图书馆、博物馆、文化宫、科技馆等公益性文化事业组织；第二类是由国家重点扶持的党报党刊、电台、电视台、重点新闻网站和时政类报刊、少数承担政治公益性出版任务的出版单位、重要的社会科学研究机构、体现民族特色和国家水准的艺术院团等；第三类是可以逐步转制为企业的其他艺术院团、一般出版单位和文化艺术生活科普类等报刊社，以及新华书店、电影制片厂、影剧院、电视剧制作单位和文化经营中介机构、党政部门人民团体行业组织所属事业编制的影视制作和销售单位。

[③] 《中共中央、国务院关于深化文化体制改革的若干意见》的分类方法与此一致。

投入财力来支撑；非公益性文化事业则是和公益性文化事业相对的具有私人产品性质的物品和服务，它们可以用市场化、产业化的机制来运作。文化产业正是非公益性文化事业的主体。当然，在文化体制改革逐步深入的过程中，非公益性文化事业中还存在一些非完全公益性的文化事业，它们介于公益性文化事业与非公益性文化事业之间，可以根据具体情况选择是否产业化或者部分产业化以及如何产业化①。自此，公益性文化事业就被简称为文化事业，而非公益性文化事业也被明确为文化产业。国家统计局发布的《文化及相关产业分类（2012）》采用的也是这种分类。

②文化产业与文化事业的区别。第一，本质特征不同。文化事业将经过历史积累和沉淀所形成的、成为全民族共同财富的公共文化产品和服务作为主体，公益性是其本质特征；而文化产业则是在人类文明成果的基础上创造、生产满足人类生活需求和精神文化需求的文化产品和服务，迎合市场需求，经营性是其本质特征。第二，生产目的不同。文化产业以营利为目的进行文化产品的生产、流通、经营和相关服务性活动，在兼顾社会效益的同时追求最大限度的经济效益。文化事业则生产提供公益性的产品和服务。第三，机构性质不同。文化事业单位是政府机构、非营利性组织，不能通过市场获取利润。文化产业是经营性企业，通过市场行为获取利润。第四，投资渠道不同。文化事业单位需要政府财政资金全额投入，必要时也可通过政府运作以获取金融机构或其他组织的扶持或捐助。文化产业机构的投资渠道广泛，既可由企业通过市场经营获取利润形成资本积累，也可从金融机构获取信贷资本或以其他方式吸纳民间资本、社会资本、个体资本等。第五，管理方式不同。文化事业单位由政府按行政方式管理，由国家财政提供经费维持生产与服务活动，由国家直接调控，采用行政命令的方式要求其生产相关文化产品，提供相关文化服务。文化产业的主体是企业，按照市场规律自主经营、自主管理，参与市场竞争，国家只能以法律、税收政策、价格杠杆等实施间接调控。

---

① 罗争玉：《文化事业的改革与发展》，人民出版社，2006，第4~10页。

③文化产业与文化事业的互动关系。文化产业与文化事业相辅相成、相互促进，共同构成广义上的文化事业整体。第一，文化产业为文化事业提供经济保障和物质支持，文化事业为文化产业提供精神文化资源，指明方向并营造文化生态环境。第二，文化产业的成果除满足当期消费外，会有部分积累转化为公共文化产品和服务，成为文化事业的重要组成部分，而文化事业的发展与繁荣持续激发各种原创作品的不断涌现，成为文化产业发展的源泉和动力。

2.2.1.5 区域民族文化产业

（1）区域民族文化产业的概念

学界目前少有专门对"区域民族文化产业"的界定，但有些研究中给出了"民族文化产业"的概念，而且都强调民族文化产业是文化产业的一种形态、以民族文化为依托生产和经营文化产品、通过产业化运作创造经济效益的特征。

本书认为，对"区域民族文化产业"的界定需把握以下两点。

①"区域民族文化产业"是文化产业的一种形态，也是文化产业的重要组成部分。它具备文化产业的一切要素，但由于它以区域民族文化作为核心资源要素开发产品或提供服务，它又不同于文化产业的其他形态。

②"区域民族文化产业"是"民族文化产业"，它们都以民族文化作为产业的核心资源，但"区域民族文化产业"以特定区域和该区域特色民族文化作为最突出的特征，地域范围上的限制更体现了本区域民族文化产业与众不同的特点。

因此，本书将"区域民族文化产业"定义为：特定区域以该区域民族文化作为核心资源禀赋，通过产业化组织和市场化运作，向社会公众提供文化产品和文化相关产品并能创造经济效益的生产活动的集合。

区域民族文化产业是特色产业，是该区域社会经济产业中一个门类的产业群，它以特定区域的特色民族文化作为资源，以产业化为手段，围绕特色民族文化产品和服务进行综合开发，以满足大众的消费需求。

(2) 区域民族文化产业的属性和特征

①区域民族文化产业具有一般文化产业的属性，即经济性、政治性、社会性、文化性、意识形态性等多重属性[①]。

经济性强调区域民族文化产业经营的特性，文化产业是市场经济形态，讲究投入产出，追求经济效益，其主客体关系表现为纯粹的经济行为和经济关系，其运动和发展要遵循市场经济规律。政治性强调区域民族文化产业与国家政治具有一定的相关性，这是基于其内容生产所包含的对现行政治行为肯定或否定的态度会造成相应的社会影响而形成的。社会性强调区域民族文化产业通过满足人们的精神消费需求而作用于人的精神世界，从而会影响人的价值观、世界观、生活方式、思维模式并进而影响人的社会行为。文化性强调区域民族文化产业的生产和交换承载的文化符号与意义可以改变人的生存理念从而影响人的生存方式，它在技术和产业形态上的升级在加深人们对世界了解的同时，也会使先行者实际掌控文化生产与文化传播权，从而影响民族文化的独特性与多样性，影响国家文化安全。意识形态性强调区域民族文化产业的内容蕴含着特定的价值选择，会作用于人的精神世界并最终形成社会意识形态，文化产业充当意识形态革命的传播工具和实现渠道，掌握了文化产业演变的主导权就掌握了关于社会意识形态演变的主导权。

②区域民族文化产业还具有不同于其他文化产业的特征。

第一，具有区域性特征。

区域民族文化产业的区域性特征体现在三个方面。

一是产业民族文化资源的区域性。民族文化在特定族群的特定活动中产生并延续，根植于当地的自然生态环境，并在数千年的历史发展过程中不断烙上了本族群和本区域独特的印记，形成特有的历史传统和文化习俗，如果离开特定地域，民族文化也会成为另一种文化。民族文化资源的区域性使区域民族文化产业呈现明显的差异。二是产业发展水平的区域性。不同区域的文化生产能力受当地经济社会发展水平的影响而有所不同，不同区域人们对

---

① 胡惠林：《文化产业学》，高等教育出版社，2006，第61～78页。

民族文化产品的消费需求差异也会使文化产业呈现不同特点,不同类型的民族文化产业基于对市场和资源要素需求的不同而选择不同区域,而不同的区域也会依据本区域的特色民族文化资源发展相应的民族文化产业类型。此外,不同区域同类民族文化产业内部分工的深化与产业边界的拓展程度也有差异。因此,区域民族文化产业发展水平有明显的区域性特征。三是产业所在地域自然生态环境的区域性。自然生态环境是民族文化产业赖以存在的地理空间与环境空间,同时也是民族文化资源所赖以形成和延续的自然条件,但不同地域自然生态环境的地形、地貌、植被、生物、气候等各种自然条件有很大差异,这些差异会通过自然生态环境与民族文化及产业的互动机制反作用于民族文化以及民族文化产业,使其呈现明显的区域性特征。

第二,具有基于民族和地域带来的竞争优势。

区域民族文化产业围绕区域民族文化资源进行开发、生产和经营,而区域民族文化往往又由本民族全体成员或特定人员所掌握,并且因为民族文化是该族群与当地自然生态长期互动形成的特定生产生活方式,离开本地域,自然生态环境发生变化,民族文化的内容与形式也会改变。因此,对特定区域的民族文化产业而言,本地域的特定民族由于对资源和技术等因素存在事实上独占的优势,在民族文化产业的发展中自然也就具备了竞争优势,从而以比较成本的相对优势在产业竞争中占得先机。

第三,产业发展要注重对民族文化资源的开发与保护。

区域民族文化具有稀缺性和生态脆弱性。如果时空场域发生变化,离开特定族群、特定地域和特定时间,民族文化就会产生相应的变化,原有民族文化或者被破坏或者消失或者形成新的文化形态,民族文化的多样性随之丧失。即便是那些流传下来的民族文化,作为文化遗产,也只是历史长河中极少的部分,具有明显的稀缺性。但民族文化缺失会使区域民族文化产业丧失资源依托,无以为继。因此,区域民族文化产业的发展一定要注重对民族文化资源的合理开发、有效保护与积极传承,维持民族文化生态系统的稳定,以保障区域民族文化产业的可持续发展。

第四,具有经营的分散性特征。

我国现有的各种民族文化分布很零散，遍布全国各地，散落于民间，这种分布格局既容易造成民族文化资源的破坏和流失，更使依托于其上的区域民族文化产业经营具有了分散性的特点。

第五，产业链具有一定的特殊性。

区域民族文化产业的产业链相较于其他文化产业呈现短而单一的特点，造成这种情况的原因有两点，一是区域民族文化资源的稀缺性，二是民族文化产业依托于科技与信息技术的内容较少。

第六，兼具内容产业和创意产业的性质。

虽然各国、各地对文化产业的称谓不同，但相比较而言，"文化产业""内容产业""创意产业"各自的侧重点还是有所不同的。"内容产业"是指以生产精神文化内容为核心的产业，是对一定的文化内容进行产业化加工和销售的过程，是文化产业的核心层次。它包括印刷品内容、电子出版物内容、电波传播内容和各种消费软件等。内容产业强调文化产品因其内容而具有的价值，内容在文化产业链的推进过程中发挥着最本质的关联作用，内容生产是关系文化产业成败的关键。"创意产业"则是指那些通过知识和智慧的创新和创意而带动的商品生产或市场服务行为，包括很多行业。创意产业强调的是文化产业与内容产业中具有创造性的部分[①]。

民族文化产业的产品和服务都是围绕展示各民族独具特色的传统文化而展开，具有内容产业的性质。但具体如何生产和开发民族文化资源，如开发的形式、手段、方法等，则需要各种文化创意来实现，民族文化产业需要将各种各样的巧思妙想和灵感创意贯穿于产品设计、服务创新、生产经营、项目开发、活动构想等民族文化资源产业化的全过程，它同时也具有创意产业的性质。

第七，对文化事业的依赖性较强。

区域民族文化产业与文化事业在以下四个方面具有密切的互动关系：一

---

① 黄永林：《从资源到产业的文化创意——中国文化产业发展现状述评》，华中师范大学出版社，2012，第 49～53 页。

是文化事业在区域民族文化的发现、保护、传播、传承、延续等方面发挥着极其重要的作用,是为区域民族文化产业提供资源的重要途径;二是区域民族文化产业的发展为文化事业的发展提供了一定的经济保障与物质支持;三是对民族文化的保护、传播、传承和延续,作为一种动态保护手段,区域民族文化产业与文化事业有异曲同工之妙;四是区域民族文化产业与文化事业保护民族文化资源的方式与途径不同,文化事业的保护更强调政府的支持与引导,更加专业和系统,但较为被动,不容易发挥公众的力量,而区域民族文化产业的保护则比较主动,更容易调动公众参与的积极性,能通过民族文化产品和服务的生产与消费把民族文化的所有者、企业、消费者等都纳入保护民族文化的队伍。

区域民族文化产业对以公共民族传统文化产品和服务为内容的文化事业的依赖性较强,原因有二:一是由于民族文化资源的独特性、稀缺性以及生态脆弱性和难以保护等特点,区域民族文化资源在产业化运作过程中面临更多保护不力或开发过度造成的资源消亡风险和经营困难,需要相关部门给予特别关注,文化事业在民族文化资源的保护与传承中对区域民族文化产业资源开发发挥着重要作用;二是伴随着区域民族文化产业与文化事业的互动,该产业的成果会随着民族文化的发展和积淀逐渐转化为区域公共民族文化产品和服务,成为区域文化事业的重要组成部分。同时,区域文化事业的繁荣反过来又会激发民族文化主体的创造性,进一步促进区域民族文化的发展,成为区域民族文化产业的源泉。

(3) 区域民族文化产业的类型

区域民族文化产业的类型较广,涉及民族文化产品制造业、民族体育业、民族文化音像制品生产、民族文化景观旅游、民族歌舞表演经营、民族出版物的生产经营、民族医药的生产经营、民族饮食文化的经营等[①]。也有学者将其发展模式概括为民族演艺经营模式、民族文化体验模式、民族节庆会展模式、民族工艺品输出模式、民族文化市场模式、民族文化产业园区模

---

① 张强、龙鳞:《对民族文化产业评价指标体系的构建》,《经济问题探索》2005年第6期。

式、民族文化创意产品开发模式①，还有学者将其分为工艺美术商品型、旅游资源开发型、文学艺术经营型、文化会展生意型、民族医药商业型、土产副食产业型②。

目前我国民族文化产业趋同化现象严重，其发展主要集中于民族文化旅游产业（如基于各民族地区特定自然生态环境和民族风情的旅游村）、民族工艺文化产业（如各类民族文化器具的制造）、民族文化艺术产业（如各地民族歌舞乐艺术展演）、民族节日文化产业（如民族节日文化与活动展示）、宗教民俗文化产业（如各类宗教祭祀仪式和民俗文化展示）、民族饮食文化产业、民族服饰文化产业等方面。此外，民族建筑文化产业和民族医药文化产业近年来也有一定发展。

（4）区域民族文化产业的功能

作为文化产业的主要类型之一，区域民族文化产业对促进国民经济快速增长发挥着重要作用，具有强大的经济功能。此外，健康可持续发展的区域民族文化产业还具有一定的文化功能与生态功能。

①经济功能：推动区域经济快速发展。区域民族文化产业通过对民族文化资源的产业化开发和利用，将其转化为巨大的生产力，创造出巨大的经济价值，对区域经济发展具有巨大的拉动作用。

作为文化产业的一部分，民族文化产业与文化产业一样具有绿色生产、优化结构、扩大消费、增加就业、促进跨越等优势。同时，民族文化产业还具有投入低、效益高、发展速度快、财富创造能力强、区域外辐射力强、影响力大等特点，是我国各地经济发展新的增长极。

尤其是在我国现阶段区域经济发展不平衡的情况下，民族文化产业为经济发展较为落后的中西部地区和边疆地区提供了一条加速发展的有效途径。这些地区拥有极其丰富的民族文化资源，而且正是由于其经济落后、交通不便，民族文化反而较少受到其他文化的影响与同化，得以保持自身的原生

---

① 孟航：《机理·类型·模式：民族文化产业发展论纲》，《理论月刊》2013年第4期。
② 戴琳：《民族民间传统文化产业的制度环境》，中国社会科学出版社，2007，第75~78页。

性、独特性和多样性，从而具有了先天的资源优势。在这些地区生活的特定民族由于对资源和技术等要素存在事实上独占的优势，选择发展民族文化产业自然就具备了民族身份和地域便利所带来的竞争优势，从而以比较成本的相对优势在产业竞争中占得先机，民族文化产业也因此成为这些地区的支柱性产业，成为促进经济发展的强大的推动器。

②文化功能：动态保护区域民族文化。对民族文化的保护有静态与动态两种方式：静态保护是运用现代化技术手段将面临消失危险的民族文化的形式和内容记录下来；动态保护则是运用各种手段和方法让民族文化在变异和创新的过程中继续存活并不断传承与发展。静态保护与动态保护相互促进、互为补充，一起构成了民族文化的保护与传承机制。

健康发展的区域民族文化产业即是对区域民族文化进行动态保护的有效途径之一，它对民族文化的动态保护主要体现在以下五个方面。

第一，民族文化产业的健康发展为保护民族文化提供了一种全新的方式，民族文化产品和服务带给消费者更多的是精神和意识层面的主观感受，在消费过程中，消费者大脑和意识中会产生各种深刻、独特的印象。比如，在民族文化旅游过程中，消费者在吃穿住用行等各方面亲身体验了旅游地的民族文化后，对这一切都会有自己的认识，之后也会不断解读其感受，这个过程逐渐传播了民族文化并激发人们的兴趣，由此对该民族文化起到传播、保护、传承、发扬的独特作用。

第二，民族文化产业发展通过对民族文化资源的开发，将新的科学技术、文化创意融入民族文化，可以激发生命力与创造力，甚至产生新的民族文化类型，保护民族文化生态平衡。

第三，民族文化产业对民族文化的开发与传播，能加速提升民族文化自信与自觉，提升民族文化的共识与凝聚力，增强民族文化自豪感，从而更好地维护民族文化生态，为民族文化的保护与传承创造良好的环境。

第四，民族文化产业发展过程中对民族文化资源从产品设计、生产、营销推广到传播、消费等产业化开发的整个过程，能有效对抗其他文化对该民族文化的侵袭，增强其生命力。

第五，民族文化产业的发展能够提升区域经济实力，从而为民族文化保护提供雄厚的资金支持和物质保障。

③生态功能：节约自然资源，保护区域生态环境。健康发展的区域民族文化产业还有益于区域生态环境保护，主要体现在两个方面：第一，民族文化产业的核心资源禀赋是民族文化资源，相较于其他产业，它利用的自然资源很少，属于典型的低能耗、低污染、低排放的绿色产业，发展民族文化产业有益于节约日益稀缺的自然资源，有益于减少环境污染，保护生态环境；第二，民族文化中有很多传统生态文化，它们是人类代代相传积累下来的教化人与自然和谐相处的智慧，将这些生态文化作为资源进行开发和利用，生产产品或提供服务，消费者在消费这些产品或服务的过程中会逐渐认同和接受这些充满智慧的生态文化，并将其内化为自己的意识，指导自己的行为，从而形成有益于生态环境保护的习惯和生产生活方式。而且，当每个人保护生态环境的意识、行为、习惯逐渐形成、汇集、相互影响并慢慢形成社会的整体意识时，这些融合了现代社会特征的生态文化就会以更加丰富的内涵传承下去，并继续指导人们的行为，使人类与自然更加和谐地相处，为人类社会的可持续发展作出更大的贡献。

2.2.2 生态化发展

2.2.2.1 生态化

将"生态"一词最早用于描述生物与环境关系的是德国动物学家赫克尔（E. H. Haeckel），他于1866年在《有机体普通形态学》一书中正式提出了"生态"一词，指出生态就是生物与环境的关系。他认为，一切生物都是环境整体的一部分。

在我国，"生态"和"环境"通常被并列组成"生态环境"一词使用，如"生态环境问题""生态环境建设""生态环境质量"等，不仅媒体报端频见此表述，在法律法规规章和政府文件中也常见到。1982年《宪法》第26条就表述为"国家保护和改善生活环境和生态环境"，其后1988年、

1993年、1999年、2004年四次对《宪法》的修订也都是如此。此外，生活中也经常将生态、环境和资源并用。

区别生态、环境、资源三者的关系有助于我们厘清生态的内涵与外延（见图2-2、表2-6）。

"化"经常被解释为"使成为、使变成"的意思，表示转变成某种性质或状态①，"××化"在汉语表达中很常见，如市场化、产业化、法制化、全球化等等，均取此意。

"生态化"一词在各个行业都可见到，表达着可持续发展、无害化无污染可循环、生态环境建设和生态系统优化、自然与人和谐统一、把生态学原理与原则渗透到人类活动中、用人和自然协调发展的理念思考认识经济社会文化等不同的意义。

表2-6 资源与环境和生态的关系

自然资源	自然环境	生态和生态系统
1. 可再生、不可耗竭的资源 太阳能及其衍生物（潮汐能、风能和水能）、降雨和降雪、水、大气 2. 可再生、可耗竭的资源 生物资源（森林、鱼类、动物等）、蓄水层的水（含地热等）、土壤、自然景观 3. 不可再生、可循环或可恢复的资源 金属矿物、其他元素矿物 4. 不可再生、使用就消耗的资源 化石资源（石油、天然气、煤炭）	1. 环境要素 空气、气候、臭氧层、光、热、水、生物、土地矿物、有毒物、废弃物等 2. 环境系统 城市环境、农村环境 大气、水、陆地环境 地理、地质和宇宙环境等 3. 环境问题 全球气候变暖 环境污染、环境灾害 资源破坏和耗竭 生物多样性下降等	1. 生态学（生态因子和环境） 生态因子、能量和物质环境（气候、土壤、地形和生物） 种群、群落、生物圈 2. 生态系统（典型生态系统） 食物链、能量流、物质循环、海洋、海岛、沿海、淡水、森林、旱地、山地、极地、城市、耕地生态系统等 3. 生态服务（生态系统服务） 供给服务：食物、木材等 支撑和调节服务：气候等 文化服务：文化和观赏服务

资料来源：中国现代化战略研究课题组、中国科学院中国现代化研究中心：《中国现代化报告2007：生态现代化研究》，北京大学出版社，2007，第5页。

---

① 辞海编辑委员会：《辞海》（1989年版缩印本），上海辞书出版社，1990，第235页。

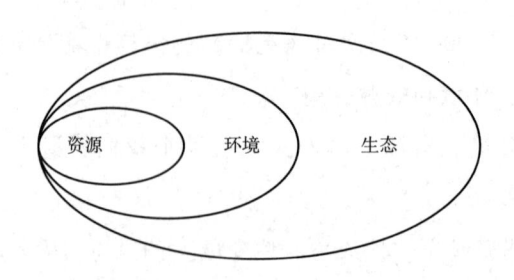

图 2-2 资源、环境和生态的关系

在学术界,"生态化"一词也被广泛使用于生物科学、环境科学、其他自然科学、人文科学的研究中,由于学者们的研究领域和角度不同,对该词的界定也有所不同。例如:生态化的生物产业体系,其生态化实际上是"生态学化",是继农业革命、工业革命之后物质生产体系的又一次质变[①];经济社会发展的生态化即从非生态的经济社会发展模式向生态的经济社会发展模式转变[②]。

对"生态化"的研究有两个领域是学者们比较感兴趣的,一是产业领域,二是制度领域。产业领域对生态化的研究主要涉及产业生态化的基本理论、动因机制、系统构建、耦合发展、路径、评价模型和指标体系的构建、制度保障、区域产业的生态化发展、具体产业的生态化发展等方面。制度领域的研究如《深化环境资源法学研究,促进人与自然和谐发展》[③]《科学发展观与法律发展:法学方法论的生态化》[④]《能源法律制度生态化研究》[⑤]《欧盟税收制度生态化研究》[⑥]《专利法生态化法律问题研究》[⑦]《刑事诉讼

---

① 欧阳志远:《生态化——第三次产业革命的实质与方向》,《科技导报》1992 年第 9 期。
② 付丽芬、刘福森:《生态化:经济社会发展观上的一场革命》,《学习与探索》1995 年第 2 期。
③ 蔡守秋:《深化环境资源法学研究,促进人与自然和谐发展》,《法学家》2004 年第 1 期。
④ 陈泉生:《科学发展观与法律发展:法学方法论的生态化》,法律出版社,2008,第 52 页。
⑤ 赵爽:《能源法律制度生态化研究》,法律出版社,2010。
⑥ 王金霞:《欧盟税收制度生态化研究》,吉林大学博士学位论文,2010。
⑦ 周长玲:《专利法生态化法律问题研究》,中国政法大学出版社,2011。

生态化研究》①《知识产权制度生态化研究》②《经济立法的生态化理念研究》③等，都主张将生态学的基本理论、原则和方法引入具体制度领域并成为该领域发展所遵循的指导思想。

本书认为，可将"生态化"理解为"使……转变成注重生物及其环境整体关系的模式"。

2.2.2.2 发展

在经济学中，"发展"指的是"经济发展"，指随着经济的增长而发生的投入结构、产出、一般生活水平和分配状况、卫生健康状况、文化教育状况、自然环境和生态等社会经济多方面的变化④。它强调数量与质量的统一，描述的是人们生活质量提高的同时，在人口规模与构成、本地工作数量与类型、当地生产的商品与服务的价格等各方面都发生了变化。单纯的经济增长不一定能实现经济发展，只有那些不仅关注局部的短期利益而更看重全局的长期利益的增长才能实现经济的发展。

学者们对经济发展的研究已延续了几个世纪，自资本主义萌芽以来，很多经济学家都曾根据他们所处时代的国内外社会环境观察经济增长与发展的状况，并提出了各自关于经济发展的思想或学说。对发展的认识经历了从不可持续发展到可持续发展的观念转变，经历了从经济增长与生态系统相互对抗和"有增长无发展"的实践洗礼，到如今形成了世界各国一致认可的保持经济在生态系统可承受的范围内增长，实现生态、经济、社会全面发展的可持续发展理念，并被逐步贯彻到经济社会实践中。

目前，对经济发展一般认为需要从定性和定量两个维度考虑：定量衡量经济发展带来的收益，如增加财富和提高收入水平、丰富商品和服

---

① 张能全：《刑事诉讼生态化研究》，中国人民公安大学出版社，2009。
② 万志前：《知识产权制度生态化研究》，华中科技大学博士学位论文，2009。
③ 蒋冬梅：《经济立法的生态化理念研究》，中国法制出版社，2012，第11页。
④ 谭崇台：《发展经济学概论》（第2版），武汉大学出版社，2008，第2~3页。

务供给，强化财政保障等；定性则包括在一个区域内创造更多的社会或经济上的公平，获得可持续发展，扩大就业范围和提高生活质量。经济发展强调结果，也强调过程：结果更注重达到既定的产出；过程更注重以政策、策略、手段以及资源的应用获得期望的产出，包括制度上的调整①。

2.2.2.3 生态化发展

综合前述论证，本书将"生态化发展"界定为：关注主体与周围环境的整体关系，可持续性的全方位增长和提高。

对它的理解应该把握以下四点：①它以发展为目的，且这种发展是全方位的，除了有数量上的增长，更注重质量上的提高，不能以牺牲质量换取数量；②它以生态化的各种方式作为实现发展的途径，不是一味通过增加资源投入量、扩大生产等方式提高物质产出，而是要通过各种技术、手段、策略、制度等，调控发展的速度、目标、模式等；③它是注重发展主体与周围环境整体关系的发展模式；④它不会为了局部的短期利益牺牲全局的长期利益，它注重社会和经济的公平，追求可持续发展。

2.3 本章小结

本章阐释了区域民族文化产业生态化发展的主要理论基础，并厘清了相关概念，为后文的分析论证奠定了基础。

区域民族文化产业生态化发展的主要理论基础既包括区位论、比较优势理论、资源稀缺论、可持续发展理论等经济学相关理论，也包括系统论、协同论等系统科学相关理论，还包括生物食物链理论、种内生存理论、种间关系理论、生物冗余及多样性原理等生态学相关理论。

---

① 〔澳〕斯廷森、〔澳〕斯托、〔澳〕罗伯茨：《区域经济发展分析与规划战略》，朱启贵译，格致出版社、上海人民出版社，2012，第6页。

在对"区域""民族文化""区域民族文化""文化产业"这四个相关概念逐层剖析的基础上,界定了"区域民族文化产业"的概念,分析了其特征、类型与功能,厘清了其内涵与外延。

在分析了"生态化""发展"这两个相关概念的基础上,界定了"生态化发展"的概念并阐述了其内涵。

第3章 我国区域民族文化产业的发展现状

3.1 我国文化产业的发展

从"文化产业"的提法首次出现在公众视野中,到如今"文化产业成为国民经济支柱性产业"的目标逐步实现,近40年来,文化产业在我国获得了极其迅速的发展。表3-1对我国文化产业重要事件、重大战略和政策的梳理清晰展示了文化产业逐步发展成为我国经济社会发展的生力军的步伐。

有学者将我国文化产业近40年的发展历程总结为1978~1992年的复苏期、1993~2002年的助跑期和2003年至今的加速期三个发展阶段,并归纳了每个阶段的特征。复苏期:"文化市场"的地位正式得到承认,文化市场管理体系初步建立,"文化经济"概念正式提出。助跑期:"文化产业"概念提出;国家高度重视文化领域的法制建设,大力推进依法管理;产业的发展主要体现为规模扩大、数量扩张型的外延式增长。加速期:文化体制改革试点工作有序展开,认同度较高的、法定的"文化产业"概念诞生(见图3-1)。

伴随着文化经济政策的不断调整和文化体制改革推进,我国文化产业发展态势良好(见表3-1)。以近十年为例,2007年我国文化产业增加值是

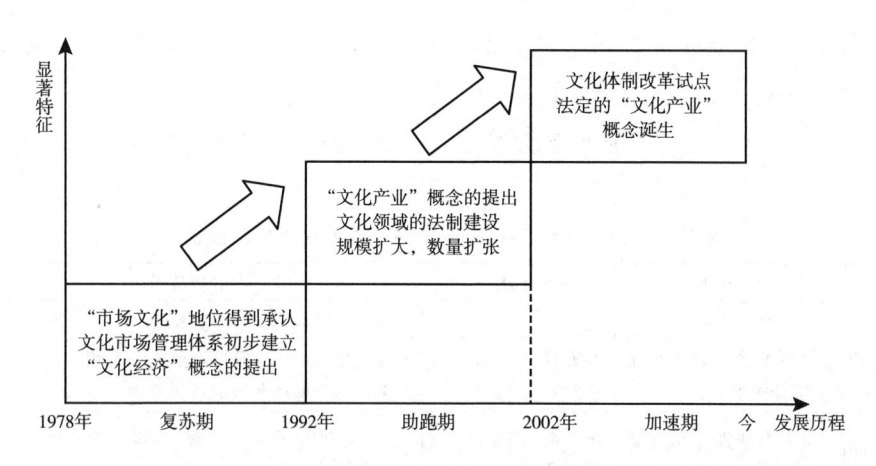

图 3-1 文化产业发展历程

资料来源：王克岭：《微观视角的西部地区少数民族文化产业可持续发展研究》，光明日报出版社，2011，第 62 页。

6455 亿元，增长速度达到 26.0%，占当年 GDP 比重为 2.43%。到 2016 年，文化产业增加值达到了 30785 亿元，增长速度是 13.0%，占当年 GDP 比重达到了 4.14%。十年间，文化产业增加值翻了逾两番，文化产业占 GDP 比重增加了 1.71 个百分点，这意味着文化产业的大规模扩张。其中增长最快的是 2007 年，增速高达 26.0%，其后分别是 2010 年的 25.8%、2009 年的 22.6%、2011 年的 22.0%、2008 年的 18.2%（见表 3-2）。其余五个年份均保持在 11% 以上，虽仍高于经济增长速度，但这也说明，自 2013 年开始，我国文化产业发展速度呈现一种常态化的特征，这与我国经济增长速度 7% 左右的常态化趋势一致。

文化产业在经济发展中具有很大的优势。它的资源主要是知识、技术、智力、灵感等文化资源，对自然资源的依赖性不大，是消耗少、污染少的产业，而且它与其他传统产业的关联性、渗透性、融合性很强，借助新的科学技术与发展理念，它能显著提升传统产业的经济价值，促进经济转型升级，改造提升传统动能，培育壮大新动能，推动经济保持较快发展。文化产业在促进经济增长的同时还能满足群众日益增长、不断升级的精神文化需求，能不断促进新消费，在扩大内需方面更有成效，具有更强的可持续性。文化产业也是创业创新的主力军,不仅能有效带动就业,还能激发全社会的文化创造力,是中华民族伟大复兴的重要力量。

文化产业在我国经济发展大格局中正发挥着举足轻重的作用。

表3-1 我国文化产业重要事件、重大战略和政策梳理

年份	出处	机构	内容与意义
1985	《人民日报》		第一次出现"文化产业"的提法
	《关于建立第三产业统计的报告》	国家统计局(国务院转发)	将文化艺术作为第三产业的一个组成部分,文化艺术的产业属性初步显现
1988	《关于加强文化市场管理工作的通知》	文化部、国家工商行政管理局	"文化市场"概念正式提出,我国正式承认文化市场的地位
1989		国务院	批准在文化部设置文化市场管理局,全国文化市场管理体系开始建立
1991	《关于文化事业若干经济政策意见的报告》	文化部(国务院批转)	正式提出"文化经济"概念
1992	《关于加快发展第三产业的决定》	中共中央、国务院	使用了"文化产业"一词,是中国政府部门首次认可文化的"产业"性质
	重大战略决策——加快发展第三产业	国务院办公厅综合司	
1998		文化部	设置文化产业司管理调控文化产业改革与发展
2000	《中共中央关于制定国民经济和社会发展第十个五年计划的建议》	党的十五届五中全会	中央正式文件首次使用"文化产业"一词,文化产业进入国家发展战略
2002	十六大报告	党的十六大	提出文化体制改革基本方案,"文化事业和文化产业"并重;同年6月,全国开始文化体制改革试点
2003		中宣部、国家统计局、文化部、广电总局、新闻出版总署和国家文物局等部门	"文化产业统计研究课题组"成立(2003.07)
	《关于支持和促进文化产业发展的若干意见》	文化部	指出文化产业是"从事文化产品生产和提供文化服务的经营性行业",是社会生产力发展的必然产物,强调文化产业与文化事业都是社会主义文化建设的重要组成部分(2003.09)

续表

年份	出处	机构	内容与意义
2004	文化及相关产业分类	国家统计局	首次科学划分和全面统计了文化产业的内容(2004.08)，是首个国民经济分类指导标准，推进了我国文化体制改革和文化产业宏观发展决策的制定实施
		党的十六届四中全会	提出"解放和发展文化生产力"的观点(2004.09)，是中国文化建设和文化产业发展的时代要求
	《关于鼓励、支持和引导非公有制经济发展文化产业的意见》	文化部	鼓励、支持和引导非公有制经济发展文化产业(2004.10)，进一步推动我国文化产业快速发展
2005		中宣部	年初完成十年立法规划，计划十年内基本建立发展文化产业和繁荣文化事业的法律性框架
	《中共中央关于制定国民经济和社会发展第十一个五年规划的建议》	党的十六届五中全会	提出文化产业的一系列任务（"丰富人民群众精神文化生活"部分）(2005.10)
2006	《关于深化文化体制改革的若干意见》	中共中央、国务院	指出文化体制改革要"坚持把社会效益放在首位，努力实现社会效益和经济效益的统一"，"坚持文化事业和文化产业协调发展"(2006.01)
	《国家"十一五"时期文化发展规划纲要》	中共中央办公厅、国务院办公厅	第五部分专门论及"文化产业"，部署了"十一五"期间文化产业发展的任务(2006.09)
2007	十七大报告	党的十七大	提出"文化软实力"概念；提出"大力发展文化产业，实施重大文化产业项目带动战略，加快文化产业基地和区域性特色文化产业群建设，培育文化产业骨干企业和战略投资者，繁荣文化市场，增强国际竞争力"
2009	《文化产业振兴规划》	国务院常务会议	继纺织、轻工等规划之后的第十一大产业振兴规划
2010	第22次集体学习	十七届中央政治局	胡锦涛同志提出，要加快文化体制机制改革创新，加快发展文化产业，加强对文化产品创作生产的引导
2011	《中共中央关于深化文化体制改革 推动社会主义文化大发展大繁荣若干重大问题的决定》	党的十七届六中全会	到2020年"文化产业成为国民经济支柱性产业"是文化改革发展奋斗的目标

续表

年份	出处	机构	内容与意义
2012	《国家"十二五"时期文化改革发展规划纲要》	中共中央办公厅、国务院办公厅	既要发展壮大传统文化产业,也要加快发展新兴文化产业门类(2012.02)
	十八大报告	党的十八大	明确了新的文化建设理念,指出文化产业由市场主导,既能成为国家的强大经济实体,又能体现国家软实力,能为文化大发展大繁荣奠定坚实的体制基础(2012.11)
2014	政府工作报告	第十二届全国人民代表大会第二次会议	要求2014年文化产业发展增速要达到15%以上(其后出台了一系列文化产业扶持政策)(2014.03)
	《关于推动特色文化产业发展的指导意见》	文化部、财政部联合发布	为地方文化产业科学发展指明了新方向
2015	《推动共建丝绸之路经济带和21世纪海上丝绸之路的愿景与行动》	国家发展改革委、外交部、商务部联合发布	在合作重点中提出了加强与沿线各国的文化交流、积极开展文化产业合作、塑造和谐友好的文化生态的新要求
2016	《中华人民共和国国民经济和社会发展第十三个五年规划纲要》		"十三五"期间要实现"文化产业成为国民经济支柱性产业"的目标,提出"坚持把社会效益放在首位、社会效益和经济效益相统一,加快文化改革发展",要"丰富文化产品和服务","推进文化事业和文化产业双轮驱动"。
2017	政府工作报告	第十二届全国人民代表大会第五次会议	"发展文化事业和文化产业"被确定为2017年重点工作任务之一(2017.03)
	《关于推动数字文化产业创新发展的指导意见》	文化部	是国家层面首个针对和鼓励数字文化产业发展的宏观性、指导性政策文件(2017.04)
	十九大报告	党的十九大	十八大以来我国"文化事业和文化产业蓬勃发展";提出要"加快构建把社会效益放在首位、社会效益和经济效益相统一的体制机制",要"健全现代文化产业体系和市场体系,创新生产经营机制,完善文化经济政策,培育新型文化业态"(2017.10)

表 3–2 2007~2016 年文化产业增加值、增长率、占 GDP 比重

年份	增加值（亿元）	增长率（%）	文化产业增加值占 GDP 比重（%）
2007	6455	26.0	2.43
2008	7630	18.2	2.43
2009	8786	22.6	2.52
2010	11052	25.8	2.75
2011	13479	22.0	2.85
2012	18071	16.5	3.48
2013	21870	11.1	3.67
2014	24538	12.2	3.81
2015	27235	11.0	3.95
2016	30785	13.0	4.14

资料来源：国家统计局社会科技和文化产业统计司、中宣部文化体制改革和发展办公室编《中国文化及相关产业统计年鉴（2017）》，中国统计出版社，2017。

3.2 我国区域民族文化产业发展的特点

民族文化产业在我国经济发展中占有极其重要的地位，对促进我国经济快速增长发挥着重要作用。尤其是在十八大之后，《关于推动特色文化产业发展的指导意见》等一系列政策措施集中出台，掀起了我国各地民族文化产业发展的热潮，在"一带一路"倡议背景下，我国区域民族文化产业更是进入了高速发展阶段。

3.2.1 区域民族文化资源富集

我国地域辽阔，历史悠久，民族众多，在 960 多万平方公里土地上生活着 56 个民族。在长期的历史发展过程中，每个民族都在适应和改造生存环境的实践活动中逐渐形成了特有的生产生活与行为方式，并不断流传下来，由此形成了该民族独特的民族文化。这些民族文化涉及人们生产生活的方方面面，而且，居住在不同地域的同一个民族也会由于自然环境不同而在与大自然的不断互动中形成不同的民族文化。悠久的历史、众多的民族以及广阔

的地域形成了一个三维立体的民族文化生发、流传的时空体系，为我国各族人民民族文化的产生、发展与传承提供了丰沃的土壤，形成了中华大地上极其丰富的各种类型的民族文化资源。

下文以我国入选世界遗产名录、世界非物质文化遗产名录的文化资源与我国国家级非物质文化遗产资源为例进行说明。

世界文化遗产属于世界遗产的范畴，是目前世界上文化保护与传承的最高等级，由联合国发起、联合国教科文组织负责执行、国际文化纪念物与历史场所委员会等非政府组织作为协办组织参与甄选、管理与保护工作。世界遗产分为世界文化遗产、世界文化景观遗产、世界文化与自然双重遗产、世界自然遗产4类。截至2018年，我国入选世界遗产名录的项目有53处，分布于各省域，其中纯粹的世界自然遗产仅有13处，另外三类都是与文化有关的世界遗产，共计40处（见表3-3）。此外，我国的昆曲、古琴艺术、新疆维吾尔木卡姆艺术、粤剧、《格萨尔》史诗、青海热贡艺术、藏戏、甘肃花儿、西安鼓乐、中国书法、中国篆刻、中国剪纸、端午节、中医针灸、京剧、中国皮影、中国珠算等30种非物质文化遗产项目也入选世界"非物质文化遗产代表作名录"。

表3-3 我国各省域世界遗产数目统计（截至2018年）

单位：处

省份	世界文化遗产	世界文化景观遗产	世界文化与自然遗产	世界自然遗产	合计
北京市	6	0	0	0	6
天津市	0	0	0	0	0
河北省	2	0	0	0	2
山西省	2	1	0	0	3
内蒙古自治区	1	0	0	0	1
辽宁省	0	0	0	0	0
吉林省	1	0	0	0	1
黑龙江省	0	0	0	0	0
上海市	0	0	0	0	0
江苏省	1	0	0	0	1
浙江省	0	1	0	0	1
安徽省	1	0	1	0	2
福建省	2	0	1	0	3
江西省	0	1	0	1	2

续表

省份	世界文化遗产	世界文化景观遗产	世界文化与自然遗产	世界自然遗产	合计
山东省	1	0	1	0	2
河南省	3	0	0	0	3
湖北省	2	0	0	1	3
湖南省	0	0	0	1	1
广东省	1	0	0	1	2
广西壮族自治区	0	1	0	0	1
海南省	0	0	0	0	0
重庆市	1	0	0	1	2
四川省	1	0	1	3	5
贵州省	0	0	0	1	1
云南省	1	1	0	2	4
西藏自治区	1	0	0	0	1
陕西省	2	0	0	0	2
甘肃省	1	0	0	0	1
青海省	0	0	0	1	1
宁夏回族自治区	0	0	0	0	0
新疆维吾尔自治区	0	0	0	1	1
香港特别行政区	0	0	0	0	0
澳门特别行政区	1	0	0	0	1
台湾省	0	0	0	0	0

说明：考虑统计的严谨性，此表将跨省域的世界遗产仅计入一个省域进行统计。

数据来源：本表数据由笔者根据《中国文化及相关产业统计年鉴（2017）》与新浪新闻提供的资料《贵州梵净山列入世界遗产名录 中国世界遗产增至53处》整理统计，https://news.sina.cn/ 2018年7月3日。

我国非物质文化遗产极其丰富，除了入选世界非物质文化遗产名录的项目外，自2005年国务院提出进行非物质文化遗产保护，我国迅速建立起县级、市级、省级、国家级四级非物质文化遗产保护名录。仅以国家级非物质文化遗产为例，国务院已先后于2006年、2008年、2011年、2014年批准命名了四批国家级非物质文化遗产名录，共计1372项。由于其中存在很多同一项目分布在不同省域或城市的情况，而这些不同地域的同一项目往往会有一些差异，申报地区或单位也不同，因此，若以申报地区或单位进行逐一统计，这些子项则达到了 3154 项（见表 3-4）。再加上入选省级、市级、县级目录的非物质文化遗产，我国形成了一个极其庞大的非物质文化遗产宝库。此外，由于很多非遗项目还在不断入选新的目录，甚至很多还处于不断被发现的过程中，这个宝库还会不断充实。这些非物质文化遗产和其他各种民族文化一起成为我国民族文化产业发展的资源宝藏。

表 3-4 我国各省域国家级非物质文化遗产数目统计

单位：项

省份	第一批	第二批	第三批	第四批	合计
北京市	13	60	15	15	103
天津市	9	10	5	11	35
河北省	40	78	15	16	149
山西省	33	69	43	23	168
内蒙古自治区	18	38	14	19	89
辽宁省	22	31	7	7	67
吉林省	5	22	11	6	44
黑龙江省	9	12	6	7	34
上海市	9	26	19	9	63
江苏省	38	62	27	19	146
浙江省	46	97	60	30	233
安徽省	26	34	14	14	88
福建省	43	51	19	17	130
江西省	19	16	11	24	70
山东省	27	93	33	20	173
河南省	26	56	13	18	113
湖北省	21	60	25	21	127
湖南省	29	41	29	19	118
广东省	42	57	30	18	147
广西壮族自治区	22	9	9	12	52
海南省	13	16	6	5	40
重庆市	13	16	10	5	44
四川省	27	78	15	19	139
贵州省	40	61	24	15	140
云南省	36	47	22	17	122
西藏自治区	23	36	16	13	88
陕西省	25	30	11	13	79
甘肃省	23	30	8	7	68

续表

省份	第一批	第二批	第三批	第四批	合计
青海省	19	38	7	9	73
宁夏回族自治区	3	5	2	8	18
新疆维吾尔自治区	24	56	31	17	128
香港特别行政区	2	0	4	4	10
澳门特别行政区	2	1	3	3	9
台湾省	0	0	0	0	0

说明：除表格内各省域申报的项目之外，还有中直单位申报的41个项目，新疆生产建设兵团申报的6个项目，共计3154项。

数据来源：本表数据由笔者根据中国非物质文化遗产网"中国非物质文化遗产数字博物馆"提供的资料统计，http://www.ihchina.cn/project.html#target1，最后访问日期：2019年3月20日。

3.2.2 区域民族文化产业发展迅速

（1）中央政府与地方各级政府支持力度不断加大

文化产业的发展离不开政府的引导与扶持。如前文所述（见表3-1），自1998年文化部设置文化产业司管理和调控文化产业改革与发展，并于2000年首次将"文化产业"一词写入第十个五年计划开始，我国文化产业就在国家与政府持续的支持与推动下快速发展。"十一五"规划、"十二五"规划、"十三五"规划中都专门部署了文化产业发展的任务，并确立了要在"十三五"期间实现"文化产业成为国民经济支柱性产业"的目标。配合国家文化产业发展战略，各相关部门出台了大量政策与配套措施加以支持，并且力度不断加大，有效促进了文化产业的发展。近十年来，文化产业高速增长，远高于同期GDP增速。

在文化产业快速发展的浪潮中，民族文化产业也在国家和各地政府的大力支持下迅速发展。尤其是在2014年文化部、财政部联合发布的《关于推动特色文化产业发展的指导意见》出台后，各地政府纷纷加大了开发利用本地民族文化资源的力度，并出台各种政策支持推动特色民族文化产业发展。以民族文化产业发展较早较快的云南省为例，早在2004年云南省就出台了《云南省加快文化产业发展的若干政策》，其后，各种政策与措施不断出台、实施，如《云南省近中期文化产业发展规划（2009～2015年）》、《云南文化产业"十三五"发展规划》《云南省旅游文化产业发展规划（2016～2020年）》《云南省旅游产业转型升级三年（2016～2018年）行动计划》等等，形成了一个良好的制度环境，创造出令人瞩目的文化产业"云南现象"。

近年来，国家对民族文化产业的支持力度不断加大，国家"一带一路"建设的推进、"互联网+"行动计划的实施、华夏文明传承创新区的建设、藏羌彝文化产业走廊的建设等为各地民族文化产业的发展提供了崭新的历史机遇和更加广阔的发展空间。

（2）区域民族文化产业效益逐年提升

近年来，我国各地对民族文化资源的产业化开发力度不断加大，民族文化产业快速发展，产业效益逐年提升，成为各地经济增长新的推动器。

目前，我国各地民族文化产业发展更多是借助旅游平台，结合当地自然景观，将本地多样化的民族文化资源开发为体验式产品，以其原生态与独特性吸引消费者。以旅游产业统计数据为例，2005年到2015年，我国国内旅游收入从5285.9亿元增长到34195.1亿元，翻了近三番，旅游外汇收入从293亿美元增长到1136.5亿美元，翻了近两番，国内游客从12.1亿人次增长到40亿人次，翻了近两番，入境游客从1.2亿人次增长到1.34亿人次，各项指标都保持逐年增长趋势（见表3-5）。

表3-5 中国旅游业发展情况

年份	国际旅游(外汇)收入（亿美元）	国内旅游收入（亿元）	国内游客（亿人次）	入境游客（万人次）
2005	293.0	5285.9	12.1	12029.2
2006	339.5	6229.7	13.9	12494.2
2007	419.2	7770.6	16.1	13187.3
2008	408.4	8749.3	17.1	13002.7
2009	396.8	10183.7	193.0	12647.6
2010	458.1	12579.8	213.0	13376.2
2011	484.6	19305.4	26.4	13542.4

续表

年份	国际旅游(外汇)收入（亿美元）	国内旅游收入（亿元）	国内游客（亿人次）	入境游客（万人次）
2012	500.3	22706.2	29.6	13240.5
2013	516.6	26276.1	32.6	12907.8
2014	569.1	30311.9	36.1	12849.8
2015	1136.5	34195.1	40.0	13382.0

数据来源：国家统计局社会科技和文化产业统计司、中宣部文化体制改革和发展办公室编《中国文化及相关产业统计年鉴（2016）》，中国统计出版社，2016。

（3）区域民族文化品牌效应逐渐显现

塑造民族文化品牌是促进民族文化产业发展方式转变的重要途径，一个地区民族文化品牌的数量和知名度与该地区民族文化产业发展水平密切相关。

经过多年的发展，我国民族文化知名品牌日益增多，品牌知名度不断提升，品牌效应逐渐显现。各地民族文化产业发展过程中拥有高知名度的品牌越来越多。比如："多彩贵州"作为贵州民族歌舞演艺、文化旅游、民族工艺、特色产品等多种文化产业的"通用名片"，截至2015年，已被授权17家企业机构有偿使用，通过对该品牌规范化、标准化、专业化的运作，代表贵州形象的文化品牌集群已形成，拉动投资40亿元以上[①]；"云南映象""消失的地平线香格里拉""丽江古城""大理古城"等云南民族文化品牌带动了旅游、影视等一系列产业的发展；还有甘肃的"兰州牛肉拉面""九色甘南香巴拉"、广西的"印象·刘三姐""妈勒访天边"等等。多地已拥有被作为区域名片的民族文化品牌，极大地推动了本地民族文化产业的快速发展。

（4）对民族文化产品与服务的消费需求不断增强

文化消费需求是民族文化产业发展的重要推动力。随着收入水平与生活水平的提高，人们对民族文化产品和服务的消费需求不断增强。

分析文化消费的常用理论恩格尔定律认为，家庭收入或家庭总支出与其

---

① 金黔在线：《贵州文化产业催生品牌集群效应》，《贵州日报》2016年1月12日，http://news.163.com/16/0112/06/BD40UB4D00014AED.html。

中被用来购买食物的支出成反比,收入越少,食物支出比例越高,收入增加,食物支出比例会下降。根据联合国粮农组织的标准划分,恩格尔系数在60%以上为贫困,50%~59%为温饱,40%~49%为小康,30%~39%为富裕,低于30%为最富裕。如图3-2所示,我国城镇居民恩格尔系数自2005年就达到了36.7%,之后逐渐下降,到2013年达到了35%,处于富裕阶段,而农村居民恩格尔系数2005年是45.5%,之后一直降至2013年的37.7%,处于从小康过渡到富裕阶段,生活水平显著提高。

图3-2 城乡居民恩格尔系数变化趋势

数据来源:国家统计局社会科技和文化产业统计司,中宣部文化体制改革和发展办公室编《中国文化及相关产业统计年鉴(2015)》,中国统计出版社,2015。

马斯洛的需求层次理论认为,物质需求满足的基础上会产生精神需求,经济发展水平的不断提高会促使精神需求的总量不断扩大,层次不断提升。实践也证明,人均GDP 3000美元是居民消费结构从生存温饱型向小康享受型转变的一个标准,超过3000美元时,文化需求将快速增长,文化消费也会转向高品质、多样化与个性化。2010年我国人均GDP已超过4000美元,文化消费进入快速增长的新阶段[①]。

除了投资性的文化消费之外,民族文化旅游、民族演艺等娱乐型的文化

---

① 欧阳坚:《文化产业政策与文化产业发展研究》,中国经济出版社,2011,第12~13页。

消费深得人们青睐，民族工艺品、民族医药等也基于独特的价值拥有了越来越多的消费者。可以预测，在"一带一路"背景下，在国家大力支持"互联网+""文化+""全域旅游"的政策环境下，人们对民族文化产品与服务的消费需求会更强，未来文化产业的消费需求还有较大的增长空间。

3.2.3 以区域民族文化旅游产业为核心

我国区域民族文化产业的发展形态是以区域民族文化旅游产业为核心，带动其他类型民族文化产业的发展。

我国文化产业的发展从低到高分为三个层次：一是以旅游为龙头的较为初级的发展方式，二是国有广播电视集团、电影集团、演出集团、新闻出版集团等，三是以高科技为支撑、以全球化为背景的高端形态即创意产业。

我国区域民族文化产业总体仍处于较为初级的层次，其发展形态普遍是依托民族文化旅游，以此为平台，带动民族工艺品制造、民族餐饮、民族服饰、民族歌舞演艺、民俗展示、民族医药、民族印刷与出版等其他类型的民族文化产业发展。这与旅游产业的门槛低、所需起步资金较少、管理较为容易，并且产业链长、低能耗、拉动经济效益明显等特点有关，也受制于我国民族文化资源较为分散、原生态民族文化与该民族生活地域密切相关等因素。各地民族文化产业普遍都如此，中西部地区更加明显、人文旅游成为各地扶贫脱贫的重要支撑。东部地区的民族文化产业也始于此，但随着高科技和产品设计先进理念与创意的大量应用，其产业结构不断优化升级。

如今，在政府大力支持和发展全域旅游的背景下，以旅游为依托带动其他类型产业发展仍是我国民族文化产业发展的主要形态，各地在发展过程中应积极借助国家大力发展数字经济的政策优势，吸引各类创意人才，培育和促进产业升级换代，推动其向更高层次发展。

3.2.4 区域性特点突出

我国民族文化产业在发展过程中有非常明显的区域性特点，主要体现在以下几个方面。

（1）民族文化资源的分布具有区域性特点

我国民族文化资源富集，但分布不均衡。学者胡惠林、王婧等人的文化产业发展指数研究以非物质文化遗产、物质文化遗产、社会文化资源、文化人才资源四个指标对我国各地文化资源的丰富程度进行了测算（见表3-6、图3-3）①，研究显示，我国31个省份在非物质文化遗产、物质文化遗产、社会文化资源、文化人才资源等方面都有明显差别，文化资源丰富指数数值差别也较大。四个指标中，非物质文化遗产与物质文化遗产是典型的民族文化资源，文化人才资源与社会文化资源也是民族文化资源开发与利用的重要支持因素，因此，这项研究结果能够说明我国民族文化资源分布的区域性。

表3-6 文化资源丰富指数及其构成指标数值

省份	综合指数		非物质文化遗产		物质文化遗产		社会文化资源		文化人才资源	
	2011年	2012年	2011年	2012年	2011年	2012年	2011年	2012年	2011年	2012年
北 京	22.90	80.12	29.15	53.71	13.55	84.49	6.05	100.00	38.73	54.95
山 西	44.76	62.05	62.68	71.04	25.59	100.00	43.52	22.88	44.83	68.18
浙 江	62.66	51.79	100.00	100.00	13.40	52.22	30.08	9.15	96.27	95.93
四 川	60.20	47.80	37.76	64.11	76.77	83.02	100.00	4.10	37.54	61.65
云 南	36.99	46.83	38.13	70.05	43.76	57.85	36.75	11.62	28.80	81.04
福 建	29.57	44.19	34.02	74.51	26.49	50.46	30.85	14.74	26.57	66.17
河 南	51.54	43.41	29.15	53.47	33.95	78.46	46.42	3.16	100.00	56.69
江 苏	45.64	43.26	61.40	63.12	8.40	48.98	27.22	4.59	80.67	100.00
河 北	47.51	40.02	33.70	47.77	36.87	61.10	47.01	5.90	75.08	69.33
湖 北	43.36	37.44	36.95	42.57	49.29	41.98	28.24	9.63	56.63	87.91
陕 西	37.59	36.92	14.28	51.24	20.94	44.01	49.84	16.22	72.41	55.06
山 东	58.57	35.35	48.67	43.81	50.54	42.79	34.39	0.03	97.65	93.92
内蒙古	43.00	34.23	14.87	24.26	81.63	27.59	38.86	24.44	38.81	81.98
上 海	24.31	34.18	35.46	51.98	0.00	1.61	0.00	33.55	55.91	80.14
广 东	42.17	33.20	34.92	65.35	60.67	34.98	28.76	0.00	42.00	70.88
新 疆	43.38	32.77	49.30	44.55	52.60	12.12	49.81	31.00	21.79	64.60
辽 宁	30.41	32.44	9.41	40.10	28.97	31.21	37.56	16.22	50.51	63.54
江 西	32.40	31.52	13.16	32.43	43.90	41.30	49.12	13.01	29.59	54.50

---

① 胡惠林、王婧主编《中国文化产业发展指数报告（CCIDI）》，上海人民出版社，2014，第96~97，121页。

续表

省份	综合指数		非物质文化遗产		物质文化遗产		社会文化资源		文化人才资源	
	2011年	2012年	2011年	2012年	2011年	2012年	2011年	2012年	2011年	2012年
甘肃	28.10	31.16	21.45	52.97	25.20	25.97	53.02	25.23	19.13	30.39
湖南	43.20	27.35	40.70	40.59	52.66	32.56	55.06	7.07	26.84	49.49
安徽	32.02	27.33	24.60	29.45	34.42	32.29	31.39	8.09	38.67	60.26
西藏	44.85	26.15	29.20	33.66	91.74	16.28	62.82	41.97	0.00	0.00
天津	7.84	25.80	1.71	25.75	1.12	0.00	6.42	29.84	23.12	67.79
吉林	26.56	25.56	7.48	22.77	26.68	15.74	28.61	24.03	47.03	51.93
黑龙江	51.86	25.14	1.44	33.91	100.00	3.77	45.13	21.72	65.80	65.70
贵州	33.26	22.97	20.37	46.78	41.47	17.36	43.80	14.49	31.35	26.77
青海	30.65	20.95	22.30	23.51	51.78	1.34	50.01	35.07	3.03	23.87
重庆	19.75	19.17	15.14	43.07	14.46	12.51	27.73	10.43	34.33	25.58
广西	22.50	18.25	5.45	25.99	26.29	8.08	28.55	12.62	33.61	42.87
宁夏	7.33	16.47	0.00	0.00	6.27	1.08	20.87	27.45	6.23	40.26
海南	10.34	15.68	5.45	8.66	23.52	0.27	11.44	28.17	1.44	25.08

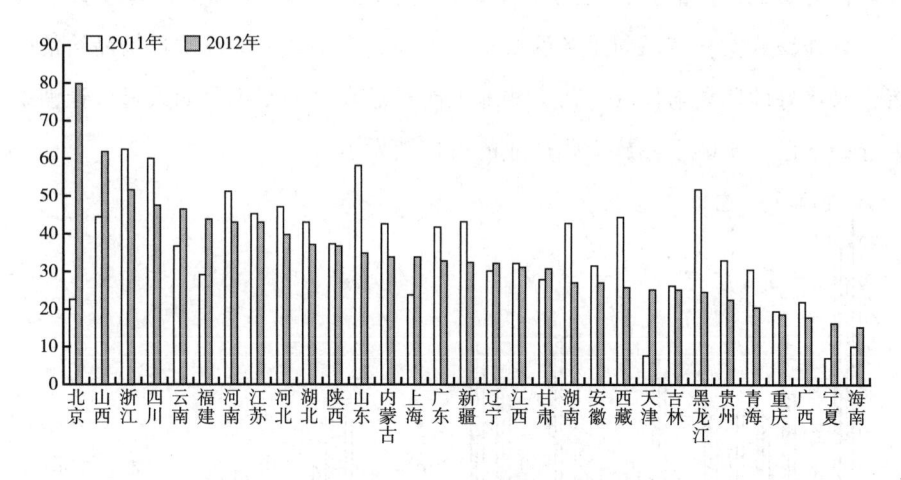

图3-3 文化资源丰富指数

(2) 民族文化资源的内容和种类具有区域性特点

我国56个民族各不相同，每个民族生活的地域不同，他们在与自然环境长期互动过程中逐渐形成的民族文化就有很大差别，即便是生活在不同地方的同一个民族，其民族文化也会有明显的差异，这形成了我国民族文化的多样性和独特性。不同地方的民族文化资源也就因其典型的民族特点、地域

101

特点、文化特点而具有了内容与种类上的区域性。当前我国民族文化产业的主要形态是民族文化旅游产业,对消费者而言是典型的体验式消费,会较多受到民族文化内容与种类区域性特点的影响。

(3) 民族文化产业发展水平、发展模式、民族文化产品与服务的质量具有区域性特点

我国各地经济社会发展水平不一,文化产业的发展也相应体现这种区域性特点。同样是学者胡惠林、王婧等人的文化产业发展指数研究,以文化产业发展规模、文化产业发展速度、文化产业重要程度、文化产业集中程度四个指标对文化产业发展水平进行了测算(见图3-4),以文化资源转换无形资产能力、文化资源转换资本能力对文化产业发展模式进行了测算(见图3-5)①,研究显示,我国各省份的文化产业发展水平与发展模式有明显差异。作为文化产业的重要组成部分,民族文化产业也体现了这些差异。此外,各地民族文化产品与服务的质量也不同,有些地方的高质量精品给消费者带来美好的印象与体验,而有些地方的产品和服务则不尽如人意,让消费者吐槽不已,影响了民族文化产业的可持续发展。

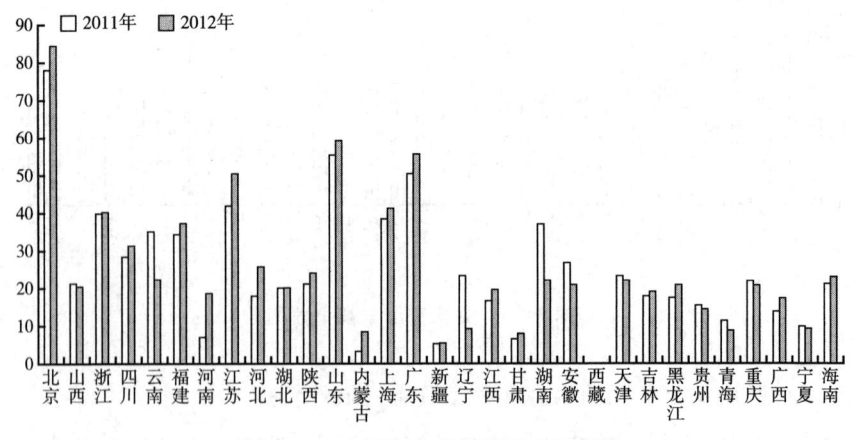

图3-4 中国文化产业发展水平指数

---

① 胡惠林、王婧主编《中国文化产业发展指数报告(CCIDI)》,上海人民出版社,2014,第48~49,71页。

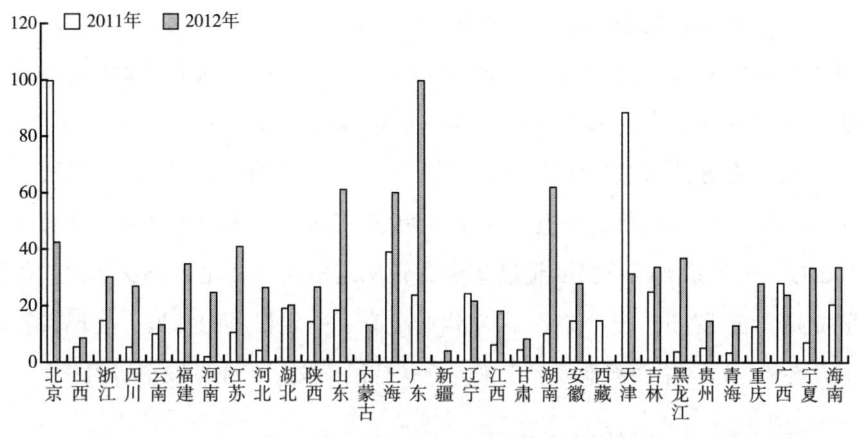

图 3-5 中国文化产业发展模式指数

3.2.5 各地民族文化产业发展不平衡

我国民族文化产业的发展不平衡，东部较快，中部居中，西部偏慢。这与各地文化产业的发展水平相对应，也与我国经济发展分布特征一致。

学者彭翊等人对我国 2010 年至 2014 年各省份文化产业发展指数进行了持续研究，该研究以文化产业综合指数作为测评依据，该指数由文化产业生产力、文化产业影响力、文化产业驱动力三个子要素等权平均得出，能系统反映不同省份文化产业发展的综合水平[1]。

以 2013 年与 2014 年为例（见图 3-6、图 3-7），2013 年文化产业综合指数东部地区是 75.9，中部地区是 72.4，西部地区是 70.9，2014 年东部地区是 76.9，中部地区是 72.4，西部地区是 71.4，东部地区最高，中部地区居中，西部地区最低。除了 2014 年的驱动力指数呈现东部高、西部居中、中部低外，两个年份的其他指标指数都是东部较高、中部居中、西部较低，有明显的东部、中部、西部发展不平衡特点。

同时，2010 年至 2014 年，东、中、西部各省份的文化产业发展指数也

---

[1] 彭翊主编《中国省市文化产业发展指数报告（2015）》，中国人民大学出版社，2015，第 86~105 页。

有变化，综合指数数值增幅最大的前十名中，青海、湖南、江西、安徽、河南等五省份均来自中西部地区，自 2012 年至 2014 年，河北、青海、湖南、江西、安徽等五个中西部省份的文化产业综合指数增长幅度均在 10% 以上，甘肃、河南等省份的增长幅度也超过了 5%，陕西、甘肃、湖北、广西、河北、云南等中西部省份的文化产业综合指数变异系数大幅度减小，尤其是甘肃与云南，变异系数减小幅度超过 90%，说明这些省份文化产业发展的均衡度显著提升。可以看出，中西部地区文化产业有了一定程度的发展，呈现较明显的上升态势，这与中西部地区近年来大力扶持民族文化产业发展密切相关。

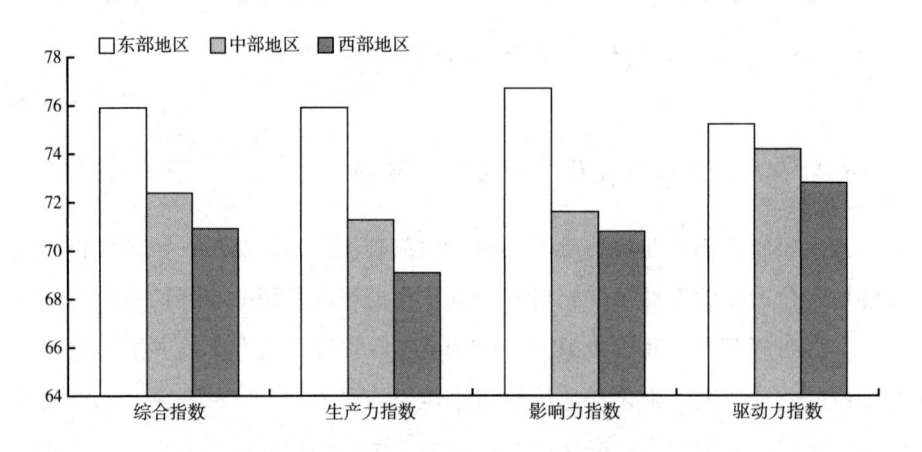

图 3-6　2013 年区域文化产业发展指数

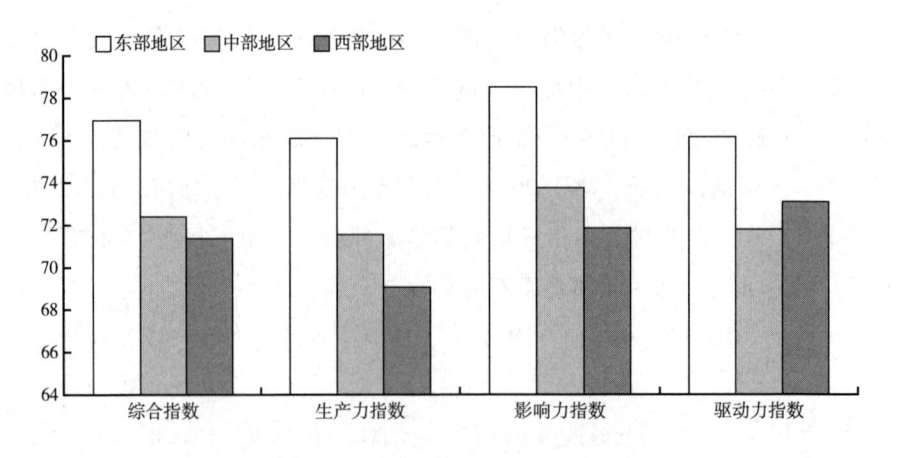

图 3-7　2014 年区域文化产业发展指数

3.3 我国区域民族文化产业发展存在的问题

如前文所述,民族文化产业发展过程中对民族文化资源进行适度、有序、科学开发,尊重自身发展客观规律,才能实现经济效益、文化效益、生态效益的共同提升,也才能发挥民族文化产业的经济功能、文化功能和生态功能,真正实现该产业的可持续发展。反之,对民族文化资源的过度、无序、不合理开发和未遵循自身发展规律的民族文化产业发展,不但实现不了其功能,还会造成民族文化资源流失、民族文化生态破坏、自然环境污染、危害国家文化安全等问题,反而陷入发展困境。事实上,我国区域民族文化产业发展的过程中确实存在一些较为普遍的问题,使民族文化产业的经济效益不高、文化效益较差、生态效益较弱,影响了该产业功能的实现,并威胁着民族文化产业的可持续发展。

3.3.1 经济效益不高,经济功能有待提升

我国区域民族文化产业发展水平较低,存在较多问题,产业经济功能发挥不足,影响了产业经济效益的提升。

总体来看,我国区域民族文化产业存在以下文化产业整体面临的问题:产业资源配置机制不健全,产业投入不足;产业要素市场、产品市场都处于初级阶段;产权交易市场、中介市场发育不成熟;产业组织集约化程度低,家庭式经营的中小企业较多,缺乏真正有竞争力的文化产业集团;企业经营管理水平低下、专业知识不足,综合素质较低;创新能力不足;人才结构老化,后备人才不足;产业低水平供求关系与非对称结构性矛盾突出等。

这些问题制约着我国文化产业和区域民族文化产业的快速发展,影响了产业经济效益的快速提升。如图3-8所示,比较中国与英国、澳大利亚、西班牙、美国2011年、2012年的文化产业增加值,虽然中国排在第二,高于西班牙、澳大利亚与英国,但与文化产业强国美国的差距极大。2011年美国的文化产业增加值是中国的71倍,到2012年降至57倍,到2013年,

我国文化产业增加值达到了21870亿元,而美国则是167676.22亿美元,折合人民币1063067.235亿元,仍是中国的49倍。随着我国文化产业的高速发展,虽然中美两国的差距逐渐缩小,但要赶上美国文化产业发展水平,任务仍然十分艰巨。

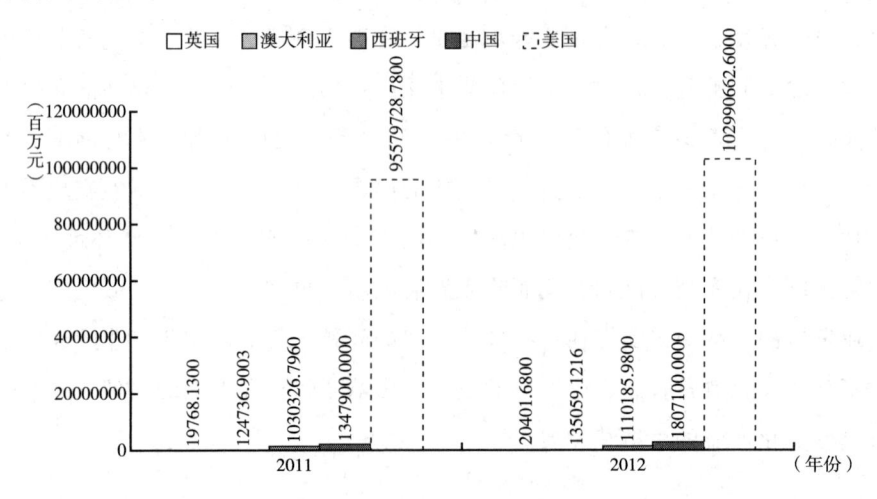

图3-8 中国、美国、西班牙、澳大利亚、英国五国2011~2012年文化产业增加值比较

数据来源:国家统计局社会科技和文化产业统计司、中宣部文化体制改革和发展办公室编《中国文化及相关产业统计年鉴(2015)》,中国统计出版社,2015;国家统计局社会科技和文化产业统计司、中宣部文化体制改革和发展办公室编《中国文化及相关产业统计年鉴(2016)》,中国统计出版社,2016。

我国民族文化产业发展中,还存在以下影响产业经济效益提升的比较突出的问题。

(1) 我国区域民族文化产业经营相对分散并显现同质化倾向

民族文化产业主要依据特定地域的民族文化资源开展经营,而我国民族文化的分布本身就较为分散,56个民族分布在祖国960多万平方公里的土地上,同一个民族的分布范围也很广,不同地域的同一个民族还有不同的民族文化,造成了民族文化资源的分散性。同时,目前我国民族文化产业的主要形态是民族文化旅游业,其固有的特点就是依托分散在不同地域的旅游资源开展经营,这也是造成区域民族文化产业经营分散的原因。分散经营导致了民族文化产品的雷同和无序竞争，不同区域的民族文化产业结构大同小异，比较优势不明显。此外，由于地方保护主义和地区封锁现象依然存在，不同区域的协作效应也不明显，资源互补难以实现。

（2）民族文化资源开发效益较低

尤其是经济欠发达的中西部地区，民族文化产业发展处于起步或初级阶段，只是一味抄袭或模仿，对本地民族文化资源的特色与优势不能准确把握，缺乏现代化生产技术和手段，产品开发与设计能力不足，产品附加值低，甚至为追求短期经济利益而粗制滥造、随意应付，从而丧失竞争优势，使产业发展陷入困境。

（3）民族文化产业人才缺失较为明显

人才是支撑民族文化产业发展的重要因素。民族文化产业需要经营、管理、创意、科技等不同类型的人才，特别是民族文化传承人才，因为民族文化产生于特定时空场域，通过代代相传得以延续，尤其是非物质文化遗产，几乎都是以民族或家族内部人员的口传心授而延续下来，即便是本民族人员很多也并不知晓，因此，民族文化传承人是民族文化产业资源得以存在的前提和基础。但我国各地民族文化产业发展中频现忽视民族文化传承人才的现象，很多民族文化出现了后继无人的情况，其他相关人才缺口也较大。

（4）区域民族文化产业与高新技术的融合有待加强

科学技术是驱动文化产业发展的重要因素。网络、数字技术、人工智能等现代信息技术的出现与迅速发展给民族文化产业带来了极大影响，让民族文化产业的内容、形式、类型等都有了更丰富的表现形式，在民族文化产品生产与消费过程中都发挥着重要作用。高新技术与民族文化产业的融合能创造出新的民族文化生产模式和消费模式，促进民族文化消费需求的增长，还能产生新的民族文化业态和新的产业门类，不断扩大民族文化产业的市场空间。但我国区域民族文化产业与高新技术的融合还处于初级阶段，产业发展中科技贡献率较低，与发达国家相比还有较大差距，尤其是中西部地区，这种情况更为明显。

(5) 消费需求空间有待进一步扩大

恩格尔系数显示,我国城镇居民和农村居民已进入小康甚至富裕阶段,文化消费应快速增长甚至出现井喷的情况,但我国城乡居民的文化娱乐消费支出占消费性支出的比重却显示事实并非如此。如表3-7所示,2006年我国城镇居民家庭文化娱乐支出占消费性支出比重是6.8%,之后逐渐增长,到2012年达到了7.3%,但2013年降至5.1%,到2015年又缓慢回升到5.7%,农村居民家庭文化娱乐支出占消费性支出比重2006年是12.6%,之后一直在下降,到2012年,降至8.2%,到2013年,急剧下降至2.3%,到2015年又缓慢回升到2.6%。这说明,我国文化消费需求还有很大的空间,尤其是农村家庭,其真正的文化消费需求尚未得到开发和引导。在我国大部分地区特别是中西部地区,民族文化产业是文化产业的主要部分,有待进一步开发的消费需求空间还很大。

表3-7 我国城乡居民家庭人均收入、消费性支出与文化娱乐消费比重

单位:元,%

年份	城镇居民家庭			农村居民家庭		
	人均年可支配收入	人均消费性支出	文化娱乐支出占消费性支出比重	人均纯收入	人均消费性支出	文化娱乐支出占消费性支出比重
2006	11760	8697	6.8	3587	2416	12.6
2007	13786	9997	6.9	4140	2767	11.0
2008	15781	11243	6.5	4761	3159	10.0
2009	17175	12265	6.7	5153	3505	9.7
2010	19109	13471	7.2	5919	3859	9.5
2011	21810	15161	7.3	6977	4733	8.4
2012	24565	16674	7.3	7917	5414	8.2
2013	26467	18488	5.1	9430	7485	2.3
2014	28844	19968	5.4	10489	8383	2.5
2015	31195	21392	5.7	11422	9223	2.6

数据来源:国家统计局社会科技和文化产业统计司、中宣部文化体制改革和发展办公室编《中国文化及相关产业统计年鉴(2015)》《中国文化及相关产业统计年鉴(2016)》,中国统计出版社,2015、2016。

(6) 制度保障有待加强

我国区域民族文化产业的制度保障体系不健全，政策性规定较多，法律保障不足，存在调整对象单一（多为文化市场管理和产业发展规划方面的内容）、全域覆盖性不强、产业覆盖不全、立法缺失较多、保护力度不够等问题，促进区域民族文化产业发展的内生动力不足。

尤其是对民族文化资源的法律保障，存在较大欠缺。比如，对民族文化产权归属不明，利益分配不均，导致开发商与当地居民纠纷不断。由于制度设计不科学，不能有效发挥资源配置和利益协调作用，自然也无法将"惠及当地"落到实处。

民族文化旅游资源方面也缺乏可操作性较强的保护当地人文资源与生态资源的规定，威胁着民族文化的传承和发展。以云南西双版纳的傣族园和元阳箐口哈尼族生态村为例，因为采用的是政府引导、企业融资、当地成员参与的开发模式，景区建设主要依靠外来资金，本地居民只是比较廉价的劳动力，长期以来获得丰厚利润的是开发企业和外来投资者，本地居民收益较少；而且，企业为逐利对民族文化资源进行了掠夺性开发，对自然环境也造成了一定破坏；再加上政府监管不严，制度又不健全，本地民众对企业和政府非常不满，政府、企业、居民在旅游收益分配上形成了很大矛盾，也使当地民众对民族文化资源开发失去信心，对民族文化的保护与传承造成不利影响。

此外，对非物质文化遗产的保护也存在较多空白，缺乏有效的传承机制，对传承人权益的保障，人身权方面的规定较多，财产权利规定很少（一般仅规定了对相关资料和实物的所有权），对资助传承人开展传承活动的经费来源、资助额度和范围等规定都不明确。非物质文化遗产的特殊性决定了需要特殊的纠纷解决机制，但现有诉讼制度难以担此重任。凡此种种都表明，我国民族文化产业资源的法律保护力度还有待加强。

需要强调的是，我国民族文化产业法律保障体系中，不论是国家层面，还是地方层面，都存在法律激励机制不完善的问题。民族文化由本民族公众创造并传承，他们是民族文化资源的所有者，他们如果积极主动地参与保护自己的民族文化，会起到事半功倍的效果。但我国相关法律规定重处罚、重义务而轻激励、轻权利，尤其是产权制度设计不合理，相关法律规定中，除了《风景名胜区条例》将产权主体确定为国家，其他都未明确规定民族文化资源的产权制度。由于本民族公众对自己文化资源的开发没有发言权，也不能享受民族文化资源产业化开发带来的主要经济收益，公众对保护民族传统文化没有积极性，对政府或其他经营者也采取不合作甚至抵制的态度，造成了民族文化资源无效率或破坏性开发，使民族原生文化迅速消亡，从而造成民族文化产业的非持续发展。

3.3.2 文化效益较差，文化功能发挥不足

民族文化产业是民族文化保护与传承的途径之一，科学的产业化开发对民族文化资源能发挥动态保护作用。但在我国区域民族文化产业发展中却存在以下比较常见的现象，未能有效发挥民族文化产业对民族文化的保护作用，产业的文化效益较低。

（1）区域民族文化资源的滥用和破坏性开发较为常见

当经济效益和文化效益发生冲突时，经营者往往忽视文化发展规律，不尊重民族文化的原真性，破坏民族文化的原生形态，过度开发，随意杜撰粗鄙内容，歪曲民族文化，将民族文化庸俗化、虚假化，在开发可利用部分时破坏民族文化中不可经营的部分，牺牲文化效益换取经济效益。

比如，云南大理的白族，他们崇尚白色，建筑外墙都以白色作为主调，但现在，当地一些不是白族的村镇也把建筑都涂成白色以扮作白族村落；在云南德宏、西双版纳生活的傣族，他们善于歌舞，但他们的歌舞原本都是在特定的节日和时间表演的，可是在旅游业发展过程中，为了吸引游客，采用了完全的商演模式，出现了每天都是泼水节、都跳孔雀舞、都放凤尾曲的现象；在云南丽江，很多纳西族村落已经被商业一条街所代替，一派都市景象；在云南红河自治州，位于元阳县的箐口哈尼族民俗文化生态旅游村的箐口民俗展示厅，很多展示物却并非箐口的，而是整个哈尼族的，是从其他地方找来的；云南玉溪新平县嘎洒、漠沙等花腰傣聚居

地发展旅游业过程中,经常表演祭寨神、祭太阳神、祭匹里、祭南勐、祭谷魂等原本只在傣族重大节日才举行的传统祭祀活动,而且谁都可以担任祭祀活动的角色,但在傣族文化里,只有当地辈分最高的长辈才能担任①。

再比如,香港传统节日"太平清醮",原意是祈求风调雨顺、国泰民安,后演变成为祈福的民间祭典活动和传统节日。节日期间最吸引民众参与的活动之一是抢包山,许多特制的包子在北帝庙前被砌成一座座"包山",用来供奉神灵。村民们认为这些包子能治百病,也能给大家带来福气,所以一声号令后人们就可以尽其所能爬上包山去抢挂在上面的包子。现在这个节日是香港旅游发展局推介的一个主要节日,但产业化后,用的包子都已经不是传统的制作方法了。

还比如,国粹川剧变脸是国家二级文化机密,也是四川的旅游文化名片,在国际上享有很高的知名度和影响力。河北保定某火锅店为吸引顾客,在店里安排表演川剧变脸,但表演者并非专业川剧演员,只是参加过临时培训,完全没有掌握川剧变脸表演艺术的程序,连续出现严重失误,泄露了川剧变脸特殊道具的组合机密,其演出服装、道具配饰、表演风格也与变脸文化原本的要求相去甚远②。

目前,这些现象比较普遍地存在于我国各地民族文化产业发展的过程中,形成了各种各样贬低、破坏、遗弃性的文化变异,民族文化的原真性逐渐丧失。

(2) 区域民族文化产业发展过程中片面追求经济效益,忽视区域民族文化的继承与发展

由于民族文化与经济活动的结合一开始就是以发展经济为主要目的,其对文化的传扬就带有与本民族实际生活脱节的强烈的功利主义色彩③。由

---

① 徐俊六:《民族文化资源的开发应遵循生态美的规律》,《文山学院学报》2015年第2期。
② 《火锅店员工变脸失败尴尬离场》,《成都晚报》2017年6月23日,江苏快讯网,http://news.jsdushi.net/2017/0621/148773.shtml.
③ 王希恩:《论中国少数民族传统文化现状及其走向》,《民族研究》2000年第6期。

此，在产业化过程中，区域民族文化逐渐失去了得以产生和赖以传承的基础，"人息歌亡""人去艺绝"的困境频现。

比如，云南特有的传统铜制工艺品乌铜走银，在雕刻了各种花纹的铜胎上填入熔化的银（或金），典雅别致、精美绝伦，但其制作技艺极其烦琐，成本很高，产量非常低，年轻人不愿意去学，而且乌铜走银自古有传内不传外的家训，执行得又非常严格，因此，这项技艺的传承面临很大困境。

再比如，剪纸艺术2006年就被列入中国第一批国家级非物质文化遗产目录，2009年又被列入世界非物质文化遗产代表作名录。中国的剪纸技艺分布广泛、流派众多，但现在各地剪纸技艺同质化倾向明显，地域特色逐渐丧失。阜阳剪纸国家级传承人程兴红就曾告诉记者，国内市场低迷、后继无人是目前中国剪纸技艺传承发展面临的最大困境。

目前，我国很多民族文化都面临传承困境，以非物质文化遗产为例，苏绣、吴歌、评弹、川剧变脸、南京云锦、江永女书、西安古乐、纳西古乐、侗族大歌、木版年画、皮影戏、傩戏和傩戏面具等都濒临失传，亟须保护。

（3）全球化过程中屡现发达国家借助经济与技术优势对我国民族文化的侵蚀和对民族文化生态的破坏以及对我国民族文化资源的抢先冠名开发等现象

比如，一些中国的发明和中国的节日被韩国抢先申遗成功，如拔河，拔河是我国各族人民民间生活中常见的体育项目，韩国的江陵端午祭也申遗成功，从2003年开始，韩国将"中国风水"列为国家遗产名录并申报世界遗产项目，中国的浑天仪也出现在一万元韩币的背面，甚至连豆浆的发源地也被"挪移"到韩国。此外，印度尼西亚和柬埔寨将皮影戏申遗成功，在内蒙古广泛流传的马头琴被蒙古国申遗成功。再比如，全球商业电影制作中心好莱坞多次将中国传统故事如《花木兰》等作为素材拍摄影片，而且作出很大改动，甚至推翻原故事情节，取而代之以大量美国社会普遍认可的价值观和文化观。

(4) 区域民族文化的所有者普遍缺乏保护本民族文化独特性的意识，不了解有关政策和法规，对本民族文化享有的合法权益难以有效保护

民族文化产权制度的不完善更加剧了这种现象。实践中很多案例也印证了这一点。例如，甘肃庆阳的香包文化，历届香包节上获奖的香包图片没有经过权利人同意，也未支付任何报酬就被出版为"庆阳香包产品名录"图片集。此外，公众普遍法制观念淡薄，不知道或不习惯用法律武器维护自己的合法权益。

3.3.3 生态效益较低，生态功能需要提升

区域民族文化产业开发过程中，尤其是民族文化旅游产业发展中存在较多破坏自然生态环境的现象。目前我国各地的民族文化产业大多是围绕民族文化旅游业展开，旅游产业的发展需要优美独特的自然景观作为基础，但在民族文化旅游资源的开发过程中，不注重保护当地自然环境和生态资源的情况却很常见，多地甚至出现了大量较为严重的破坏自然生态系统的行为。诸如未经审批或规划就随意开发、毁坏自然和人文景观建造宾馆酒店、砍伐树木破坏植被、追求经济利益而不顾景区旅游生态容量、风景区人工化商业化城市化等现象频发，严重损害了产业可持续发展的自然基础，产业的生态效益较差。

比如，山西省交城县卦山融自然风光和千年古刹为一体，早在唐代，它就以山形卦象、古柏参天、寺宇巍峨、华严道场而闻名遐迩，现在是国家AAAA级旅游景区，也是全国重点文物保护单位，更是全国绝无仅有的易学研究实体。但卦山在开发的过程中，曾经因为建造一座吕梁英雄纪念馆遭遇了生态环境大面积毁坏的问题，在未通过城建、环保、土地、林业、文物等部门的审批时就破土兴建，百年古柏被连根拔起，近万平方米的山体植被惨遭破坏，无法恢复，对卦山的自然生态环境和人文景观造成了难以弥补的恶劣影响。

再比如，很多少数民族聚居地是景区，原本都风景优美，独具特色，与该民族独特的文化相互映衬，熠熠生辉，但随着民族文化旅游业的发展，一

经开发，无一例外地变成由商业街、人造花园、宾馆酒店组成的现代建筑群，商业街出售的也是在其他地方都可以买到的粗劣商品，原本的民族特色荡然无存，自然生态系统也遭到严重破坏。

可以看出，我国区域民族文化产业发展过程中的这些问题和不足严重制约着该产业的发展，并未实现其经济效益、文化效益、生态效益的共同提升，而且还经常发生民族文化产业、民族文化资源、自然生态环境相互阻碍、相互破坏的情况。虽然产业的经济功能有所实现，但文化功能和生态功能较差，影响了该产业的可持续发展。

针对我国区域民族文化产业发展现状以及存在的经济效益不高、文化效益较差、生态效益较低，产业经济功能、文化功能、生态功能发挥不足等问题，本书提出了区域民族文化产业的生态化发展模式，构建了相应的理论框架，并着重研究了其实现路径。期望通过生态化发展，将区域民族文化保护与传承、区域民族文化产业发展、区域自然生态环境保护相结合，有效发挥民族文化产业在经济、文化、生态三方面的优势，并促进三者良性互动，保障区域民族文化产业的经济功能、文化功能和生态功能的充分发挥，真正实现产业的可持续发展，并为经济、生态、社会全方位的可持续发展作出贡献。

3.4 本章小结

本章分析了我国区域民族文化产业的发展现状，总结了其特点与存在的问题。

我国各地民族文化产业的发展具有一些共同的特点，主要表现为：第一，区域民族文化资源富集；第二，区域民族文化产业发展迅速，中央政府与地方各级政府支持力度不断加大，产业效益逐年提升，民族文化品牌效应逐渐显现，对民族文化产品与服务的消费需求不断增强；第三，其发展模式是以区域民族文化旅游产业为核心，带动其他类型民族文化产业发展；第四，区域性特点突出，这是由民族文化资源内容、种类、分布的区域性，民族文化产业发展水平、发展模式、产品与服务质量的区域性以及自然生态环境的区域性决定的;第五,各地民族文化产业发展不平衡,东部较快,中部居中,西部偏慢。

同时,我国区域民族文化产业发展也存在一些较为普遍的问题:第一,经济效益不高,除了面临产业资源配置机制不健全、产权交易市场发育不成熟、组织集约化程度低、低水平供求关系与非对称结构性矛盾突出等问题外,还存在经营分散且同质化、资源开发低效、人才缺失明显、与高新技术融合不足、消费需求空间较小、制度保障不足等问题,产业经济功能有待提升;第二,文化效益较差,对区域民族文化资源的滥用和破坏性开发、片面追求经济效益而忽视民族文化的保护与传承、区域民族文化所有者缺乏保护本民族文化独特性与多样性的意识与知识等问题比较常见,产业文化功能发挥不足;第三,生态效益较低,在产业开发过程中,尤其是民族文化旅游产业发展中存在较多破坏自然生态环境的现象,产业生态功能需要提升。

这些问题和不足严重制约着我国区域民族文化产业的发展,导致无法实现其经济效益、文化效益、生态效益的共同提升,还经常发生民族文化产业、民族文化资源、自然生态环境相互阻碍、相互破坏的情况,虽然产业的经济功能有所实现,但文化功能和生态功能较差,影响了产业的可持续发展。这也正是区域民族文化产业生态化发展的现实依据。

第4章 区域民族文化产业生态化发展的理论框架

本章将从运行基础、运行规律、运行机理、内涵与本质、优势等五个方面构建区域民族文化产业生态化发展的理论框架。

4.1 生态化发展的运行基础

本书主要应用了系统论、协同论和生态学相关理论研究区域民族文化产业生态化发展的运行机理，区域民族文化产业系统既是该产业生态化发展的作用对象，也是其生态化发展路径的运行基础。因此，有必要先弄清区域民族文化产业系统及其结构和功能，对它与产业系统、文化系统、生态系统、经济系统的关系有足够的了解，在此基础上，才能深入研究生态化发展路径的运行机理。

4.1.1 区域民族文化产业系统的结构

区域民族文化产业是一个复杂巨系统，它囊括了多种多样的民族文化，覆盖了多个产业领域，拥有庞杂的产业载体。在它内部有种类多样的子系统与要素，这些系统组分彼此之间相互联系、互相作用，以一定结构形式结合在一起，形成了一个庞大却具有自身规律的有机整体。

4.1.1.1 基于产业组织角度的分析

从产业组织的角度分析，区域民族文化产业系统是一个典型的复合系统，其内部存在多层次的子系统，如区域民族文化子系统、区域产业子系统、区域生态子系统，这三个子系统各自内部又有多个不同的次子系统。同时，区域民族文化产业系统内部还存在多个由不同民族文化产业类型构成的不同层次的子系统，如民族文化旅游产业子系统、民族饮食文化产业子系统、民族医药产业子系统等等。这些不同层次的众多子系统及其相互之间的关系构成了区域民族文化产业系统这个有机整体。

在每一个子系统内，又有大量的不同企业，企业及其相互之间的经济关系构成了这个子系统。每一个企业又是下一个层次的次子系统。这些企业之间为争夺资源、提高经济效益而相互竞争、优胜劣汰，从而推动每个子系统的演化发展，而各个不同的子系统相互之间又通过投入产出关系形成前向和后向关联效应，最终实现区域民族文化产业系统的功能升级。

区域民族文化产业系统本身又是文化产业的子系统，它的优化升级及与其他文化产业子系统的相互作用会进一步促发整个文化产业系统的优化升级。

4.1.1.2 基于系统要素角度的分析

从系统要素角度分析，区域民族文化产业系统具有资源（包括民族文化资源和自然资源）、资本、技术、人才、市场、环境、管理、制度等八个要素（见图4-1）。

根据这些要素对区域民族文化产业系统的不同影响，可将其分为内层要素和外层要素，内层要素是对该系统产生直接影响的因素，包括资源、资本、技术、人才和市场，外层要素则是对该系统产生间接影响的因素，包括环境、管理和制度[①]。

这些要素中，民族文化资源是区域民族文化产业发展的基础，它的丰裕与否直接影响着区域民族文化产业是否具有先天的比较优势，这种优势通过其他因素的支持就会转化为现实的市场竞争力。此外，虽然区域民族文化产业是低消耗的绿色产业，但其发展也要消耗一些自然资源。市场则

---

① 杨尚勤、沈阳：《系统论视角下文化产业发展要素探讨》，《中国国情国力》2012年第5期。

通过民族文化产品与服务的供求机制成为区域民族文化产业发展的动力。各类人才为区域民族文化产业的发展提供智力保障和支持。技术进步为区域民族文化产业的发展提供了各种可能。资本则是任何文化产业包括区域民族文化产业发展不可或缺的经济要素。政策、法律等制度因素，经济基础、产业结构、自然环境等环境因素以及管理因素虽然不直接参与产业的生产、流通、消费和服务，但对区域民族文化产业发展有重要的积极或消极影响。

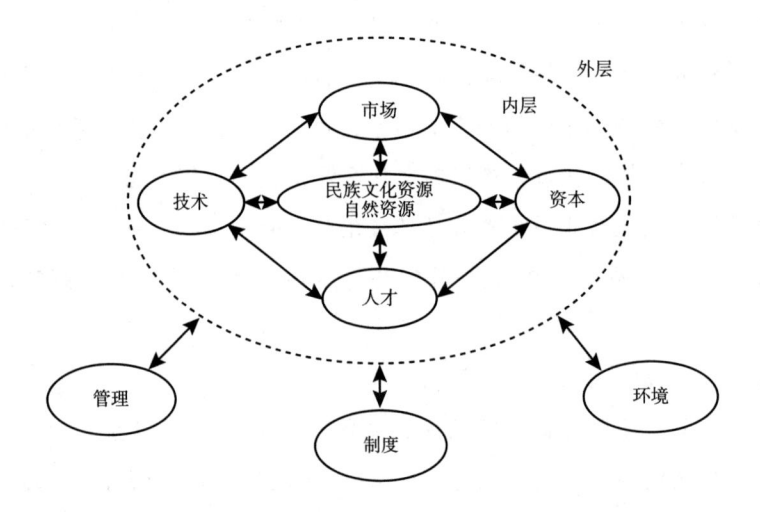

图 4-1 区域民族文化产业系统的结构

4.1.2 区域民族文化产业系统的特性

（1）多层次性

系统的层次性是指系统的结构与运动形式所具有的等级、次序、分层的特性。系统由要素组成，要素是有次序分层次排列的，每一层要素又组成子系统，子系统本身也是有次序、分层次的，子系统组成系统，系统自身又是更大系统的要素和子系统。所有系统都具有层次性，它是系统结构的重要特征，也是判断系统复杂程度的依据，层次越多的系统越复杂。

区域民族文化产业系统具有典型的多层次性。从内部分析，该系统内存在民族文化旅游、民族文化产品制造、民族歌舞表演经营等多个不同民族文化产业类型子系统。每个子系统内部又存在其他子系统，如在民族文化旅游子系统内部又存在交通、住宿、导游、文化资源、自然景观等子系统。这些子系统下还存在其他子系统，如交通子系统内部又存在汽车运输、铁路运输、空中运输等子系统。每个子系统内部又有数量巨大的不同企业，每一个企业又是一个子系统。当然，这个层次还可以继续向下延伸。从外部分析，区域民族文化产业系统自身又是文化产业系统的子系统。

（2）整体性

系统的整体性是指组成系统的若干组分由于相互之间的联系和作用，会使系统呈现大于各组分性能之和的整体特性。

区域民族文化产业系统内部存在多个组分，但其各组分之间不是零散孤立的"各自为政"，而是紧密相关的，其内部各要素、要素与子系统、子系统与子系统、子系统与系统以及系统与外部环境之间都是相互依存、相互制约的。区域民族文化产业系统的各组分之间发生着非线性相互作用，即各种因素之间彼此影响，存在耦合关系，各种因素的独立性丧失，叠加原理失效，在低层次要素组成高层次组分的过程中，不是简单的功能与性质的加总，而是会产生新的性质，即系统科学所称的"涌现"现象，从而形成区域民族文化产业系统独特的整体性质与功能。

（3）开放性

系统的开放性是指系统与环境之间存在物质、能量和信息交换，这种交换会对系统的性质、特点和演化产生巨大的甚至是决定性的影响。一般而言，越是复杂的系统，其与环境的物质、能量和信息交换就越显著。

区域民族文化产业系统本质上是一个产业系统，但它具有资源、资本、技术、人才、市场、环境、管理、制度等多个要素，也包括民族文化、区域生态等多个子系统，每个子系统下还有若干子系统。它的每个要素、每个子系统以及该系统本身都与自身的外部环境之间存在着物质、能量、信息的交流与交换，并在交换的过程中相互影响、相互作用，从而形成该系统的结构与功能,并决定着该系统的演化方向。

(4) 复杂性

对系统的复杂性学界没有统一的定义,一般将它理解为系统具有的一些变化无常且捉摸不定的秩序,通过这些复杂的秩序,系统逐步完成自身的演化。

区域民族文化产业系统内部包含数目众多的不同层级的子系统与各种要素,它是一个不能用简单系统方法分析处理的复杂巨系统。它的复杂性主要表现在五个方面:第一,该系统内部存在多个层次;第二,该系统内部存在多种的构成要素;第三,该系统各组分之间存在多种关系和非线性相互作用;第四,作为其他系统的子系统,该系统自身与其他系统的组分之间也存在多种关系;第五,该系统还包含了人的参与,人的行为多种多样,对外界的反应也各不相同,人和人之间还存在彼此的相互作用,大大加剧了该系统的复杂性。区域民族文化产业系统的多层次性与非线性作用是其复杂性的根源。

(5) 动态演进性

系统的动态演进性是指系统不断运动演化的特性。任何系统都处于持续的运动变化中,而且对于开放系统而言,这种运动是永恒的。

区域民族文化产业系统各组分之间的相互影响、相互促进、相互制约和相互作用,会促使系统的原有状态和性质发生不同程度的变化,新的状态和性质不断形成,并逐渐取代系统的原有状态和性质,最终使得原系统不断灭亡,新系统不断产生,从而构成了区域民族文化产业系统的动态演化发展过程。

4.1.3 区域民族文化产业系统与相关系统的关系

4.1.3.1 相关系统及其特性

(1) 生态系统

"生态系统"的概念源自1935年英国生态学家亚瑟·乔治·坦斯利爵士(Sir Arthur George Tansley)在《生态学》杂志发表的《植被概念与术语

的使用和滥用》一文，他认为，生态系统是宇宙各类自然系统的一种，是动态平衡相对稳定的系统，它种类繁多，量级迥异，是自然界的基本单位；他还指出，生物圈是自然界最大的生态系统，在这个系统中，有机体和非有机因素完全平等，功能也是统一的。此后，生态系统的概念逐渐传播开来并被广泛认可。很多学者也对生态系统概念进行了界定，如苏联学者苏卡乔夫（Sukachev）、美国学者林德曼（Lindeman）、美国生态学家奥德姆（Eugene Pleasants Odum）和霍林（Holling）等。总的来看，学者们普遍认为，生态系统是"地球生物圈内的一个具有物质循环、能量转化和信息传递功能的生物及其环境结构单元，是一个生态学的功能单位和基本范畴"[①]。

生态系统具有以下特性。

从构成上看，生态系统是由一定区域中有生命的生物群落与无生命的无机环境组成的有机整体。其生命部分（也称为生物群落）包括生产者、消费者、还原者。生产者指那些能利用无机物制造有机物的自养植物与光合作用合成及化学能合成的细菌。消费者指直接或间接利用绿色植物作为食物源的异养生物即食草动物、食肉动物、杂食动物和寄生生物。还原者主要指细菌、真菌等异养微生物和某些营腐生生活的原生动物和土壤小型动物。无机环境由能源（太阳辐射即光和热）、生物代谢材料（二氧化碳、氧、水、无机盐）、介质（大气、水体、土壤）和基质（岩石、矿、泥土）构成。它们也被称为生态系统的结构成分。

从功能上看，生态系统中各成分之间会相互作用，不断进行物质循环、能量流动和信息传递。物质循环是生命活动所需的各种营养物质通过食物链各营养级的传递和转化过程，在这个过程中，碳、氮、硫、磷和钾、钙、镁等生命的必要元素通过气体、水体以及沉积物的分化分解等周而复始循环，它是生态系统维持和运行的前提。能量流动则是指蕴藏在物质中的能量伴随着物质循环而进行的单向的流动和转化过程，它推动和促进了生态系统的物

[①] 沈满洪：《生态经济学》，中国环境科学出版社，2008，第42页。

质循环。信息传递是指将生态系统所有部分连接起来的物理和化学信息的流动，它形成调节整个生态系统的网状控制系统，通过维护生命活动的正常进行、种群的繁衍、调节生物的种间关系等使生态系统成为一个稳定的有机整体。

从本质上看，生态系统是一个具有输入输出功能并有自然或人为边界的地理单元和系统单位。因此，生态系统具有一定的区域特征，体现不同生态条件下生命系统与环境系统的相互作用和生物对环境长期适应的结果。

从运行机制上看，生态系统处于不断的发展、进化、演变过程中，是一个动态功能系统；同时，它通过自身所具有的代谢机能维持自己的运行，实现自己的功能，是一个开放的自维持系统；此外，它还具有自动调节功能，能靠自身内部的机制抵抗外来干扰带来的变化，使自己再返回稳定协调的状态[1]。在整个运行机制中，反馈、竞争和进化是维持生态系统的正常功能并促使其持续运转和演进更替的重要特征。此外，生态系统各要素之间是复杂的非线性作用机制，是远离平衡态的耗散结构。

生态系统有一定的承载力，其承载力具有可再生性、可修复性和递增性[2]，但前提是对生态系统的利用不超过它的自调节能力的阈值，这也需要依靠科学技术进步和资源利用结构升级，还需要技术措施、激励政策、价格机制和法律法规等一系列制度之间的相互配合。

生态系统在地球上是有层次性的，并可根据不同的标准分为不同的类型。其中一种分类以人类生产活动及其他经济和社会活动对生态系统的干预程度为标准，将其分为自然生态系统、半自然生态系统、人工生态系统。基于人这个因素的存在，人工生态系统与其他生态系统在组成、结构、功能、生态学过程等方面都有较为明显的区别，具有社会性、不稳定性、开放性和目的性等特点。

---

[1] 赵桂慎：《生态经济学》，化学工业出版社，2008，第26页。
[2] 李周：《生态经济学》，中国社会科学出版社，2015，第30~32页。

第4章 区域民族文化产业生态化发展的理论框架

对生态系统的研究最初都是针对自然生态系统,后来研究者将人的因素考虑在内,逐渐扩大到人工生态系统,再后来生态系统的概念逐渐被引入其他学科,甚至是与自然没有直接关联的学科,用来说明研究对象的发展环境及其与周围事物的相关性。生态系统的演变关系见图4-2。

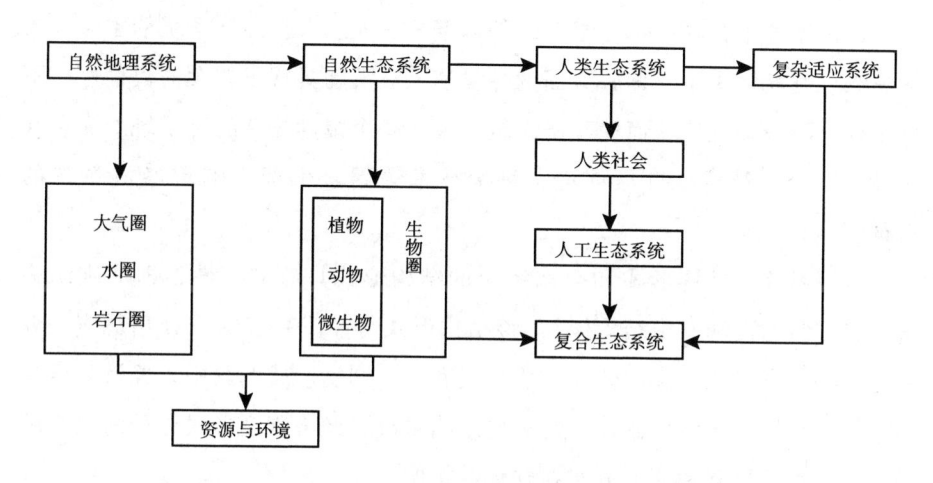

图4-2 生态系统演变关系

资料来源:徐国祯:《生态系统可持续发展的系统思考》,《林业经济》2010年第8期。

(2)经济系统

古典经济理论认为,经济系统是以人类活动为中心的,涉及社会、经济、科学技术、文化教育、生态环境等各个领域的有机整体。生产力和生产关系是经济系统的子系统,二者构成并推动着社会经济的运转。

生产力是人们通过科学技术或使用生产工具对自然界生态系统加以利用和改造,以取得人类所需物质产品的能力,它反映了人类的生产水平和人类利用、改造自然的程度,任何生产都是在相应的生产力水平下进行的。生产力子系统包括劳动力、劳动资料、劳动对象、科学技术和经济管理等要素。

生产关系是经济活动的社会形式,生产力水平是它形成的基础。生产关系子系统包括生产资料所有制、社会集团在生产中的地位及相互关系和产品分配形式。在商品生产条件下,生产关系子系统包括生产、交换、分配和消费四个环节，它们之间相互转换，形成连续不断、周而复始的再生产循环运动。其中生产是基础，消费是目的，分配和交换是沟通生产和消费的桥梁，生产的规模和水平决定着分配、交换和消费的水平，消费和交换又反作用于生产。

经济系统中存在一个非常活跃的因素——人。人是经济系统的主体，人的思维、判断、决策、偏好方面的差异使人类活动具有了较大的模糊性、不确定性、不确知性，从而使经济系统变成了一个极其复杂的巨系统。除了人之外，社会、经济、自然环境、科学技术等因素也都影响着经济系统的运行。

经济系统的结构形式和生态系统的结构形式具有同一性，即一维结构链、二维结构面和三维结构体[①]。该结构形式与经济系统的成分相适应，分别是经济要素形式、经济体制结构形式和经济制度形式。其中，经济要素是横向结构系统，经济体制体现为纵向结构系统，经济制度形式体现为三维结构，其再生产要素和环节分布在立体结构中。

经济系统具有以下特征：①它是极其复杂的系统，表现在结构复杂、关系复杂、行为复杂等方面；②它是动态、开放的系统；③它是有人参与的具有信息反馈功能的自然、经济、社会、政治复合系统；④它具有可持续演化性[②]。

在谈到生态系统与经济系统的时候，有必要厘清它们与另一个概念即生态经济系统的关系。

生态经济系统这个概念的诞生伴随着学术界对生态系统与经济系统关系的三种不同认识。第一种认为生态系统是经济系统的子系统，第二种认为生态系统与经济系统是交叉关系，重合部分就是生态经济系统，第三种认为经济系统是生态系统的子系统。随着认识的深化，第三种观点得到了越来越多的认可，但也存在分歧。大多数学者认同"生态经济系统是一个具有独立

---

① 沈满洪：《生态经济学》，中国环境科学出版社，2008，第50页。
② 刘洪、刘志迎、徐茂：《论经济系统的特征》，《系统辩证学学报》1999年第4期。

的特征、结构与机能的生态经济复合体"①。也有不同观点,认为"生态经济学的研究对象是完整的生态系统和完整的经济系统",而非臆想出来的生态经济复合系统,也不是两个系统的相交部分,因为"生态系统的运行服从于生态规律,经济系统的运行服从于经济规律,而并不存在能对所谓的生态经济复合系统起作用的生态经济规律"②。这种意见将生态经济学的研究对象界定为经济系统和生态系统之间相互映射的关系,而非相交关系或对偶关系。

笔者认为,这两种观点都肯定了生态系统与经济系统的独立性以及在人类经济发展过程中二者之间存在的不可分割的、相互依赖的关系。不同的是,前者更多立足于生态系统与经济系统之间相互作用的媒介与机制探讨该问题。它更强调生态系统和经济系统必须通过人类的劳动过程和技术中介才能相互耦合进行物质循环、能量转换和信息传递,形成价值及其增殖,并试图探究其耦合的机制和规律。它将生态系统和经济系统之间存在的物质转换、能量流动和信息传递看作独立的系统并研究其相互作用与影响形成的有机整体。而后者则更侧重于强调生态系统与经济系统的独立性及各自运行的不同机制。

(3) 产业系统

产业系统是经济系统的子系统。对产业的认识一般有两个层次,一是相同性质的企业群体的集合,二是所有不同产业构成的产业整体,即国民经济基于共同标准而划分的部分。与此一致,产业系统也有不同的层次。横向看,相同性质企业群体的集合构成单一的产业系统,各种单一产业系统又共同构成整体的产业系统。纵向看,产业系统内也存在自然资源子系统、人口子系统、市场子系统、环境子系统、政府监管和制度子系统等诸多子系统③。企业是产业系统的基本细胞,而企业自身也是一个由各种要素组成的

---

① 赵桂慎:《生态经济学》,化学工业出版社,2008,第57页。
② 李周:《生态经济学》,中国社会科学出版社,2015,第33页。
③ 尹新哲:《基于资源与环境约束下的生态农业与生态旅游业耦合产业系统机制研究》,重庆大学博士学位论文,2010,第19页。

复杂系统。

产业系统具有管理、技术、人员、生产、市场、资源、信息等要素，各种要素相互作用，从而推动产业系统的演变和进化。管理主要是通过各种调控手段协调各要素的活动；技术则是驱动产业系统演化发展、远离平衡态的主要动因；人员是产业系统最能动的因素，不同类别人员的主观能动性使产业系统表现出非线性特征；生产则是产业系统实现输入输出功能的有形转换环节；市场引导着产业系统的发展方向；资源决定着产业系统的输入水平；信息要素则在产业系统内发挥着处理系统的产业政策、市场、技术等信息的重要作用。产业系统通过各种要素相互之间的持续互动而形成单个要素无法实现并且大于各要素之和的产业整体功能，产业的经营活动也才能正常运行。同时，产业系统各要素之间的联系与作用方式还决定着产业成为劳动密集型、资本密集型或是技术密集型等不同的类型。

产业系统也是一个开放的系统，在演化过程中，它会与其他产业系统以及外部环境进行物质、能量、信息交换。在交换的过程中，它的状态变量随时发生变化，使它远离平衡态，具有了动态性。产业系统在演化过程中，可能出现正反馈作用，也可能出现负反馈作用[1]。产业系统的演化本质上是系统内产业结构的调整、重组和升级[2]。

(4) 文化系统

文化系统由文化产品、文化现象、文化学术、文化心理、思维方式和语言密码等基本要素构成，这些要素相互作用，呈纵深状排列，表现为多种层次，属于嵌套型结构，由外到内可称其为表层、浅层、深层、核心等层次，层次界限模糊，且每层有时并不一定只有一层[3]。在嵌套型结构中，系统外

---

[1] 王贵明：《产业生态与产业经济——构建循环经济之基石》，南京大学出版社，2009，第142页。
[2] 王子龙、谭清美、许箫迪：《产业系统演化模型及实证研究》，《统计研究》2007年第2期。
[3] 也有观点认为文化的结构模型是"由产品层（器物层）、行为层（制度层）、价值观念层（精神层）构成的系统"。苗东升：《文化系统论要略——兼谈文化复杂性（一）》，《系统科学学报》2012年第11期；金德智、韩美贵、杨建明：《基于系统论的文化体系结构模型研究》，《中国制造业信息化》2010年第2期。

层的显性要素对系统的影响和作用小于系统内层的隐性要素。

文化系统是一个复杂的多层次巨系统，它具有复杂巨系统的所有共性，即开放性、巨型性、内在异质性、非线性、动态性和不确定性[①]。文化系统内部也存在极其繁多的子系统，根据不同的标准可以对子系统作出不同的区分。每个文化种类都是文化系统的子系统，如人文文化子系统、科技文化子系统、军事文化子系统、经济文化子系统等。每个子系统之下又包含各自的次子系统，如人文文化子系统下包括饮食文化、服饰文化、建筑文化等子系统，这些子系统下也包含各自下一层次的子系统，而且，这些子系统之间的边界模糊，还有很多交叉的难以明确区分的情况，以此类推，建立起文化系统恢宏、庞大、复杂的体系结构。

文化系统具有强大的信息性、意识性功能，并以此反作用于人类、自然、生态和其他系统，而且它通过内部各要素和子系统之间的耦合与相互作用发挥整体功能大于部分之和的效果，使文化对人类社会所发挥的满足需要、认知、规范、凝聚和调控等功能被不断强化和扩大。

文化系统是动态开放的有机体，它处于不断进化的过程中，但它的进化需要外层显性要素和内层隐性要素都发生根本的改变才能实现，而文化自身的特点和发展规律决定了文化系统的核心要素不可能在短期内突变或重建，因此文化系统具有很强的稳定性，并且，由于文化类型多样、差异较大，文化系统的进化没有固定的模式。但总体来看，还是存在一些共性，即求新求全机制、求熟求优机制、系统的完备性与自治性机制等内在促进机制和文化系统对人的活动和社会进化的适应机制、交流和传播机制等外在促进机制[②]。

与其他系统相比，文化系统具有明显的"软"特点。正如文化被称为"软实力"，文化系统的软要素、软结构、软功能、软环境让它成为全面的且最软的系统。但软与硬在一定条件下会相互转化，因此，文化系统的力量

[①] 苗东升:《文化系统论要略——兼谈文化复杂性（一）（二）（三）（四）》,《系统科学学报》2012年第11期、2013年第5期、2014年第2期、2015年第2期。

[②] 崔新建:《文化系统论》,《江汉论坛》1990年第5期。

未必逊于硬系统，经过适当转化，它能够发挥硬系统难以匹敌的强大威力①。

4.1.3.2 区域民族文化产业系统与文化系统、经济系统、产业系统、生态系统的关系

区域民族文化产业是特定区域以民族文化作为核心资源禀赋，通过产业化组织和市场化运作，向社会公众提供文化产品和服务的生产活动的集合，因此，区域民族文化产业系统与文化系统、经济系统、产业系统、生态系统有密切的关系。

首先，区域民族文化产业的运行和发展离不开民族文化资源以及对其所进行的产业化组织与市场化运作。资源是产业存在和发展的前提，没有民族文化资源，民族文化产业就成为空谈。作为民族文化产业核心资源的民族文化是文化系统的重要因素，有作为文化产生、发展和延续的特殊规律；同时，民族文化是人类精神思想的产物，物质文化和非物质文化都必须附着在一定的物质上才能表现出来，因此，除了民族文化资源，自然资源对民族文化产业也是必不可少的，而自然资源则是生态系统的重要因素，要遵循自然生态系统运行的规律；此外，针对民族文化资源所进行的产业化组织和市场化运作，则属于产业系统与经济系统的要素，要遵循产业发展和经济运行的规律。

其次，民族文化除了具有特殊发展规律外，还有很强的生态脆弱性，且难以保护，其传承在现实中也遭遇困境，表现为多样性和独特性逐渐丧失、传统民族文化逐渐萎缩、部分民族文化消逝，而现有产业化开发保护民族文化的作用较小，甚至有时破坏等负面作用反而更加明显。事实上，如果在遵循民族文化发展内在规律的基础上进行开发，产业化途径不但能够保护民族文化资源，而且还具有不同于其他保护途径的优势。因此，在民族文化资源产业化的过程中，借用生态系统资源利用与生态平衡的规律，尊重民族文化生态系统的内在规律，不但能获得经济利益，还能有效保护民族文化资源，

---

① 苗东升：《文化系统论要略——兼谈文化复杂性（一）》，《系统科学学报》2012年第11期。

第4章 区域民族文化产业生态化发展的理论框架

最终实现区域民族文化产业的可持续发展。

再次,地球上已知的任何系统都是生态系统的子系统,区域民族文化产业系统也不例外,它和文化系统、经济系统、产业系统一样,都要在遵循生态系统运行规律的前提下相互作用并实现自我运行。

从宏观角度看,区域民族文化产业系统与文化系统、经济系统、产业系统、生态系统的关系见图4-3。在文化系统中存在区域民族文化子系统,在经济系统中存在区域产业子系统,在生态系统中存在区域生态子系统,而这三个子系统正是区域民族文化产业系统的子系统。其中,区域民族文化子系统与区域产业子系统的相互作用使民族文化成为可以产业化的资源并可通过产业化获得经济效益;区域民族文化子系统和区域生态子系统相互作用的结果,一是形成了大量的民族生态文化,二是形成了民族文化生态系统;区域产业子系统和区域生态子系统相互作用的过程则构成了产业生态系统并形成了大量的生态产业。而所有这些子系统、各子系统内部各要素以及各子系统的外部环境及其相互之间互动关系的整体则构成了区域民族文化产业系统。

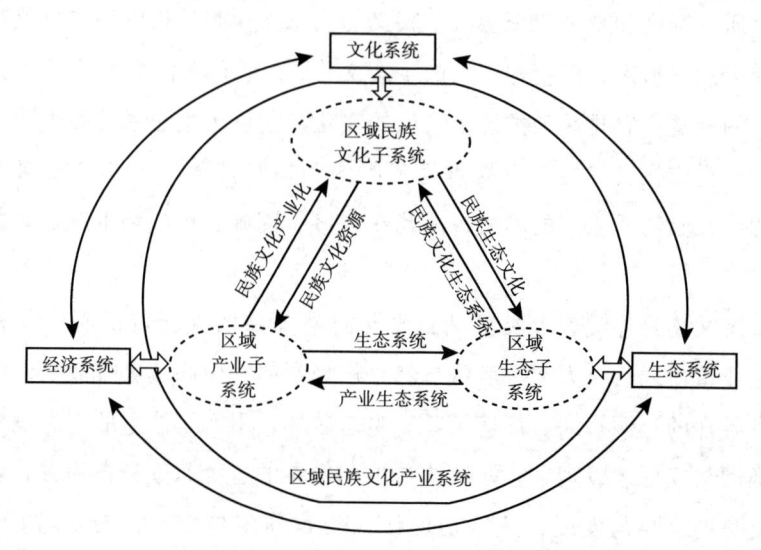

图 4-3 区域民族文化产业系统

行文至此，涉及两个与区域民族文化产业生态化发展紧密相关的重要概念，即"民族生态文化"和"民族文化生态"，它们分别与"生态文化"和"文化生态"形成种属关系。有必要在明确"生态文化"与"文化生态"及二者关系的基础上，厘清"民族生态文化"与"民族文化生态"的内涵。

(1)"生态文化"与"文化生态"及二者的关系

在探讨民族文化产业发展的相关研究资料中，频繁见到"生态文化"与"文化生态"这两个概念，但大多是笼统提到，缺乏对二者较为具体的辨析。

①生态文化。生态文化的概念来源于罗马俱乐部创始人佩切伊。他认为人类用技术对生物圈和自然界的过度攫取破坏了人类未来的生活基础，人类只有通过进行符合时代要求的文化性质的革命才能自救，从而催生了"生态文化"。生态文化是一种新形式的文化，它有广义狭义之分。广义的生态文化是基于人类对于生态问题的一切积极进步思想和观念所形成的生态价值观和生态文明观，它延伸到社会各个领域，是人类与自然和谐的生存方式，包括物质、制度和精神三个层次；狭义的生态文化则是指以生态价值观为指导的社会意识形态，即精神层面的生态文化[1]。生态文化维护的是人类与自然共同的利益，它排斥人类统治自然的文化，它认为生态系统的生产力是有限的，人类应在自然生产力的阈值范围内利用自然界，因此，控制人类活动，调节社会物质生产的能力，才能在人口、资源、环境和生态之间形成良性循环。

生态文化是伴随着人类对其自身与自然关系的重新审视而形成和发展的。工业革命之后，人类一度将自然界作为资源仓库和垃圾排放场，结果造成各种各样的资源短缺、环境污染和生态破坏，引发了严重的生态危机。此时人类回头反思才发现，正是对待自然和生态的这种态度和行为方式威胁着人类自身的生存与发展，这一切促使人类重新定位自己与自然界的关系，

---

[1] 潘鸿、李恩：《生态经济学》，吉林大学出版社，2010，第305页。

第4章 区域民族文化产业生态化发展的理论框架

通过继承和发扬传统文化中的智慧,通过科学技术进步重新找寻、发现并实施能够让人类与自然和谐相处、找到人类可持续发展的生存之道。生态文化是在平等看待人类自身与自然界的基础上重新认识人与自然相处的内在规律的文化。它是人类勇于面对全球化的生态危机并利用该危机为人类发展提供新机遇而选择的新型文化,是自然生态与人文生态和谐统一的文化①。

②文化生态。"文化生态"一词则是19世纪70年代德国生物学家E. H. 海克尔提出的,用以研究文化与整个环境和生物群落之间的关系。后来学者们对"文化生态"进行了持续的关注,其中最有影响的无疑是美国人类学家斯图尔德,他在《文化变迁论》一书中系统阐述了"文化生态"的概念和内涵。他认为,每个民族的文化都必须适应自己所处的自然与生态系统,在每一个民族独特的进化历程中,文化与其所处的生态系统会相互磨合并在二者之间形成一个个文化生态实体,这样的实体即该民族特有的"文化生态"②。我国有学者认为,"文化生态"是指各地区各民族世代相传的、原生性的文化生活,其中包含着人与人之间以及人与环境之间的互动③。

学界对文化生态的理解有两个角度。

一个是侧重于文化与其所处的自然生态系统之间的互动关系,认为文化并非经济活动的直接产物,文化活动与经济活动之间存在各种复杂的变量,正是这些变量影响着文化的发展。人类活动不断作用于自然生态系统,并且收到来自自然生态系统或正或负的反馈,人类再根据这些反馈调整自身的行为。这一系列活动过程和机制提升了人类对自然生态的认识,为适应自然生态形成的行为模式塑造了人类文化,而这些文化又进一步作用于自然生态系统并再次收到反馈从而促发新的调整。在这样的循环过程中形成了一个个文

---

① 余谋昌:《生态文化论》,河北教育出版社,2001,第327页。
② 朱利安·斯图尔德:《文化变迁论》,谭卫华、罗康隆译,贵州人民出版社,2013,第56页。
③ 陈霞红、林日葵:《文化产业生态学》,浙江工商大学出版社,2012,第32页。

化生态实体,它们使人类文化不断获得发展,人与自然生态的关系也不断调整,最终向着协调互利的方向发展。因此,探讨文化的变迁,必须以这样的文化生态实体为基本单元[①]。

另一个角度则是借用生态学中"生态"一词的含义,侧重于用"文化生态",强调文化整体及其构成因素之间的关系,认为健全的文化生态应是由各种文化因素有机生成的文化网络,其中包括相克相生的不同文化种类,如物质文化、精神文化、科技文化、宗教文化、大众文化、精英文化、消费文化、非消费文化、都市文化、田园文化等等[②]。

不论哪种理解,都将文化生态看作一个整体,是特定民族的基本属性[③]。

之所以能借用生态学的概念研究文化,是因为文化生态与自然生态有很多相似之处,但二者也有不同,最明显的不同就是文化生态具有不可再生性,由于文化是特定时空条件下的产物,文化生态也具有时空性,时空条件不可逆转,文化生态一旦被破坏就不可能再恢复原状。

③ "生态文化"与"文化生态"的关系。首先,它们都是从生态学和系统论的角度对文化与生态及其相互关系进行探讨,都强调文化与生态之间的互动磨合过程,注重将人类看作生态系统中的一个部分,主张努力探索人类与自然生态的内在规律并指导人类自身的行为,以达到人类与自然生态的和谐发展。其次,二者之间也有明显的不同之处,生态文化的重点在文化,指以人与自然相处的模式和关系为内容的各种文化,既包括纯粹的自然生态内容,也包括文化与生态关系内容,还包括由此产生的各种人类社会生态[④],如政治生态、经济生态、文化生态等内容。当然,伴随着生态危机的爆发,现阶段人们更多的是强调以人与自然和谐相处模式和关系为内容的各

---

① 秋道智弥:《人类学生态环境史研究》,尹绍亭译,中国社会科学出版社,2006,第38页。
② 鲁枢元:《文化生态与生态文化——兼谈消费文化、城市文化与美学的生活化转向》,《文艺争鸣》2010年第11期。
③ 杨庭硕、彭兵:《生态文明建设与文化生态之间的区别与联系》,《云南师范大学学报》(哲学社会科学版)2015年第7期。
④ 周玉玲:《生态文化论》,黑龙江人民出版社,2008,第28页。

种文化。而文化生态的重点则在生态上，它既指文化作为生态系统的要素之一与生态系统整体所形成的关系，也指文化系统各构成要素相互之间及其与文化系统之间的关系。再次，文化生态与生态文化之间存在"你中有我、我中有你"密不可分的关系。文化生态是文化存在与延续的状态，阐释着文化适应环境的过程，它所关注和调整的文化与自然生态系统的互动关系以及文化系统本身的生态平衡是生态文化不可分割的部分，而生态文化通过作用于人类意识形态而教化人们与自然和谐相处，是实现文化与自然协调发展以及文化生态平衡的途径。

（2）"民族生态文化"与"民族文化生态"及二者的关系

"民族生态文化"与"民族文化生态"分别是"生态文化"与"文化生态"的同根概念。

①民族生态文化。民族生态文化是指那些具有鲜明民族文化特征的生态文化，是各民族文化中那些体现本民族长期以来与自然互动过程中所形成的、具有本民族特色、关于人与自然和谐相处智慧的内容。

各民族文化中都有具有民族特色的生态文化，如人与自然界平等共存的观念、在敬畏与感恩自然的前提下利用自然的观念、在适应自然规律的基础上进行生产的观念，等等。它们分散在民族宗教信仰、图腾崇拜、民俗节日、生活习惯、语言等民族文化庞杂的内容中，通过保护生态的宗教价值观（见表4-1）、积极的生态道德观、科学的生态哲学观、生态化的科技和教育手段、可持续发展的目标等体现出来，构成了我国的民族生态文化体系。

②民族文化生态。民族文化生态则是以系统论为基础，既指不同民族在生存发展过程中长期与自然生态相互磨合所形成的独具特色的民族文化与生态的互动机制，也指本民族文化系统中各要素相互之间及其与本民族文化系统整体之间的关系。

任何一个民族的民族文化生态都可以看作一个系统，其中包括本民族文化这个子系统，它与本民族所处的自然生态系统之间通过物质、能量、信息的传递而相互作用、相互影响，维持和推动民族文化生态系统的运行。由于

表4-1 少数民族宗教文化类型及其主要生态文化特点

宗教文化类型	主要信教民族	主要生态文化特点
原始宗教文化	佤、独龙、基诺、黎、高山、景颇、哈尼、水、侗、仡佬、瑶、土家、畲、普米、仫佬、布依、毛南、珞巴、赫哲、达斡尔、鄂伦春、鄂温克、锡伯、满、布朗（部分）、怒（部分）、彝（部分）、拉祜（部分）、壮（部分）、傈僳（部分）	1. 以图腾崇拜的形式保护某种动物或植物 2. 以自然崇拜保护所谓的神山、神林 3. 信鬼神，不敢破坏生态，因怕遭到神的报复
佛教文化	藏、蒙古、土、满、裕固、纳西、傣、布朗、德昂、佤（部分）、侗（部分）、白、壮、布依、拉祜（部分）、畲（部分）	1. 人和自然之间是一种共生共荣、相互依存的关系 2. 平等对待所有生命及他们的一切权利 3. 崇尚节俭、抑制物欲 4. 受本民族原始宗教生态文化影响
伊斯兰教文化	回、维吾尔、哈萨克、柯尔克孜、乌孜别克、塔塔尔、塔吉克、东乡、保安、撒拉	1. 要求人们尊重自然万物 2. 不畏惧自然，要求积极主动地适应自然 3. 良好的生活习惯及消费理念
道教文化	彝、壮、苗、黎、羌、白（部分）、侗（部分）、瑶（部分）、仫佬（部分）、毛南（部分）、纳西（部分）	1. 强调"道法自然"，天、地、人受自然法则支配 2. 节制物欲，避免过度开发 3. 天道自然无为，不过多干涉自然
基督教文化	傈僳、独龙、怒、瑶、壮、侗、黎、布依、蒙古（部分）、朝鲜（部分）、羌（部分）、彝（部分）、白（部分）、哈尼（部分）、景颇（部分）、苗（部分）、土家（部分）、高山（部分）	1. 早期以自然"去神圣化"为理论，强调对自然的征服 2. 近代对其进行了反思，出现了"生态神学" 3. 多种原因使其传统生态理念对少数民族地区影响甚小

资料来源：闵文义、戴正、才让加：《民族地区生态文化与社会生态经济系统互动关系研究——对民族地区传统多元宗教生态文化的形成特性的分析及启示》，《湖北民族学院学报》（哲学社会科学版）2005年第1期。

民族文化的形成是该民族对所处地域的自然生态系统不断认识和适应的结果，民族文化生态系统的运行要遵循自然生态系统的规律，自然生态系统的力量居于主导地位。遵循自然生态的客观规律就可以更好地利用和控制自然，违背其规律则会遭到自然严厉的惩罚。

民族文化生态系统包括生态环境、社会文化、技术、产出、商品交换五大要素①。生态环境要素是指该民族所在地域的自然生态环境，社会文化要素是指该民族的社会制度、观念信仰等，技术要素是指该民族的生产工具、耕作技术等科技手段，产出要素是指该民族从自然生态系统中通过劳动获得的物质产出，商品交换要素是指该民族将劳动产出与其他民族交换的数量和方式的总和。

民族文化生态系统的这些要素总是处于不断变化过程中，其中，技术要素的变化最为活跃，它直接影响着产出要素和商品交换要素，并最终影响相对稳定的生态环境要素和社会文化要素。每一个要素的变化都会引起民族文化生态系统熵值的变化，当熵值变化超过系统的阈值时，民族文化生态系统就会发生质的改变。

民族文化生态系统也是嵌套型结构，由外到内可分为物质产品层、行为制度层、价值观念层，各层次的稳定性由弱到强，其中，价值观念层对系统的影响和作用最强，而物质产品层则最弱。

民族文化生态相较于其他文化生态具有更加明显的不可再生性特点，因为民族文化是各民族在漫长的历史发展中同所在区域自然生态环境不断互动而形成的生活与生产方式的集合，其时空性特点更加突出，一旦遭到破坏，完全恢复的可能性极其微小，虽然其危害后果可能不像破坏自然生态环境那么直接，但会对人类自身的发展造成极其深远的不良影响。不论是民族文化传统风格的变异，还是人居环境的破坏，抑或是文化遗产的毁损，都是人类文明的损失。

民族文化生态平衡的问题也值得关注，尤其是在我国疆域辽阔、民族众多、各地经济发展不平衡的情况下，有些区域经济极其发达，但民族文化资源甚少，而有些区域民族文化资源极其丰富但经济发展十分落后，存在民族文化生态与产业生态双重失衡的问题。

③民族生态文化和民族文化生态的关系。民族生态文化是民族文化生态系统的构成要素（见图4-4）。如前所述，它是一种价值观和信念，是意识形

---

① 李锦：《民族文化生态与经济协调发展——对泸沽湖周边及香格里拉的研究》，民族出版社，2008，第17页。

态，属于价值观念和精神层次，处于民族文化生态系统的内层（核心层），它本身稳定性较强，变化比较缓慢，但它对民族文化生态系统的影响却最大。

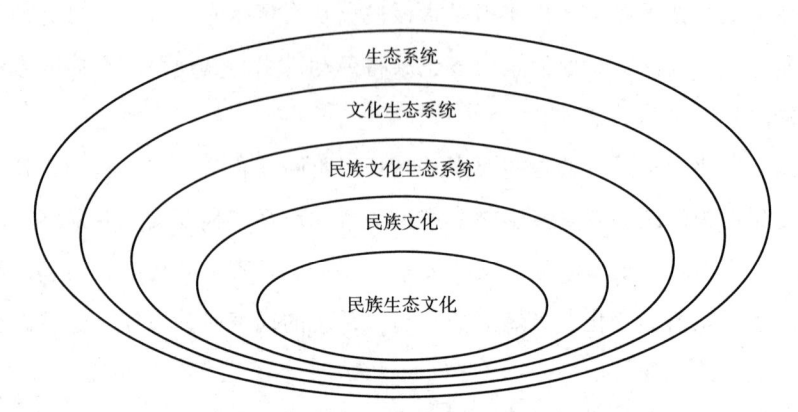

图4-4 民族生态文化与民族文化生态的关系

4.2 生态化发展的运行规律

规律即客观事物在发展过程中所具有的内在的、本质的必然联系。规律是客观存在的，对同一本质的事物和现象具有普遍的支配作用，并且不可避免，规律决定着客观事物发展的必然趋向。区域民族文化产业的生态化发展也要遵循自身规律。在区域民族文化产业内部存在三个主要子系统，即区域民族文化子系统、区域产业子系统、区域生态子系统，它们自身的发展及其相互之间的互动关系共同决定着该产业整体的发展，因此，区域民族文化产业的生态化发展需要同时遵循文化产业发展规律、民族文化发展规律、生态经济协调发展规律。

4.2.1 文化产业发展规律[①]

区域民族文化产业是针对区域民族文化资源所进行的产业化组织和市场

---

① 胡惠林：《文化产业学》，高等教育出版社，2006，第70~78页。

化运作,作为文化产业的主要类型之一,它的生态化运行要遵循文化产业发展规律。

文化产业由多种要素组成,各种要素之间的密切互动构成了文化产业的内部联系并驱动其持续运动与发展。文化产业的发展规律即文化产业内部联系的一种结构系统,它具有多样性和复杂性,这是由文化产业内部联系的丰富性和复杂性所决定的。不同文化产业之间内部联系的结构不同,由此也形成了不同文化产业具有不同发展规律的特点。总体来看,文化产业发展规律可分为一般规律与特殊规律。

(1) 文化产业发展的一般规律

文化产业作为人类社会整体的重要组成部分,它的发展应该遵循人类社会系统运动发展的普遍规律。

①社会发展的一般规律,即生产力决定生产关系,经济基础决定上层建筑,这是文化产业发展的基本规律。社会生产力的发展是文化产业发展的基本条件和动力,二者成正比关系。除了经济和社会运动规律外,文化产业的发展还受上层建筑其他各方面(尤其是政治体制及其派生的文化管理制度与文化体制等因素)的影响。

②产业运动和市场经济发展的一般规律,即市场对资源配置发挥基础性作用,供求关系和供求规律是文化商品的运动规律。

③文化发展规律,即精神文明形态的发展规律和文化发展的多样性规律。因为文化产业在追求经济利益的同时也追求文化利益,并通过对文化利益的追求实现更大的政治和经济利益。

(2) 文化产业发展的特殊规律

文化产业发展的特殊规律将文化产业与其他事物区别开来,主要如下。

①科技前导规律。文化产业的高科技性将它与其他文化生产方式区别开来,科技进步是推动文化产业发展变革的主导力量。

②双重复合转变规律。文化经济运动的商品属性与意识形态属性规律、文化商品生产的价值规律和国家文化意志主导规律重合作用于文化产业的发展过程,共同决定着文化产业在不同历史时期的发展运动形态,并推动着文

化建设的模式和战略取向。

③阶段递进规律。文化产业的发展要经历转型、发展、成熟三个阶段。转型阶段新旧文化形态与发展模式并存，新旧文化体制交叉。之后进入发展阶段，旧的产业形态和发展模式逐渐退出，新技术、新市场、新管理体制逐渐形成并稳定，新文化产业集团建立并率先制定、适用文化产品生产与销售的技术标准。此后，文化产业继续加速发展，相关技术、装备、市场标准体系不断提升，新的文化产业理论、国际市场建设理论、文化管理体制建立，当新的文化产业形态和发展模式占据主导地位时，文化产业进入相对稳定的成熟阶段，并孕育着新的文化产业革命的萌芽。

④机制变革规律。机制是指文化产业构成各要素之间的结构关系和运行方式，技术装备、市场机制、产业理论、文化体制等构成要素之间的相互作用、协调发展、整体变革，推动着文化产业的发展。

⑤增长周期波动规律。文化产业的增长周期受到技术和内容两个因素的直接影响，在其他因素不变的情况下，越依赖技术创新的文化产业生命周期越短，相反，由内容决定的文化产业形态生命周期更长。

4.2.2 民族文化发展规律

民族文化是区域民族文化产业的核心资源禀赋，民族文化独特性和多样性的丧失会对民族文化产业的发展造成严重的打击，但民族文化有其特殊的发展规律，区域民族文化产业只有遵循这些规律才能发挥其保护民族文化资源的作用，也才能保障自身的可持续发展。

民族文化的发展具有以下规律。

（1）民族文化的产生与发展具有极强的场域性和时空性，与特定地域、特定历史阶段的自然生态环境和经济社会发展水平具有密切的互动关系

民族文化是特定民族在长期适应和改造自身生存环境的实践活动中创造的物质财富、精神财富以及行为习惯的总和，反映着该民族独特的历史渊源、生产生活习俗、群体特征、心理特征、宗教信仰以及他们与赖以生存的自然环境的互动模式等。不论哪个民族，要生存繁衍，必须与为其提供生存

空间和生命养料的大自然相互作用并不断调整，逐渐形成能让双方长期共存的各种生产生活行为模式以及在此基础上形成的各种物质和精神财富。因此，民族文化的产生与发展取决于该民族生存的特定空间和时间，具有典型的场域性和时空性，特定地域、特定历史阶段不同的自然生态环境和经济社会发展水平的民族文化都具有不同的样态和特点，并对产生它的特定时空、自然生态环境及经济社会发展水平等要素发挥着促进或制约的反作用。

比如，在那些自然环境和地理条件较差的地区，经济社会发展水平往往较低，但民族特色文化会保存得比较完整，民族文化中那些有益于人类与生态和谐共处的民族生态文化对人们发挥着更强的教化作用；相反，在自然环境和地理条件较好的地区，经济社会发展水平往往较高，但具有特色的民族文化却更容易被同化或流失，民族文化生态破坏严重，民族生态文化对人们的信仰和价值观所发挥的作用也被不断削弱。

（2）民族文化的发展伴随着与他域文化和现代文化的交融互动

不同文化之间的交流、借鉴是文化发展的基本模式，作为人类文化表现形式之一的民族文化也是如此，不同民族文化的影响渗透是社会发展的必然。同时，人类文化是具有共性的，它们通过某些文化因子（如生产方式、信仰、价值观等）体现出来，并为不同民族文化的沟通与融合提供了可能性。

民族文化的发展不仅仅体现为民族内部纵向的文化积累与传承，也以与他域文化和现代文化横向的沟通与交融为特征。纵向的历史传承与横向的交流借鉴都是民族文化发展的主要动力。民族内部纵向的文化传承发展形成了一个民族对自己的认同感与身份感，民族之间横向的文化交融发展体现了民族文化与时俱进的时代性。

民族文化与他域文化和现代文化基于以下原因而相互交融：①不同民族之间日益频繁的交往与联系；②各民族经济生产方式的逐渐转型；③先进知识与科学技术的不断发展与普及；④现代化市场的不断扩大；⑤多元文化观念的不断侵蚀与全球意识的持续增长。在这些因素的共同作用下，民族文化在发展过程中与他域文化和现代文化交融的广度与深度都日益拓展。

（3）民族文化的发展过程实质上是民族文化变迁的过程，必然伴随着民族文化的消失、民族文化的变异和民族文化的创新

文化是一种社会历史现象，每一种文化从产生之日起就处于不断变化的状态，民族文化也是如此。"变化既是民族文化的必由之路，也是民族文化的生命力所在。"[1] 民族文化的发展过程实质上就是民族文化变迁的过程。民族文化变迁是指民族文化在内容和构成方式上的变化，其变迁的规律主要表现为文化消失、文化变异和文化创新的综合运动过程[2]。民族文化的变迁是由民族内部经济社会发展和不同民族之间相互接触而导致的外来文化传入与少数民族文化主体价值观念改变引发的。

人类文化的发展总是伴随着科学技术的进步、社会生产力的提高、现代文明的广泛传播以及与自然关系的调适。在此过程中，各民族改造自然的能力不断增强，文化与自然环境之间的关系逐渐被割裂，人与自然和谐相处的观念还未重新建立，自然生态与环境遭受到严重破坏，不同民族的生产生活行为方式都不断发生变化。此外，社会生产力的极速发展使强势的工业文明广泛传播，并对弱势的民族文化产生持续的影响和侵蚀，使传统的生存观、价值观、消费观等不断发生变化。其中那些能适应新环境、满足人们社会需求的民族文化逐渐被保留传承下来，而那些不能适应新环境、与人们的社会需求相背离的民族文化则逐渐失去生存根基，被新的文化所代替，从而形成民族文化的消失，如巫术、占卜等。

有一些民族文化在与外来文化交流的过程中逐渐融合，并根据社会环境的变化在性质和特点等方面发生变化，包括民族文化被外来文化所同化、民族信仰丧失、民族价值观改变以及民族文化庸俗化等。比如，很多民族的服饰、建筑等出现西化，传统生活方式城镇化，原始集体主义价值观受到逐利价值观的挑战，将有特定时空内涵的民族文化舞台化和商业化，为迎合旅游经济的发展需求而将民族文化歪曲化和庸俗化等等，从而形成了民族文化的

---

[1] 谢国先：《论民族文化的发展规律——兼说"民族文化保护"的认识论问题》，《西北民族研究》2006年第4期。
[2] 罗连祥：《民族文化变迁的规律分析》，《重庆科技学院学报》（社会科学版）2014年第9期。

第4章　区域民族文化产业生态化发展的理论框架

变异。

还有一些民族文化逐渐改造本民族文化中的消极因素和落后观念，消化了其他文化的优秀成果，吸收其精华，将其与本民族文化结合起来并不断发扬开来，传承下去，从而形成了民族文化的创新，如现代农业生产方式和技术的采用、网络和电话等生活工具的普及等等。

民族文化就是这样伴随着时空条件的变化，在与自然生态环境、经济社会发展条件的持续交互作用中，与他域文化和现代文化不断交融而逐渐发展变迁，形成了相互之间"区别又整合、整合又区别"[1]的动态发展规律。

在民族文化的发展过程中，我们应遵循其发展规律，将静态保护与动态保护相结合[2]。区域民族文化产业的生态化发展正是动态保护的有效手段之一。

民族文化动态保护的目标是要建立有效的民族文化传承机制[3]，它将文化与主体有机结合，通过心理传承，实现社会群体心理认同意识与民族性格塑造和个人心理意识与性格塑造之间的相互作用，并通过民族文化的习得与传承将民族成员结成稳定的民族共同体。在民族文化传承过程中，既要通过与他域文化和现代文化的交流吸收其他文化的优秀成果，更要发挥自身长处，保持和延续自己的民族性，以彰显民族亲和力、民族凝聚力与民族生命力。有效的民族文化传承机制是一个民族保持自身民族性的根本途径。

区域民族文化产业的生态化发展即为有效的民族文化传承机制的要素之一，它通过产业化的方式对民族文化进行动态保护，并强调产业化过程中产业、民族文化、自然之间的协调与民族文化产业生态系统的构建，还通过优质的民族文化产品与服务的生产与消费，实现对民族文化的广泛宣传与传播以及民族文化自信心、凝聚力的增强，有效对抗强势文化的侵袭，并反过来

---

[1] 金海敖、于永和、陈维新：《论民族文化持续发展的动态规律》，《东疆学刊》2000年第10期。
[2] 即便是那些带有消极因素的落后的民族文化，由于它们展示着人类民族发展的真实轨迹，是不同民族生存发展的真实写照，是人类了解和研究自身的宝贵资料，也应该被如实记录下来。
[3] 赵世林：《论民族文化的传承》，《云南民族学院学报》（哲学社会科学版）1995年第4期。

对他域文化和现代文化发挥有利影响,为民族文化的有效传承发挥独特的作用。

4.2.3 生态经济协调发展规律

自然生态环境为区域民族文化产业的发展提供物理空间和自然资源,尤其是该产业的核心民族文化旅游产业更离不开自然生态环境的支撑,民族文化也是各族人民在与自然生态长期的互动中逐渐形成的,它是民族文化产生和发展的土壤。因此,区域民族文化产业的生态化发展也要遵循生态经济协调发展规律。

生态经济协调发展规律的基本内容是:在经济增长与生态的稳定程度之间客观上存在一种协调发展的作用机制,人通过对生态经济系统的调控建立这一机制,经济与生态就能和谐统一协调发展[①]。

区域民族文化产业生态化发展过程中应注重把握生态经济协调发展规律的以下内涵。

(1) 生态与经济是既对立又统一的矛盾双方

经济系统具有增长型反馈机制,而生态系统具有稳定型反馈机制,由此,二者成为矛盾的双方。经济系统的发展和增长必须不断加大投入和产出,生态系统的发展则是在动态中维持平衡,逐步趋向最高的稳定状态。

双方的对立体现为:经济系统对资源的需求与废弃物数量的无限增长和生态系统中资源供给与环境容量的有限性之间存在不可避免的矛盾,矛盾不解决,生态经济就会失衡,生态会遭到不可逆转的破坏,经济也无法获得持续发展。双方的统一则体现在:生态系统、经济系统以及系统内部各要素之间都存在广泛的联系,如果能科学合理地利用这些联系,化解前述矛盾,就能达到生态经济平衡,生态与经济能够协调持续发展。

(2) 生态与经济之间客观存在能够促进二者协调发展的作用机制

如前所述,生态系统与经济系统之间存在极其广泛的联系,这些联系机

---

① 王干梅:《试论生态经济协调发展规律》,《中国农村经济》1987年第1期。

制使二者耦合成为生态经济系统。应用系统论中对系统进行科学调控可形成最佳结构与功能的结论，通过对生态经济系统的合理调控，能使其既保持系统内部的动态平衡，又具有最大的生产力，从而实现生态与经济的协调发展。

该作用机制有以下要点：①经济系统是生态系统的子系统，人类经济活动要受到生态系统容量的限制；②通过对生态经济系统的有效调控，建立起一种既非经济系统增长型又非生态系统稳定型的协调型反馈机制，它追求的既非单纯的经济最优，又非纯粹的生态最优，而是在生态系统承载力范围内对资源最合理最充分的开发利用，既保持了生态系统的稳定，又促进了经济的发展；③该作用机制运行的关键在于把握住生态经济的"最适度"，即深化对生态系统、经济系统以及生态经济系统的科学认识，通过对多因子的综合调控，使人类经济活动最大可能地保持在既能满足经济增长的需求，又能维持生态系统动态平衡和持续生产力的状态，实现生态经济协调发展。

（3）生态经济协调发展作用机制的关键是人对生态经济系统的调控

人是生态系统的成员，要受到生态规律的制约，同时，人又是经济系统的主体，能通过经济活动干预影响生态系统。因此，人是连接生态系统与经济系统的关键要素，生态与经济能否协调发展，关键在于人的认识和行为，在于人能否对生态经济进行科学有效的调控。人类数千年经济与社会发展的实践也证实了这一点，当人们割裂生态与经济的联系，一味追求经济发展而忽视生态保护时，大自然就会给人类灾难性的惩罚。但人是具有主观能动性的，随着多年实践经验的积累和人类认识的深化，人们发现了生态与经济发展之间的内在联系，认识到生态经济协调发展规律的存在及其客观必然性，也有能力通过科学调控实现生态经济的协调发展。

科学的调控应把握三个原则：①以生态经济协调发展的客观规律指导人类的经济活动；②树立正确的生态经济观，人类不再将自己凌驾于自然之上，而是与自然和谐相处，与自然建立伙伴关系，在遵循自然规律的基础上发展经济；③技术是生态与经济系统的中介，为生态与经济的协调发展提供必要的手段和物质基础，人们应继续提高科技水平，并在生态经济协调发展理念的指导下运用适当的方式开发利用资源。

综上所述，区域民族文化产业是文化产业的主要组成部分之一，其生态化发展既要遵循文化产业的一般规律，也要遵循文化产业的特殊规律。同时，区域民族文化产业和其他文化产业又有区别，它是以区域民族文化作为核心资源禀赋，民族文化自身的特点决定了区域民族文化产业的生态化发展也要在遵循民族文化发展规律的基础上进行。此外，区域民族文化产业生态化发展的本质是生态经济模式的发展，因此，也要遵循生态经济协调发展规律。

4.3 生态化发展的运行机理

4.3.1 产业生态化的核心

区域民族文化产业的生态化发展属于产业生态化发展的范畴。

生态化意味着应用生态学的原理与原则，使事物或人类活动向注重生物及其环境整体关系的模式逐渐转化，从而实现人与自然的和谐统一。生态化发展即关注主体与其生存环境整体良性互动关系的全方位增长与可持续发展。

产业生态化发展即在产业发展中以生态学理论与经济学理论为指导，遵循生态学原理与经济发展的客观规律，仿照自然生态系统的运行机制展开产业实践活动，以达成产业与自然的和谐互动，实现产业的可持续发展。

可见，产业生态化发展和其他事物与活动的生态化发展一样，都包括四个要点：①应用生态学的原理与原则作为指导；②模仿自然生态系统的运行机制；③注重事物或活动与周围环境尤其是自然环境的整体良性互动关系的建立；④目的是实现可持续发展。

产业生态化发展的四个要点是围绕两个核心任务逐步展开的：其一，产业生态化是通过对产业系统的生态化而实现的；其二，产业系统的生态化是通过对自然生态系统运行机制的模仿而实现的。前者强调的是生态化理念作用的对象，后者强调的是生态化发展实现的路径。

区域民族文化产业的生态化发展也是如此，其生态化的作用对象是区域民族文化产业系统，而生态化的实现路径则是模仿自然生态系统的运行机制，这是区域民族文化产业生态化发展的两个核心。

4.3.2 生态化发展的作用对象：区域民族文化产业系统

如前文所述，系统是事物普遍存在的形式，每一个系统内部都有两个以上的组分，各组分之间的有机联系形成了系统内部特定的结构与秩序，而结构与秩序又决定了系统的功能，功能反过来又作用于系统的结构。系统同时也是一种方法论体系，它主张把研究对象看作一个系统，注重从整体出发，关注系统内部各要素、系统自身与内部要素、系统与外部环境的相互关系，在此基础上综合考察得出科学的结论。综合集成就是从整体上思考和解决问题的系统方法论。

产业是以系统的形式存在并运行的。产业生态化的核心就是运用系统方法论将产业系统生态化。

区域民族文化产业也是一个系统，它是产业系统内部若干相互联系的子系统之一，同时，它自身内部也有若干相互作用的子系统，它是一个复合系统。区域民族文化产业的运行涉及经济、民族文化、生态等多个方面，它也是多个因素相互作用的结果。区域民族文化产业的生态化是通过区域民族文化产业系统的生态化实现的。

因此，对区域民族文化产业的生态化发展，不仅需要从该产业的基本存在形态——区域民族文化产业系统入手展开研究，更需要运用系统的方法去研究区域民族文化产业与经济、民族文化、生态等领域多个相关因素及外部环境的相互关系，运用综合集成的方法从产业系统、经济系统、文化系统、生态系统各自发展演变的规律入手，去探寻其综合集成的特点、优势、创新，以发挥其整体综合优势与协同效应。

4.3.3 生态化发展的实现路径：模仿自然生态系统的运行机制

产业系统的生态化是通过对自然生态系统运行机制的模仿而实现的，区域民族文化产业生态化发展的实现路径也是模仿自然生态系统的运行机制。

(1) 模仿自然生态系统运行机制的原因

为何要模仿自然生态系统的运行机制呢？原因有二。

一是作为自然界的基本单位，生态系统是一个神奇的自维持、自适应系统，它内部的各种成分之间会不断进行物质循环、能量流动和信息传递，并通过自身的代谢机能维持其运行，实现其功能，它在一定时间和空间范围内，可以依靠自我调节而维持一个相对稳定或平衡的状态，当外来干扰改变它的稳定状态时，只要不超过它的自调节能力的阈值，它就可以自我修复。

二是在不被外力干扰的情况下，自然生态系统是一个内部各要素良性互动、协同发展的自组织系统，内部各要素和各子系统之间保持着持续的互动与有机整合，通过协同作用使生态系统达到最优状态，形成大于系统内部各组分功能之和的整体合力，放大系统的功能，发挥系统整体效应，实现系统的协同进化。

显然，自然生态系统之所以能够保持自维持、自组织、自适应的特点，根本原因就在于其内部各要素与各子系统之间的协同互动机制。协同作用不仅使其避免了各要素、各子系统之间的相互制约与相互掣肘，而且充分发挥了它们之间相互促进与相互增益的作用，最终形成了大于各组分的整体合力，实现了协同效应。

区域民族文化产业的生态化发展对自然生态系统运行机制的模仿，其关键正在于此，它要模仿的正是自然生态系统中普遍存在的各要素与各子系统之间的协同进化机制。

(2) 模仿自然生态系统运行机制的途径

如前所述，对于自然生态系统的运行机制我们可以总结出两个要点：其一，之所以自然生态系统是自组织系统，是因为其内部各要素与各子系统之间存在着协同进化机制；其二，对于作为自组织系统代表的自然生态系统而言，其协同是高度的协同，而自然生态系统之所以形成高度的协同，是基于系统内部各组分之间特殊的结构方式。

因此，区域民族文化产业生态化发展对自然生态系统运行机制的模仿实际上就有了两种途径。

第一种是模仿自然生态系统内部各要素与子系统等组分之间的协同作用与进化机制。协同作用是系统有序结构形成的内在驱动力，通过协同进化机制，区域民族文化产业系统经历从"不协同"到"初级协同"再到"高级协同"的转化上升过程，最终实现区域民族文化产业发展与民族文化生态和自然生态环境之间的良性互动，减少该产业发展对民族文化生态和自然生态的负面影响，并放大三者之间的相互促进与相互增益机制，推动经济、文化、生态和谐发展。

第二种则是直接模仿高度协同的自然生态系统的结构方式。系统的结构决定其功能，一定条件下系统的功能也会反作用于结构，推动或阻碍系统的演进发展。自然生态系统之所以能够高度协同，主要在于其结构方式，它的物质、能量利用方式和系统动力、反馈机制等都由其结构决定。因此，这种模仿途径的关键便在于构建一个类似自然生态系统运行机制的区域民族文化产业生态系统。

当然，从模仿对象角度看，这两种途径在本质上是一致的，都是要模仿自然生态系统的协同进化机制。二者的不同之处在于，第一种途径强调区域民族文化产业系统内部各要素、各子系统以及外部环境相互之间协同关系的建立，而第二种途径则强调对于高度协同的自然生态系统的结构方式的模仿。

这两种途径也正是本书所探讨的区域民族文化产业实现生态化发展的两种具体路径。路径一：区域民族文化产业系统的协同发展。它是通过区域民族文化产业系统内部区域民族文化子系统、区域产业子系统、区域生态子系统及系统各要素和外部环境相互之间的良性互动、协同进化，形成大于各子系统与各要素功能之和的整体功能与效益，实现区域民族文化产业系统的协同发展，从而实现区域民族文化产业的生态化发展，使该产业的经济效益、文化效益、生态效益得到共同提升，区域民族文化产业的经济功能、文化功能、生态功能都能得到充分发挥。

路径二：构建区域民族文化产业生态系统。该路径通过模仿自然生态系统的结构方式构造一个科学合理的区域民族文化产业生态系统，按照生物界的食物链原理建立起区域民族文化生态产业链，以解决民族文化资源及自然资源的稀缺性、民族文化生态环境及自然生态环境的压力与该产业可持续发展之间的矛盾，从而实现区域民族文化产业的生态化发展。正如不受外力干扰的自然生态系统是高度协同发展的系统一样，区域民族文化产业生态系统也是一个高度协同发展的系统，它是区域民族文化产业生态化发展理想的模式。

这两种路径相互之间紧密联系，路径二即构建区域民族文化产业生态系统是路径一即区域民族文化产业系统协同发展到高级协同程度的理想状态。

这两种路径的具体运行机制本书将在第五章与第六章详细论证。

4.4 生态化发展的内涵与本质

4.4.1 区域民族文化产业生态化发展的内涵

4.4.1.1 区域民族文化产业生态化发展的界定

学术界对"产业生态化"界定的具体表述各不相同，但对其内涵的认定比较一致，通常认为它是以生态经济学理论和产业生态学与产业经济学为指导，仿照生态系统构建产业生态系统，促使产业与资源、环境协调发展，以实现产业的可持续发展，从而推动经济的可持续发展，如戴锦、虞震、张雪梅、邱跃华等。也有一些研究认为产业生态系统毕竟只是模仿生态系统，虽然它们的物质、能量、信息流动结构相似，但它们的系统动力、反馈机制、物质能量利用方式明显不同，产业系统无法完全复制生态系统的运行机制，因此，产业生态化不应该总是强调产业生态系统的构建，而应该更多地关注产业发展与资源环境的良性互动与协调发展,如高全成、李慧明、左晓利等。

综合来看,产业生态化研究体现了如下共性:①产业生态化是人们对目前产业发展对自然生态造成严重破坏、经济与环境对立、产业与经济不可持续发展现状的深刻反思的体现,表明人们对发展有了更加科学、深刻的认识。②产业生态化通过经济仿生方法(如生态农业理论、工业生态学、循环经济等)或非经济仿生方法(热动力学的能值理论、福利经济学、外部性理论、产权理论等)[①]来实现。③虽然不同研究对产业生态化具体方式的认识有所不同,但对产业生态化目标的认识非常一致,都认为是为了实现产业的可持续发展,进而实现经济的可持续发展,使生态系统与经济系统协调起来,真正实现人与自然的和谐相处。

由于区域民族文化产业在某些方面的特殊性,其生态化发展体现出一些不同于其他产业生态化发展的特点。比如,区域民族文化产业的民族文化资源虽然有类似于自然资源的特点,但也有很多不同于自然资源的地方,如它是人类精神活动的产物,它的产生、发展和传承有自身规律,人们对民族文化产品和服务的消费更多追求的是精神上的享受等;再比如,区域民族文化产业基于区域民族文化的独特性和经济发展水平与自然环境的差别呈现很大的区域性差异等。这些特点提醒我们在界定"区域民族文化产业生态化发展"时,既要把握产业生态化的共性,也要考虑区域民族文化产业的特性,以更科学、更接近其本质地加以界定。

结合前文的分析论证,本书将其界定为:区域民族文化产业生态化发展是指以区域经济学、生态经济学、产业经济学、产业生态学、系统学、文化学、民族学、法学等基本理论为指导,选择生态经济模式,在遵循文化产业发展规律、民族文化发展规律和生态经济协调发展规律的基础上,以区域民族文化产业系统的生态化为核心,通过该系统及其内部相关子系统之间良性互动、协同发展的路径和构建区域民族文化产业生态系统的路径,保障区域

---

① 戴锦:《产业生态化理论与政策研究》,东北财经大学博士学位论文,2004,第23页。

民族文化产业经济功能、文化功能、生态功能的充分发挥，促进该产业经济效益、文化效益、生态效益的共同提升，以实现该产业的可持续发展，并为整个社会在经济、文化、生态等方面全方位的和谐发展作出贡献。

对区域民族文化产业生态化发展的理解需注意把握以下几点。①区域民族文化产业生态化发展涉及产业的发展、生态经济模式的发展、产业生态的形成与保持、民族文化的保护与传承、文化生态的形成与保护等多个问题，是一个典型的交叉学科研究命题，要以区域经济学、生态经济学、产业经济学、产业生态学、系统学、文化学、民族学、法学等多学科的基本理论为指导。②区域民族文化产业生态化发展不论选择何种具体方式或途径，都是立足于对民族文化生态、自然生态与产业发展的共同关注。③区域民族文化产业生态化发展既要遵循文化产业的发展规律，也要遵循民族文化的发展规律，还要遵循生态经济协调发展的规律，这是由民族文化资源的特殊性与生态经济的特点决定的。④区域民族文化产业生态化发展能逐步实现特定区域的民族文化生态、民族文化产业、自然环境与自然生态之间的良性互动与协调发展。⑤基于自身的特殊性，区域民族文化产业只有在充分发挥其经济功能、文化功能、生态功能时，其经济效益、文化效益、生态效益才能共同提升，也才能实现可持续发展。而区域民族文化产业的生态化发展能够保障该产业经济、文化、生态功能的发挥，是实现该产业经济、文化、生态效益共同提升的新型产业模式和路径选择，它符合国际产业发展的新趋势，是区域民族文化产业发展的高级形态。⑥区域民族文化产业生态化发展的核心是区域民族文化产业系统的生态化，实现其生态化发展的路径并不局限于一种，路径之一是区域民族文化产业系统内区域民族文化子系统、区域产业子系统、区域生态子系统之间的良性互动与协同发展，路径之二是构建区域民族文化产业生态系统。当然，我们也应该秉持发展的眼光，考虑伴随着人类认识与实践的进一步深化未来出现其他路径的可能性。只要是能够通过关注该产业与民族文化生态和自然生态整体关系的各种方式方法实现区域民族文化产业可持续发展的，都可以纳入生态化发展的路径。⑦区域民族文化产业的生态化发展不是一蹴而就的，它是一个从生态失衡（包括民族文化生态与自然生态）到生态整合的动态演进过程，是区域民族文化产业系统的反生态性日趋削弱、生态性逐渐加强的过程[①]，是一个循序渐进的过程。在这个过程中，只关注数量而忽视质量，只追求产业发展而无视甚至纵容民族文化生态破坏与自然生态破坏的行为将逐步转变，非生态化的产业发展模式将逐步退出，产业可持续发展将逐步实现。

4.4.1.2 区域民族文化产业生态化发展的内涵

（1）生态化发展是对区域民族文化产业传统发展模式的改造

区域民族文化产业是以民族文化作为核心资源并以自然物质资源作为载体生产产品、提供服务的产业，资源尤其是民族文化资源对它具有极其重要的影响，但民族文化资源具有生态脆弱性、时空性、稀缺性、不可再生性等特点，难以保护，极易流逝或消失。

区域民族文化产业的传统发展模式只关注产业数量增长，忽视高质量发展，不惜违背民族文化发展传承的规律，一味以经济利益为目标，破坏民族文化资源和民族文化生态、污染自然环境、破坏自然生态，造成了该产业的民族文化生态和自然生态的非经济化，产业的逆生态化以及民族文化生态系统、自然生态系统和产业系统三者相互对抗的状况。

区域民族文化产业的生态化发展即是对该产业传统发展模式的改造，可实现民族文化生态系统、自然生态系统和产业系统三者的良性互动与协同发展。

（2）区域民族文化产业生态化发展以民族文化资源与生态资源的稀缺性为基础

区域民族文化产业生态化发展不认为民族文化资源和自然、环境等生态资源都是自由物品，取之不尽、用之不竭，无须付费就可大量使用，而是将它们看作稀缺资源，强调用合适的价格和科学的调控机制体现这些资源的独特价值，实现它们在产业发展与民族文化生态、自然生态保护上的统一。

[①] 邱跃华：《科学发展观视域下我国产业生态化发展研究》，湖南大学博士学位论文，2013，第54页。

(3) 生态化发展强调在民族文化资源和生态资源利用上的持续性、高效性和空间性

区域民族文化产业的生态化发展能有效保护民族文化资源与生态资源，实现资源利用在时间上的持续性，尊重后代人的资源利用权利；也注重空间上的持续性，各区域依据本区域特殊的民族文化资源与自然生态环境比较优势，发展本区域的特色民族文化产业，不损害其他区域开发利用资源满足其需求的能力；区域民族文化产业生态化发展的各种路径也使民族文化资源与自然生态资源的利用更加高效。

(4) 生态化发展的目标是达到区域民族文化生态、自然生态与区域民族文化产业发展三者的协调与平衡，以实现区域民族文化产业的可持续发展

区域民族文化产业生态化发展能避免传统发展模式下民族文化系统、自然生态系统与产业系统相互对抗、彼此冲突导致发展失衡的状况，使该产业系统内部各要素之间、各子系统之间平衡稳定，协同发展，由此实现区域民族文化产业系统经济效益、文化效益、生态效益的共同提升，并最终实现产业的可持续发展。

(5) 区域民族文化产业的生态化发展是生态文明建设的有效途径

生态文明是人类与自然和谐相处的文化伦理形态，它要求在国家经济、政治、文化、社会建设的各方面和全过程都遵循自然规律，在资源环境承载力范围内实现国家和民族的可持续发展。

区域民族文化产业作为文化产业的一个重要组成部分，是产业的一个门类，其发展是国家经济建设的一部分；它以区域民族文化为产业核心资源禀赋，在生产和消费过程中又发挥着保护、传承或破坏民族文化的作用，其发展又是国家文化建设的一部分；作为文化产业本身，它对国家政治有一定的介入，它作用于人的精神世界，能影响人的世界观和价值观进而影响人的社会行为，具有社会性，其发展又是国家政治建设与社会建设的一部分。

区域民族文化产业生态化发展是在尊重民族文化发展规律、尊重文化产

第4章 区域民族文化产业生态化发展的理论框架

业发展规律、尊重自然规律的基础上,通过一定的途径实现民族文化、自然生态、产业三者的协调发展,实现人与自然的和谐相处,其发展正是在国家经济、政治、文化、社会建设的各方面贯彻落实生态文明的过程,是生态文明建设的有效途径之一。

(6) 区域民族文化产业的生态化发展具有明显的区域性和巨大的差异性

区域民族文化产业的资源主要是区域民族文化,但也离不开区域自然资源与生态环境的支撑。在特定区域,不论是民族文化资源,还是自然资源与生态环境,皆具有独特性,区域之间具有明显的差异性,由此也形成了该区域民族文化产业的比较优势。此外,各区域经济社会发展水平的不同也反映在特定区域民族文化产业的发展状况中,形成了各区域民族文化产业各方面的差异。

区域民族文化产业的生态化发展强调根据特定区域独特的民族文化资源、自然资源、生态环境的特点,根据该区域人口、技术、资本、经济水平、社会状况等各方面的特点,因地制宜,运用各种方法和途径,实现区域民族文化生态、区域民族文化产业、区域自然生态的协调发展与和谐共生。特定区域的独特性与差异性正是区域民族文化产业生态化发展的基础。

(7) 区域民族文化产业生态化发展注重区域间的分工协作与共赢

由于区域民族文化产业在民族文化资源、自然资源环境、产业发展水平等方面的区域性与差异性特点,以及行政区经济所造成的体制障碍,目前其发展也面临很多困境。虽然相邻行政区的界线很明确,但各行政区相邻地界的自然环境却无法做到"一刀切",而是有一个逐渐过渡的地带,居住在过渡地带的民族(即便是不同民族),由于常年生活在类似的自然环境中,在与自然生态互动的过程中,也会形成类似的民族文化,形成各种直接的经济联系,存在共同的利益需求,但行政区经济不平衡、地方市场分割、地方保护主义等体制障碍却严重阻碍了其相互的合作与共同利益的实现。

区域民族文化产业的生态化发展注重区域间的分工协作与共赢。它不以

153

行政区的划定为界线，而是以系统构建为基础，通过区域民族文化产业系统、内部各子系统以及系统内部各要素的相互作用与良性互动促进系统整体的发展。因此，拥有共同利益以及在资源、资本、技术等方面存在各种联系的相邻区域经济成员应该联合起来，建立区域合作机制，消除歧视性贸易障碍，实行一定的经济联合与共同的经济调节，制定统一的引导与扶持政策，构建完善的区域合作规则，破除行政壁垒，建立生产要素自由流动的共同市场，共建高效运行的区域民族文化产业联合体（如民族文化生态产业园区、民族文化生态产业带等），以实现区域民族文化产业主体的互利互惠与利益共享，最终促进民族文化产业整体的可持续发展。

（8）区域民族文化产业的生态化发展具有紧迫性

区域民族文化产业的发展现状不容乐观，存在较多非生态化状态，很多民族文化资源在产业化过程中被歪曲、被破坏，有些民族文化流失甚至消逝，自然资源与生态环境也不断遭到破坏，很多地区产业发展水平低下。但发展是永远的主题，在发展的过程中，越早意识到产业非生态化的问题，越早着手改善，对避免进一步破坏资源与扭转产业发展状况恶化越有利。产业发展现状与可持续发展目标对区域民族文化产业的生态化发展提出了越来越紧迫的要求。

4.4.2 区域民族文化产业生态化发展的本质

生态经济是一种全新的经济发展模式，它注重经济增长与生态保护之间的协调，避免了传统经济以经济利益为中心和以资本推动所造成的二者不可调和的矛盾，逐渐缓解并克服传统经济模式下单纯追求经济发展导致的生态危机。生态经济以系统论与资源有价论作为理论基础，它认为生态资源具有稀缺性，强调用价格体现生态资源的独特价值，从而实现生态和经济的统一。它强调资源利用的高效性及在时间维度和空间维度上的持续性，强调要在经济发展和生态保护之间建立平衡，协调增长型经济系统和稳定型生态系统的关系，最终实现人类社会、经济、生态环境的共同可持续发展。发展生态经济是生态文明建设的重要部分，也是实现生态文明建设的重要途径。

产业生态化是我国建立生态经济模式的基本思路。

区域民族文化产业是区域经济发展新的增长点和重要支撑，它的发展应该遵循可持续发展的要求，选择生态经济模式，正确认识生态系统、经济系统、民族文化系统的相互关系，在产业发展和民族文化资源以及生态资源的保护之间建立平衡，促使区域民族文化系统、区域产业系统、区域生态系统协调发展，实现产业可持续发展。

区域民族文化产业的生态化发展正是生态经济模式在区域产业发展中的具体化，是生态学方法及其价值观念向产业层面的扩展。区域民族文化产业生态化发展是一种强调和谐共生、协同进化的文化产业发展理念，也是现实的经济与生态、文化协同发展的过程。它是一种将产业资源（包括民族文化资源与生态资源）综合利用与保护、生产要素合理配置、产业结构协调优化统一起来的产业发展模式。在发展过程中，它关注经济系统、文化系统、生态系统相互之间的内在关联性以及产业系统内部各要素、各子系统之间的相互协作与耦合，追求区域民族文化系统、区域产业系统、区域生态系统的相互依存与协同进化。

区域生态经济的发展要求区域民族文化产业以生态化模式发展，而区域民族文化产业生态化发展则是实现区域生态经济发展的重要路径之一。区域民族文化产业生态化发展的本质正是可持续发展战略下区域生态经济模式的发展。

4.5 生态化发展的优势

4.5.1 符合民族文化资源特性的要求

4.5.1.1 民族文化的特性

作为区域民族文化产业的核心资源要素，民族文化具有的以下特性决定着它对该产业的巨大影响。

(1) 历史传统性和社会性

区域民族文化是伴随着一定区域不同族群的不断演变发展而逐渐形成的,它源于该族群该社区世代承袭的传统信仰、道德标准、实践活动,是该族群长期与当地自然、生态、社会环境融合并延续本族群发展的生产生活方式,经过族群世世代代承上启下的历史积淀而成。区域和族群的历史越悠久,文化积淀就越厚重,文化传统也越丰富。

区域民族文化是特定区域特定民族社会活动多元化与综合性的体现,其产生、发展、传承都是通过长期历史发展过程中人们的社会实践活动实现的,因此具有典型的社会性。

(2) 民族性和时空性

区域民族文化是特定区域的特定族群在历史发展过程中创造和传承的,特定的民族是创造主体、传承主体和权利主体,民族性是其显著特征。同时,文化的产生机理告诉我们,文化是特定民族、国家或地域的人在长期社会历史发展过程中创造和形成的反映本族群与自然社会和谐相处的特定生产生活方式,它的产生和发展取决于该族群生存的特定时间和空间,具有时空性,离开特定时空或者在不同时空都会形成不同的文化。区域民族文化体现着特定民族在特定时空的不同特点。

(3) 独特性和多样性

各民族在漫长的历史过程中为生存和发展与自然环境互动,在此过程中不断学习、创造、积淀,并在物质、精神、行为、制度等方面形成独特的思维、价值观、知识、习俗等,这些特定的生产生活方式即民族文化。不同民族具有各异的民族文化,由此,独特性和多样性成为民族文化的显著特征。同时,它们也是维系民族生存和发展的精神根基,独特性使民族文化成为支撑民族独立存在并贯穿民族发展过程的精神支柱,多样性则展现了人类的社会适应能力和创造能力并由此形成了瑰丽绚烂的人类文明。发展区域民族文化,保护其独特性和多样性,是人类生存和发展的基础,是促进人类文明繁荣进步的必然选择。民族文化的独特性和多样性满足了人类求知的需求,这也正是其作为民族文化产业资源的价值所在。

（4）生态脆弱性和难以保护性

区域民族文化具有的时空性决定了一旦发展传承某种民族文化的特定自然环境和社会条件发生变化，该民族文化的独特性可能就会遭到破坏甚至丧失，并且不可逆转，民族文化的多样性也会逐步溺亡。而事实上，我们很难做到保证产生与传承某种民族文化的特定自然环境和社会条件不发生变化。在此意义上，民族文化资源虽不能完全等同于不可再生的自然资源，但其具有的生态脆弱性和难以保护性足以让我们慎重待之。

（5）时代演变性和交融性①

民族文化并不是一成不变的，它具有与时俱进的性质。同时，民族文化也具有人类文化的共性，不同的民族文化之间可以沟通融合。伴随着全球经济的发展和各民族对外族文化的开放和接纳，区域民族文化必然会相互交融。

（6）精神性和意识形态性

区域民族文化具有精神性。它是一定区域各族人民与自然、与社会互动的生产和生活方式的集合，是创造者的精神和思想的体现，是创造者世界观、价值观的反映，也是其生活方式思维方式的独特表达，即便是物质文化，也体现着人的精神力量，通过有形的物质表达着无形的精神。

区域民族文化也具有意识形态性。它潜移默化地影响、决定着本族人民的思维、生活及选择，因此对自然环境与生态具有巨大的反作用。换言之，各族人民所赖以生存的自然环境决定了其民族文化的形成，各异的民族文化也对其所生存的不同自然生态与环境产生着巨大影响，这种影响或积极或消极，积极的影响反映在对自然生态与环境的有效保护和对资源的可持续开发利用上，而消极的影响反映在对自然生态系统的破坏和对资源的掠夺性攫取上。

（7）价值性和遗产性

民族文化是传统文化，是特定族群在特定时空下的想象力和创造力的体

---

① 黄永林：《从资源到产业的文化创意——中国文化产业发展现状评述》，华中师范大学出版社，2012，第84页。

现,历经代代相传而至现代社会,是先人们智慧的结晶。每种文化和文化的每个部分都体现着其形成和发展的特定历史时期和特定场域的特点,体现着当时当地人们的生产生活方式与思维行为的特色,具有丰富的文化价值、精神价值、社会价值和经济价值,流传给后人即具有遗产的特点(事实上,我们现在就称之为"文化遗产")。区域民族文化即为一定区域特定族群的先辈留给后辈的财富,尤其是当其作为民族文化产业的核心资源时,其经济价值更加突出。

(8) 不可再生性和稀缺性[①]

区域民族文化的遗产性决定了它具有不可再生性和稀缺性。不论是物质文化遗产还是非物质文化遗产,都是一定区域的特定民族在长期历史发展过程中创造、传承而流传至今。在漫长的岁月中经历了各种自然侵蚀与人为破坏,幸存于今的只是极少数。每处古迹、每件文物都附着其特殊时代背景的特定文化内涵和历史信息[②],一旦被破坏将永远无法弥补,因为逝去的历史不可能逆转重来。非物质文化遗产虽然是代代相传的活态遗产,但每一代人都会根据自己生活的时空条件变化对前人流传的技艺和知识等赋予一定的创新和发展,这些文化元素见证着创造和传承它的特定人群的历史发展进程,一旦失传,后人不可能再创造出与前人完全相同的文化元素。

区域民族文化的不可再生性决定了它作为文化产业资源的稀缺性,缺乏保护或过度开发利用都会使其迅速枯竭,而且它的稀缺性更甚于不可再生的自然资源,因为自然资源的稀缺性会随着科技进步和消费理念与方式的改变而缓解,但民族传统文化资源由于包含人类发展特定阶段的信息,会随着时光的流逝一去不复返,永远消失。

(9) 延续性和承继性

区域民族文化是在长期历史发展过程中自然延续下来的,是一定区域特定族群的生产生活方式的演进和积淀,延续到现代,它仍然保持着鲜明的传

[①] 王云霞:《文化遗产法教程》,商务印书馆,2012,第21~22页。
[②] 于海广、王巨山:《中国文化遗产保护概论》,山东大学出版社,2008,第89页。

统特色,是不具备现代知识特征的知识集合或知识片段。

区域民族文化的延续性也体现了它的承继性,虽然它产生于特定的时空场域,但通过人们的代代相传,借助一定的物质载体和相应的保护措施,它可以一直被传承下去。比如,非物质文化遗产不论是以文字、语言、音乐、风俗或是手工技艺等哪种方式表现出来,最终都是以某一民族群体或家族团体内人与人之间的口传心授作为文化链而得以延续[①]。当然,在历史发展过程中区域民族文化经常面临不同程度的灭失的危险,但只要采取相应的有效保护和抢救措施,它仍然具有无限延续的可能。

(10) 自身的非物质性和对物质载体的依赖性

文化是人类的精神、意识、思维、价值判断、行为方式等,其自身是无形的,是非物质形态的,但它的存在和延续却离不开物质载体。比如,传统的建筑文化会附着在古建筑或遗迹上体现出来,传统的手工技艺需要通过制作的工具和手工艺品来体现,传统的文字被写在石块、竹简、丝帛等物质载体上。即便是物质文化,其本质也是通过物质所体现的人类创造力和智慧。可以说,很多情况下,区域民族文化的具体存在形态就是非物质和物质的结合,是有形和无形的结合,通过有形的物质载体承载无形的非物质文化信息。

(11) 相对公开公有性和权利主体的群体性

相对公开公有性包含两层意思:一是它的公开公有性,指区域民族文化是特定族群集体创造、发展和培育的,与本族群的生产生活自然相伴,对本族群成员而言,它是公开的,由本族群全体成员共同拥有;二是公开公有的相对性,指对非本族群成员而言,其对本族群的传统文化既非创造者也非传承者,通常情况下不可能掌握,甚至完全不了解(除非刻意去学习和模仿),这种只在本族群内部的公开就是相对的公开,相较于其他完全进入人类公有领域的知识,这种公有也只能是相对的公有。另外,即便是在本族群

---

① 李世涛:《试析"非物质文化遗产"的基本特点与性质》,《广西民族研究》2007年第3期。

内部，有一些特色民族传统文化（如医药知识与医疗技术）也只被部分族群成员所掌握，相较于族群全体成员而言也是相对的公开。

权利主体的群体性是指区域民族文化是一定区域的特定族群全体成员在长期的生产生活中共同创造、发展并传承的，"通常无法判定其具体的创作或产生时间，也难以得知其具体的创作者、发明者或传承人"，它是与特定族群的生产生活"共生共存、处于不断完善过程中、外延边界不确定的知识系统"①，因此，它的权利主体也是特定族群全体成员。

4.5.1.2 民族文化特性对区域民族文化产业生态化发展的要求

民族文化自身的特性决定了区域民族文化产业需要生态化发展。

第一，民族文化的历史传统性和社会性、民族性和时空性、独特性和多样性特点决定了它是文化产业资源的生力军，注重对这些民族文化资源的保护是区域民族文化产业可持续发展的前提。

民族文化产业以市场化的方式满足人们的精神文化需求，从事文化产品的生产和提供文化服务。它的第一追求是实现文化的经济价值，实现经济效益和利润最大化。它的直接目的是增加社会精神文化产品，更好地满足社会日益增长的文化生活需求，但这个目的也是为实现它的最终目的——营利性而服务的。而区域民族文化产业赚取利润的途径是根据市场需求提供相应的民族文化产品和服务，这些产品和服务能满足文化消费者多样化、多层次、多方位的精神文化需求时，利润才能实现。

马斯洛的需求层次理论指出，精神需求是在满足物质需求的基础上产生的，经济发展水平的提高会促使精神需求的总量不断扩大，层次不断提高，相应也会促使文化产业由精英化向大众化转型。因此，文化需求是文化产业发展的重要推动力，它的总量水平决定了文化产业的市场容量，从而决定了文化产业的分工水平和实现规模经济与范围经济的有效程度。区域民族文化产业提供的产品和服务必须立足于满足消费者精神文化需求这一基石，注重提高质量，注重产品内核，把消费者的体验放在首位，才能保障该产业的

---

① 戴琳：《民族民间传统文化产业的制度环境》，中国社会科学出版社，2007，第4～5页。

"有价有市"。

区域民族文化的历史传统性和社会性、民族性和时空性、独特性和多样性等特点使它成为文化产业非常青睐的资源，区域民族文化产业也通过对民族文化资源的产业化运作实现进一步激发民族文化自信、促进文明繁荣进步的作用，二者的选择是相互的。

就个人消费者而言，区域民族文化的这些特点满足了人们的求知需求，人们可以通过民族文化探寻历史，把握自我，了解社会，了解族群，民族传统文化产品和服务也多是体验式消费，更容易让人们感受到区域民族文化的原生性，同时，这些特点也使其在作为资源时具有了极强的广泛性和丰富性，为区域民族文化产业的资源开发和储备提供了可持续发展的空间。

就民族和国家而言，通过区域民族文化产业的发展，民族文化得到更为广泛和原真性的传播，对促进民族文化认同、激发民族和国家的向心力与凝聚力、增进民族精神和民族团结、维护国家文化安全、实现人的全面发展与社会和谐也发挥着极其重要的作用。

在现代化和全球化的进程中，我国各民族独具特色的知识和习俗正在迅速消逝，民族文化的独特性和多样性正在面临逐步丧失的危险，这对区域民族文化产业的可持续发展和民族文化安全都有巨大的不利影响。因此，在产业化过程中对民族文化资源的开发要遵循可持续原则，在开发的同时进行保护，在短期利益和可持续发展之间找寻平衡。

第二，区域民族文化的生态脆弱性和难以保护性、价值性和遗产性、不可再生性和稀缺性、时代性和交融性、精神性和意识形态性等特点决定了区域民族文化产业在发展的同时要着重加强对民族文化资源的保护。

区域民族文化产业的可持续发展需要对区域民族文化资源进行科学的开发和有效的保护，但民族文化的产生和发展是以特定自然环境和社会条件为基础的，这些条件发生变化，民族文化的独特性、多样性、文化生态系统的平衡等等都会受到不可逆转的影响、破坏甚至丧失。

民族文化的生态脆弱性和难以保护性对区域民族文化资源的保护提出了极大的挑战。民族文化的遗产性、不可再生性使保护工作显得更加迫切。民族文化的稀缺性又进一步凸显了其价值性，体现了保护民族文化的经济意义。民族文化的时代性和交融性又进一步强化了保护各种民族文化资源的迫切性。同时，民族文化具有的精神性和意识形态性使文化产业在保护民族文化时可以大量利用其中那些有利于保护自然环境和文化资源的文化（如各民族文化中教化人们与自然和谐相处的知识和经验）反作用于生态和社会。这些特点都决定了区域民族文化产业在发展过程中加强民族文化资源保护的必要性和重要性。

第三，区域民族文化的延续性和承继性、自身的非物质性和对物质载体的依赖性、相对公开公有性和权利主体的群体性特点为区域民族文化产业保护民族文化提供了可行的途径。

区域民族文化产业的可持续发展需要注重和加强对区域民族文化资源的保护，反过来，区域民族文化产业发展也能够通过一定的方式起到保护民族文化资源的作用。

区域民族文化的延续性和承继性特点为区域民族文化产业保护民族文化提供了可能性，正因为民族文化是能够代代延续传承后世的，区域民族文化产业就可以发挥产业化的功能与优势，为民族文化资源的传承和延续作出贡献。区域民族文化自身的非物质性和对物质载体的依赖性特点使区域民族文化产业可以通过大量先进科学技术的应用，将非物质性的民族文化内容用各种先进的物质载体来保存，甚至能够实现民族文化的永久保存。区域民族文化的相对公开公有性和权利主体的群体性特点使区域民族文化产业在发展过程中可以通过产权制度的设计体现区域民族文化的经济价值，从而调动产权主体保护本民族文化的群体及个人积极性，并为民族文化资源的保护提供经济支持。

综上所述，为实现区域民族文化产业的可持续发展，必须注重和加强对区域民族文化资源的保护，民族文化产业也只能在尊重文化和自然环境相互作用、相互依存的客观规律前提下才能健康持续发展。

区域民族文化产业的生态化发展就是通过区域民族文化产业系统协同发展的方式和构建区域民族文化产业生态系统的方式，在发展文化事业、保护民族文化的基础上，更好地发挥该产业对民族文化资源开发式保护的优势，维持民族文化生态平衡，促进区域民族文化、区域民族文化产业、区域自然生态三者的良性互动与协同共生，实现区域民族文化产业的可持续发展。

4.5.2 保障区域民族文化产业功能的充分发挥

如前文所述，区域民族文化产业对促进区域经济快速增长发挥着重要作用，具有强大的经济功能。除此之外，健康可持续发展的区域民族文化产业还具有一定的文化功能与生态功能。

民族文化资源、自然资源与生态环境对区域民族文化产业的发展发挥着至关重要的作用，保护好民族文化资源与自然生态环境是该产业可持续发展的前提条件。反之，由于区域民族文化产业具有文化功能和生态功能，它也能通过自身功能的发挥起到保护区域民族文化资源和自然生态环境的作用，从而为自己的可持续发展创造条件。

但区域民族文化产业的发展现状表明，现有产业发展模式更看重产业的短期经济利益，忽视产业与民族文化资源和自然生态环境的互动关系，甚至存在很多破坏民族文化和生态环境，牺牲产业的文化效益和生态效益而追求短期经济效益的做法，使得该产业的文化功能与生态功能发挥不足，反过来也影响产业经济功能的发挥和经济效益的提升。

生态化发展能更好地保障区域民族文化产业经济功能、文化功能和生态功能的充分发挥。

生态化发展的理念认为，区域民族文化产业发展是区域民族文化保护与传承、区域产业发展、区域生态环境保护三者相互作用的结果，只有同时、同等程度重视这三者的健康发展，科学地分析三者的内在联系和相互作用机制，设计相应的调控机制，扩大它们相互促进的作用，抑制它们相互制约的作用，才能形成三者的良性互动和协同发展。也只有当三者协同发展时，区域民族文化产业才能更充分地实现自己的经济功能、文化功能和生态功能，才能获得经济效益、文化效益与生态效益的共同提升，产业也才能最终实现自身的可持续发展。

区域民族文化产业生态化发展正是在遵循文化产业发展规律、民族文化发展规律和生态经济协调发展规律的基础上，围绕区域民族文化产业系统的生态化这个核心，通过该系统内区域民族文化子系统、区域产业子系统、区域生态子系统的良性互动、协同发展路径和构建区域民族文化产业生态系统路径，实现区域民族文化保护与传承、区域产业发展、区域生态保护三者的协同发展，从而保障区域民族文化产业经济功能、文化功能和生态功能的充分发挥，促进其经济效益、文化效益、生态效益的共同提升，最终实现该产业的可持续发展。

4.5.3 有利于实现区域民族文化产业的可持续发展

（1）目前我国区域民族文化产业可持续发展的理念与实践脱节

对区域民族文化产业的可持续发展已有一些研究，但缺乏具体措施与手段，实践状况与该产业可持续发展的理念明显脱节，也存在制度缺失、具体措施少、法制保障落后、科学技术落后的情况。尤其是公众对该问题的认识大多还停留在类似"用这种方式可以赚钱，怎么赚更多的钱"这样的层面，很少有人认识到保护原生态的民族文化资源、保护民族文化生态与自然生态和民族文化产业发展的互动关系，更少有人考虑如何去促进它们的良性互动，使该产业获得可持续发展，以便获得更长久的经济利益。公众参与的情况很不乐观，即便有一些先行者，其关注的重点也更多停留在自然环境、自然生态的保护与该产业发展的互动上，对民族文化资源的保护传承与该产业发展以及自然生态环境保护三者的互动则很少关注。

（2）生态化发展是实现区域民族文化产业可持续发展的有效途径

第一，文化产业的可持续发展以发展度、协调度和持续度[①]为表征。

产业发展是经济发展的重要表现和强劲推动力，产业的可持续发展是实现人类可持续发展的重要途径和助力，也只有可持续发展才是产业的唯一出路。

---

① 徐艳芳：《促进我国文化产业可持续发展》，《宏观经济管理》2013年第8期。

文化产业的可持续发展就是文化资源的可持续开发、文化产品的可持续生产与文化市场的可持续拓展的系统过程[①]。可持续发展具有"发展、协调与持续"的本质[②]，文化产业的可持续发展也以发展度、协调度和持续度为表征：发展度体现为文化产业的不断发展与壮大，协调度体现为文化产业与其他产业以及文化产业内部各行业与各部门的有机结合与协调发展，持续度体现为文化产业要同时满足当代人和后代人的文化需求、文化消费、经济效益以及生态效益。文化产业要处于发展、协调、持续的三维框架下，只有三个维度有机统一、协调互促，文化产业才能真正实现良性可持续发展。

第二，区域民族文化产业的可持续发展要从发展、协调、持续三个维度考察。

区域民族文化产业的发展需要合理开发、有效利用区域民族文化资源，优化资源配置，但民族文化资源具有生态脆弱性、不可再生性、遗产性、难以保护等特点，对它的开发必须科学论证、适度而行，对它的利用也要在尊重民族文化自身规律和其原生态、场域性特点的前提下提高效率，逐渐实现区域民族文化产业质和量的不断发展壮大。

区域民族文化产业的协调需要做到与相关产业相互合作、协调互促，更要注意区域民族文化产业体系内部各具体产业类型的互助协作以及每个产业内部各种要素之间的有机配合，优化行业资源配置，发挥支柱产业的带头作用，发挥重点区域民族文化企业的规模效应，平衡地区间与具体产业间的差异。

区域民族文化产业的持续则主要体现在产业发展过程中对民族文化资源的可持续开发利用，通过各种方式加强对民族文化的保护与传播，实现其可持续性传承，以保持其独特性与多样性，保持民族文化生态的平衡，唯有如此，才能实现资源的可持续利用，在满足当代人需求与发展的同时保障后代

---

① 周正刚：《论湖南文化产业可持续发展的三大基本战略》，《湖南社会科学》2007年第4期。
② 牛文元：《可持续发展理论的内涵认识》，《中国人口·资源与环境》2012年第5期。

人的利益。

第三，生态化发展是促进区域民族文化产业的发展度、协调度、持续度的内在协调与有机统一，实现该产业可持续发展的有效途径。

生态化发展强调不能只关注区域民族文化产业经济利益的增长，而是要通过该产业对区域民族文化资源的开发达到保护民族文化资源与生态环境的效果，通过该产业的发展促进区域民族文化的传播与传承，改善当地自然环境，并让这种结果反过来又促进区域民族文化产业的发展，从而形成良性互动，使该产业不但获得长久的经济效益，同时也能获得长久的文化效益和生态效益，最终实现可持续发展，也为社会的可持续发展作出贡献。

从发展度来看，区域民族文化产业生态化发展既注重该产业量的发展，更关注该产业质的发展，它尊重民族文化资源的特殊性，通过保护性开发与原生态的深度利用等方式保障区域民族文化资源的独特性和多样性，并试图通过对区域民族文化产业系统的生态化，解决民族文化资源及自然资源的稀缺性、民族文化生态及自然生态环境的压力与该产业发展之间的矛盾，以实现产业发展在质和量上的统一。

从协调度来看，区域民族文化产业的生态化发展通过调控产业内部区域民族文化子系统、区域产业子系统、区域生态子系统协同发展的路径和构建产业生态系统的路径，能够较好地实现区域民族文化产业与其他相关产业、区域民族文化产业体系内部各种具体类型的产业之间、区域民族文化产业内部各企业之间的相互合作、有机配合、协调互促，还能实现民族文化产业系统、民族文化系统、自然生态系统的协调发展。

从持续度来看，区域民族文化产业的生态化发展正是通过促进该产业系统和相关子系统以及系统内部各种要素协同发展等方式解决资源的稀缺性与该产业可持续发展的矛盾，它要实现产业经济、文化、生态利益的共同提升。在产业发展过程中，不论是对民族文化资源、民族文化生态，还是对自然生态、自然资源，它都在满足当代人文化需求、文化消费、经济利益、生态利益的同时担负起对后代人的责任，保障后代人对民族文化资源和自然资源可持续利用的权利与发展的权利。同时，它还充分利用了不同区域在民族文化资源与自然生态、地理环境上的独特优势，对发展区域经济、缩小区域间差距、实现不同区域的可持续发展发挥着重要作用。

区域民族文化产业的生态化发展既是实现区域民族文化产业可持续发展的必要途径，又为区域民族文化产业的可持续发展提供内在动力。区域民族文化产业也只有走生态化发展的道路，才能实现可持续发展，并为整个人类社会在经济、文化、生态等方面全方位可持续发展作出贡献（见图4-5）。

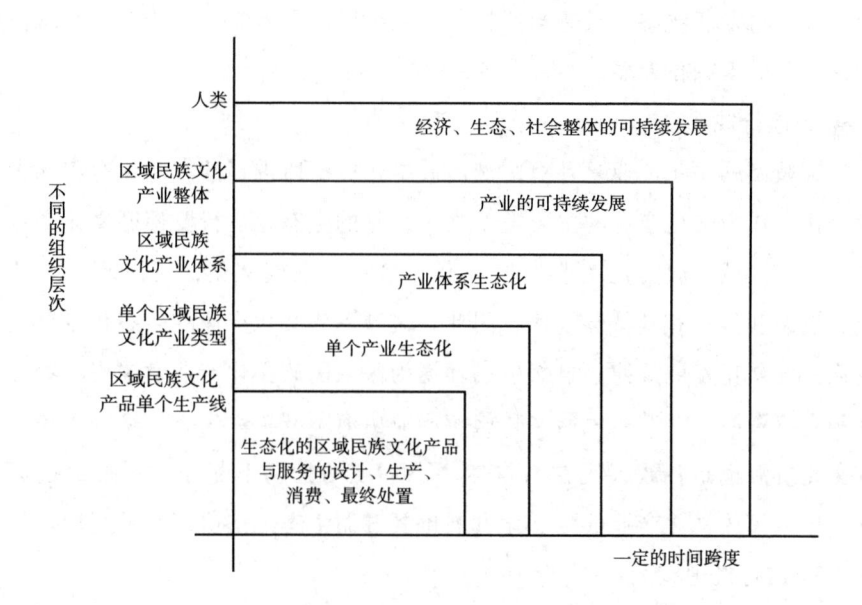

图4-5 区域民族文化产业生态化发展的目标

4.6 本章小结

本章从区域民族文化产业生态化发展的运行基础、运行规律、运行机理、内涵与本质、优势等五个方面构建了理论框架。

1. 运行基础

区域民族文化产业生态化发展的运行基础是区域民族文化产业系统。它是典型的复合系统，内部存在由多个不同民族文化产业类型及其内部众多企业构成的多层次的子系统，也存在民族文化资源和自然资源、资本、技术、人才、市场、环境、管理、制度等多种要素，这些不同层次的众多子系统和各子系统内部各要素以及各子系统的外部环境及其相互之间的互动关系构成了区域民族文化产业系统这个有机整体。该系统内部区域民族文化子系统、区域产业子系统、区域生态子系统三者持续不断地相互作用，决定着产业的发展方向与发展状态，只有当这三个子系统协同发展时，才能实现区域民族文化产业的生态化发展。

2. 运行规律

区域民族文化产业是针对区域民族文化资源所进行的产业化组织和市场化运作，作为文化产业的主要类型之一，它的生态化运行要遵循文化产业发展规律；区域民族文化产业的核心资源禀赋是民族文化，而民族文化的形成、发展和传承有其特殊规律，因此，区域民族文化产业的生态化发展也要遵循民族文化发展规律；自然生态环境为区域民族文化产业发展提供物理空间和自然资源，尤其是民族文化旅游产业更离不开自然生态环境的支撑，民族文化资源也是各族人民在与自然生态环境的长期不断互动中形成的，因此，区域民族文化产业的生态化发展也要遵循生态经济协调发展规律。

3. 运行机理

产业生态化发展有两个核心：一是产业生态化是通过对产业系统的生态化实现的，二是产业系统的生态化是通过对自然生态系统运行机制的模仿实现的。区域民族文化产业的生态化发展也是如此，其生态化的作用对象是区域民族文化产业系统，而生态化的实现路径则是模仿自然生态系统的运行机制。

自然生态系统的运行机制有两个要点：一是自然生态系统内部各要素与各子系统之间的协同进化机制是其成为自组织系统的原因；二是自然生态系统的协同是高度的协同，而其之所以形成高度的协同是基于系统内部各组分之间特殊的结构方式。因此，区域民族文化产业生态化发展对自然生态系统运行机制的模仿就有了两种具体路径：第一种是模仿自然生态系统内部各要素与子系统等组分之间的协同作用与进化机制,由此形成区域民族文化产业生态化发展的路径之一,即区域民族文化产业系统的协同发展;第二种则是直接模仿高度协同的自然生态系统的结构方式,由此形成区域民族文化产业生态化发展的路径之二,即构建区域民族文化产业生态系统。两种路径紧密联系,路径二是路径一发展到高级协同程度的理想状态。

4. 内涵与本质

区域民族文化产业生态化发展就是以区域经济学、生态经济学、产业经济学、产业生态学、系统学、文化学、民族学、法学等基本理论为指导,选择生态经济模式,在遵循文化产业发展规律、民族文化发展规律和生态经济协调发展规律的基础上,以区域民族文化产业系统的生态化为核心,通过该系统及其内部相关子系统的良性互动、协同发展路径和构建区域民族文化产业生态系统路径,保障区域民族文化产业经济功能、文化功能、生态功能的充分发挥,促进产业经济效益、文化效益、生态效益的共同提升,以实现产业的可持续发展,并为整个社会在经济、文化、生态等方面全方位的和谐发展作出贡献。

区域民族文化产业生态化发展是对该产业传统发展模式的改造。它以民族文化资源与生态资源的稀缺性为基础,强调在资源利用上的持续性、高效性和空间性,以达到区域民族文化生态、自然生态与民族文化产业发展三者的协调与平衡。它是生态文明建设的有效途径,具有明显的区域性和巨大的差异性,但它注重区域间的分工协作与共赢。它具有紧迫性。它的本质是可持续发展战略下区域生态经济模式的发展。

5. 优势

第一,符合民族文化资源特性的要求。

民族文化的历史传统性和社会性、民族性和时空性、独特性和多样性、生态脆弱性和难以保护性、价值性和遗产性、不可再生性和稀缺性、时代性和交融性、精神性和意识形态性、延续性和承继性、自身的非物质性和对物质载体的依赖性、相对公开公有性和权利主体的群体性特点决定了注重与加强对民族文化资源的保护是区域民族文化产业可持续发展的前提,生态化发展正是注重保护民族文化资源的区域民族文化产业发展模式。

第二，能保障该产业经济功能、文化功能、生态功能的充分发挥。

生态化发展强调在关注区域民族文化产业经济利益增长的同时，也要通过该产业的发展促进区域民族文化的保护与传承，改善当地自然生态环境，并让这种结果反过来促进产业发展，从而形成良性互动，使该产业同时获得长久的经济效益、文化效益和生态效益，有助于保障产业经济、文化、生态功能的充分发挥。

第三，有利于区域民族文化产业的可持续发展。

生态化发展在科学分析区域民族文化保护与传承、区域产业发展、区域生态环境保护三者内在联系和相互作用的基础上，通过相应的机制扩大其相互促进作用，抑制其相互制约作用，形成三者的协同发展，它是促进区域民族文化产业发展度、协调度、持续度的内在协调与有机统一，实现产业可持续发展的有效途径。

第5章 路径一：区域民族文化产业系统的协同发展

系统论认为，系统是结构与功能的统一体，一个系统要发挥最佳功能和最大效益，构造系统时就必须在科学分析各要素、各子系统及其相互作用与互动关系的基础上进行优化整合。区域民族文化产业系统有民族文化资源和自然资源、资本、技术、人才、市场、环境、管理、制度等多种要素，也有区域民族文化子系统、区域产业子系统、区域生态子系统等多个子系统。各要素之间、各子系统内部、各子系统之间的互动关系与共同作用的有机整体构成了区域民族文化产业系统。分析该产业中各组分间的相互关系和有机联系，通过相应的调控机制实现各子系统之间的良性互动与协同发展，才能真正发挥民族文化对区域经济社会发展的推动作用。

区域民族文化产业系统的协同发展是实现区域民族文化产业生态化发展的路径之一。但区域民族文化产业系统的协同发展只有在其内部三个相关子系统——区域民族文化子系统、区域产业子系统、区域生态子系统协同发展时才能实现。因此，我们要在遵循区域民族文化产业系统各组分自身内在规律的基础上，通过分析系统的协同进化机制建立有效的调控机制，促使各子系统持续、高效、稳定、协调发展，进而达到区域民族文化产业系统的总体优化，最终实现区域民族文化产业的可持续发展。

5.1 区域民族文化产业系统协同发展的进化机制

5.1.1 协同发展的目标：系统的自组织与耗散结构

5.1.1.1 系统的自组织机理

系统的自组织是指在没有外力干预的情况下，系统内部各子系统（各组分）默契配合，自行组织，自发地按照一定规律协调一致运动，从无序走向有序或从低度有序走向高度有序的过程。

由于这种组织的过程是系统内部自发形成的，外部环境只是提供了触发系统产生这种秩序的条件，所以这种组织过程就被称为自组织。研究和描述自组织的理论则被称为自组织理论。具有自组织结构的系统则被称为自组织系统。

自组织是非常优化的系统进化方式。自然界中存在非常广泛的自组织系统，在天体、生物、物理、化学、社会等各类系统中普遍存在着自组织现象。

自组织是通过协同作用进行的，协同是形成自组织结构最根本的内在动力学机制。系统通过自组织从无序走向有序、从低度有序走向高度有序的具体演化进程是：在外界条件不变的情况下，系统在一段时间后会达到宏观上不随时间变化的状态，即平衡态，并将长久保持这种平衡态，平衡态的系统是最无序、最混乱的，它的熵（热力学熵）也最大；此后，随着时间的推移，系统各组分的协同作用将逐渐抵消系统内部增熵并保持或不断增加其有序性，系统也会不断走向存在规则的物质能量流动的非平衡态，达到熵产生为最小的有序结构，使各组分组成的大系统达到最优的结果，此系统即为自组织系统。

由于系统自组织结构的维持必须持续对系统输入负熵流，系统也必须不断消耗、耗散外界提供的物质、能量、信息以维持自身的稳定，因此，普利高津将系统通过自组织进化而产生的有序结构称为"耗散结构"，以普利高津为首的布鲁塞尔学派也以自组织作为研究对象，创立了"耗散结构理论"，阐释了耗散结构的特点及其形成条件。普利高津认为，系统在满足三个必要条件的时候才能从无序状态过渡到耗散结构，分别是：系统应是开放的，能与外界进行能量、物质和信息交换；系统应远离平衡态，其能量流、物质流、信息流是非线性关系；系统有持续的能量输入，其内部各组分之间存在非线性相互作用。

需要说明的是，虽然协同学理论与耗散结构理论都是自组织的方法论，但二者研究的角度和重点不同：耗散结构理论着重研究一个处于远离平衡态的开放系统如何在一定条件下从无序向有序演化的规律；而协同学理论则更进一步，主要研究复杂系统的子系统如何协作形成宏观尺度上的空间结构、时间结构或功能结构，尤其注重研究这种有序结构是如何通过自组织的方式形成的[①]。耗散结构理论认为，系统只有是开放的、保持远离平衡的、各要素之间的关系是非线性的，才能成为自组织；而协同学理论则进一步强调，非线性的关系协同时才能导致自组织。

区域民族文化产业系统协同发展的目标就是要形成一个区域民族文化产业自组织系统，该系统通过其内部三个子系统以及其他系统组分之间的协同作用，自发地从无序走向有序，从较低程度的有序走向较高程度的有序，形成耗散结构，并通过各种形式的反馈不断控制和强化这种结构。区域民族文化产业系统也只有成为一个自组织系统，才能实现其区域民族文化子系统、区域产业子系统、区域生态子系统的协同发展，从而实现区域民族文化产业的生态化发展。

5.1.1.2 区域民族文化产业系统耗散结构产生条件的模型分析

区域民族文化产业系统形成耗散结构的关键是生成新的负熵。因此，区域民族文化产业系统需要通过与外部持续的能量、物质与信息交换，促成内部各组分之间相互促进的作用，减少内耗，以增加系统的负熵，减少正熵，促成系统新的耗散结构出现。

---

① 伍进：《现代系统科学方法论及应用》，电子科技大学出版社，2005，第241页。

利用"布鲁塞尔器"模型（Brusselator Model）可以分析区域民族文化产业系统耗散结构的产生条件[①]。

(1) N(正熵) $+ C1$(催化剂1) $\rightarrow X$(可量化的正熵因子)

(2) M(负熵) $+ X + C2$(催化剂2) $\rightarrow Y$(可量化的负熵因子) $+ E$(非耗散结构)

(3) $Y + 2X + C3$(催化剂3) $\rightarrow 3X$(非线性作用加剧现象)

(4) $X + C4$(催化剂4) $\rightarrow F$(耗散结构)

上式中，N 和 M 为初始反应物，在反应过程中不断消耗和补充。E 表示非耗散结构，F 表示耗散结构，它们皆为最终生成物。在反应过程中，N、M、E、F 保持不变，X、Y 的浓度不断变化，$C1$、$C2$、$C3$、$C4$ 表示催化剂。

根据简单巨系统理论，建立区域民族文化产业系统的扩散动力学方程：

(5) $\dfrac{dX}{dt} = C1N - C2MX + C3X^2Y - C4X$

(6) $\dfrac{dX}{dt} = C2MX - C3X^2Y$

动力学系数设为1，得动力学方程为：

(7) $\dfrac{dX}{dt} = N - MX + X^2Y - X$

(8) $\dfrac{dX}{dt} = MX - X^2Y$

求解上述方程，得到定态解，$X = N; Y = M/N$，不考虑时间变化因素，对定态解作线性稳定性分析。

$$\begin{cases}(9) \quad X = N + \Delta X \\ (10) \quad Y = M/N + \Delta Y\end{cases}$$

将上式代入系统方程，并线性化处理，得到特征方程为：

[①] 熊正贤、吴黎围：《乌江流域文化产业协同创新发展研究》，《贵州民族研究》2014年第9期。

(11) $\lambda^2 + (N^2 - M + 1)\lambda + N^2 = 0$

N 和 M 为控制系数，系统的稳定性取决于 $N^2 - M + 1$，根据耗散结构理论，可得定态解的稳定条件如下。

(1) 当 $M > N^2 + 1$ 时，特征方程具有负实部共轭复根，定态解附近的增量随时间出现收敛且极限为 0，即 (X, Y) 趋近不动点，区域民族文化产业系统经过运动之后又回到原始均衡态，系统维持原状，没有发生根本变化。

(2) 当 $M < N^2 + 1$ 时，特征方程具有正实部共轭复根，定态解具有不稳定的特征，这种情况下，不可能保持 X 与 Y 的稳定，区域民族文化产业系统有出现耗散结构的可能性，系统在满足该条件之后，其内部的非线性运动会不断促使区域民族文化产业系统向更高级有序的耗散结构发展。

5.1.2 协同发展的前提：系统的开放与非平衡

耗散结构理论认为，耗散结构的特征就是开放性、反馈与协同性[1]。开放和非平衡被看作系统自组织的前提，也是系统协同发展的前提。

要形成自组织，首要的条件就是系统必须是开放的，也就是说，系统与环境之间存在着物质、能量与信息的交换。系统与环境也正是在这种物质、能量与信息交换的过程中发生相互作用。

因为物质不灭、能量守恒，系统与外界环境之间的物质和能量是有限的，但相对而言，信息却是不守恒且可共享和增殖的，因此，系统与环境之间的信息交换就显得更加重要。系统越复杂，其与环境的信息交换就越显著。开放的复杂巨系统演化过程中其性质和特点会受到系统与环境进行信息交换的方式、数量等因素的影响。

当一个系统与外界没有任何交换的时候，这个系统被称为封闭系统。19世纪热力学的研究证明，一个孤立的封闭系统只能自发地向混乱无序与组织

---

[1] 阿·巴布洛杨茨（A. Babloyantz）：《分子、动力学与生命》，卢侃译，上海三联书店，1993，第 7 页。

解体的方向演化。只有开放的系统才有可能向更有序的状态发展，也才有可能形成自组织结构。

当然，系统的开放与封闭是相对而言的，换言之，系统的开放是相对而非绝对的。系统的开放通常可用"开放度"① 这个概念来描述。系统的开放度为零，意味着这个系统是一个封闭的系统，但如果一个系统绝对完全地向环境开放，达到了100%的开放度，则意味着这个系统与环境融为一体，不复存在了。因此，所谓开放系统实际上是适度开放的、相对独立的系统，也只有这样的系统才能与外界环境进行相互交换。当系统保持一定的开放度并与外界环境进行交换时，系统的内因和外因（控制参量）才能被连通，它们二者也才能相互作用，共同促使开放系统向有序的状态演化。可以说，系统内因和外因的相互联系、相互作用和相互转化过程，也就是系统与环境通过相互作用、相互交换而进化的过程②。

系统的开放具有层次性，这是由复杂系统的层次性造成的。在复杂系统中，高层次系统实际上是低层次子系统的环境，同层次的其他子系统也是该子系统的环境，因此，系统的开放实际上是低层次系统向高层次系统的开放，也是同层次子系统相互之间的开放，还是该复杂系统与外界环境的开放。正是因为这些不同层次的开放，才使得各层级系统的内因和外因相互作用，促使复杂系统内部发生多层次、不同水平的协同作用。

系统发展的另一个前提条件是系统是非平衡态且是远离平衡的，而系统只有在开放的状态下才能与外界环境进行交换，从环境中引入的负熵才能抵消系统自身所产生的增熵，从而使系统远离平衡，处于非平衡态，自发地向有序状态进化。

区域民族文化产业系统是一个相对独立且适度开放的系统，其内部存在区域民族文化子系统、区域产业子系统、区域生态子系统，这三个子系

---

① 沈小峰、吴彤、曾国屏：《自组织的哲学》，中共中央党校出版社，1993，第32页。
② 曾国屏：《自组织的自然观》，北京大学出版社，1996，第97页。

统各自又有若干层次的次子系统，各层级的子系统与系统以及环境相互之间都存在物质能量信息交换，因此，可以通过一定的调控机制控制区域民族文化产业系统及其各个子系统的相互作用，使其处于远离平衡的非平衡态，并促进各子系统相互协同作用的发挥，从而实现区域民族文化产业系统的协同发展。

5.1.3 协同发展的诱因：涨落与失稳

对系统的描述通常用"宏观量"这个概念，它来自系统相应微观量的统计平均值。通常情况下，由于系统内因与外因相互作用的影响，系统宏观量的瞬时值会在平均值附近起伏波动，由此形成的对平均值的偏离就被称为涨落，也有人把它叫作起伏或干扰。

涨落是系统演化过程中的普遍现象。热力学第三定律认为，任何系统都不是绝对静止、绝对平衡的，涨落正是系统的非平衡因素，它对系统宏观量平均值的偏离会破坏系统的稳定性。但自组织理论发现，系统也可以通过涨落达到有序，涨落是系统发展进化的诱因和契机，是系统演化发展的一种原初动力和随机推动力，自组织的机制就是"通过涨落的有序"[①]。换言之，涨落既可以导致系统从有序向无序退化甚至解体，也可以促进系统从无序向有序或从低级有序向高级有序进化发展，而这两种走向的选择是由涨落的性质和系统当时所处的条件决定的。

涨落对系统演化的作用机制如下：在系统中存在各种随机的涨落，其中有一些涨落的幅度很小，衰减也很快，对系统的整体稳定性影响不大，这些涨落被称为微涨落，但在一定的条件下，微涨落可能被放大成为巨涨落，从而对系统的稳定性造成直接的甚至巨大的影响，使系统从无序向有序或者从低级有序向高级有序进化。

微涨落被放大为巨涨落并影响系统的稳定性至少需要满足三个条件。一

---

① 湛垦华、沈小峰等：《普利高津与耗散结构理论》，陕西科学技术出版社，1982，第172～174页。

是形成了系统的基核。基核指的是系统中那些可能得到放大的涨落，它是自组织系统最初的核心，协同学创始人哈肯把基核的作用比作"胚胎"①，一个系统里往往会有多个基核，而且每个基核相互之间会有竞争与合作。二是系统各组分之间具有非线性相互作用并形成关联放大效应。三是系统处于相变临界状态。在自然科学中，相指的是性质和成分相同的均匀物质的聚集态，而在社会科学中，相指的是同样系统的不同状态②。不同的相具有不同的有序性。相变则指系统不同的相相互之间的转变，相变是系统普遍存在的一种突变，是一种临界现象。

当具备这三个条件时，处于相变临界状态的系统的基核就会由于各子系统之间的非线性相互作用而得到大多数子系统的及时响应。通过这种关联放大效应，微涨落被放大成为巨涨落，并将系统的失稳推向极端，系统原有的稳定性被破坏并彻底消失，进而形成新的稳定性，从而实现系统从无序到有序的转变。

系统中各子系统的独立运动及其相互之间的关联运动决定着系统的运动状态和稳定态。相变出现前，子系统的独立运动居主导地位，系统处于无序的稳定态；当独立运动随着控制参量的变化与关联运动势均力敌时，系统处于临界状态并出现不稳定性；当控制参量继续变化到关联运动居于主导地位时，各子系统之间的协同运动形成，系统则体现出有序的特征。涨落是稳定系统中的不稳定因素，它总是使系统失稳。系统通过失稳而重新建立稳定的过程正是系统中微涨落被放大为巨涨落并影响系统有序性的过程。

区域民族文化产业系统也正是在其内部处于相变临界状态下各子系统相互作用从而产生关联放大效应的各种涨落的作用下，从稳定走向失稳，再建立新的稳定，从而实现各子系统以及其自身的协同发展。

---

① 哈肯:《协同学引论》，徐锡申、陈式刚、陈雅深等译，章扬忠、徐锡申校，原子能出版社，1984，第252页。
② 曾健、张一方:《社会协同学》，科学出版社，2000，第40页。

5.1.4 协同发展的表征：系统有序度与序参量

协同是系统各组分在发展过程中相互之间协调与同步的状态，通常用有序度这个概念来表征它们协调与同步的程度，序参量这个概念则被用来描述系统的自组织状态。

（1）系统有序度

系统的有序度用系统熵来表示。熵值减少，表明系统向有序化发展，其协同程度提高，熵值增加则表明系统向无序混乱的方向演进，其协同程度降低。一个开放系统的熵变通常由系统内部熵值的变化和系统与外界环境相互作用产生的熵值变化两部分组成，其熵变过程可用公式描述为：

$$dS = dSi + dSe$$

其中，dS 是开放系统的熵变，dSi 是系统内部熵变，dSe 是系统与外界环境相互作用产生的熵变。

只有使 $dSe < 0$，且 $|dSe| > dSi$，即：

$$dS = dSi + dSe < 0$$

此时，系统才处于有序态，才具有自组织性。

但系统与外界环境相互作用产生的熵值变化却可正可负，系统必须不断从外界吸收负熵流才能克服其内部的增熵，处于低熵状态，以增加系统的有序性和自组织性，促进其协同作用机制。因此，负熵流的流入（自然的外部力量、经济和技术要素的投入、系统的协同进化机制等）即控制参量的输入与调控被认为是系统协同发展的外在条件。

（2）系统序参量

序参量是标志系统相变出现的参量。哈肯在研究中发现，在描述系统状态的众多变量中，有一个或少数几个变量与系统的有序状态具有正相关性，会随着系统从无序向有序的演化呈现由小到大的变化，可以用来描述系统的有序程度，哈肯将其形象地称为序参量。它表示系统的有序结构和类型，是系统自组织状态的描述，也是各子系统介入协同运动程度的集中体现。

与其他变量相比,序参量随时间变化的速度较慢,也被称为慢弛豫参量,而系统中其他随时间变化较快的状态变量则被称为快弛豫参量。一个系统中,慢弛豫参量较少,绝大多数参量都是快弛豫参量。序参量即慢弛豫参量虽然数量极少,却支配着众多的快弛豫参量和子系统的行为,快弛豫参量与子系统则体现为对序参量的伺服,这被称为协同学的役使原理。

序参量来源于子系统之间的协同合作,但它的变化却支配、命令、役使着快弛豫参量的变化,也决定着系统非平衡相变的形式和特点。一个系统由各种状态变量形成序参量,再由序参量支配快弛豫参量的过程,正是系统的相变过程。

区域民族文化产业系统及其子系统的有序度可以通过构建相应的模型进行测算。分析区域民族文化产业系统及其子系统的特点和演化规律,也可以找出该系统及其子系统的序参量。

5.1.5 协同发展的动力:竞争与合作

5.1.5.1 系统各组分竞争与合作的机理

竞争与合作的相互对立、相互渗透与相互转化是系统自组织演化与协同发展的动力,这是系统科学的一个客观规律。系统各组分之间的差异性是系统发展的竞争因素,表现为它们相互的制约,而各组分之间的整体统一性则是系统发展的合作因素,表现为它们的相互促进。系统各组分的竞争与合作体现着唯物辩证法的对立统一规律,对立与统一是事物发展的源泉和动力。

哈肯认为,很多个体"都以其集体行为,一方面通过竞争,一方面通过合作,间接决定自己的命运"[1]。哈肯在《高等协同学》一书中也明确指出:"本书将研究这些子系统是通过怎样的合作才在宏观尺度上产生空间、时间或功能结构的。"[2]

协同学认为,推动和决定系统自组织演化的系统的序参量(即慢弛豫

---

[1] 哈肯:《协同学——自然成功的奥秘》,戴鸣钟译,上海科学普及出版社,1988,第9页。
[2] 哈肯:《高等协同学》,郭治安译,赵惠之校,科学出版社,1989,第1页。

参量）就来源于系统各组分相互之间的竞争与合作；反过来，序参量与众多子系统和快弛豫参量之间的役使与伺服也同样反映着系统各组分相互之间的竞争与合作；此外，系统的多个序参量相互之间也体现为竞争、合作与共存。系统中的涨落也是由系统各组分之间的竞争造成的，而各种微涨落关联起来形成的巨涨落则体现了它们相互之间的合作关系。也正是因为这些竞争与合作的存在，系统才能形成其自组织结构，实现进化与发展。

需要强调的是，系统各组分相互之间竞争与合作的关系是以它们之间的非线性相互作用为基础的，非线性的相互作用不同于线性相互作用，它是不可分离的，它把系统各组分和各个子系统联系在一起，使它们形成相互之间的竞争与合作，成为一个既对立又统一的有机整体。同时，由于非线性相互作用是难以分离的，因此，系统各组分与子系统相互之间的竞争与合作也是难以分离、纠缠在一起的。

此外，从动力学角度看，由系统各组分之间的竞争与合作形成的系统的协同进化过程通常是依靠一系列正负反馈作用机制推进和实现的。反馈机制是指系统的输出端通过一定的作用路径和方式，对系统的输入端产生影响，使输出端的结果转变为进入输入端的物质和能量①。反馈机制表现为正负两种反馈环组成的闭环控制系统，正反馈机制不断增强放大系统的初始作用，促进系统的发展或衰亡（系统的动力学机制），而负反馈机制则削弱系统的初始作用，使系统保持稳定（系统的调控机制）。系统正是通过正负反馈机制的协同作用实现系统各组分之间的竞争与合作，促使系统良性循环，以维持其结构与功能的持续和稳定。

5.1.5.2 区域民族文化产业系统内三个子系统的竞争与合作

区域民族文化产业系统协同发展的动力是其内部各组分之间建立在其非线性相互作用基础上的竞争与合作，主要体现为其三个子系统，即区域民族文化子系统、区域产业子系统、区域生态子系统之间的相互促进与相互制约。要明确区域民族文化产业系统协同发展的机理，就需要分析清楚这三个

---

① 石建平：《良性循环的理论及其调控机制》，中国环境出版社，2006，第57页。

子系统之间相互促进（即合作）与相互制约（即竞争）的关系。

（1）区域民族文化子系统与区域产业子系统之间的相互作用

文化与经济从来都是共生与互动的。不论是曾经将文化作为手段，经济作为目的的"文化搭台，经济唱戏"，还是现在将经济作为手段，文化作为目的的"经济搭台，文化唱戏"，都显示了文化与经济密不可分的关系。文化是经济的灵魂，是经济发展的内在动力。

文化与经济的互动关系主要体现在四个方面：首先，文化是经济发展的前提条件，经济发展离不开人的思想观念的更新；其次，文化对经济巨大的反作用力使文化成为经济发展的推进器；再次，文化是经济发展的重要内容，是核心竞争力，是可以物化的生产力；最后，文化是经济发展的目标[1]。

文化与经济互动的最直接途径就是文化产业的形成与发展。伴随着知识经济时代的来临，文化产业在文化与经济的相互交融中兴起并得以迅速发展，文化与经济的互动、依存与相互作用正是文化产业形成的内在基础。

文化产业一经形成就迅速显示了对经济发展的巨大拉动作用。由于具有优结构、扩消费、增就业、促跨越、可持续的独特优势，文化产业对加快经济发展方式转变和促进经济社会又好又快发展有突出贡献，日益成为经济发展的增长点，成为加快经济发展方式转变的重要抓手，成为国民经济和世界经济的支柱产业。发达国家美、英、日、韩文化产业的发展都证明了这一点。

除了对经济发展的突出贡献之外，文化产业的发展也反过来加速和促进了文化的发展，正如中国古语所言：富而思文、盛世兴文。随着经济发展和生活水平的不断提高，在满足了基本的物质生存需求之后，人们会有越来越多的高层次的精神文化需求，文化产业不断提供高质量的文化产品，会促使优秀文化成果不断累积，文化产业发展增强了经济实力，也会为文化发展提

---

[1] 叶皓：《经济搭台，文化唱戏——兼论文化与经济的关系》，《南京社会科学》2010年第9期。

供更好的物质保障。同时，在文化产业走向世界的过程中，伴随的是一个国家或民族的文化和价值观念的输出，这对扩展文化的生存发展空间、提升文化自信、文化自觉与民族文化自豪感，提升国家文化软实力都具有重要意义。

因此，文化产业化与产业文化化正在成为世界各国普遍认可的文化与产业发展的流行趋势。

区域民族文化子系统与区域产业子系统不仅是区域民族文化产业系统的子系统，也分别是文化系统和经济系统的子系统，它们体现着文化与经济的互动关系。

①区域民族文化子系统与区域产业子系统的相互促进。

第一，区域民族文化为区域产业发展提供富足的产业资源，是区域民族文化产业发展的基础。民族文化产业以民族文化作为产品开发和服务提供的来源，其独特性和多样性满足了人类了解自己了解别人的需求，这也正是民族文化作为产业资源的价值所在。民族文化的独特性和多样性决定着民族文化产业开发的范围与可持续性。我国地域广阔，民族众多，各民族所处生态环境差异大，民族文化的独特性和多样性特征极其显著，各民族和很多地区都有自己独特的、其他民族和地区难以复制的民族文化，为民族文化产业的发展提供了资源基础。

同时，由于民族文化资源种类非常丰富，产业化可开发的类型很多，涉及旅游、商贸、餐饮、娱乐、展演、出版、医药等多个领域，为区域民族文化产业的发展提供了多种途径。不同民族、不同地区可根据自己民族文化的特点选择产业化的途径和方式，打造具有自身独特性的精品、创造自己的文化品牌，形成自己民族文化产业的优势和竞争力。

此外，民族文化中有很多充满智慧的教化人与自然和谐相处的传统生态文化，它们不但能够成为民族文化产业的资源，还能通过消费者对生态文化产品和服务的消费而在精神上认同和接受人类从"对自然的无度索取"到"与自然和谐相处"理念的转变，为传统经济发展模式向生态经济发展模式转变作出贡献。

总之，区域民族文化的存在为区域产业发展提供了全新的途径，创造了新的经济增长方式，区域民族文化产业可通过自己特有的溢出效应促进产业结构优化调整，转变旧的经济发展模式，促使传统产业升级，还可产生巨大的社会效应，促使人们打破传统思维，改变落后的观念，所有这些对推动区域（尤其是经济落后地区）经济社会发展都具有极大的意义和价值。

第二，区域民族文化产业的发展反过来为保护区域民族文化发挥着不可替代的重要作用。区域民族文化产业的发展能够提升区域经济实力，从而为区域民族文化保护提供雄厚的资金支持和物质保障。同时，区域民族文化产业的发展还能成为除文化事业之外保护区域民族文化的一种全新的有效途径，它让人们在消费民族文化产品和服务的同时了解和感受各种不同的民族文化，激发人们对各种民族文化的兴趣，为加速民族文化的保护和传承作出贡献。

此外，区域民族文化产业的发展通过对民族文化资源的开发，将很多科学技术、文化创意融入民族文化，还可以激发民族文化的生命力与创造力，甚至产生新的民族文化类型，这些都为保护民族文化生态平衡作出了贡献。

通过区域民族文化产业对民族文化的开发、保护和传播，能加速提升民族文化自信与自觉，增强民族文化自豪感，树立科学的核心价值体系，推进社会主义和谐社会建设，促进社会的全面与可持续发展。

②区域民族文化子系统与区域产业子系统的相互制约。

区域民族文化产业如果只追求短期经济效益，放弃文化利益，忽视民族文化发展规律，对民族文化资源进行破坏性开发和滥用，会导致民族文化的失真、加速民族文化的消亡、致使民族生态文化萎缩、破坏民族文化生态，甚至使民族彻底丧失文化自信心与自豪感，而这反过来又会导致区域民族文化产业陷入发展缺乏后劲、产业转型受阻、影响产业结构调整、传统经济发展模式持续、环境污染加剧、生态进一步恶化、民族文化产业的发展进一步滞后、民族文化的产业化保护越发不力的恶性循环中，使区域经济社会长期处于低水平发展状况,难以改善。我国很多地区的民族文化产业发展现状也正呈现这种民族文化与产业发展相互制约的特点。

区域民族文化子系统和区域产业子系统正是以这样相互促进或制约的协同机理互相影响,形成竞争与合作。当二者相互促进相互推动、合作关系占据主导地位时,就会使区域民族文化产业系统不断向有序结构发展,区域民族文化产业获得可持续发展;而当二者相互制约相互阻碍、竞争关系占据主导地位时,区域民族文化产业系统则走向无序,区域民族文化产业的发展受阻。

(2) 区域民族文化子系统与区域生态子系统之间的相互作用

区域民族文化的产生和发展是各民族在长期的历史发展过程中与自然生态环境不断互动的结果,是各民族对自然与生态认识的反映。区域民族文化产生发展于自然生态环境基础上,是各民族根据自己所处的地理生态环境所选择的生产生活方式的集合,同时,区域民族文化又具有意识形态性,它潜移默化地影响决定着本族人们的思维、生活及选择,因此对生态环境有巨大的反作用。

换言之,民族所赖以生存的区域自然生态环境决定了区域民族文化的形成,区域民族文化反过来又对民族所生存的区域自然生态环境产生巨大影响。当然,这种影响或积极或消极,积极的影响反映在对自然生态环境的有效保护和对资源的可持续开发利用上,消极的影响则反映在对自然生态系统的破坏和对资源的掠夺性攫取上。可以说,民族文化与民族的生产方式以及当地的生态环境是寓于一体的。

在区域民族文化子系统与区域生态子系统的互动中形成了区域民族文化生态与区域民族生态文化。区域民族文化生态体现了该民族在长期的生存发展过程中与自然生态相互磨合所形成的独具特色的本民族文化与生态的互动机制,也体现着本民族文化各要素与整体的关系,是区域民族文化内容、类别、整体平衡状态的反映;区域民族生态文化则是区域民族文化中那些在本民族与自然互动过程中形成的具有特色、体现人与自然和谐相处智慧的文明成果。

尤其值得一提的是，区域民族生态文化对区域生态环境保护发挥着巨大的积极作用。各民族在认识世界改造世界的实践过程中，形成了大量的保护生态环境、追求生态平衡的价值观念、思维方式和相应的精神与物质成果，它们都是生态文化的内容。它们使各族人民从农耕社会的认识自然、了解自然、崇尚自然、保护自然到现代社会采用低碳生活方式、维护文明道德观念、与自然和谐相处，最终实现"天人合一、人地共荣"。

每个民族都有自己独特的生态文化，内容涉及保护自然和生态的方方面面，如狩猎、砍伐林木、破坏水源的禁忌，对自然的敬畏与热爱，饮食和消费上的约束等。这些民族生态文化都通过精神和道德约束、教育培养、舆论约束、规范行为等方式保护着生态环境。在我国区域民族文化产业发展与社会主义生态文明建设过程中，应该利用好这些民族生态文化，发挥它们在建设和谐社会过程中不可替代的独特作用。

(3) 区域生态子系统与区域产业子系统之间的相互作用

区域生态子系统与区域产业子系统二者密切互动、互相影响，它们之间一直存在着统一与合作，但也充满了矛盾与竞争。

①区域生态子系统与区域产业子系统的相互促进。

生态环境是产业活动的基础，表现在三个方面：一是生态环境为各类产业提供发展空间，作为人类的经济活动之一，所有的产业都必须依赖地球上的某个客观空间而存在；二是生态环境为产业活动提供各种资源，所有产业活动的展开都是以自然环境资源的消耗和利用为前提的，而这些资源都是由自然生态环境所提供的，即使是文化产业，其文化资源也是人类与自然生态互动的结果，更何况其产品的生产与服务的提供也都离不开生态环境自然资源的支持；三是生态环境为产业提供着废弃物分解循环的功能，产业活动过程中的生产和消费会将一定数量的废弃物排入自然生态环境中，自然生态环境会通过自身的分解循环功能将其扩散、储存或同化。

反过来，产业发展也能促进生态环境的保护与改善，也表现在三个方面：一是产业发展带来的经济收益可以为生态环境保护与建设带来更多的资金保障，如污水治理、自然保护区建设等；二是产业发展会促进人们生活水平的提高，对良好生态环境的需求增强，促使人们更加主动地保护改善自然生态环境；三是产业发展促使社会经济发展，人们认识水平提高，对自然环境与生态的内在规律有更深刻的认识，为人们按照自然规律并依靠更加进步的科学技术保护和改善自然环境提供了机会与可能。

②区域生态子系统与区域产业子系统的相互制约。

自然生态环境所能提供的资源与空间是有限的，其分解循环能力也是有限的，如果违背自然规律的要求而一味任性地、毫无节制地攫取自然生态资源发展产业，并伴随产业的发展任意排放废弃物污染环境，就会打破原有的生态平衡，破坏生态环境，导致自然资本减少，环境负债，致使生态环境系统出现恶性循环，而当自然资源与生态环境不能满足产业发展的要求时，产业就会因此而停滞甚至衰退。

区域生态子系统与区域产业子系统的相互作用也促发了生态产业的产生以及人们对生态产业与产业生态的思考。

生态产业是按照生态经济原理和知识经济规律组织起来的基于生态系统承载能力、具有高效的经济过程及和谐的生态功能的网络型、进化型产业[①]。生态产业范围很广，涉及农业、林业、渔业、工业、服务业，它最重要的特征是产业发展对生态和环境的负面影响不超过生态阈值，并逐渐减缓，直至达到负面影响为零的目标。生态产业是生态经济模式下产业发展的方式。

产业生态则是从生态学视角研究产业时，产业内部各要素构成及其相互关系以及产业本身与其周围环境之间的相互关系。"产业生态"原本只是描述产业这个有机整体存在状态的词，可以是好的状态，也可以是差的状态，不涉及价值判断，但近年来学术界的研究更倾向于用该词强调产业发展过程中其内部经济效益与生态效益的共同提升，以及产业与自然资源生态环境相

---

① 王如松：《产业生态学和生态产业转型》，《世界科技研究与发展》2000年第5期。

互促进的影响。

综上所述，区域民族文化产业系统中，区域民族文化子系统、区域产业子系统、区域生态子系统三者具有密切的互动关系，既能相互促进，也能相互制约，既有合作，也有竞争。我们要在明确区域民族文化子系统、区域产业子系统、区域生态子系统三者相互作用机理的基础上，通过外界调控，避免它们相互之间的负面影响，引导三者形成良性循环，促成它们产生协同效应，发挥大于三个子系统各自功能之和的整体效应，使区域民族文化产业系统成为一个协同发展的系统，从而实现区域民族文化产业的生态化发展。

5.1.6 协同发展的模式：高效持续式

根据系统的功能和行为，不同系统之间的协同进化有三种模式：高效持续式（良性循环）、彼此消长式（随机振荡）、共同停滞式（恶性循环）[①]。

高效持续式是指各系统相互适应、相互激励、相互促进、相互提升，最终达到所有相关系统的持续、高效、稳定、协调发展。

彼此消长式是指各系统之间关系不协调，偏离正常稳定状态出现较大波动，彼此之间你消我长或你长我消，系统处于非平衡的无序状态，稳定性差、效率低。

共同停滞式是指某一系统环境恶化，导致其他相关系统功能衰竭，其他系统功能衰竭反过来又致使该系统环境进一步恶化，最终导致所有系统发展停滞。

区域民族文化子系统、区域产业子系统、区域生态子系统协同发展的目标是要通过三者的相互作用实现它们之间的相互促进和提升，利用协同效应实现大于三个子系统各自功能的区域民族文化产业系统的整体发展。因此，它们之间协同发展的模式是高效持续式，是要让三个子系统持续良

---

① 潘学峰、傅泽田：《农村社会经济系统与生态系统协同进化的机制分析》，《北京农业工程大学学报》1995年第1期。

性互动，相互促进，避免相互制约，以实现区域民族文化产业系统的可持续发展。

要形成区域民族文化产业系统高效持续式的发展模式，就需要在认识并遵循区域民族文化发展、产业发展、生态发展客观规律的基础上，利用它们之间相互作用、协同进化的机理，通过科技进步、人才培养、政策调控、法律保障等外部调控方式，推进它们之间良性演进与高效持续的协同发展，创造协同效应，最终实现区域民族文化产业的生态化发展。

5.1.7 协同发展的调控：复合调控机制

协同理论认为，自然的外部力量、经济和技术要素的投入、系统的协同进化机制等负熵流的流入，即控制参量的输入与调控，是系统协同发展的外在条件。

正如前文所述，由于复杂系统中各个子系统的运动状态由子系统的独立运动与系统各组分直接关联引起的协同运动共同决定，因此，可以从复杂系统内部各个子系统的相互关联着手，通过作用于系统的外界控制参量引导和调控系统向协同有序的方向发展，如果调控得当，系统会呈现周期性的协同演化，表现出强大的发展潜力。

同时，由于影响系统稳定性和有序性的因素很多，序参量之间也有合作与竞争，最后只有少数序参量支配系统走向协同有序。因此，我们需要深化认识，探寻规律，找出对区域民族文化产业系统的协同发展起决定作用的序参量和外部控制参量，并通过科学的方式和途径，对区域民族文化子系统、区域产业子系统、区域生态子系统的协同发展加以调控，以推动区域民族文化产业系统向持续、高效、稳定、协同的目标进化，使其运行达到最佳状态。

在设计区域民族文化产业系统协同发展的调控机制之前，需要明确两个基础性问题：一是要寻找调控的科学依据，即对系统的效益、稳定性、持续性、协同性等进行综合评价，设计相应的指标体系，通过定量的方法确定合理的界限范围；二是要在前述综合评价的基础上对制约因素进行分析，找出关键性的限制因子①。在此基础上设计具体的调控机制，可以达到有效的引导与控制目的。

在具体调控手段上，可以选择市场、行政等结合的多层次复合机制，通过资源价格体系、税收体系、投资体系等经济刺激手段，政策支持与引导、法律保障等制度手段，以及通过宣传、教育、媒体等方式创造舆论环境，共同促进区域民族文化子系统、区域产业子系统、区域生态子系统的协同发展，并通过这种区域民族文化产业系统协同发展的路径实现区域民族文化产业的生态化发展与可持续发展。

5.1.8 区域民族文化产业系统协同进化的机理

在明确了前文所论证的系统协同进化机制的基础上，可以对区域民族文化产业系统协同进化的机理具体分析如下。

区域民族文化产业系统是一个复杂巨系统，它由区域民族文化子系统、区域产业子系统、区域生态子系统组成，这些子系统同时又分别是文化系统、经济系统、生态系统的子系统，并且各子系统还包括很多层次的次子系统。

对区域民族文化产业系统及其所有子系统而言，民族文化资源是最重要的介质，是联系各个系统与子系统耦合的纽带，这是由民族文化资源所具有的文化属性、经济属性、社会属性与生态属性所决定的。各系统之间、各子系统之间围绕民族文化资源进行着复杂的交互作用，相互之间密切关联。区域民族文化资源的开发、利用、保护与配置过程就是区域民族文化子系统、区域产业子系统、区域生态子系统相互作用的过程，也正是它们的交互作用推动着区域民族文化产业系统的发展。

区域民族文化产业系统是开放系统，具有多要素、多层次和多功能的复杂结构，具备自组织现象形成的条件和环境。当处于一定条件时，其内部各

---

① 潘学峰、傅泽田：《农村社会经济系统与生态系统协同进化的机制分析》，《北京农业工程大学学报》1995年第1期。

子系统通过非线性交互作用产生协同作用与协同效应,在一定范围内,当涨落达到一定的临界点,自组织就会使该系统在各方面都产生变化,破坏旧的无序结构而产生新的有序结构,减弱各子系统相互之间抵触、内耗等无序状态,而将其转变为有序的整体合力,使区域民族文化产业系统发挥最佳的整体功能,获得最大的整体效益。

区域民族文化产业的发展受到区域民族文化状况、区域经济发展状况、区域自然生态环境状况等条件的限制,也受到民族文化发展规律、区域经济发展规律和自然生态发展规律的制约。区域民族文化资源、区域经济社会状况、区域生态环境状况相互之间的关联关系、正负反馈机制以及物质能量的循环等形成了整个区域民族文化产业系统的平衡循环关系。各系统所承受的内外合力会改变系统的平衡循环关系,改变它们的熵值,使它们的结构功能以及时空分布发生变化,从而推进区域民族文化产业系统从有序到无序再到有序的演化,实现系统从量变到质变再量变再到质变的发展。

区域民族文化子系统、区域产业子系统、区域生态子系统就是这样在系统内部的自组织与外界调控活动(即他组织)作用下相互影响、相互促进或相互制约,在无序与有序、低级有序与高级有序的状态之间不断转换,从而形成具有特定结构和功能的区域民族文化产业系统。当协同作用使三个子系统彼此之间相互促进、共同提升时,区域民族文化产业系统就处于协调状态,三者之中只要有一个恶化,系统便处于不协调状态。

图 5-1 显示了区域民族文化产业系统协同发展的机理。

民族文化资源是区域民族文化产业系统的核心介质,但民族文化又是极其特殊的资源,它具有明显的生态脆弱性、稀缺性、融合性、渐变性、难以保护等特点,其发展也具有自身特殊规律。每一种民族文化的形成、衰退以及消亡都要经历较长的阶段,其变化也需要很长时间才能被人类所感知,因此,相较于其他系统以及与其他系统相互作用的机制而言,民族文化系统的反馈是具有滞后性的。在开发初期,民族文化资源的利用量较小,产业化开发过程中对民族文化的原生形态比较尊重,

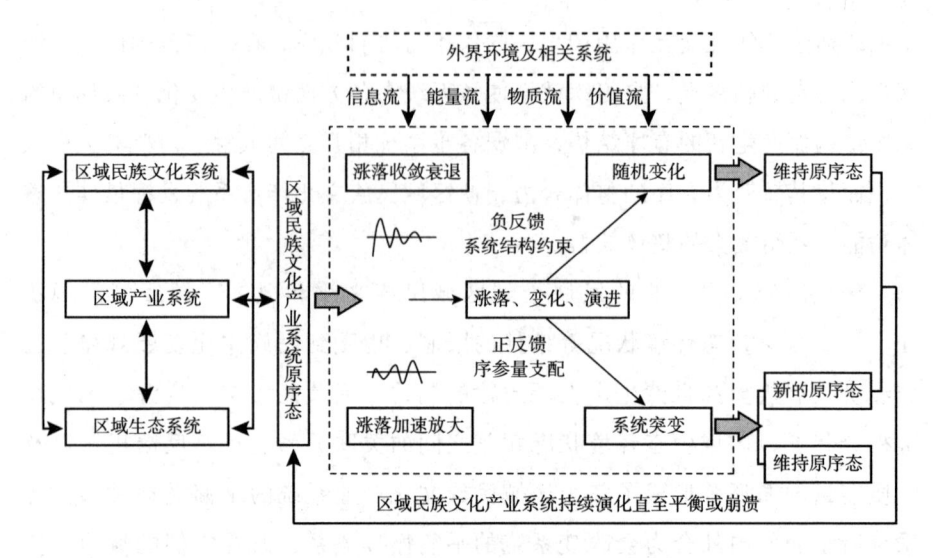

图 5-1　区域民族文化产业系统协同发展机理示意

资料来源：笔者参考相关文献绘制。参见李爱花、李原园、郦建强《水资源与经济社会及生态环境系统协同发展初探》，《人民长江》2011年第9期。

民族文化生态处于平衡的状态，相对而言其资源存量就较大，扶持政策较多，产业发展的环境比较宽松，系统协同作用增强，从平衡态走向非平衡的有序结构。

但当该产业发展到一定阶段，民族文化资源利用量迅速增大，滥用、歪曲、篡改民族文化从而破坏民族文化生态的现象越来越多，民族文化又基于自身特点处于不断的融合、消失、流逝过程中，相对地，民族文化资源存量就会减少，原来宽松的产业环境、资源及内部约束不断强化，再加上前述不当开发的影响，民族文化生态破坏的问题逐渐凸显。此时，如果继续追求产业发展速度，忽略对民族文化资源和产业生态的保护，外界调控力量作用不足，各子系统的正反馈作用就会不断增强，使系统的熵无序增加，区域民族文化产业系统的演化发展就会呈现衰退现象。如果任由系统的正反馈作用持续并增强，系统的发展就会走向恶性协同或不协同，甚至在系统外界环境的扰动下走向崩溃。

在这种情况下，就需要在判别系统原序态的基础上，遵循民族文化发展、产业发展、生态发展的客观内在规律，探寻三者相互作用的正负反馈机制，找出对区域民族文化产业协同发展起决定作用的序参量和外部控制参量，并通过对控制参量的输入，如政策调控、科技进步、人才培养、制度保障等，创造系统协同发展的外在条件，调控系统负熵流的流入，推进区域民族文化子系统、区域产业子系统、区域生态子系统的良性平衡和动态演进，实现区域民族文化子系统中民族文化种类和价值的多样性、区域产业子系统中生产消费的协调性、区域生态子系统的时空有序性，使区域民族文化产业系统对外界环境有良好的适应力，达到系统各组分之间能通过快速高效反应能力协同响应，各子系统之间能通过有效联合运行产生协同效应的协同演进状态，通过区域民族文化产业系统结构的协同、功能的协同、时空的协同实现其整体、协调、良性的可持续发展。

5.2 区域民族文化产业系统的协同进化模型

5.2.1 逻辑斯蒂增长模型

复合系统在协同进化的过程中会历经诞生、成长、成熟、衰退和死亡，最终形成某种发展水平的均衡状态，其演化轨迹符合 S 形曲线。复合系统的协同进化过程一般可用逻辑斯蒂增长（logistic growth）模型来描述[①]。

如式（5-1）所示：

$$\frac{dX}{dt} = \alpha X(1 - X) \quad (5-1)$$

设 X 为复合系统的发展水平，α 为复合系统的增殖系数，方程右边随着时间增长的因子 X 称为动态因子，$(1-X)$ 称为减速因子，它的量随着时间的推移而减少，说明复合系统的发展进化机制是非线性的，存在正负反馈机制。

[①] 曾健、张一方：《社会协同学》，科学出版社，2000。

区域民族文化产业系统是一个典型的复合系统,其协同进化过程符合逻辑斯蒂增长模型的描述。

5.2.2 区域民族文化产业系统协同进化模型的构建

如前文所述,区域民族文化产业系统的三个子系统,即区域民族文化子系统、区域产业子系统、区域生态子系统,三者密切相关,相互作用,具有竞争与合作的关系。

在区域民族文化子系统与区域产业子系统之间,区域民族文化为区域产业发展提供了丰富的产业资源,区域民族文化产业的发展为区域民族文化的保护与传承提供了资金支持和物质保障,激发了民族文化的生命力与创造力,可以对区域民族文化提供动态保护,二者相互促进。但同时,不尊重区域民族文化的发展规律,对其进行破坏性开发和滥用,会导致民族文化失真,加速其消亡,破坏民族文化生态,反过来又会影响区域民族文化产业的可持续发展,二者又相互制约。

在区域民族文化子系统与区域生态子系统之间,区域生态环境影响和决定着区域民族文化的形成,区域民族文化反过来又对该民族所生存的区域生态环境产生巨大的或积极或消极的影响,二者之间相互作用,或促进,或制约。

在区域产业子系统与区域生态子系统之间,生态环境为产业的发展提供了空间、资源,发挥着废弃物分解循环的功能,产业发展为生态环境保护与建设提供了资金,它促进社会经济的发展,人们认识水平的提高,促使人们更加主动地保护生态环境,二者相互促进。但生态环境所能提供的资源与空间有限,分解循环能力也有限,毫无节制地发展产业而忽视甚至破坏生态环境,会使生态环境系统恶化,不能满足产业发展的需求,产业也会因此停滞或衰退。二者相互制约。

可见,区域民族文化子系统、区域产业子系统、区域生态子系统三者之间既对立又统一,既有竞争,又有合作,当充分利用其相互促进作用而限制其制约作用时,就可以发挥它们的协同作用,实现复合系统的协同发展。

对复合系统协同演化模型的构建,学者们有一些研究。孟庆松、韩文秀在2000年提出了一个测度经济与生态协调度的复合系统协调度模型[1],该模型在其后很多学者的相关研究中多次被引用;马向东、孙金华、胡震云构建了生态环境与社会经济复合系统有序度模型和协同进化模型[2];黄娅在对民族文化旅游产业的可持续发展进行相关研究时,构建了文化与经济的协同度模型[3];此外,还有多位学者对多个领域各类复杂系统的两个主要子系统的协同演化通过引用或构建相关模型进行了定量分析。

在对相关文献进行梳理的基础上,本书也发现,目前学界主要研究的是有两个子系统的复合系统的协同进化,只有极少数研究是针对有三个子系统的复合系统的协同演化展开的。范斐、孙才志、王雪妮构建了社会、经济与资源环境三个系统的有序度模型和协同进化模型,并对其两两之间的相互关系进行了研究[4];蒋柳鹏、封学军、王伟构建了相关模型,对有三个子系统的港口、产业、城市复合系统的协调度进行了相关研究[5];任腾、周忠宝对保险、信贷与股票金融复合系统的协同演化进行了模型分析[6]。

本书在借鉴前述孟庆松、马向东、范斐等研究成果的基础上,构建了区域民族文化产业系统的协同进化模型。

5.2.2.1 区域民族文化产业系统的有序度分析

设变量$u_i(i=1,2,\cdots,m)$是区域民族文化子系统、区域产业子系统、

---

[1] 孟庆松、韩文秀:《复合系统协调度模型研究》,《天津大学学报》2000年第4期。

[2] 马向东、孙金华、胡震云:《生态环境与社会经济复合系统的协同进化》,《水科学进展》2009年第4期。

[3] 黄娅:《民族文化旅游产业可持续发展的综合评价体系及评价方法研究——基于文化经济协同发展的视角》,《贵州民族研究》2012年第1期。

[4] 范斐、孙才志、王雪妮:《社会、经济与资源环境复合系统协同进化模型的构建及应用——以大连市为例》,《系统工程理论与实践》2013年第2期。

[5] 蒋柳鹏、封学军、王伟:《"港口-产业-城市"复合系统协调度模型》,《水利经济》2011年第1期。

[6] 任腾、周忠宝:《复合系统的动态协同演化分析——以保险、信贷与股票金融复合系统为例》,《中国管理科学》2017年第8期。

区域生态子系统的序参量，u_{ij} 为第 i 个序参量的第 j 个指标，其值为 $X_{ij}(j=1,2,\cdots,n)$。α_{ij}、β_{ij} 是系统稳定临界点上序参量的上下限值，则区域民族文化子系统、区域产业子系统、区域生态子系统对区域民族文化产业系统有序度的贡献系数 u_{ij} 可表示为：

$$u_{ij} = \begin{cases} \dfrac{X_{ij} - \beta_{ij}}{\alpha_{ij} - \beta_{ij}}, u_{ij} \text{ 为效益型指标} \\ \dfrac{\alpha_{ij} - X_{ij}}{\alpha_{ij} - \beta_{ij}}, u_{ij} \text{ 为成本型指标} \end{cases} \quad (5-2)$$

式 (5-2) 中，u_{ij} 为变量对系统的贡献，该贡献系数具有如下特点：u_{ij} 反映了各指标达到目标的满意程度，u_{ij} 趋近 0 为最不满意，u_{ij} 趋近 1 为最满意，所以 $0 \leqslant u_{ij} \leqslant 1$，由于区域民族文化子系统、区域产业子系统、区域生态子系统是三个相对独立而又相互作用的子系统，对子系统内各个序参量的有序程度的总贡献可通过集成的方法来实现，常用的集成方法有线性加权和法与几何平均法，本书采用第一种即线性加权和法：

$$u_i = \sum_{j=1}^{n} \lambda_{ij} u_{ij}, \sum_{j=1}^{n} \lambda_{ij} = 1 \quad (5-3)$$

式 (5-3) 中，u_i 为子系统对复合系统有序度的贡献，λ_{ij} 为各个序参量的权重，对权重的确定，本书采用了熵值法。

5.2.2.2 熵值法综合评价以及权重确定模型

(1) 将各指标数据标准化后，第 j 项指标下第 i 个对象指标值的比重 y_{ij} 计算如下：

$$y_{ij} = \frac{x_{ij}}{\sum_{i=0}^{m} x_{ij}}, (0 \leqslant y_{ij} \leqslant 1)$$

(2) 计算第 j 项指标的熵值 e_j 和信息效用性 d_j 如下：

$$e_j = -k \sum_{i=0}^{m} y_{ij} \ln y_{ij}$$

其中 $k > 0$，$\ln$ 为自然对数，$e_j \geqslant 0$。如果 x_{ij} 对于给定的 j 全部相等，

那么

$$y_{ij} = \frac{x_{ij}}{\sum_{i=0}^{m} x_{ij}} = \frac{1}{m}$$

此时 e_j 取极大值，即

$$e_j = -k \sum_{i=0}^{m} \frac{\frac{1}{m}\ln 1}{m} = k\ln m$$

若设 $k = \frac{1}{\ln m}$，于是 $0 \leq e_j \leq 1$。

由于熵 e_j 是用来度量各项指标数据的效用价值的，当信息完全无序时，$e_j = 1$，此时 e_j 的信息对综合评价的效用值为 0。定义 d_j 为第 j 项指标的信息效用价值，则

$$d_j = 1 - e_j$$

当 d_j 越大时，指标则越重要。

（3）定义权数 w_j，令

$$w_j = \frac{d_j}{\sum_{i=0}^{m} d_j}$$

（4）根据各指标的权重进行简单加权即得到综合得分

$$f_i = \sum_{j=0}^{n} w_j x_{ij}$$

按指标 f_i 的大小排出研究对象 $i(i=1,2,\cdots,m)$ 的优劣，显然，f_i 越大，样本的评价效果也就越好。

5.2.2.3　区域民族文化产业系统的协同进化模型

设 F_1、F_2、F_3 分别代表区域民族文化子系统、区域产业子系统、区域生态子系统，系统 F_1、F_2、F_3 的演化符合逻辑斯蒂方程。为刻画这三个子系统演化过程中相互竞争的作用，引入参数 $u_{ij}(i,j=1,2,3)$，称为系统 j 对系统

i 的竞争影响力参数，可得出区域民族文化子系统、区域产业子系统、区域生态子系统的协同演化模型：

$$\begin{cases} \dfrac{dC}{dt} = \rho_1 C(1 - C - u_{12}I - u_{13}E) = f_1(C,I,E) \\ \dfrac{dI}{dt} = \rho_2 I(1 - I - u_{21}C - u_{23}E) = f_2(C,I,E) \\ \dfrac{dE}{dt} = \rho_3 E(1 - E - u_{31}C - u_{32}I) = f_3(C,I,E) \end{cases} \quad (5-4)$$

式（5-4）中，C、I、E 分别为 F_1、F_2、F_3 的有序度发展水平，ρ_1、ρ_2、ρ_3 分别为 F_1、F_2、F_3 的增殖系数，体现区域民族文化子系统、区域产业子系统、区域生态子系统在整个复合系统中的发展程度。

演化方程（5-4）中第一个方程，体现了区域产业子系统、区域生态子系统对区域民族文化子系统的影响是通过影响参数 u_{12} 与 u_{13} 起作用的，区域民族文化产业的发展与区域生态环境的保护与改善会对区域民族文化保护与传承产生影响，这种影响可能是正向的促进作用，也可能是负向的阻碍与破坏作用。

演化方程（5-4）中第二个方程，体现了区域民族文化子系统、区域生态子系统对区域产业子系统的影响是通过影响参数 u_{21} 与 u_{23} 起作用的，区域民族文化的保护与传承、区域生态环境的保护都会为区域民族文化产业发展起到促进或制约作用。

演化方程（5-4）中第三个方程，体现了区域民族文化子系统、区域产业子系统对区域生态子系统的影响是通过影响参数 u_{31} 与 u_{32} 起作用的，区域民族文化的保护与传承、区域民族文化产业的发展都会影响区域生态环境的有序度水平。

若 ρ_1、ρ_2、$\rho_3 > 0$，则说明区域民族文化产业系统自身在整体上处于进化的状态；若 ρ_1、ρ_2、$\rho_3 < 0$，则说明区域民族文化产业系统自身在整体上处于退化状态。若 u_{ij}（$i,j=1,2,3$）>0，说明系统 j 与系统 i 之间是一种竞争关系，系统 j 自身的进化反而不利于系统 i 的发展，系统 i 的发展水平受到了不同程度的限制；若 u_{ij}（$i,j=1,2,3$）<0，则说明系统 j 与系统 i

之间是一种合作关系，系统 j 的进化有利于系统 i 的发展，这是一种相互促进的协同作用。

5.2.3 区域民族文化产业系统协同进化模型的分析

5.2.3.1 演化方程的稳定点

求解微分方程组 $f_1(C,I,E)=f_2(C,I,E)=f_3(C,I,E)=0$，得到模型的平衡态 (C^*,I^*,E^*)。直接求解得到模型存在八个平衡态，包括：一个零平衡态 $P_1(0,0,0)$；六个边界平衡态：

$$P_2(1,0,0), P_3(0,1,0), P_4(0,0,1),$$

$$P_5\left(\frac{u_{12}-1}{u_{12}u_{21}-1},\frac{u_{21}-1}{u_{12}u_{21}-1},0\right), P_6\left(\frac{u_{13}-1}{u_{13}u_{31}-1},0,\frac{u_{31}-1}{u_{13}u_{31}-1}\right), P_7\left(0,\frac{u_{23}-1}{u_{23}u_{32}-1},\frac{u_{32}-1}{u_{23}u_{32}-1}\right);$$

以及一个内部平衡态 $P_8(C_8^*,I_8^*,E_8^*)$。

其中：

$$C_8^* = \frac{u_{12}+u_{13}-u_{12}u_{23}-u_{13}u_{32}+u_{23}u_{32}-1}{u_{12}u_{21}+u_{13}u_{31}+u_{23}u_{32}-u_{12}u_{23}u_{31}-u_{13}u_{21}u_{32}-1}$$

$$I_8^* = \frac{u_{12}+u_{23}-u_{13}u_{21}+u_{13}u_{31}-u_{23}u_{31}-1}{u_{12}u_{21}+u_{13}u_{31}+u_{23}u_{32}-u_{12}u_{23}u_{31}-u_{13}u_{21}u_{32}-1}$$

$$E_8^* = \frac{u_{31}+u_{32}+u_{12}u_{21}-u_{12}u_{31}-u_{21}u_{32}-1}{u_{12}u_{21}+u_{13}u_{31}+u_{23}u_{32}-u_{12}u_{23}u_{31}-u_{13}u_{21}u_{32}-1}$$

对于边界平衡态，从经济学实际出发，需要非零的分量大于零。因此，对于边界平衡态 P_5，要求 $u_{12}>1$，$u_{21}>1$ 或 $u_{12}<1$，$u_{21}<1$；对于边界平衡态 P_6，要求 $u_{13}>1$，$u_{31}>1$ 或 $u_{13}<1$，$u_{31}<1$；对于边界平衡态 P_7，要求 $u_{23}>1$，$u_{32}>1$ 或 $u_{23}<1$，$u_{32}<1$。

对于内部平衡态，同样需要所有分量都大于零，即 $C_8^*>0$，$I_8^*>0$，$E_8^*>0$。

5.2.3.2 模型平衡态的稳定性

模型平衡态的稳定性由下面矩阵的三个特征值来确定：

$$A = \begin{pmatrix} \frac{\partial f_1}{\partial C} & \frac{\partial f_1}{\partial I} & \frac{\partial f_1}{\partial E} \\ \frac{\partial f_2}{\partial C} & \frac{\partial f_2}{\partial I} & \frac{\partial f_2}{\partial E} \\ \frac{\partial f_3}{\partial C} & \frac{\partial f_3}{\partial I} & \frac{\partial f_3}{\partial E} \end{pmatrix}$$

$$\begin{pmatrix} \rho_1(1-2C-u_{12}I-u_{13}E) & -\rho_1 u_{12}C & -\rho_1 u_{13}C \\ -\rho_2 u_{21}I & \rho_2(1-2I-u_{21}C-u_{23}E) & -\rho_2 u_{23}I \\ -\rho_3 u_{31}E & -\rho_3 u_{32}E & \rho_3(1-2E-u_{31}C-u_{32}I) \end{pmatrix}$$

由于

$$|\lambda I - A|_{P_1} = \begin{vmatrix} \lambda - \rho_1 & 0 & 0 \\ 0 & \lambda - \rho_2 & 0 \\ 0 & 0 & \lambda - \rho_3 \end{vmatrix} = 0$$

得 $\lambda_1 = \rho_1$, $\lambda_2 = \rho_2$, $\lambda_3 = \rho_3$。当 ρ_1, ρ_2, ρ_3 都小于 0 时，零平衡态 P_1 是稳定的，否则不稳定。

边界平衡态 P_2 对应的特征方程满足：

$$|\lambda I - A|_{P_2} = \begin{vmatrix} \lambda + \rho_1 & \rho_1 u_{12} & \rho_1 u_{13} \\ 0 & \lambda - \rho_2(1-u_{21}) & 0 \\ 0 & 0 & \lambda - \rho_3(1-u_{31}) \end{vmatrix} = 0$$

得 $\lambda_1 = -\rho_1$, $\lambda_2 = \rho_2(1-u_{21})$, $\lambda_3 = \rho_3(1-u_{31})$。当 $\rho_1 > 0$, $\rho_2 > 0$ 且 $u_{21} > 1$ 或者 $\rho_2 < 0$ 且 $u_{21} < 1$，$\rho_3 > 0$ 且 $u_{31} > 1$ 或者 $\rho_3 < 0$ 且 $u_{31} < 1$ 时，边界平衡态 P_2 是稳定的，否则不稳定。

边界平衡态 P_3 对应的特征方程满足：

$$|\lambda I - A|_{P_3} = \begin{vmatrix} \lambda - \rho_1(1-u_{12}) & 0 & 0 \\ \rho_2 u_{21} & \lambda + \rho_2 & \rho_2 u_{23} \\ 0 & 0 & \lambda - \rho_3(1-u_{32}) \end{vmatrix} = 0$$

得 $\lambda_1 = \rho_1(1-u_{12})$, $\lambda_2 = -\rho_2$, $\lambda_3 = \rho_3(1-u_{32})$。当 $\rho_1 > 0$ 且 $u_{12} > 1$ 或者 $\rho_1 < 0$ 且 $u_{12} < 1$，$\rho_2 > 0$，$\rho_3 > 0$ 且 $u_{32} > 1$ 或者 $\rho_3 < 0$ 且 $u_{32} < 1$ 时，边界平衡态 P_3 是稳定的，否则不稳定。

边界平衡态 P_4 对应的特征方程满足：

$$|\lambda I - A|_{P_4} = \begin{vmatrix} \lambda - \rho_1(1-u_{13}) & 0 & 0 \\ 0 & \lambda - \rho_2(1-u_{23}) & 0 \\ \rho_3 u_{31} & \rho_3 u_{32} & \lambda + \rho_3 \end{vmatrix} = 0$$

得 $\lambda_1 = \rho_1(1-u_{13})$，$\lambda_2 = \rho_2(1-u_{23})$，$\lambda_3 = -\rho_3$。当 $\rho_1 > 0$ 且 $u_{13} > 1$ 或者 $\rho_1 < 0$ 且 $u_{13} < 1$，$\rho_2 > 0$ 且 $u_{23} > 1$ 或者 $\rho_2 < 0$ 且 $u_{23} < 1$，$\rho_3 > 0$ 时，边界平衡态 P_4 是稳定的，否则不稳定。

边界平衡态 P_5 对应的特征方程满足：

$$|\lambda I - A|_{P_5} = \begin{vmatrix} \lambda - \rho_1\left(\dfrac{1-u_{12}}{u_{12}u_{21}-1}\right) & \rho_1 u_{12}\left(\dfrac{u_{12}-1}{u_{12}u_{21}-1}\right) & \rho_1 u_{13}\left(\dfrac{u_{12}-1}{u_{12}u_{21}-1}\right) \\ \rho_2 u_{21}\left(\dfrac{u_{21}-1}{u_{12}u_{21}-1}\right) & \lambda - \rho_2\left(\dfrac{1-u_{21}}{u_{12}u_{21}-1}\right) & \rho_2 u_{23}\left(\dfrac{u_{21}-1}{u_{12}u_{21}-1}\right) \\ 0 & 0 & \lambda - \rho_3\left(1 - \dfrac{u_{31}(u_{12}-1)}{u_{12}u_{21}-1} - \dfrac{u_{32}(u_{21}-1)}{u_{12}u_{21}-1}\right) \end{vmatrix} = 0$$

得三个特征值分别是

$$\lambda_1 = \frac{\rho_1(1-u_{12})+\rho_2(1-u_{21}) - \sqrt{4\rho_1\rho_2 u_{12}u_{21}(u_{12}u_{21}-u_{12}-u_{21})+2\rho_1\rho_2(u_{12}u_{21}+u_{12}+u_{21}-1)+\rho_2^2(u_{21}-1)^2+\rho_1^2(u_{12}-1)^2}}{2(u_{12}u_{21}-1)}$$

$$\lambda_2 = \frac{\rho_1(1-u_{12})+\rho_2(1-u_{21}) + \sqrt{4\rho_1\rho_2 u_{12}u_{21}(u_{12}u_{21}-u_{12}-u_{21})+2\rho_1\rho_2(u_{12}u_{21}+u_{12}+u_{21}-1)+\rho_2^2(u_{21}-1)^2+\rho_1^2(u_{12}-1)^2}}{2(u_{12}u_{21}-1)}$$

$$\lambda_3 = \rho_3\left(1 - \frac{u_{31}(u_{12}-1)}{u_{12}u_{21}-1} - \frac{u_{32}(u_{21}-1)}{u_{12}u_{21}-1}\right)$$

当 $\lambda_1,\lambda_2,\lambda_3$ 都小于 0 时，边界平衡态 P_5 是稳定的，否则不稳定。

边界平衡态 P_6 对应的特征方程满足：

$$|\lambda I - A|_{P_6} = \begin{vmatrix} \lambda - \rho_1\left(\dfrac{1-u_{13}}{u_{13}u_{31}-1}\right) & \rho_1 u_{12}\left(\dfrac{u_{13}-1}{u_{13}u_{31}-1}\right) & \rho_1 u_{13}\left(\dfrac{u_{13}-1}{u_{13}u_{31}-1}\right) \\ 0 & \lambda - \rho_2\left(1 - \dfrac{u_{21}(u_{13}-1)}{u_{13}u_{31}-1} - \dfrac{u_{23}(u_{31}-1)}{u_{13}u_{31}-1}\right) & 0 \\ \rho_3 u_{31}\left(\dfrac{u_{13}-1}{u_{13}u_{31}-1}\right) & \rho_3 u_{13}\left(\dfrac{u_{13}-1}{u_{13}u_{31}-1}\right) & \lambda - \rho_3\left(\dfrac{1-u_{13}}{u_{13}u_{31}-1}\right) \end{vmatrix} = 0$$

得三个特征值分别是

$$\lambda_1 = \frac{\rho_1(1-u_{13})+\rho_3(1-u_{31})-\sqrt{4\rho_1\rho_3 u_{13}u_{31}(u_{13}u_{31}-u_{13}-u_{31})+2\rho_1\rho_3(u_{13}u_{31}+u_{13}+u_{31}-1)+\rho_3^2(u_{31}-1)^2+\rho_1^2(u_{13}-1)^2}}{2(u_{13}u_{31}-1)}$$

$$\lambda_2 = \rho_2\left(1-\frac{u_{21}(u_{13}-1)}{u_{13}u_{31}-1}-\frac{u_{23}(u_{31}-1)}{u_{13}u_{31}-1}\right)$$

$$\lambda_3 = \frac{\rho_1(1-u_{13})+\rho_3(1-u_{31})+\sqrt{4\rho_1\rho_3 u_{13}u_{31}(u_{13}u_{31}-u_{13}-u_{31})+2\rho_1\rho_3(u_{13}u_{31}+u_{13}+u_{31}-1)+\rho_3^2(u_{31}-1)^2+\rho_1^2(u_{13}-1)^2}}{2(u_{13}u_{31}-1)}$$

当 $\lambda_1, \lambda_2, \lambda_3$ 都小于 0 时，边界平衡态 P_6 是稳定的，否则不稳定。

边界平衡态 P_7 对应的特征方程满足：

$$|\lambda I - A|_{P_7} = \begin{vmatrix} \lambda - \rho_1\left(1-\frac{u_{12}(u_{23}-1)}{u_{23}u_{32}-1}-\frac{u_{21}(u_{32}-1)}{u_{23}u_{32}-1}\right) & 0 & 0 \\ \rho_2 u_{21}\left(\frac{u_{23}-1}{u_{23}u_{32}-1}\right) & \lambda - \rho_2\left(\frac{1-u_{23}}{u_{23}u_{32}-1}\right) & \rho_2 u_{23}\left(\frac{u_{23}-1}{u_{23}u_{32}-1}\right) \\ \rho_3 u_{31}\left(\frac{u_{32}-1}{u_{23}u_{32}-1}\right) & \rho_3 u_{13}\left(\frac{u_{32}-1}{u_{23}u_{32}-1}\right) & \lambda - \rho_3\left(\frac{1-u_{13}}{u_{13}u_{31}-1}\right) \end{vmatrix} = 0$$

得三个特征值分别是

$$\lambda_1 = \rho_1\left(1-\frac{u_{12}(u_{23}-1)}{u_{23}u_{32}-1}-\frac{u_{21}(u_{32}-1)}{u_{23}u_{32}-1}\right)$$

$$\lambda_2 = \frac{\rho_2(1-u_{23})+\rho_3(1-u_{32})-\sqrt{4\rho_2\rho_3 u_{23}u_{32}(u_{23}u_{32}-u_{23}-u_{32})+2\rho_2\rho_3(u_{23}u_{32}+u_{23}+u_{32}-1)+\rho_3^2(u_{32}-1)^2+\rho_2^2(u_{23}-1)^2}}{2(u_{23}u_{32}-1)}$$

$$\lambda_3 = \frac{\rho_2(1-u_{23})+\rho_3(1-u_{32})+\sqrt{4\rho_2\rho_3 u_{23}u_{32}(u_{23}u_{32}-u_{23}-u_{32})+2\rho_2\rho_3(u_{23}u_{32}+u_{23}+u_{32}-1)+\rho_3^2(u_{32}-1)^2+\rho_2^2(u_{23}-1)^2}}{2(u_{23}u_{32}-1)}$$

当 $\lambda_1, \lambda_2, \lambda_3$ 都小于 0 时，边界平衡态 P_7 是稳定的，否则不稳定。

内部平衡态 P_8 对应的特征方程满足：

$$|\lambda I - A|_{P_8} = \begin{vmatrix} \lambda - \rho_1(1-2C_8^* - u_{12}I_8^* - u_{13}E_8^*) & \rho_1 u_{12}C_8^* & \rho_1 u_{13}C_8^* \\ \rho_2 u_{21}I_8^* & \lambda - \rho_2(1-2I_8^* - u_{21}C_8^* - u_{23}E_8^*) & \rho_2 u_{23}I_8^* \\ \rho_3 u_{31}E_8^* & \rho_3 u_{32}E_8^* & \lambda - \rho_3(1-2E_8^* - u_{31}C_8^* - u_{32}I_8^*) \end{vmatrix} = 0$$

因此可得：

$$\lambda^3 + a_1\lambda^2 + a_2\lambda^1 + a_3 = 0$$

其中：

$$a_1 = 2C_8^*\rho_1 - \rho_2 - \rho_3 - \rho_1 + 2E_8^*\rho_3 + 2I_8^*\rho_2 + C_8^*\rho_2 u_{21} + C_8^*\rho_3 u_{31} + E\rho_1 u_{13} + E_8^*\rho_2 u_{23} + I_8^*\rho_1 u_{12} + I_8^*\rho_3 u_{32}$$

$$\begin{aligned}
a_2 = &(\rho_1\rho_2 + \rho_1\rho_3 + \rho_2\rho_3 - 2C_8^*\rho_1\rho_2 - 2C_8^*\rho_1\rho_3 - 2E_8^*\rho_1\rho_3 - 2E_8^*\rho_2\rho_3 \\
& - 2I_8^*\rho_1\rho_2 - 2I_8^*\rho_2\rho_3 - I_8^*\rho_1\rho_2 u_{12} - I_8^*\rho_1\rho_3 u_{12} - I_8^*\rho_1\rho_3 u_{32} \\
& - I_8^*\rho_2\rho_3 u_{32} + 2C_8^{*2}\rho_1\rho_2 u_{12} + 2C_8^{*2}\rho_1\rho_3 u_{31} + 2E_8^{*2}\rho_1\rho_3 u_{13} + 2E_8^{*2}\rho_2\rho_3 u_{23} \\
& + 2I_8^{*2}\rho_1\rho_2 u_{12} + 2I_8^{*2}\rho_2\rho_3 u_{32} + 4C_8^* E_8^*\rho_1\rho_3 + 4C_8^* I\rho_1\rho_2 \\
& + 4E_8^* I_8^*\rho_2\rho_3 - C_8^*\rho_1\rho_2 u_{12} - C_8^*\rho_2\rho_3 u_{21} - C_8^*\rho_1\rho_3 u_{31} - C_8^*\rho_2\rho_3 u_{31} \\
& - E_8^*\rho_1\rho_2 u_{13} - E_8^*\rho_1\rho_3 u_{13} - E_8^*\rho_1\rho_2 u_{23} - E_8^*\rho_2\rho_3 u_{23} + 2C_8^* E_8^*\rho_1\rho_2 u_{23} \\
& + 2C_8^* E_8^*\rho_2\rho_3 u_{21} + 2C_8^* I_8^*\rho_1\rho_3 u_{32} + 2C_8^* I_8^*\rho_2\rho_3 u_{31} + 2E_8^* I_8^*\rho_1\rho_2 \\
& u_{13} + 2E_8^* I_8^*\rho_1\rho_3 u_{12} + C_8^{*2}\rho_2\rho_3 u_{21} u_{31} + E_8^{*2}\rho_1\rho_3 u_{13} u_{23} + I_8^{*2}\rho_1\rho_3 \\
& u_{12} u_{32} + C_8^* E_8^*\rho_1\rho_2 u_{13} u_{21} + C_8^* E_8^*\rho_2\rho_3 u_{23} u_{31} + C_8^* I_8^*\rho_1\rho_3 u_{12} \\
& u_{31} + C_8^* I_8^*\rho_2\rho_3 u_{21} u_{32} + E_8^* I_8^*\rho_1\rho_2 u_{12} u_{23} + E_8^* I_8^*\rho_1\rho_3 u_{13} u_{32}
\end{aligned}$$

$$a_3 = \begin{vmatrix} \rho_1(1-2C_8^* - u_{12}I_8^* - u_{13}E_8^*) & -\rho_1 u_{12} C_8^* & -\rho_1 u_{13} C_8^* \\ -\rho_2 u_{21} I_8^* & \rho_2(1-2I_8^* - u_{21}C_8^* - u_{23}E_8^*) & -\rho_2 u_{23} I_8^* \\ -\rho_3 u_{31} E_8^* & -\rho_3 u_{32} E_8^* & \rho_3(1-2E_8^* - u_{31}C_8^* - u_{32}I_8^*) \end{vmatrix}$$

当 $a_1 < 0$、$a_2 > 0$、$a_3 < 0$ 时,边界平衡态 P_8 是稳定的,否则不稳定。

5.2.3.3 模型分析

系统的发展演化是从不稳定逐渐趋于稳定的过程,因此,稳定点代表着系统的发展方向。

$P_1(0,0,0)$ 点是不稳定点,在该点,区域民族文化子系统、区域产业子系统、区域生态子系统这三个子系统都不会处于稳定状态。

P_2,P_3,P_4,P_5,P_6,P_7 这六个点分别是区域民族文化子系统、区域产业子系统、区域生态子系统的极值点。

在 P_2,P_3,P_4 这三个点,三个子系统各自通过挤占其他两个子系统而达到它们的最大值,一个系统达到极限状态 1,另外两个系统随之消亡,即为 0,表现为一个子系统的完全独立状态,不存在协同演化的情况。

在 P_5,P_6,P_7 这三个点,三个子系统中有两个子系统在发展过程中不断挤占另外一个子系统,最终使这个子系统消亡,即为 0,也就是说,这两个子系统的发展进化伴随着第三个子系统的衰退和消亡,三个子系统之间也不是协同演化的状态。

P_8是平衡点,它对应着系统F_1、F_2、F_3都发展演化的状态,这种演化伴随着系统有序度的增加或减少。分析该平衡点P_8,可得到协同演化的两种情况。

(1) 部分竞争替代

这种情况对应稳定点P_2,P_3,P_4,P_5,P_6,P_7。

对应稳定点P_2,P_3,P_4的情况,说明如下。

当区域民族文化子系统对区域产业子系统和区域生态子系统这两个子系统的竞争力影响比较强烈时($u_{21}>1$、$u_{23}>1$、$u_{31}>1$且$u_{32}>1$),区域产业子系统和区域生态子系统的有序度将出现负增长,说明如果过度保护区域民族文化而忽视区域民族文化产业的发展和区域生态环境的保护,将会导致区域产业子系统与区域生态子系统的停滞不前甚至快速倒退。

当区域产业子系统对区域民族文化子系统和区域生态子系统这两个子系统的竞争力影响比较强烈时($u_{12}>1$、$u_{13}>1$、$u_{31}>1$且$u_{32}>1$),区域民族文化子系统和区域生态子系统的有序度将出现负增长,说明在发展区域民族文化产业时,也要注重对区域民族文化的保护传承,同时注重对区域生态环境的保护。

当区域生态子系统对区域民族文化子系统与区域产业子系统这两个子系统的竞争力影响比较强烈时($u_{12}>1$、$u_{13}>1$、$u_{21}>1$且$u_{23}>1$),区域民族文化子系统与区域产业子系统将出现负增长,说明如果太过注重区域生态环境保护而忽视区域民族文化的保护传承与区域民族文化产业的发展,将会导致区域民族文化子系统与区域产业子系统的停滞不前甚至快速倒退。

对应稳定点P_5,P_6,P_7的情况,说明如下。

当区域民族文化子系统与区域产业子系统这两个子系统对区域生态子系统的竞争力影响比较强烈时($u_{31}>1$且$u_{32}>1$),区域生态子系统出现负增长,说明如果只注重区域民族文化的保护传承与区域民族文化产业的发展而忽视区域生态环境的保护,将会导致区域生态环境的恶化。

当区域民族文化子系统与区域生态子系统对区域产业子系统的竞争力影响比较强烈时（$u_{21} > 1$ 且 $u_{23} > 1$），区域产业子系统出现负增长，说明如果太过注重区域民族文化与区域生态环境的保护而忽视区域民族文化产业的发展，将会导致区域产业子系统的停滞不前甚至快速倒退。

当区域产业子系统与区域生态子系统对区域民族文化子系统的竞争力影响比较强烈时（$u_{12} > 1$ 且 $u_{13} > 1$），区域民族文化子系统的有序度将出现负增长，说明在发展区域民族文化产业与保护区域生态环境时，也要注重对区域民族文化的保护与传承。

（2）部分竞争共存

这种情况对应稳定点 $P_8(C_8^*, I_8^*, E_8^*)$，说明区域民族文化子系统、区域产业子系统、区域生态子系统之间相互竞争的影响力是不对等的，区域民族文化子系统、区域产业子系统、区域生态子系统之间存在竞争与合作，当满足一定的条件时（$u_{12} < 1$、$u_{13} < 1$、$u_{21} < 1$、$u_{23} < 1$、$u_{31} < 1$ 且 $u_{32} < 1$），这三个子系统可以共同发展，向一个稳定的结构状态 $P_8(C_8^*, I_8^*, E_8^*)$ 协同进化。

区域民族文化产业系统协同进化模型的分析可通过表 5-1 加以说明（见表 5-1）。

5.2.4 基于最小二乘法的区域民族文化产业系统模型参数求解

最大似然法、最小二乘法等多种方法都可以用于一般系数求解，但最大似然法需要了解参数的分布，因此，本书采用最小二乘法来求解模型参数：

$$\begin{cases} F_{min} = \sum_{i=0}^{n} |f_k(t_i, \theta) - X_i|^2, (k = 1,2,3) \\ a_i < u_{ij}, \rho_i < b_i, (i,j = 1,2,3) \end{cases}$$

$u_{ij}, \rho_i (i,j = 1,2,3)$ 为变量，a_i、b_i 为初始变化区间，$f_k(t_i, \theta)$ 表示模型第 k 个方程在给定参数 θ 下对应的数值解，X_i 表示实际数据。

表 5-1 区域民族文化产业系统协同进化模型分析说明

平衡态的名称	平衡态的状态	平衡态的性质	条件	协同演化的状态	三个子系统有序度的变化		
					区域民族文化子系统	区域产业子系统	区域生态子系统
零平衡态	$P_1(0,0,0)$	不稳定点		系统整体消亡	消亡	消亡	消亡
边界平衡态	$P_2(1,0,0)$		$u_{21}>1, u_{23}>1, u_{31}>1$ 且 $u_{32}>1$		增长	负增长	负增长
	$P_3(0,1,0)$		$u_{12}>1, u_{13}>1, u_{31}>1$ 且 $u_{32}>1$		负增长	增长	负增长
	$P_4(0,0,1)$		$u_{12}>1, u_{13}>1, u_{21}>1$ 且 $u_{23}>1$		负增长	负增长	增长
	$P_5\left(\dfrac{u_{12}-1}{u_{12}u_{21}-1}, \dfrac{u_{21}-1}{u_{12}u_{21}-1}, 0\right)$	极值点	$u_{31}>1$ 且 $u_{32}>1$	部分竞争替代	增长	增长	负增长
	$P_6\left(\dfrac{u_{13}-1}{u_{13}u_{31}-1}, 0, \dfrac{u_{31}-1}{u_{13}u_{31}-1}\right)$		$u_{21}>1$ 且 $u_{23}>1$		增长	负增长	增长
	$P_7\left(0, \dfrac{u_{23}-1}{u_{23}u_{32}-1}, \dfrac{u_{32}-1}{u_{23}u_{32}-1}\right)$		$u_{12}>1$ 且 $u_{13}>1$		负增长	增长	增长
内部平衡态	$P_8(C_8^*, l_8^*, E_8^*)$	平衡点	$u_{12}<1, u_{13}<1, u_{21}<1,$ $u_{23}<1, u_{31}<1$ 且 $u_{32}<1$	部分竞争共存	增长	增长	增长

5.3 区域民族文化产业系统协同度测度模型

5.3.1 区域民族文化产业系统协同度测度模型的构建

在借鉴前述黄娅研究成果的基础上,本书对区域民族文化产业系统中区域民族文化子系统、区域产业子系统、区域生态子系统的协同度构建测度模型如下:

将文化指数表示为:

$$f(x) = \sum_{i=1}^{n} a_i x_i \tag{5-5}$$

将产业指数表示为:

$$g(y) = \sum_{i=1}^{n} b_i y_i \tag{5-6}$$

将生态指数表示为:

$$h(z) = \sum_{i=1}^{n} c_i z_i \tag{5-7}$$

其中,x 表示区域民族文化子系统的发展指标,y 表示区域产业子系统的发展指标,z 表示区域生态子系统的发展指标,a_i 表示区域民族文化子系统发展中的指标权重,b_i 表示区域产业子系统发展中的指标权重,z_i 表示区域生态子系统发展中的指标权重。

对于权重,本书通过熵值法来确定,具体方法和步骤前文已有详细论述(详见本书 5.2.2.2 中"熵值法综合评价以及权重确定模型")。

区域民族文化产业系统的三个子系统协同发展的数学意义表示为 $f(x)$、$g(y)$、$h(z)$ 的离差越小越好。$f(x)$ 与 $g(y)$ 的离差小表示区域民族文化子系统与区域产业子系统协同度越高,区域民族文化与区域民族文化产业的发展越协调;$f(x)$ 与 $h(z)$ 的离差越小表示区域民族文化子系统与区域生态子系统协同度越高,区域民族文化与区域生态的发展越协调;$g(y)$ 与 $h(z)$ 的离差越小表示区域产业子系统与区域生态子系统协同度越高,区域民族文化产业与区域生态的发展越协调。

具体公式如下:

$$D_1 = \frac{f(x) \times g(y)}{\frac{(f(x)+g(y))^2}{4}} \quad (5-8)$$

$$D_2 = \frac{f(x) \times h(z)}{\frac{(f(x)+h(z))^2}{4}} \quad (5-9)$$

$$D_3 = \frac{g(y) \times h(z)}{\frac{(g(y)+h(z))^2}{4}} \quad (5-10)$$

此函数值域在 (0,1),其中:

D_1 表示区域民族文化与均值的比值乘以区域产业与均值的比值,反映现有区域民族文化产业发展中区域民族文化子系统与区域产业子系统发展的协同程度。如果区域民族文化和均值的比接近 1,区域产业和均值的比也接近 1,函数值总体向 1 靠近,则说明区域民族文化子系统与区域产业子系统作用相当,二者的协同度高,且函数值越接近 1 表示二者的协同度越高。如果区域民族文化和区域产业二者当中的一个与均值的比接近 1,而另一个与均值的比接近 0,乘积就会向 0 靠近,函数值总体偏向 0,这说明区域民族文化子系统与区域产业子系统的协同度低,且函数值越接近 0 表示二者的发展越不协调。

D_2 表示区域民族文化与均值的比值乘以区域生态与均值的比值,反映区域民族文化子系统与区域生态子系统发展的协同程度。函数值越接近 1,说明区域民族文化子系统与区域生态子系统的协同度越高。函数值越偏向 0,说明这两个子系统的协同度越低。

D_3 表示区域产业与均值的比值乘以区域生态与均值的比值,反映区域产业子系统与区域生态子系统发展的协同程度。函数值越接近1，说明二者的协同度越高。函数值越偏向0，说明二者的协同度越低。

5.3.2 区域民族文化产业系统协同度级别的划分

本书结合区域民族文化子系统、区域产业子系统和区域生态子系统的特点，在借鉴学界相关研究成果的基础上[①]，对区域民族文化产业系统协同度的级别作出如下划分（见表5-2）。区域民族文化产业系统协同度越高，说明该区域民族文化子系统、产业子系统、生态子系统的协同效应越强，相互之间合作越好，其可持续发展的能力也越强。

表5-2 区域民族文化产业系统协同度级别划分

大类	优质协同	良好协同	中度协同	初级协同	轻度失调	中度失调	重度失调
协同度	0.90~1.00	0.80~0.89	0.70~0.79	0.60~0.69	0.40~0.59	0.20~0.39	0.00~0.19

5.4 区域民族文化产业系统协同发展的序参量与指标选取

5.4.1 序参量与指标选取的原则

对于区域民族文化产业系统序参量与指标的选取，需要在厘清区域民族文化子系统、区域产业子系统、区域生态子系统三者相互关系的基础上，明确其相互之间促进或制约的作用，选择既能体现其发展水平又能体现其发展能力的指标。在选取序参量与指标的时候，应遵循以下原则。

---

① 黄娅：《民族地区旅游产业发展中县域文化经济协同度定量研究》，《山东农业大学学报》（自然科学版）2014年第5期；廖重斌：《环境与经济协调发展的定量评判及其分类体系——以珠江三角洲城市群为例》，《热带地理》1999年第2期；庄晋财、许玉平、程李梅：《复合系统视角的企业集群三重绩效综合评价模型研究》，《科学学与科学技术管理》2009年第10期。

(1) 科学性与合理性原则①

区域民族文化产业系统协同发展的序参量与指标的选取应科学地把握该系统的结构、功能、作用机理和演化特征，合理地选择既能描述其发展现状也能显示其发展趋势的指标。

(2) 全面性与不重叠原则②

所选取的描述区域民族文化产业系统协同发展的序参量与指标应能全面反映其各方面的状况和特点，避免由于指标不全面而无法对其作出整体判断。同时也要注意，如果指标之间重叠过多，往往会导致评价结果失真，不得不对其进行修正，从而造成计算难度增加，工作量增大，因此，选择指标时应注意指标间不能重叠过多。

(3) 层次性与系统性原则③

在选取区域民族文化产业系统协同发展的序参量与指标时应注意把握该复合系统与各个子系统及其组分的层次性，要从不同的角度考量和思考，使最终选择的指标能够科学全面地描述该系统及其组分的演化规律和特点。

(4) 指标可比性与数据易获得性原则

最终选取的描述区域民族文化产业系统协同发展的序参量与指标从横向角度和纵向角度都应该是具有可比性的，这样才能符合研究的需要。同时一定要注意，指标所对应的数据应该是容易采集或容易获得的④，这是计算结果进行综合评价的前提，否则指标就无法应用。

5.4.2 区域民族文化产业系统协同发展的序参量与指标体系

区域民族文化产业系统的协同发展靠的是其三个子系统区域民族文化子

---

① 刘贤龙、胡国亮：《综合评价结果的合理性研究》，《统计研究》1998年第1期。
② 胡永宏：《综合评价中指标相关性的处理方法》，《统计研究》2002年第3期。
③ 季玉群、黄鹂：《旅游业系统经济——文化特性协同关系研究》，《科研管理》2005年第1期。
④ 邵强、李友俊、田庆旺：《综合评价指标体系构建方法》，《大庆石油学院学报》2004年第3期。

第5章 路径一：区域民族文化产业系统的协同发展

系统、区域产业子系统、区域生态子系统的协同作用与协同效应，因此，关于区域民族文化产业系统协同发展的序参量与指标，需要分别依据三个子系统各自的特性以及其相互之间的作用关系作出选择。

学界对区域民族文化系统、区域产业系统、区域生态系统各自的评价指标体系的研究状况不同。关于文化产业、生态环境这两者各自的评价指标体系，相关研究较多，研究结论也趋于一致。但对于民族文化与民族文化产业发展各自的评价指标体系的研究却不多见，将民族文化、民族文化产业的发展、生态环境三者联系起来构建评价指标体系的研究就更为少见。施惟达、肖青基于民族文化生态的"创生性"，从民族文化的有效保护、传承的角度构建了民族文化生态评估指标[1]；赵刚、宋娜梅构建了体育非遗项目组织文化生态环境系统的评价指标体系[2]；张强、龙鳞借鉴第三产业和文化产业相关研究，构建了民族文化产业评价指标体系[3]；赵玫构建了基于文化、经济、生态三个维度的民族文化产业发展评价指标体系[4]。

本书依据区域民族文化产业系统及其三个子系统的特点，遵循前述序参量与指标选取的原则，在借鉴相关研究成果的基础上，运用频度统计法、理论分析法、专家咨询法等方法[5]，为区域民族文化产业系统的协同发展选择了如下序参量与指标，构建了一个分层次的指标体系。

该指标体系反映了区域民族文化产业系统的协同发展与其三个子系统区域民族文化子系统、区域产业子系统、区域生态子系统的相互作用的关系。区域民族文化子系统包含了民族文化资源特色性与丰裕度、民族文化传承能力这2个序参量，共14个指标；区域产业子系统包含了总量规模、政府投入、发展速度、市场化程度、经济贡献这5个序参量，共13个指标；区域

---

[1] 施惟达、肖青：《论民族文化生态及其评估指标》，《思想战线》2010年第5期。
[2] 赵刚、宋娜梅：《体育非遗项目组织文化生态环境系统评价指标体系研究》，《首都体育学院学报》2018年第1期。
[3] 张强、龙鳞：《对民族文化产业评价指标体系的构建》，《经济问题探索》2005年第6期。
[4] 赵玫：《基于三维度的民族文化产业发展评价指标构建》，《统计与决策》2018年第11期。
[5] 刘求实、沈红：《区域可持续发展指标体系与评价方法研究》，《中国人口·资源与环境》1997年第4期。

生态子系统包含了自然旅游资源丰裕度、生态环境质量这2个序参量，共14个指标（见表5-3）。

表5-3 区域民族文化产业系统协同发展的序参量与指标体系

系统	子系统	序参量	指标	单位	性质
区域民族文化产业复合系统	区域民族文化子系统	民族文化资源特色性与丰裕度	该区域生活的民族数	个	正向
			世界文化遗产数	个	正向
			世界级、国家级、省级非物质文化遗产数	个	正向
			国家级历史文化名城名镇名村数	个	正向
			国家级重点文物保护单位数	个	正向
			中国民间文化艺术之乡数	个	正向
		民族文化传承能力	国家级非物质文化遗产传承人数	人	正向
			文化生态保护区数	个	正向
			公共图书馆藏书量	万册	正向
			广播人口综合覆盖率	%	正向
			电视人口综合覆盖率	%	正向
			出版发行双语（两文）报纸增长率	%	正向
			中小学双语教学学校数	个	正向
			中小学双语教学学生数	万人	正向
	区域产业子系统	总量规模	民族文化产业增加值	亿元	正向
			民族文化产业增加值占GDP比重	%	正向
			民族文化产业固定资产投资额	亿元	正向
			民族文化产业法人单位数	个	正向
			民族文化产业从业人员数	人	正向
			民族文化产业资产总额	亿元	正向
		政府投入	文化事业财政支出占该地区财政支出比重	%	正向
		发展速度	民族文化产业增加值年增长率	%	正向
			民族文化产业固定资产投资额年增长率	%	正向
			民族文化产业从业人员年增长率	%	正向
			民族文化产业资产总额年增长率	%	正向
		市场化程度	居民文化消费比重	%	正向
		经济贡献	国民经济贡献率	%	正向
	区域生态子系统	自然旅游资源丰裕度	世界自然遗产数	个	正向
			国家级、省级自然保护区数	个	正向
			生态功能保护区数	个	正向
			A级景区数	个	正向

续表

系统	子系统	序参量	指标	单位	性质
区域民族文化产业复合系统	区域生态子系统	生态环境质量	人均森林蓄积量	立方米/人	正向
			人均草地面积	公顷/人	正向
			人均耕地面积	公顷/人	正向
			人均水资源量	立方米/人	正向
			单位GDP综合能耗	吨标准煤/万元	负向
			工业废水排放总量	万吨	负向
			生活污水排放总量	万吨	负向
			工业废气排放总量	万立方米	负向
			二氧化硫排放总量	万吨	负向
			烟尘排放总量	万吨	负向

备注：1. 指标"民族文化产业增加值年增长率"指本年度民族文化产业增加值增长额与上年度民族文化产业增加值的比值；2. 指标"居民文化消费比重"指居民人均文化消费支出占人均消费总支出的比重；3. 指标"国民经济贡献率"指民族文化产业增加值的增长量占地区生产总值同期增长量的比重。

5.5 本章小结

本章研究的是区域民族文化产业生态化发展的路径之一，即区域民族文化产业系统的协同发展。

区域民族文化产业系统的协同发展是该系统内区域民族文化子系统、区域产业子系统、区域生态子系统在一定条件下相互促进，形成自组织结构，通过相互之间的快速高效反应和有效联合运行产生协同效应，使该系统在结构、功能、时空等各方面形成协同进化的状态，最终实现区域民族文化产业系统整体、协调、良性的可持续发展。

区域民族文化产业系统协同发展的进化机制如下：系统的自组织与耗散结构是其协同进化的目标，系统的开放与非平衡是其协同进化的前提，系统内部的涨落与失稳是其协同进化的诱因，系统的有序度与序参量是其协同进化的表征，系统内部各子系统与各要素之间尤其是区域民族文化子系统、区域产业子系统、区域生态子系统相互之间的竞争与合作是其协同发展的动力，高效持续式发展是其协同发展的模式，通过复合调控机制可实现该系统的协同发展。

通过构建区域民族文化产业系统的协同进化模型，运用相关的序参量与指标数据，可对该系统的纵向演进过程进行计量分析。该模型以逻辑斯蒂增长模型为基础，主要从三个子系统的有序度和竞争与合作关系两个角度进行分析。对子系统内各个序参量有序程度的总贡献通过线性加权和法来实现，采用熵值法确定权重，采用最小二乘法求解模型参数。

通过构建协同度测度模型，运用相关的序参量与指标数据，可对区域民族文化产业系统的协同度进行分析。对其协同度级别可划分为优质协同、良好协同、中度协同、初级协同、轻度失调、中度失调、重度失调七类。

遵循科学性与合理性、全面性与不重叠、层次性与系统性、指标可比性与数据易获得性等原则，依据区域民族文化产业系统及其三个子系统的特点，运用频度统计法、理论分析法、专家咨询法等方法，可为区域民族文化产业系统的协同发展构建一个包括3个子系统、9个序参量、41个具体指标的多层次的序参量与指标体系。

第6章 路径二：构建区域民族文化产业生态系统

区域民族文化产业生态化发展的路径之二是构建区域民族文化产业生态系统。由于区域民族文化产业生态系统是模仿自然生态系统的结构方式构建的，而自然生态系统本身是一个高度协同的自组织结构，因此，区域民族文化产业生态系统本身就具有协同性。

6.1 生态学理论在区域民族文化产业生态系统中的应用

6.1.1 食物链理论的应用

生态系统能和谐永续发展的根本原因是生物食物链的物质不灭与循环反复，生物食物链的物质循环理论也是建立区域民族文化生态产业链最主要的依据。

根据该理论，建立区域民族文化生态产业链时要做到资源（包括民族文化资源与自然资源）最大限度的物质不灭与循环反复，之所以说是"最大限度"，是因为产业链毕竟只是模仿自然生态系统的人造生态系统，它只能尽量降低资源损失的比例，而不可能完全像自然生态系统一样做到物质不灭与循环反复。此外，区域民族文化生态产业链相较于生物食物链而言，其物质循环过程中的相互联系与不可分割的特征也没有那么明显，各物质循环可以不相互依赖而单独进行。

6.1.2 群聚理论的应用

基于群聚理论避免生物过于分散或拥挤以使个体能获得最佳生存条件的道理，区域民族文化产业可以通过建立生态产业园区或生态产业集群的方式，使区域内企业实现群聚互利，如更充分地利用基础设施、更多地享受集中的客户优势、更便利的供应渠道与物流和信息服务，等等。

尤其是在区域民族文化的产业化过程中，同一种民族文化可以通过不同类型的产品和服务展示，也只有通过各种不同类型的民族文化产业的配合才能实现对民族文化全方位的展现，从而让消费者对其有更透彻的感受与理解。因此，建立区域民族文化生态产业园区或生态产业集群，更有利于区域民族文化产业的健康发展。

此外，这种方式还能避免生物群聚的拥挤效应，聚集在同一区域的同一类型企业越多，聚集优势越明显，也越容易通过企业之间的竞争提高产业整体的竞争能力。

6.1.3 种内竞争理论的应用

和生物种群种内竞争与密度之间的直接相关性类似，区域民族文化产业链内同类型企业之间的竞争也不可避免。

当企业数量少、需求旺盛、供给不足时，每个企业都能在有利的环境中较快增长，反之，当企业数量增加到一定程度、供需平衡时，企业之间就会产生争夺资源与顾客的竞争，并通过竞争实现企业的淘汰，调节企业的数量。通过竞争存活下来的优胜企业除了面对其他优胜企业，还要面对具有优势的潜在进入者的威胁和竞争，它要持续提高产品质量、降低生产成本以便继续在竞争中获胜。因此，最终的竞争结果是区域民族文化产业系统中产品和服务的质量不断提高，优胜企业的数量增多，整个产业的综合竞争力提升。

6.1.4 隔离与领域性理论的应用

隔离能减少生物对生存需求的竞争，领域性能有效保持种群的间隔。

区域民族文化产业以特定区域独特的民族文化为核心资源禀赋，依赖该区域特殊的自然资源与生态环境进行民族文化的产业化开发，还受到该区域经济社会发展水平的直接影响，它的发展应该以体现特定区域的特点为原则，结合特定区域民族文化资源与自然资源及地理条件，充分发挥区域优势，因地制宜，才能提高产业整体的竞争力。

6.1.5 种群的社会分工与等级理论的应用

生物种群内的分工合作提高了其在自然界中的生存与竞争能力，产业经济的发展历史也证明，规模经济与专业化是企业竞争优势的源泉。区域民族文化产业要通过越来越细化的分工与越来越专业化的生产提升产业竞争力。在规划区域民族文化生态产业链、建立生态产业园区时应遵循该原则。

6.1.6 种间关系理论的应用

种间关系包括种间正相互作用（即种间共生）、种间负相互作用和种间协同进化。区域民族文化产业的发展应充分利用种间共生与种间协同进化的机制，避免种间负相互作用，使产业生态系统内各单位之间尽量发挥相互促进作用，避免相互约束的不利影响，实现整个区域民族文化产业系统的帕累托改进。

6.1.7 生物冗余及多样性原理的应用

适当的生物冗余与多样性有益于群落的稳定性，借鉴该原理有助于提升区域民族文化产业系统的稳定性。

第一，适当的冗余有助于保持区域民族文化生态产业链的稳定状态。当有企业或组织脱离该生态产业链时，适当的冗余会促使其他企业或组织顶替退出者的位置，发挥退出者的作用，促使生态产业链恢复之前的状态。

第二,参与者的多样性可以提高生态产业链系统的关联性以及废弃物与副产品循环利用中的合作性[1]。区域民族文化生态产业链中存在不同类型的民族文化产业、不同行业、不同企业、不同组织、不同产品、不同服务,它们相互之间关联性很强,合作性较高,各种废弃物的循环利用率也高。

第三,投入产出的多样性能推动区域民族文化产业的进一步发展。特定区域的民族文化有各种各样的表现形式,区域民族文化产业在发展过程中可以开发出各式各样的产品与服务,具有实现投入产出多样性的先天优势,这种优势显然有利于推动该产业的发展。

借助这些生态学理论对区域民族文化产业生态系统的启示,我们可以通过规划区域民族文化生态产业链、设计和建立区域民族文化生态产业园区与生态产业集群等方式,促进区域民族文化产业的可持续发展。

6.2 区域民族文化产业生态系统的内涵与特征

6.2.1 区域民族文化产业生态系统的内涵

产业生态系统是按生态经济学原理和知识经济规律组织起来的基于生态系统承载能力、具有高效的经济过程及和谐的生态功能的网络化生态经济系统[2]。

产业生态系统有广义与狭义之分。广义上的产业生态系统是在大时间和大空间的体系中考察产业经济系统与自然生态和社会系统之间的相互作用,研究其演化方向和影响因素;狭义上的产业生态系统则是将产业体系看作一个由生产者、消费者和分解者构成的类似自然生态系统的人工系统,研究其结构和功能的有机整体[3]。它从物质循环和能量流动的角度研究产品的生

---

[1] 沈满洪:《生态经济学》,中国环境科学出版社,2008,第122页。
[2] KORHONEN J. "Some Suggestions for Regional Industrial Ecosystems Extended Industrial Ecology", *Eco-Management and Auditing*, 2001, 8(1): 57–69.
[3] 王婧:《区域产业生态系统研究》,武汉大学博士学位论文,2010,第19页。

产、交换、流通和分配的全过程,并通过一定的制度安排对其进行相应的调整。

本书主要是从狭义上研究区域民族文化产业生态系统,是把区域民族文化产业体系看作一个有机整体,从系统论的观点出发,借鉴生态学的理论和方法对其进行研究。

本书认为,区域民族文化产业生态系统是指模拟自然界的生物食物链与自然生态系统的运行机制,能高效利用民族文化资源与自然资源、保障区域民族文化生态平衡与自然生态环境,由产业及其外部环境所形成的结构与功能高度一体化的有机整体。

对其内涵的全面理解还需把握以下几点。第一,从目标来看,它是为解决区域民族文化产业的发展与民族文化资源、民族文化生态、自然资源、自然生态环境之间的矛盾,实现该产业的可持续发展。第二,从功能来看,它兼具经济功能、文化功能、生态功能。第三,从范围来看,它包括整个产业经济体系及相应的制度安排。第四,从内外组成来看,它的内部存在多种不同区域民族文化产业类型的产业生态子系统,其外部环境也很复杂,由自然生态环境、社会经济环境、文化环境综合形成。第五,从物质循环与能量流动的形式来看,它具有反馈式的物质流动形式。对区域民族文化产业生态系统内的自然资源而言,这种物质流动主要通过对废弃资源的再生利用而实现,不仅能提高效率、节约资源,还能保护环境、保持自然界的生态平衡;而对区域民族文化产业生态系统内的民族文化资源而言,物质文化资源也是通过对资源的高效利用实现其物质流动的反馈,非物质文化由于是精神性成果,则主要是以能量流动和信息传递的形式伴随着物质流动而转移。第六,从其对产业的作用来看,只有当它是一个层次多样、结构合理、功能完善并能促进物质能量高效循环与流动的物质载体和功能体系时,才能最终实现区域民族文化产业的生态化发展。

6.2.2 区域民族文化产业生态系统的特征

区域民族文化产业生态系统具有产业生态系统的共有特征,即"开放性、循环性、层次性、本土性、经济性、演进性、调节性"①，同时，它还具有整体性、差异性、增值性②、文化性等特征。

（1）开放性

区域民族文化产业生态系统的开放性特征是指，它是一个由不同组分根据一定结构组成的有机整体。从自然属性上看，它是整个地球生态系统的一个组成部分，与周围的环境之间有物质流、能量流、信息流的输入输出，是一个开放的整体。从经济属性上看，它与外部环境之间同样存在民族文化资源、自然资源等能量和物质的输入以及民族文化产品、废弃物、民族文化的能量和信息传播等输出，也是开放的整体。

（2）循环性

区域民族文化产业生态系统的循环性特征是指它是具有反馈机制的系统，物质、能量、信息、价值甚至是纯粹精神性的民族文化感受与反馈，在系统中的流动都是循环的而非单向的。从民族文化产品的设计到生产到营销推广到传播再到消费，形成了一个完整的循环，之后，新的消费需求又会推动一个新循环的开始，如此往复，形成持续不断的循环过程。

（3）层次性

区域民族文化产业生态系统的层次性特征是指，它是具有多层次、立体型的物质和能量利用与转换的网络。在区域民族文化产业生态系统内有区域民族文化子系统、区域产业子系统、区域生态子系统，它们又分别是文化系统、产业系统、生态系统的子系统，在它们内部，又有更小的子系统，每一个子系统又由若干相对独立但又彼此联系的组分构成，由此，形成了区域民族文化产业生态系统的垂直分离与水平分离的层次结构。

多层次的系统更具稳态，因为当低层次或某一组分受到干扰时，高层次或其他组分仍能正常发挥作用。换言之，多层次、立体型的物质和

---

① 李云燕：《产业生态系统的构建途径与管理方法》，《生态环境》2008年第4期。
② 陈霞红、林日葵：《文化产业生态学》，浙江工商大学出版社，2012，第139页。

能量利用与转换网络更能促进和实现系统内物质和能量的层级利用与循环流动①。

(4) 本土性

区域民族文化产业生态系统的本土性特征是指该产业生态系统与所在区域的自然生态环境、民族文化生态环境、经济社会环境相协调的特性。

(5) 经济性

区域民族文化产业生态系统的经济性特征是指区域民族文化产业生态系统作为一个仿生系统具有自然生态系统的生态性，但它的本质却是社会经济系统，其存在和发展的最初目标是通过对区域民族文化资源的开发利用实现经济效益，而且，为了保障其经济效益的可持续性，必须注重其文化特性、生态特性的和谐共生，在降低民族文化资源、自然资源与环境压力的前提下追求最佳经济效益。

区域民族文化产业生态系统的经济性使其与自然生态系统存在明显区别：首先，它是以人和社会组织为主体的；其次，它除了依赖并作用于自然生态环境之外，与社会生态环境的相互作用和影响更加显著；再次，它通过生态价值链的逐级增值来体现区域民族文化生态产业的高附加值；最后，它在整个生态系统中所占的生态位很宽，与其他产业生态种群有较多交叠，广泛渗透于第一、第二、第三产业，产业的生态边界也日趋模糊，凸显了区域民族文化产业生态系统能积极改变原有产业结构、拉动产业升级与融合的特点。

(6) 演进性

区域民族文化产业生态系统的演进性特征是指虽然区域民族文化产业生态系统已经是产业发展的高级阶段，但它本身仍然是不断演进的系统，并通过其演进实现产业结构的不断升级，使人类经济系统、文化系统与自然生态系统可以保持长期的平衡状态。

---

① 李慧明、朱红伟、廖卓玲：《论循环经济与产业生态系统之构建》，《现代财经》2005年第4期。

(7) 调节性

区域民族文化产业生态系统的调节性特征是指该系统具有的自我组织、自我设计、自我调节的特性,对驱动变量以及环境的变化会通过反馈作用进行自我调节以达到能耗的最小化,保持其结构与功能的相对稳定与持续。

(8) 整体性

区域民族文化产业生态系统的整体性特征是指区域民族文化产业生态系统虽然由多个层次、多个组分构成,但它是一个有机整体,具有强大的整体功能,其内部各组分、各环节、各个民族文化企业、各种民族文化产业类型、各个民族文化产业集群之间相互联动、相互依存、相互制约,形成互相交织的物质、能量、信息的多层次循环网络,能发挥大于各个部分之和的整体效益。

(9) 差异性

区域民族文化产业生态系统的差异性特征是基于该系统的本土性特征而产生的,它是指不同区域在民族文化资源、自然生态环境、经济发展水平上的差异都可以反映到区域民族文化产业生态系统的企业、资源、消费需求、人才、技术、资金、制度等各组分中,并表现为不同的区位偏好,使该系统在组分、结构、运行机制、平衡态等方面均表现出一定的差异。

(10) 增值性

区域民族文化产业生态系统的增值性特征是指区域民族文化产业生态系统的运行过程伴随着民族文化产品和服务在价值上的不断增值。

区域民族文化生态产业是高附加值产业,打破了生物链价值递减规律(即林德曼定律),其价值会逐级递增。在区域民族文化产品设计、生产、营销推广、传播、消费的整个过程中,每一环节都会在前一环节价值的基础上实现增值,每一轮循环也都会成为下一轮循环产品价值的累积与增值,企业的价值也得以实现。但由于本土性与差异性特征的存在,不同区域民族文化产业生态系统中民族文化产品与服务的增值与盈利存在差异。

(11) 文化性

区域民族文化产业生态系统的文化性特征是指区域民族文化产业生态系

统是围绕区域民族文化产品的生产和服务的提供而运行的，以区域民族文化资源的开发为前提，产品和服务的消费过程是对区域民族文化进行传播与弘扬的过程，系统的反馈机制也会对区域民族文化的传承起到积极或消极作用，文化贯穿着该产业生态系统的运行，也是区域民族文化产业生态系统的显著特点。

6.3 区域民族文化产业生态系统的结构与功能

和自然生态系统一样，区域民族文化产业生态系统的结构是指系统的组成成分以及各组分之间特有的相互作用和相互影响的组织形式，是其内部各要素分布关系的反映，它的功能则是指系统结构在特定环境下所能发挥的作用和能力，是其内部各要素之间活动关系的反映。区域民族文化产业生态系统通过特定的结构方式实现其各种功能。

6.3.1 基于系统生态学视角的分析

从系统生态学视角分析，自然生态系统由生物群落和无机环境两部分组成，生物群落又由生产者、消费者、分解者组成，区域民族文化产业生态系统的组成成分与之类似（见表6-1）。

表6-1　自然生态系统、产业生态系统、区域民族文化产业生态系统组分比较

系统组分	自然生态系统	产业生态系统	区域民族文化产业生态系统
生产者	能利用无机物制造有机物的自养植物，主要是绿色植物，也包括蓝绿藻、光合细菌、化能合成细菌。通过光合作用把无机物合成有机物，把太阳光能转化为化学潜能。在生物群落中起基础性作用	有初级层次的生产者和高级层次的生产者：前者如采矿厂、炼油厂、化肥厂等，利用基本环境要素生产初级产品，为产业链下游提供能源和各种加工原料；后者生产高级产品或对初级产品进行深度加工，为消费者提供产品或服务	指特定区域以提供民族文化产品生产和从事民族文化行业服务为主的企业个体，包括各种生产民族文化产品和提供民族文化服务的企业，如民族文化旅游公司、民族餐饮公司、民族医药制造厂、民族工艺品制造厂、民族歌舞演艺公司等

续表

系统组分	自然生态系统	产业生态系统	区域民族文化产业生态系统
消费者	直接或间接利用绿色植物作为食物源的异养生物,可分为草食动物、肉食动物、寄生动物、腐食动物、杂食类消费者等,通过捕食和寄生传递物质和能量	利用生产者或上一级消费者的产品生产出具有更高附加值的产品和服务,包括处于产业链中下游的各类企业和最终消费者	在市场中购买和享受区域民族文化产品与区域民族文化服务的所有消费者群体或个人
分解者（还原者）	主要指细菌、真菌等微生物和某些营腐生的原生动物以及其他小型有机体,它们将复杂有机体分子分解还原为简单化合物和元素,最终分解为无机物质,归还到环境中供生产者再利用	将工业企业产生的副产品或废弃物进行处置、转化、再利用,或将消费者的废弃物处理转化为各种物质原料的企业,如垃圾处理厂、废品回收加工厂、资源再生公司等	包括两类:一类是在物质层面将消费者或企业的废弃物转化处理为物质原料的企业;另一类是精神层面,在消费民族文化产品或服务的过程中或之后在其大脑和意识中产生了对该民族文化喜爱、享受等具有保护传承作用的积极感受或厌恶、抗拒等具有破坏作用的消极感受的消费者
环境	生物赖以生存的物质和能量源泉及活动场所,包括阳光等能源,氧、二氧化碳、水、无机盐等生物代谢材料,气、水体、土壤等介质,岩石、矿、泥土等基质	指各种影响产业及其个体生存发展的环境因素,从宏观角度看,包括政治环境、经济环境、社会环境、文化环境、自然环境等,从微观角度看,包括关联产业、政府部门、科研机构、市场中介等	由区域民族文化资源、区域民族文化生态、区域自然资源、区域自然生态环境以及所有影响区域民族文化产业及其个体生存发展的其他非生物环境因素（如制度支撑、消费需求、人才支撑、技术支撑、资金保障等）构成

区域民族文化产业生态系统由区域民族文化产业生物群落与环境组成，区域民族文化产业生物群落又由生产者、消费者、分解者组成。

(1) 区域民族文化产业生态系统的生产者

区域民族文化产业生态系统的生产者是指特定区域的各种以生产提供民族文化产品与服务为主的企业个体，如民族文化旅游公司、民族餐饮公司、民族医药制造厂、民族工艺品制造厂、民族歌舞演艺公司、民族文化出版公司等，它们是区域民族文化产业生态系统正常演化的基础。

（2）区域民族文化产业生态系统的消费者

区域民族文化产业生态系统的消费者是指在市场中购买和享受区域民族文化产品与服务的所有消费者群体或个人。

（3）区域民族文化产业生态系统的分解者（还原者）

区域民族文化产业生态系统的分解者（还原者）比较特殊，包括两类：一类和其他产业生态系统的分解者类似，是在物质层面将消费者或企业的废弃物转化处理为物质原料的各种企业；另一类则从精神层面体现区域民族文化产业显著的特殊性，即区域民族文化产品和服务的消费者。

将消费者看作区域民族文化产业生态系统的分解者的原因是：区域民族文化产品和服务带给消费者更多的是精神和意识层面的主观感受，消费者在消费民族文化产品或服务的过程中或之后，如果在其大脑和意识中产生的是对该民族文化的喜爱、享受等积极感受，这种感受会在其脑海中留下深刻的正面印象，消费者也可能会不断宣传这种美好的感受，由此起到对该民族文化传播、保护和传承的作用。反之，如果消费者在大脑和意识中产生的是对该民族文化的抗拒、厌恶等消极感受，这种感受也会给其留下深刻的负面印象，消费者也可能会不断宣传这种不良的感觉，由此则起到破坏该民族文化的作用，久而久之，公众基础萎缩，该民族文化则可能会慢慢消逝。从这个角度看，精神层面的民族文化的能量流动和信息传递就是这样依托在物质层面的民族文化和自然资源的物质循环基础上，形成一个完整的闭环系统。在这个系统中，消费者显然也同时发挥着区域民族文化产业生态系统的分解者（还原者）的作用。

（4）区域民族文化产业生态系统的环境

区域民族文化产业生态系统的环境由区域民族文化资源、区域民族文化生态、区域自然资源、区域自然生态以及所有影响区域民族文化产业及其个体生存发展的其他非生物环境因素（包括制度支撑、消费需求、人才支撑、技术支撑、资金保障等）构成。

区域民族文化资源、区域自然资源是区域民族文化产业生态系统赖以运行的物质和能量源泉；区域民族文化生态平衡则是区域民族文化传承发展的环境保障；区域自然生态既是自然资源形成的基础，也为区域民族文化产业运行提供物理场所。其他影响区域民族文化产业及其个体生存发展的非生物环境因素中，制度支撑是指所有保障区域民族文化产业发展的法律法规和政策，它对区域民族文化产业发展的方向、总量、结构、质量等发挥着引导、调控、扶持、服务等作用；各类消费者对区域民族文化产品和服务的消费需求则是区域民族文化产业发展的动力源；人才支撑是指为区域民族文化产业可持续发展所进行的民族文化传承人以及产品开发、科技、管理等人才的培养；技术支撑是指各类科研主体为区域民族文化产业发展提供的先进科学技术的研发与支持，是区域民族文化产业发展的引领；资金保障是指各类主体为区域民族文化产业发展提供的资金支持。

区域民族文化产业生态系统就是这样一个由生产者、消费者、分解者、环境在特定空间范围内和特定时间条件下组成的有机整体，各组分之间通过物质流、能量流、信息流、价值流进行营养的传递（见图6-1），并在相互

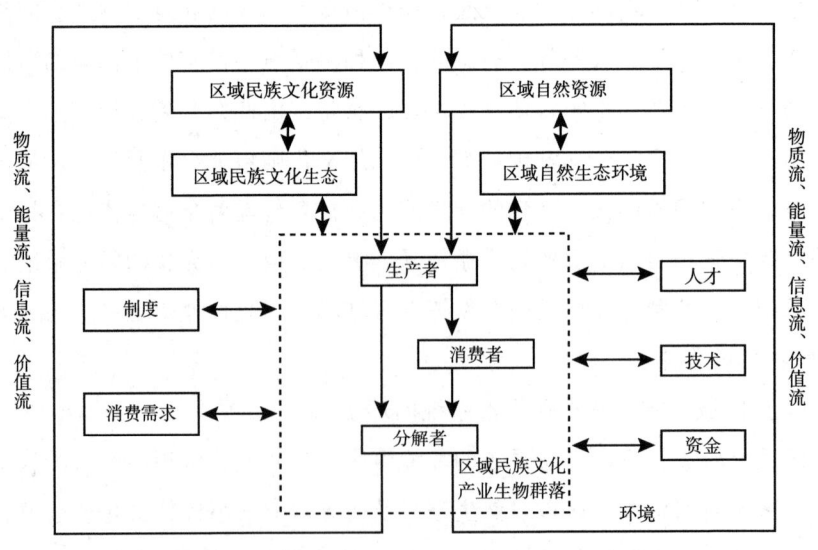

图6-1 系统生态学视角下区域民族文化产业生态系统组分及其相互作用

的物质循环、能量流动、信息传递、价值增值的过程中发挥着各自的特定作用及相互之间的协同互促作用，从而形成并实现系统的整体功能，促使区域民族文化产业可持续发展。

6.3.2 基于组织生态学视角的分析

从组织生态学视角分析，正如自然生态系统有个体、种群、群落一样，区域民族文化产业生态系统也由区域民族文化产业个体、区域民族文化产业种群、区域民族文化产业群落三个层次构成（见表6-2）。

（1）区域民族文化产业个体

区域民族文化产业个体是指那些以区域民族文化为核心资源禀赋生产产品或提供服务，满足社会公众的需求并创造经济效益的企业或社会组织。它们以一定区域有特色的民族文化作为资源，以产业化为手段，围绕特色民族文化产品和服务进行综合开发，以满足大众需要。它们和生物体一样对外界环境产生各种反应并同时向其施加自己的影响，只不过它们所面对的不单纯是自然界，还有社会需求、市场等外界因素。它们也是有生命的个体，要经历孕育、成长、衰退、消亡的演化过程，遵循自然界适者生存的规律发展。

表6-2 自然生态系统、产业生态系统、区域民族文化产业生态系统层次比较

系统层次	自然生态系统	产业生态系统	区域民族文化产业生态系统
个体	具有生长、发育和繁殖等生态功能的生命有机体	消耗能量将各种物质资源转化成为物质产品，满足社会系统的各种需求的企业或社会组织	以区域民族文化为核心资源禀赋生产产品或提供服务，满足社会公众的需求并创造经济效益的企业或社会组织
种群	一定自然区域内同种生物个体的总和，是物种存在、繁殖、进化的基本单位	在产品生产和服务上具有相似形态、类型和特性的产业个体根据各自的产业要素能力进行产业内分工，占据不同的生态空间，按照一定的产业生态链组合方式有规律地形成一个具有自组织、自调节功能的产业生态种群	一定区域内生产同类型民族文化产品或提供同种民族文化相关服务的产业个体按照内在规律组合而成的具有自组织、自调节功能的区域民族文化产业生态种群，主要表现为以同种民族文化作为资源开发生产同类产品、提供同类服务的各种区域民族文化产业的具体类型

续表

系统层次	自然生态系统	产业生态系统	区域民族文化产业生态系统
群落	是一定自然区域内所有种群的总和	一定区域内以一些优势主导产业为中心，牵引带动众多产业部门在资源、技术、信息共享等方面实现合作，从而形成相互联系、相互协调、运转有序的产业共生群落	一定区域内以区域民族文化优势主导产业（如区域民族文化旅游产业）为中心，通过在资源、人才、技术、信息等方面各种方式的合作，从而带动其他类型的区域民族文化产业及相关产业部门形成互促协调、有序运转的区域民族文化产业共生群落
生态系统	一定时空内生物群落及其无机环境不断进行物质、能量和信息交换的统一体	在一定时空内，各种不同产业生态种群与产业生态群落借助相互间的能量流动、物质循环、信息传递、技术关联进行各种产业活动，与其所在的自然环境和社会环境共同形成密切相关、相互影响、具有自适应自调节功能的统一体	一定时空条件下，各种区域民族文化产业生态种群与区域民族文化产业生态群落及其环境，在相互的物质循环、能量流动、信息传递、价值增值的过程中，通过发挥各自的特定作用及相互间协同促进作用而形成的层次多样、结构合理、功能完善的自组织自调节的有机整体

（2）区域民族文化产业生态种群

区域民族文化产业生态种群由一定区域内生产同类型民族文化产品或提供同种民族文化相关服务、具有相似特性的单个产业个体，根据各自产业要素能力分工并按照内在规律以一定的产业生态链方式组合而成，它也是具有自组织自调节功能的有机整体。它主要表现为一定区域以同种民族文化作为资源开发生产同类产品或提供同类服务的区域民族文化产业的各种具体产业类型，如区域民族工艺文化产业生态种群、区域民族服饰文化产业生态种群、区域民族文化旅游产业生态种群、区域民族饮食文化产业生态种群、区域民族医药文化产业生态种群、区域民族建筑文化产业生态种群等等。

（3）区域民族文化产业共生群落

区域民族文化产业共生群落是一定区域内以区域民族文化优势主导产业为中心，通过在资源、人才、技术、信息共享等方面各种方式的合作，从而

第6章 路径二：构建区域民族文化产业生态系统

带动其他类型的区域民族文化产业及相关产业部门形成的互促协调、有序运转的区域民族文化产业集群。

区域民族文化产业共生群落中最具代表性的是区域民族文化旅游产业集群，它以一定区域的民族文化旅游产业为主导，带动该区域的民族饮食文化产业、民族工艺文化产业、民族服饰文化产业、宗教民俗文化产业、民族演艺文化产业、民族建筑文化产业以及交通运输业、宾馆酒店业、旅游商贸业等各种类型的区域民族文化产业及相关产业的发展，各产业在民族文化资源、自然资源以及各类人才、技术、信息共享等方面相互联系、相互协调、相互促进，最终实现区域民族文化产业集群整体的发展。

如图6-2所示，区域民族文化产业生态系统也正是在一定的时间条件和空间范围内，由各区域民族文化产业个体、区域民族文化产业生态种群、区域民族文化产业生态群落及其外部环境，在相互的物质循环、能量流动、信息传递、价值增值过程中，通过发挥各自的特定作用及相互的协同促进作用而形成的层次多样、结构合理、功能完善的自组织自调节的有机整体。在

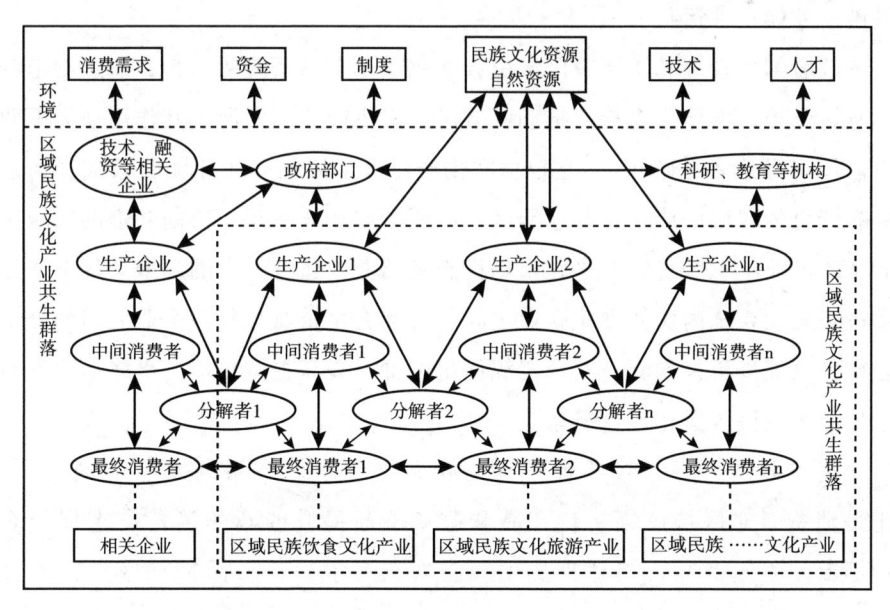

图6-2 组织生态学视角下区域民族文化产业生态系统的结构

其内部，系统各要素相互关联、竞争发展、协同共生，同时，该系统整体与外部自然环境、文化环境、社会环境之间也相互影响，互利互促。通过内外部共同作用，最终解决区域民族文化产业发展与民族文化资源、民族文化生态、自然资源、自然生态之间的矛盾，实现产业的可持续发展，并达到经济、文化、生态的"三赢"。

6.3.3 基于生态哲学视角的分析

从生态哲学视角分析，区域民族文化产业生态系统由主体、客体、环境三个部分构成。

（1）区域民族文化产业生态系统的主体

区域民族文化产业生态系统的主体主要有五类：区域民族文化企业、政府的文化管理和协调机构、消费群体、科研主体以及融资机构。

其中，区域民族文化企业是核心主体，是该产业生态系统的生产和利润中心，整个区域民族文化产业生态系统都要在区域民族文化企业进行生产的基础上才能正常运行。

政府部门管理和协调着区域民族文化产业生态系统的运行，通过制定相关政策调控、引导、支持、推动区域民族文化产业的发展，其作用在以下两方面体现得尤为明显[①]：一是根据文化产业分工原则与产业关联效应，构建具有特色的区域民族文化产业园区，以便形成开放活跃、协同共进的区域民族文化产业生态系统；二是在市场机制基础上，通过一定的政策工具与调控手段，推动系统内民族文化企业之间、民族文化企业与其他企业之间的分工合作，以促进科技创新，实现资源优化配置，提高主体效率，最终形成不断增值的区域民族文化产业链条。

消费群体的消费需求是区域民族文化产业生态系统发展的动力源，正是消费者对区域民族文化产品和服务不断提升的新的消费需求促使企业不断研发新产品，提高自身生产能力和竞争力，从而推动区域民族文

---

① 邢志勤：《文化产业生态化系统的实现路径》，《重庆社会科学》2015年第1期。

化产业的发展。

科研主体包括高新技术企业、科研机构、高等院校、行业协会等，它们通过科学研究为区域民族文化产业提供技术支持，保障区域民族文化产业能在产品的设计、开发、生产、销售等各阶段都体现技术上的先进性优势。

融资机构主要指银行、证券公司等，它们通过各种方式和渠道为区域民族文化产业生态系统提供发展所需的资金支持。

（2）区域民族文化产业生态系统的客体

区域民族文化产业生态系统的客体是指系统内民族文化企业所生产和提供的民族文化产品与民族文化服务。

（3）区域民族文化产业生态系统的环境

区域民族文化产业生态系统的环境则包括客观环境因素与主观环境因素[①]。

客观环境因素包括自然环境因素（如气候条件、地理位置、自然资源等）、社会环境因素（如政治因素、经济因素、文化因素、民族文化资源等）、市场机制因素、科技因素等。

主观环境因素则包括制度因素（如法律制度、政策文件、管理体制等）、民众认同、社会舆论。

区域民族文化产业生态系统的主体、客体、环境相互作用、相互影响，共同推动这个开放的、动态的复杂巨系统的扩张与演化，实现区域民族文化产业的生态化发展。

6.4 区域民族文化产业生态系统的关键：生态产业链

生态产业链是产业系统向生态化发展过程中的必然产物，它是生态产业园区或生态产业基地的骨架和经络。正如生物食物链是自然生态系统的关

---

① 陈霞红、林日葵：《文化产业生态学》，浙江工商大学出版社，2012，第83~92页。

键，构建生态产业链也是形成产业生态系统的关键。区域民族文化产业生态系统形成并运行的关键就是区域民族文化生态产业链。

6.4.1 区域民族文化生态产业链的内涵

本书认为，区域民族文化生态产业链是指依据生态学原理构建的，以保护发扬民族文化资源与保持扩大自然资源存量为宗旨，以设计开发两种以上区域民族文化产业或其他相关产业的链接为手段，以提高民族文化资源与自然资源利用率为目标，能实现区域民族文化产业可持续发展的兼具经济、文化、生态功能的区域民族文化产业系统的创新活动。

对区域民族文化生态产业链内涵的理解需把握以下几点。

第一，区域民族文化生态产业链的建立是以保护发扬民族文化资源与保持扩大自然资源存量为宗旨的。区域民族文化产业的核心资源禀赋是区域民族文化，同时，区域民族文化产业也要依靠自然资源才能完成其整个产业过程。区域民族文化生态产业链正是试图通过生态化的设计和开发，推动经济发展的同时推动民族文化生态与自然生态系统的保护和恢复，发扬传承民族文化，保持扩大自然资源的存量，促进经济发展、民族文化保护和自然生态保护的良性循环。

第二，区域民族文化生态产业链以提高民族文化资源与自然资源利用率，实现产业的可持续发展为目标。设计开发区域民族文化生态产业链就是要通过人为调控和管理的方式干预原本存在于区域民族文化产业中的产业链，提高整个产业链中民族文化资源与自然资源的利用率，达到既能使产业获得持续的经济效益，又能发挥产业的文化功能和生态功能的目标，保障产业资源的持续供给，最终实现区域民族文化产业的可持续发展。需要指出，提高民族文化资源的利用率强调的是对民族文化资源深度的、保持其原生态的开发与利用，通过产品的设计、包装，通过优质服务，为消费者提供高质量的精品，让消费者全方位地深刻了解与感受民族文化。

第三，区域民族文化生态产业链是依据生态学原理，通过人为设计、开发、构建两种以上区域民族文化产业或其他相关产业链接的手段实现的。以克服现有产业链的弊端，避免产业系统运行过程中对民族文化资源的破坏，减少对自然资源的浪费，更有效地利用各种资源，甚至还能起到特殊的保护、发扬和传承民族文化的作用。

第四，区域民族文化生态产业链兼具经济、文化、生态功能。它存在的意义就在于通过人为改造区域民族文化产业链的现状，改变现有产业链资源利用率低下、与民族文化生态系统和自然生态系统冲突甚至对抗的状况，而代之以三者的友善协调、共同发展。区域民族文化生态产业链形成和运行的过程既能创造该产业持续的经济效益，还能避免浪费区域自然资源，保护当地生态环境，同时还发挥着保护与传承区域民族文化的作用。当然，从长远来看，也只有加强对民族文化与自然生态的保护，才能保障产业创造更高的经济效益。

第五，区域民族文化生态产业链的本质是区域民族文化产业系统的创新活动。构建生态产业链要在遵循生态经济规律、民族文化发展规律的前提下，通过研究各种具体的区域民族文化产业类型的链接结构和运行模式，发现各产业互动的规律与机理，并依据生态学原理，通过技术创新、管理控制、制度创新等方式对区域民族文化各产业之间的链接结构与运行模式进行改造，创造一个各产业协调互动，各产业内部也运行有序的多层次、立体化具有强大整体功能的新型的区域民族文化产业系统。

6.4.2 区域民族文化生态产业链的自组织特性分析

区域民族文化生态产业链遵循生物界的食物链原理，按特定规律将不同性质和种类的产业组成产业链，每个产业都有类似发掘者、生产者、消费者和分解者的功能，产业链也有企业内、园区内和产业间等多个层次，从而起到发扬传承区域民族文化，保护民族文化生态，减少甚至是杜绝废弃物排放、减轻环境压力、解决自然资源短缺等作用。

与现有区域民族文化产业链相比，由于区域民族文化生态产业链是模仿高度协同的自然生态系统中的食物链原理构造的，它是一个协同发展的耗散的自组织结构，具有系统整体性、有序性、多样性、结构功能的可控性等特性。也正是基于这些特性，它才能在不断优化发展成为远离平衡态开放体系的过程中逐渐优化产出，并实现其经济功能、文化功能与生态功能。

6.4.2.1 区域民族文化生态产业链的系统整体性

区域民族文化生态产业链的系统整体性表现在以下三个方面。

第一，区域民族文化生态产业链在民族文化资源、所处地域、自身空间形态等方面都具有一定的边界。

从民族文化资源看，区域民族文化生态产业链一般是以本地独有的特色民族文化作为核心资源禀赋进行开发和生产，这些民族文化是本地本族民众在漫长的历史发展时期与本地自然生态长期互动逐渐形成的生活与生产方式，是原生态的，具有非常明显的独特性，是其他地域的其他民族所没有的，正是这种独特性形成了该产业民族文化资源的边界。

从所处地域看，区域民族文化生态产业链虽然以民族文化作为核心资源禀赋，但它同时也要依赖一定区域的自然资源与生态环境所存在。因此，它体现着特定区域的边界。

从自身空间形态看，区域民族文化生态产业链一般是以特定区域的一个或数个民族文化生态产业园区的形式存在，这些园区在规划和建设时本身就会划定比较明确的空间和地理位置，具有自身的物理边界。

第二，区域民族文化生态产业链作为一个系统，在功能上具有整合性，它不仅能体现各组分各自的功能，更重要的是，它还能体现各组分之间交互作用而产生的新功能，即结构功能。换言之，区域民族文化生态产业链的功能不仅是其内部各种具体类型的民族文化产业功能的总和，还包括在这些产业之间通过交互作用产生的结构功能，也就是说，它发挥了 $1+1>2$ 的集体效应。

比如，对民族文化的保护与传播而言，在区域民族文化生态旅游的过程中，消费者在有了享用该民族原汁原味的特色饮食、穿过该民族特色的服饰、住过该民族特色的建筑、试用过该民族特色的交通工具、观看该民族原生态的文艺演出和绝活绝技、参与该民族原生态的休闲娱乐方式、购买该民族的工艺品等亲身体验之后，会形成对该民族文化极其深刻的印象和主观感受，并会由此产生对该民族文化的保护、传播、发扬等独特作用。再比如，对该产业的物质基础而言，基于区域民族文化生态产业园区所形成的便利的基础设施、快捷的信息服务、比较低廉的原材料和燃料供应、较轻的环境污染、较低的污染治理投入等等。

第三，区域民族文化生态产业链整体功能的发挥反过来也会受到其系统整合性的制约。

区域民族文化生态产业链中的任何一个产业出现问题，都会影响到它和其他组分的结构功能，最终影响整个生态产业链的整体功能，即"木桶原理"或"短边原则"；当该生态产业链内的各产业之间基于各种原因不能有效合作时，就会产生内耗，内部成本不断增大，甚至入不敷出，即"罅桶理论"。此时就需要加强管理和调控，通过制度创新等方式减少内耗，促使其再次向开放态演化和发展。

6.4.2.2 区域民族文化生态产业链的有序性

区域民族文化生态产业链的有序性表现在以下两个方面。

一方面，区域民族文化生态产业链中各种具体类型的产业之间相互作用、相互约束、分工合作、各司其职，共同实现该产业链的整体功能，只要其中某一产业发生变化，就会影响其他产业，最终会使该产业链整体发生变化。比如，在那些以民族文化旅游为主导产业的区域民族文化生态产业链中，如果民族餐饮产业或交通运输产业的产品或服务质量很差，或者其中某些产业呈现民族文化失真、被歪曲或粗制滥造的情况，就会影响旅游产品的消费需求，导致其下降，最终影响该生态产业链整体的发展。

另一方面，区域民族文化生态产业链是具有耗散结构的自组织系统，它吸收外界的物质和能量，对其作出有规律的联系波动和无规律的随机扰动，维持自身动态的稳定，并逐渐形成自组织，它是非线性的、非平衡的、开放的复杂巨系统。因此，在设计、构建和运行区域民族文化生态产业链时，应注重通过制度创新等方式进行调控，给它创造有利于自组织耗散结构形成的条件，促使其演化为具有内在激励机制的稳定有序的产业生态系统。

6.4.2.3 区域民族文化生态产业链的多样性

区域民族文化生态产业链的多样性表现在以下三个方面。

第一，区域民族文化生态产业链的参与者具有多样性。

横向来看，区域民族文化生态产业链的链结构将大量不同类型的民族文化产业及相关产业联系在一起；纵向来看，每一种具体类型的区域民族文化产业都有民族文化传承人、本民族公众、生产企业、消费者、政府部门、科技企业、科研机构、教育机构、各种中介机构、民族文化保护机构、志愿者组织等数量和类型众多的参与者。因此，在整体区域民族文化生态产业链的网状结构中，就出现了大量的、多种多样的参与者。

第二，区域民族文化生态产业链的投入与产出具有多样性。

从民族文化资源的角度看，每个民族的文化都涉及该民族生产和生活的方方面面，而且一个区域往往可能会有多个民族共同生活，因此，作为产业核心资源的区域民族文化的种类和表现形式是多种多样的。

从区域民族文化产业的具体类型看，它涵盖了民族文化旅游、民族文化演艺、民族工艺品制造、民俗展示、民族餐饮、民族医药制造、民族建筑、民族文化影视制作、民族文化艺术培训、民族文化休闲娱乐、民族文化策划包装、民族文化出版等产业门类，产业链很长，产品和服务形式多样化。

从消费需求看，民族文化产品和服务大多属于体验式的精神消费，消费者的喜好与选择多样化，导致该产业的消费需求也极其多样。

第三，区域民族文化生态产业链的结构具有多样性，其结构元、结构链、结构网络关系都是多样化的，它的多样性主要体现在决策、资源、资金及耦合关系等方面。

决策方面，区域民族文化生态产业链是人为设计、构建、管理和调控的，每一个产业链都有自己的决策者，而决策者是具有主观能动性的，不同决策者对具体情况的把握和理解不同,其决策的方式和偏好也不同。

资源方面,区域民族文化资源具有典型的独特性和多样性,而且由于边界的限制(只有边界内的资源才是可支配资源),不同区域和不同文化生态产业园区民族文化资源的种类、数量、质量都有所不同。

资金方面,区域民族文化生态产业园区资金的来源、数量、支配方式等也有很大不同,并且会影响其发展规模和运行方式。

耦合关系方面,耦合关系包括时间关系、空间关系和营养关系,会影响区域民族文化生态产业链的效益和功能,每一个区域民族文化生态产业链的各个组分都是以自己特有的方式相互作用,形成了耦合关系的多样性。比如,以区域民族文化旅游为例,不同区域的民族文化不同,自然资源和生态环境也不同,甚至同一区域在不同的季节都会使区域民族文化旅游产业呈现不同的特点,这些因素会造成区域民族文化生态产业链的设计、构建、管理和调控方式的不同,或以民族文化资源为主、自然风景为辅来设计,或以自然风景为主、民族文化为辅来构建,又或根据该区域不同季节的特点来构建等,这一切又会导致不同组分间资源的循环利用方式不同,这就形成了不同的耦合关系。

当然,我们也必须认识到,区域民族文化生态产业链的多样性既能增强其稳定性,也可能增大其效益和功能的不确定性。区域民族文化生态产业链的多样性保障了产业链的正常运行,可以增强各组分的关联性,提升民族文化资源与自然资源利用中各参与者的合作意愿,促使众多参与者对资源、技术、基础设施、信息等方面有条件的共享,从而大大提高产业链的稳定性,但多样性也会导致参与者利益与偏好的冲突,给参与者相互的质能循环增加困难。比如,迫使其中一些小企业转向不熟悉的行业、改变生产方式和产品结构等,加大了该产业链效益和功能的不确定性。

6.4.2.4 区域民族文化生态产业链结构功能的可控性

区域民族文化生态产业链结构功能的可控性表现在以下几个方面。

第一,区域民族文化生态产业链具有结构主导性,并基于此结构主导性而形成了该产业链的可控性。

在区域民族文化生态产业链系统中存在一种或一种以上对系统整体发展的方向或实力具有主导作用的成分,这种成分可能是该系统的某个组分,如主导性资源——区域民族文化资源,主导性人才——民族文化传承人和民族文化产品设计开发人才,主导性产业——区域民族文化旅游产业等,也可能是该系统中一些关键性组分形成的某个主导产业链,抑或是该系统中存在的由经济、民族文化、社会、自然生态等多种因素构成的主导网络。这些主导性成分在区域民族文化生态产业链中具有极其重要的功能,带动或制约着整个区域民族文化生态系统发展的主导方向。

结构主导性形成了区域民族文化生态产业链的可控性,通过对该产业链中诸如民族文化资源、自然资源、生态环境、管理体制、市场、政策法规等主导成分的调控和引导,可以提升区域民族文化生态产业链的功能,保障其健康发展。

第二,区域民族文化生态产业链具有结构开放性,并由此为该产业链的可控性提供了条件。

区域民族文化生态产业链的结构开放性是指该系统在资源、物质、能量、信息、人才、资金等方面具有同外部环境进行交流的能力,能接受外部环境的投入并向外进行输出,并以此为基础形成该产业链的竞争能力与适应能力。

结构的开放性也为区域民族文化生态产业链的可控性提供了条件,通过利用该产业链在资源、市场、政策、人才与信息交流渠道等多方面的开放性,调控其输入,控制其状态,从而影响其功能,实现引导区域民族文化产业可持续发展的目的。

第三,具有结构功能可控性的区域民族文化生态产业链的运行有利于节约交易费用,使区域民族文化产业的发展具有更大的市场吸引力和更广阔的发展前景。

影响交易费用的主要因素是资产的专用性、不确定性和交易频率等。对区域民族文化生态产业链节约交易费用的机理可以从以下两个方面加以分析。

其一，从生态产业链中企业共生机理的角度看，有形资产的专用性、地理位置的专用性、享受优惠政策的专用性、人力资本的专有性、交易的频繁性节约了区域民族文化生态产业链条中的企业交易费用。

区域民族文化生态产业链中的企业在进行民族文化产品的生产与服务提供时，有意向进行废弃物交换的上下游企业在找到合适的交易对象后需要用巨大的固定资产投资来支持它们之间的交易，而且这种投资基本上是面向固定企业的，由此形成了有形资产的专用性，改变这种专用性需要付出很高的成本。

该生态产业链中的企业都集中在区域民族文化生态产业园区中，在这个特定地理范围内彼此成为不可替代的交易对象，形成了地理上的专用性，降低了彼此的搜寻成本、信息成本、谈判成本和执行成本。

区域民族文化生态产业园区一般会享受当地政府的园区相关优惠政策，对园区内的企业而言，形成了享受优惠政策的专用性。

由于区域民族文化生态产业链中各种企业集聚在一起，人才的流动和信息交流非常便利，企业搜寻人才的成本降低，人才的集聚也为企业经营提供了更好的智力支持，由此形成了人力资本的专有性。

在区域民族文化生态产业链中，企业之间建立了相对固定的交易关系，如果变更这些交易关系，中断现有交易渠道，企业要承担相应的损失并且要为寻找新交易伙伴付出新的成本，因此企业通常会与现有交易伙伴持续交易，通过频繁的交易活动分摊初始投资成本，由此产生了交易的频繁性。

其二，从民族文化产业的特殊性角度看，区域民族文化产业以区域特色民族文化作为核心资源禀赋生产产品、提供服务，更有利于区域民族文化生态产业链降低交易费用。

首先，区域特色民族文化的内容和表现形式极多，同一地域往往有不同民族，其民族文化不同，同一地域的同一民族，其民族文化会表现为生产生活各个领域的各种具体形式，如饮食、服饰、工艺品、手工技艺、音乐舞蹈、民俗风情等等；不同地域的同一民族，也往往会由于生活地域的不同而形成不同的民族文化。当区域民族文化生态产业链以集聚、共生的方式将相关企业集中在一起，并以更加科学的方式设计、规划和运行产业链时，民族文化产品和服务的品种与形式都会更加丰富，有更多精品，其所蕴含和体现的民族文化也会更加全面、更加深刻，这更有利于吸引消费者，增加交易的频繁性，扩大交易规模。

其次，民族文化产品和服务的消费大多都是精神性消费和体验式消费，消费者最主要的消费需求就是能够更全面、更深刻地体验某种民族文化的特色或曰原生态，区域民族文化生态产业链中企业提供的产品和服务品种更丰富、质量更上乘，消费者在相对集中的地域就可以享受到这些产品和服务，性价比也更高，满意的消费还会起到广告宣传的作用，这也会增加交易的频繁性。

再次，民族文化由特定民族在漫长的历史发展过程中逐渐形成并代代相传至今，很多民族文化是通过人与人的口耳相传而传承，真正完全掌握本民族文化的相关内容和相关技艺的往往只是本民族内部的个别人，如非物质文化遗产的传承人。因此，在区域民族文化产业的发展过程中，民族文化专业人才是关键要素。但现阶段，各种原因造成了民族文化专业人才流失、青黄不接的状况，甚至因为找不到传承人，有些民族文化随着上一代传承人的老去而彻底消亡，区域民族文化生态产业链体现的人才资本的专有性优势非常有利于民族文化专业人才的集聚，有利于民族文化的传承与保护，有利于企业降低搜寻民族文化专业人才的成本。

当然，任何企业的合作都会发生搜寻成本、谈判成本、履约成本以及风险成本等交易费用，但这些交易费用远远低于区域民族文化生态产业链为企业所节约的交易费用。因此，区域民族文化生态产业链带给区域民族文化产业更大的市场吸引力和更广阔的发展前景。

6.5 区域民族文化产业生态系统的构建途径

产业生态系统通常可通过以下途径来构建：①构建生态产业链；②构

建产业生态系统多样性;③选择关键企业构建企业共生体;④构建产业共生网络;⑤构建信息网络①。区域民族文化产业生态系统的构建也可以通过这些途径来实现。

6.5.1 构建区域民族文化生态产业链

区域民族文化生态产业链是支撑起区域民族文化生态产业园的骨架和经络,是构建区域民族文化产业生态系统的关键。

如前所述,区域民族文化生态产业链是要依据生态学原理,人为设计并调控管理现有区域民族文化产业链,以避免产业发展过程中对民族文化资源的破坏和对自然资源的浪费,提高利用率,保护与恢复民族文化生态与自然生态,推进该产业发展、资源(包括民族文化资源与自然资源)利用、生态(包括民族文化生态与自然生态)保护三者的良性循环,同时实现并提升产业的经济效益、文化效益和生态效益。

因此,构建区域民族文化生态产业链时,应遵循其规律和特点,通过投入资源与资本、设计开发产品、提高决策者决策水平、培养与引进相关人才、应用先进科学技术、政策引导与制度保障等各种具体方法的运用,实现区域民族文化生态产业链所具有的系统整体性、有序性、多样性、结构功能的可控性等,使其真正能以耗散的自组织结构不断优化发展,成为远离平衡态的开放体系,从而实现其经济、文化、生态功能。

构建区域民族文化生态产业链时,尤其应注意避免区域民族文化产业链短、结构单一、运行僵化、缺少灵活性等直接影响产业生态系统稳定性的缺陷,充分利用区域民族文化资源丰富、独特、表现形式多样等特点,通过设置调节链、加链或减链、构筑新生态链等调节手段,尽量延长、丰富产业链,开发多种形式的衍生产品,增强产业系统的弹性与稳定性。

---

① 李云燕:《产业生态系统的构建途径与管理方法》,《生态环境》2008 年第 4 期。

6.5.2 构建区域民族文化产业生态系统的多样性

区域民族文化产业生态系统的多样性特征体现在参与者的多样化、投入与产出的多样化、结构的多样化等方面，它是帮助产业生态系统实现其功能的重要因素。

构建区域民族文化产业生态系统的多样性有以下具体方法。

一是引进多样化的参与者。比如，民族文化传承人、本民族公众、生产企业、消费者、政府部门、科技企业、科研机构、教育机构、各种中介机构、民族文化保护机构、志愿者组织等等，这些类型各异的参与者分布在由区域民族文化生态产业链连接在一起的各种具体类型的民族文化产业中，形成了一个多样化、立体化、数量众多的参与者体系。

二是通过各种方式实现投入与产出的多样化。比如，根据当地民族文化资源与自然资源环境的状况以及各种消费需求，设计多种多样的产品，构建多样化的、复杂的产品结构，以便更好地适应市场；充分依托区域民族文化的不同形式发展民族文化旅游、民族文化演艺、民族工艺品制造、民族餐饮、民族文化休闲娱乐、民族文化出版、民族文化影视制作、民族医药制造等多样化的民族文化产业体系，建立各企业之间、各产业之间的多种联系，形成多渠道的物质能量输入输出机制，实现相互的协调发展。

三是通过人为的设计、管理、调控等在决策、资源、资金、耦合关系等方面实现区域民族文化产业结构的多样化。

6.5.3 选择关键种企业以构筑企业共生体

关键种理论是群落生态学的中心原理[①]。它最早由美国华盛顿大学的佩因（Paine）提出，佩因通过1962~1964年的系列实验证明，群落中的捕食

---

① MILLS L S, SOULE M E, DOAK D F. "The Keystone Species Concept in Ecology and Conservation", *Biol Science*, 1993, 43 (2): 219-224.

者阻止单一物种对必要生存条件的垄断的效率和捕食者的数量影响着系统中物种的多样性。捕食者位于食物链的上端，它的存在有利于保持群落的稳定性和物种的多样性，反之，其缺失会降低系统的多样性。由于捕食者在群落中能独立确定被捕者的结构格局，它的存在对保持其所在生物群落的组成、结构及多样性至关重要，因此被称为关键种。关键种一旦灭绝会导致群落中生物多样性减少和生态系统功能的紊乱。关键种理论阐释了关键种进化对生态系统或群落的种多样性、稳定性的影响与调控作用[1]，被认为是分析生态系统或种群生存力的最适宜的工具[2]。

关键种理论告诉我们，产业生态系统中必然存在具有关键结构属性和优势功能地位的关键种企业，它们往往决定了产业生态系统的演化方向和演化速度[3]。关键种企业与群落内的其他企业纵横关联紧密，是群落网络组织的链核，因为拥有较强的资源辐射能力，关键种企业具有前向、后向、旁侧等联动效应，能使大量个别产业发生相互关联和协同作用，带动企业群体的变化，从而使整个产业系统的结构发生巨大改观[4]，对构建群落工业共生体以及维护整个共生体的稳定性起着关键作用[5]。

在区域民族文化产业生态系统中，也存在具有关键结构属性和优势功能地位、与其他企业密切相关、能带动它们相互发生关联和协同作用、处于生态产业链核心地位的关键种企业，选定关键种企业构筑企业共生体，是发展区域民族文化产业的关键。

比如，选择实力很强的大型民族文化旅游公司，由于民族文化旅游

---

[1] Paine R T. "A Note on Tropic Complexity and Community Stability", *American Naturalist*, 1969, 103 (1): 91–93.

[2] Soule M E, Simberloff D. "What do Genetics and Ecology Tell Us about the Design of Nature Reserve", *BiologicalConservation*, 1986, 35 (1): 19–40.

[3] Walker L R, Vitousek P M. "An Invader Alters Germination and Growth of Native Dominant Tree in Hawaii", *Ecolo-gy*, 1991: 1449–1455.

[4] Craedel T E, Allenby B R. *Industrial Ecology (Second Edition)*, Upper Saddle River, NJ: Prentice-Hall, 2008: pp. 88–89.

[5] 谢涛、夏训峰、乔琦、海热提：《关键种理论对构筑生态工业园的指导作用研究》，《生态经济》2006年第5期。

是目前区域民族文化产业发展中具有特殊地位的重要产业类型，它将民族文化产业的很多具体产业类型如民族餐饮、民族服饰、民族工艺品制造、民族文化演艺、民俗展示、民族文化休闲娱乐等连接在一起，具有特殊的生态位，作为关键种企业的大型民族文化旅游公司就可以凭借自身优势，带动其他相关产业的企业，协同作用、互促发展，从而形成企业共生体。

6.5.4 构建区域民族文化产业共生网络

产业共生是实现产业生态化的核心理念①。产业共生是以协作的方式将独立企业加以组合，促使它们在物质、能量、资源以及副产品等方面进行交换，以提升其竞争优势。

产业共生目前在实践中主要表现为生态产业园（工业园）的形式。其本质是形成产业共生网络，通过在组织交界层面的相互协作将地理位置相近的人类行为连接起来，提高资源的使用效率和效益，以获得发展潜力②。产业共生网络能促进经验、知识、人力资本等无形资源的传播、合作以及基础设施的共享，具有与产业集群类似的功能基础。构建区域产业共生网络就是要将产业活动与承载空间内的资源、生态、制度环境相融合，各主体之间形成稳固联系，使产业内部治理结构科学合理，竞争优势集群化，从而带动产业间的升级互动，实现资源、生态、经济系统的协调发展。

产业共生网络运作模式主要包括依托型、平等型、嵌套型和虚拟型四种③：依托型是由一家或几家大型核心企业吸附很多中小型企业围绕其运作而成，相互之间形成依附与被依附的关系，核心企业主导网络的运行，一旦

---

① 陈有真、段龙龙：《产业生态与产业共生——产业可持续发展的新路径》，《理论视野》2014年第2期。
② M. R. Chertow. "Industrial Symbiosis: Literature and Taxon-omy", *Annual Review of Energy and Environment*, 2000 (25): 313-317.
③ 王兆华、尹建华：《生态产业园中工业共生网络运作模式研究》，《中国软科学》2005年第2期。

第6章 路径二：构建区域民族文化产业生态系统

其发生变化，会直接影响产业共生网络的稳定性与安全性，如广西贵糖集团和丹麦卡伦堡工业共生体；平等型是指多家处于平等地位的企业进行资源的交流，依靠市场调节机制实现价值链的增值，相互之间不存在依附关系，其特点是稳定性强，但由于企业选择合作伙伴的主动权增强，难以形成主体生态产业链，因此需要政府或园区管理者参与，以保障网络的稳定性与安全性，如加拿大波恩赛德工业园；嵌套型是由多家大型企业和其吸附企业通过各种业务关系而形成的错综复杂的包含大企业之间的平等型网络、大中小企业之间的依托型网络、大小企业相互渗透的多级嵌套的网络综合体[1]，如奥地利施第里尔（Styria）生态产业园；虚拟型是借助现代信息技术用信息流连接价值链建立的开放式动态联盟，它最大的特点在于合作企业以网络为依托，组合各自的核心能力，优势互补，协同发展，如美国布朗斯维尔生态产业园。

与其他物质生产领域的产业相比，文化产业具有更强的集群化特征[2]。尤其是区域民族文化产业，由于其所依托的民族文化资源具有典型的区域性和独特性，地理位置上的相对集中、生产创造上的相互匹配与协调便成为该产业发展的强劲动力。区域民族文化产业园区就是一个区域民族文化产业共生网络，也可以看作一个区域民族文化产业集群，它具有较强的竞争力、渗透力、控制力，具有品牌效应和集聚效应。

区域民族文化产业共生网络的构建应依据当地民族文化资源、自然资源与自然环境、经济发展水平、产业发展状况、企业状况等进行科学的规划与布局，选择最适合自己的产业共生网络运作模式。通过重点培育和建设一批经济效益、文化效益、生态效益显著的具有一定规模的民族文化产业基地，如民族文化旅游基地、民族工艺品生产基地、民俗文化展示基地、民族歌舞演艺基地、民族服饰文化基地等，并以其为龙头，依托区域民族文化资源富

---

[1] WALLNER H P. "Regional Embeddedness of Industrial Parks: Strate-gies for Sustainable Production Systems at the Regional Level", *Journal of Cleaner Production*, 2001（4）：pp. 56 – 58.

[2] 韩俊伟、姜东旭：《区域文化产业》，中山大学出版社，2011，第93页。

集区、自然风景名胜区和主要交通干线①，建设集民族文化产品研发、生产、销售、消费于一体，既有经济效益又有生态效益和文化效益的区域民族文化产业园区。在时机成熟时，再抓住机会逐步构建区域民族文化产业带，最终形成特色的区域民族文化产业群。

6.5.5 构建区域民族文化产业信息网络

产业生态系统的运行需要企业在相互充分了解的基础上密切合作，因此，信息的收集与交流是关乎产业生态系统发展的重要因素，尤其是在构建产业园区时，需要极大的信息量，单一的企业个体在能力和费用上都很难独立完成，必须利用现代信息技术手段建立畅通的信息网络。

区域民族文化产业构建信息网络的原因和途径如下。

一是构建区域民族文化产业生态系统或区域民族文化产业园区，首先需要足够了解该产业系统的边界信息、资源信息、环境信息、主体成员信息等，以此才能实现开发设计产品、实现上下游企业的合作、提高资源利用率等区域民族文化产业生态系统或产业园区的各项功能。

二是区域民族文化产业以民族文化为核心资源禀赋，并且主要是体验式消费、精神消费，其发展极其依赖民族文化资源、消费需求、民族文化人才这些因素，因此，这些信息的搜集和交流对该产业和园区的发展至关重要。

三是相关的政策与法律法规信息的了解和掌握与区域民族文化产业园区和产业系统中企业的生产活动和发展直接相关，对这些信息的搜集是构建区域民族文化产业信息网络的必需环节。

6.6 本章小结

本章研究的是区域民族文化产业生态化发展的路径之二，即构建区域民

---

① 傅于川、欧阳德君：《民族地区生态文化产业发展初探——以黔东南苗族侗族自治州为例》，《贵州民族研究》2009 年第 1 期。

族文化产业生态系统。

区域民族文化产业生态系统是模拟自然界的生物食物链与自然生态系统的运行机制所形成的，能高效利用民族文化资源与自然资源、减少废弃物排放、保障区域民族文化生态平衡、结构与功能高度一体化的有机整体。它具有开放性、循环性、层次性、本土性、经济性、演进性、调节性、整体性、差异性、增值性、文化性等特征。

区域民族文化产业生态系统通过特定的结构方式实现其各种功能。从系统生态学视角分析，它由区域民族文化产业生物群落与环境组成，区域民族文化产业生物群落又由生产者、消费者、分解者组成；从组织生态学视角分析，它由区域民族文化产业个体、种群、群落三个层次构成；从生态哲学视角分析，它由主体、客体、环境三个部分构成。当区域民族文化产业生态系统是一个层次多样、结构合理、功能完善并能促进物质能量高效循环与流动的物质载体和功能体系时，才能实现区域民族文化产业的生态化发展。

形成区域民族文化产业生态系统的关键是区域民族文化生态产业链。它是一个协同发展的耗散的自组织结构，具有系统整体性、有序性、多样性、结构功能的可控性。正是基于这些特性，它才能在不断优化发展成为远离平衡态开放体系的过程中逐渐优化产出，并实现其经济功能、文化功能与生态功能。

区域民族文化产业生态系统可以通过以下途径来构建：第一，构建区域民族文化生态产业链；第二，构建区域民族文化产业生态系统的多样性；第三，选择关键种企业构建企业共生体；第四，构建区域民族文化产业共生网络；第五，构建区域民族文化产业信息网络。

第7章 区域民族文化产业生态化发展路径的实证分析

7.1 甘南藏族自治州民族文化产业协同进化及产业生态系统分析

甘肃省甘南藏族自治州（以下简称"甘南州"）被誉为美丽神奇、纯净圣洁、世人仰慕的人间仙境——香巴拉。它历史悠久，是古丝绸之路唐蕃古道的重要通道，其辖区内生活着以藏族为主的24个民族，它处于牧区与农区接合部，由此汇集了草原文化、游牧文化、佛教文化、农耕文化、民俗文化、红色文化等多种文化，拥有极其丰富的民族文化资源。但长期以来甘南州交通不便，经济社会发展较为落后，辖区内七县一市中有五个是国家级贫困县，但也恰是由于其经济落后、交通不便，各种民族文化资源受到强势文化与现代文化的影响反而较少，民族文化的原生性、独特性、多样性保持较为完好，经济发展过程中对自然环境的破坏也较小，使其具有了发展民族文化产业的资源优势与后发优势。近年来，甘南州依托民族文化资源大力发展文化产业，作为甘南州三产首位产业，文化产业成为甘南经济发展新的增长极，其增长速度甚至超过全国数个百分点。同时，由于甘南州处于特殊的地理位置，是全国"五大牧区"之一、"九大林区"之一，有全国"六大绿色宝库"的美誉，也是黄河、长江等河流的水源涵养补给区，在我国"两屏三带"生态安全战略格局中处于核心地带,其生态环境保护对整个国家都具有极其重要的意义。故此,本书选取甘南藏族自治州作为区域民族文化产业系统协同进化与构建产业生态系统实证分析的样本。

7.1.1 甘南州概况①

甘南藏族自治州位于甘肃省南部,西接青海,南连四川,处于甘肃、青海、四川三省的接合部,是全国十个藏族自治州之一,被誉为"中国的小西藏,甘肃的后花园"。甘南州下辖合作市(州府)及卓尼、临潭、舟曲、迭部、玛曲、碌曲、夏河七县,总面积4.5万平方公里,辖区内有藏、汉、回、土、蒙、满等24个民族居住,总人口73.07万人,其中藏族人口占54.2%。

从地理类型看,甘南州处于青藏高原东北边缘与黄土高原西部过渡地带。全州从东到西分别为:东北部农林牧交错的山地丘陵区、东南部气候温和的岷迭高山峡谷区、西部北部有宽广草甸草原的山原区。其中,西北部山原区草地广阔,水草丰美,是全国"五大牧区"之一,东南部岷迭高山峡谷区林业资源丰富,是全国"九大林区"之一,有全国"六大绿色宝库"之美誉。从生态地位看,独特的自然地理区位决定了甘南州在地质地貌、气候水文、植被物种等方面的多样性和复杂性,使其成为黄河、长江等主要河流的上游水源涵养补给区,被称为"黄河之肾""中华水塔",其生态系统在气候调节、水源涵养、水土保持、生物多样性保护等方面发挥着重要作用,处于我国"两屏三带"生态安全战略格局的核心地带,生态安全屏障地位十分突出。甘南州生态资源相对丰富,但受地形、气候等自然条件的制约,适宜开发度低,承载力有限,且生态脆弱,地质灾害频发,森林、草地、湿地等生态系统自我恢复能力差、自然修复周期长,人工恢复成本高,所以90%以上的辖区面积属于限制开发区或禁止开发区。正因如此,发展

---

① 本节所用数据均来自甘南藏族自治州统计局官方网站"甘南统计信息网"(网址:www.gnztj.gov.cn/)公布的2012年至2016年"甘南藏族自治州国民经济和社会发展统计公报",其中只有两个数据例外,其来源在文中作了标注。

生态经济，培育生态产业就成为甘南州实现经济转型升级与跨越发展的唯一出路。

甘南州特殊的地理位置、处于牧区与农区接合部的特点以及其多民族聚居的悠久历史，形成了丰富的民族文化，成为藏、汉、回民族文化的交汇带，被费孝通先生称为"青藏高原的窗口"，也被国家确定为生态文明先行示范区。

自西部大开发以来，甘南州的经济发展较快，社会面貌明显改善，发展态势良好。

从经济发展速度来看：2007年甘南州的地区生产总值是40.51亿元，到2016年达到了135.95亿元，翻了近两番，其中八个年份的增长率都超过了7%（见图7-1）；2016年人均GDP是19213元，比2007年的5200元翻了近两番，其中六个年份的增长率超过了10%，2010年高达26.3%（见图7-2）；2016年固定资产投入是208.83亿元，比2007年的34.08亿元增长了五倍，其中四个年份的增长率高达40%以上（见图7-3）；2016年财政收入是16.92亿元，比2007年的3.47亿元增长了近四倍，其中六个年份的增长率超过了20%，在2011年和2013年分别高达40.8%、35.5%（见图7-4），经济发展速度较快。

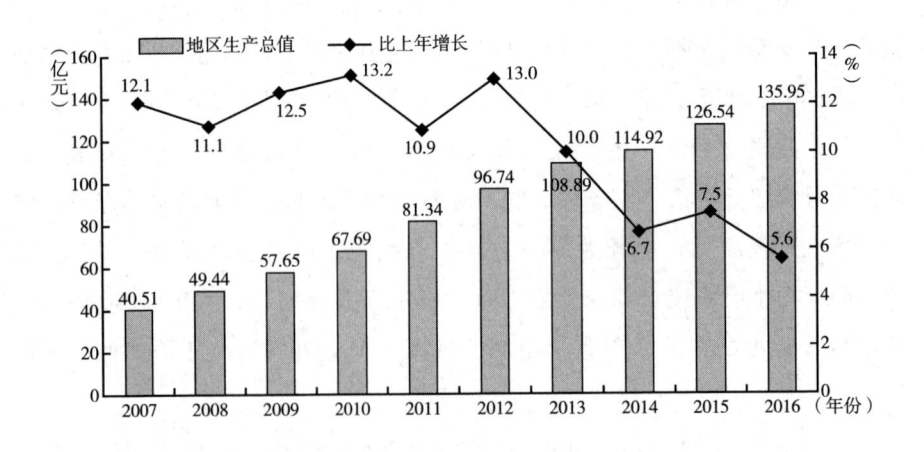

图7-1 2007~2016年甘南州地区生产总值及增长速度

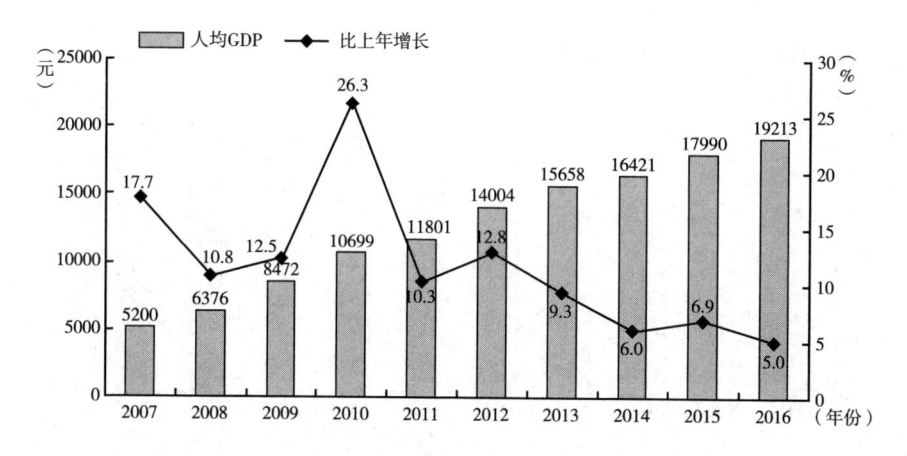

第7章 区域民族文化产业生态化发展路径的实证分析

图 7-2 2007~2016 年甘南州人均 GDP 及增长速度

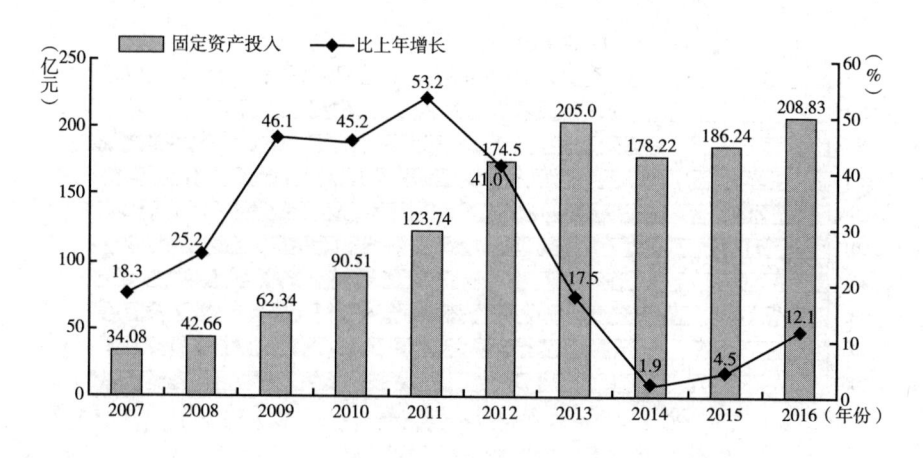

图 7-3 2007~2016 年甘南州固定资产投入及增长速度

从经济结构看，2016 年甘南州第一产业、第二产业、第三产业的产值比重分别是 21.42%、16.07%、62.51%，2007 年的产值比重则分别是 28.7%、24.2%、47.1%，第一产业、第二产业的产值比重逐渐降低，第三产业则迅速增长，并且超过了全部产值的 50%，经济结构不断优化（见图 7-5）。第三产业推动经济发展的作用越来越大，这与甘南州民族文化产业的迅速发展是分不开的。

从城乡居民生活水平来看，2007 年城镇居民人均可支配收入是 6877

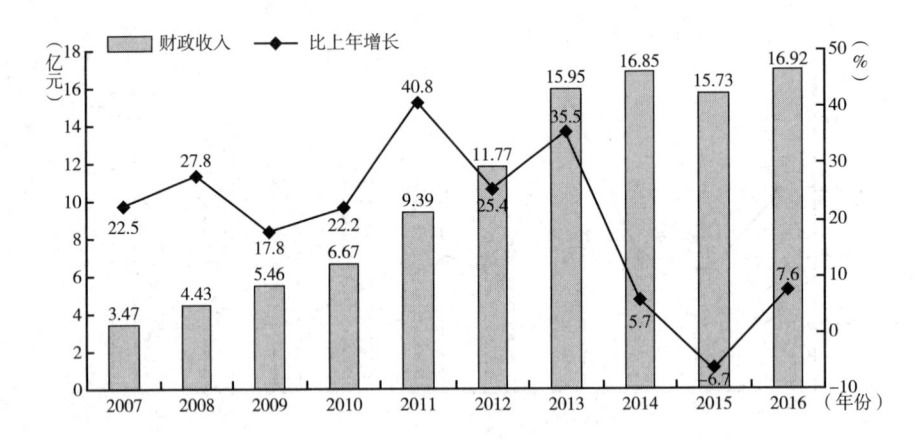

图 7-4　2007~2016 年甘南州财政收入及增长速度

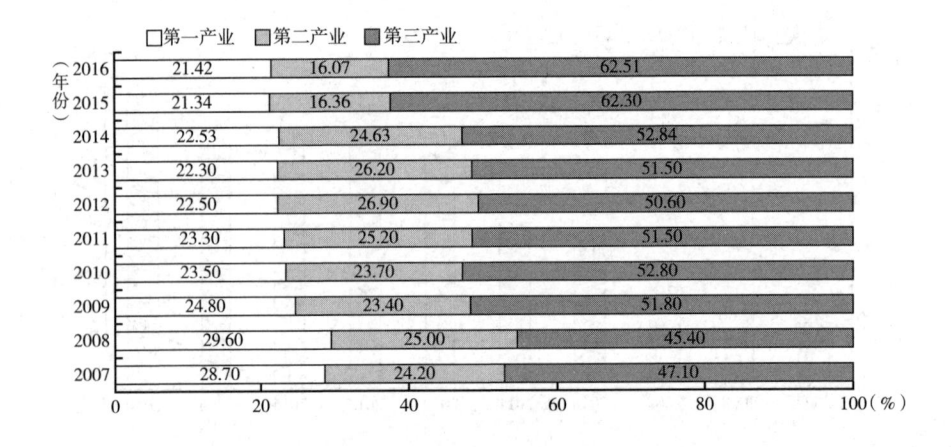

图 7-5　2007~2016 年甘南州三次产业产值比重对比

元,到 2016 年则达到 21327 元,十个年份的增长率均超过 8%(见图 7-6);2016 年农村居民人均可支配收入 6414 元,比 2007 年的 1711 元翻了近两番,其间九个年份的增长率超过 8%(见图 7-6);2016 年甘南州的社会消费品零售总额达到 45.3187 亿元,比 2007 年的 12.03 亿元翻了近两番,十个年份的增长率均超过 8%(见图 7-7),城乡居民生活水平显著提高。

但也不能否认,与全省、全国的平均水平相比,甘南州的经济发展水平

第7章 区域民族文化产业生态化发展路径的实证分析

图 7-6 2007~2016 年甘南州城镇、农村居民人均可支配收入及增长速度

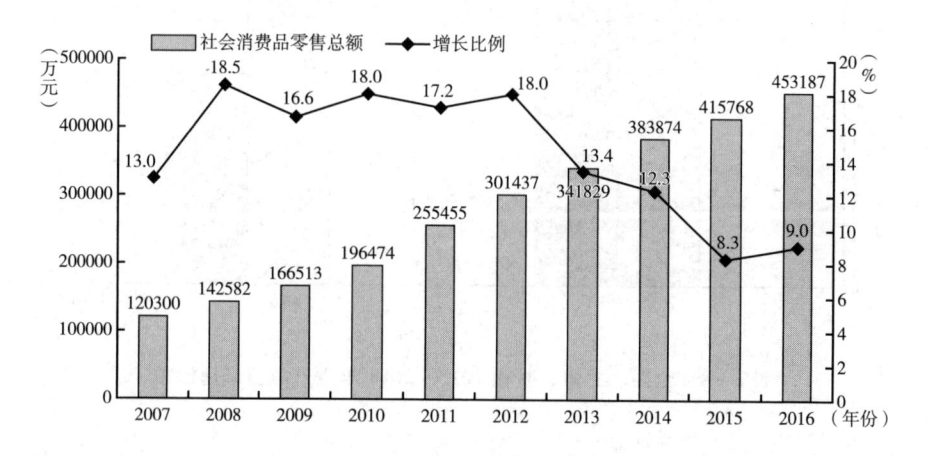

图 7-7 2007~2016 年甘南州社会消费品零售总额及增长速度

还存在一定差距。2016 年甘南州的地区生产总值是 135.95 亿元，比上年增长 5.6%，人均 GDP 是 19213 元，比上年增长 5%，而甘肃省 2016 年的生产总值是 7152.04 亿元，比上年增长 7.6%，人均 GDP 是 27643 元，比上年增长 7.2%，全国 2016 年国内生产总值则是 744127 亿元，比上年增长 6.7%[①]，人

---

① 李克强：《2016 年国内生产总值增长 6.7%，名列世界前茅》，人民网，http://finance.people.com.cn/n1/2017/0305/c1004-29124043.html，2017 年 3 月 5 日。

均 GDP 是 53974 元①，比上年增长 7.97%。2015 年甘南州的地区生产总值是 126.54 亿元，比上年增长 7.5%，人均 GDP 达 17990 元，比上年增长 6.9%，而甘肃省 2015 年的生产总值是 6790.32 亿元，比上年增长 8.1%，人均 GDP 是 26165 元，比上年增长 7.7%，全国 2015 年国内生产总值则是 689052 亿元，比上年增长 6.9%，人均 GDP 是 50251 元，比上年增长 7.41%（见图 7-8、图 7-9）。甘南州人均 GDP 增速与 2016 年生产总值增速仍低于甘肃省与全国平均水平。迄今为止，甘南州的合作市、临潭县、卓尼县、舟曲县、夏河县仍是国家级贫困县。

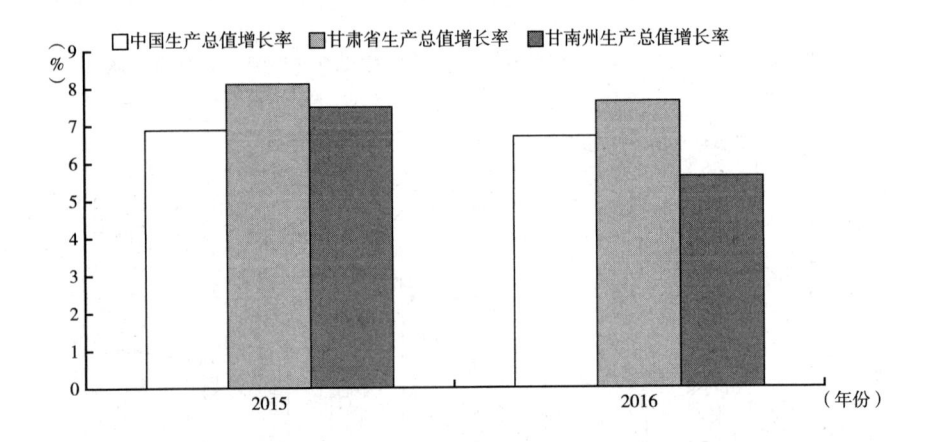

图 7-8　全国、甘肃、甘南 2015~2016 年生产总值增速比较

7.1.2　甘南州民族文化产业系统相关数据的测算

7.1.2.1　甘南州民族文化产业系统协同发展的序参量与指标体系

根据指标选取的科学性与合理性、全面性与不重叠、层次性与系统性、指标可比性与数据易获得性等原则，结合甘南藏族自治州的实际情况（尤其是个别指标找不到数据的具体情况），将民族文化产业系统协同发展的序

---

① 老泂城人：《2016 年中国国内生产总值（GDP）统计数据》，360 个人图书馆，http://www.360doc.com/content/17/0121/12/14421628_623858247.shtml，最后访问日期 2017 年 1 月 21 日。

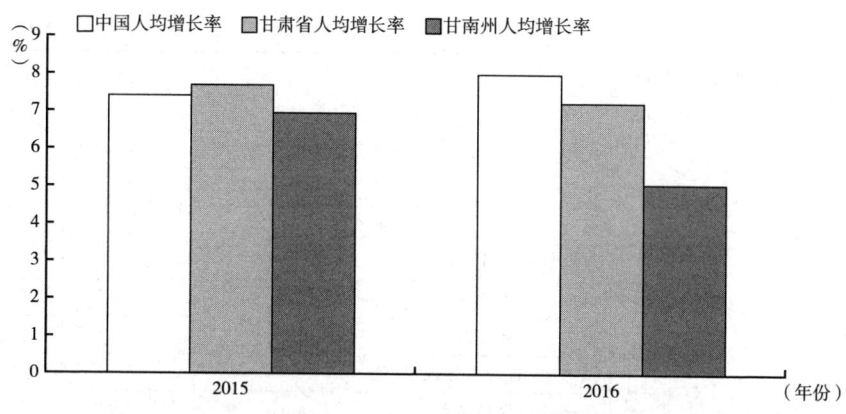

第7章 区域民族文化产业生态化发展路径的实证分析

图7-9 全国、甘肃、甘南2015~2016年人均GDP增速比较

参量与指标体系作了细微的调整,形成甘南州民族文化产业系统协同发展的序参量与指标体系,具体见表7-1。

表7-1 甘南州民族文化产业系统协同发展的序参量与指标体系

系统	子系统	序参量	指标	单位	性质
甘南民族文化产业复合系统	甘南民族文化子系统	民族文化资源特色性与丰裕度	该区域生活的民族数	个	正向
			世界文化遗产数	个	正向
			世界级、国家级、省级非物质文化遗产数	个	正向
			国家级历史文化名城名镇名村数	个	正向
			国家级重点文物保护单位数	个	正向
			中国民间文化艺术之乡数	个	正向
		民族文化传承能力	国家级非物质文化遗产传承人数	人	正向
			文化生态保护区数	个	正向
			公共图书馆藏书量	万册	正向
			广播人口综合覆盖率	%	正向
			电视人口综合覆盖率	%	正向
			出版发行双语(两文)报纸增长率	%	正向
			中小学双语教学学校数	个	正向
			中小学双语教学学生数	万人	正向
	甘南产业子系统	总量规模	民族文化产业增加值	亿元	正向
			民族文化产业增加值占GDP比重	%	正向
			民族文化产业固定资产投资额	亿元	正向
			民族文化产业从业人员数	人	正向

255

续表

系统	子系统	序参量	指标	单位	性质
甘南民族文化产业复合系统	甘南产业子系统	政府投入	文化事业财政支出占该地区财政支出比重	%	正向
		发展速度	民族文化产业增加值年增长率	%	正向
			民族文化产业固定资产投资额年增长率	%	正向
			民族文化产业从业人员年增长率	%	正向
		市场化程度	城镇居民文化消费比重	%	正向
		经济贡献	国民经济贡献率	%	正向
	甘南生态子系统	自然旅游资源丰裕度	世界自然遗产数	个	正向
			国家级、省级自然保护区数	个	正向
			生态功能保护区数	个	正向
			A级景区数	个	正向
		生态环境质量	人均造林面积	公顷/人	正向
			人均耕地面积	公顷/人	正向
			单位GDP综合能耗	吨标准煤/万元	负向
			工业废水排放总量	万吨	负向
			生活污水排放总量	万吨	负向
			工业废气排放总量	万立方米	负向
			二氧化硫排放总量	万吨	负向
			烟尘排放总量	万吨	负向
			工业固体废物产生量	万吨	负向
			工业烟尘去除量	万吨	正向
			工业固体废物综合利用率	%	正向
			环境污染治理投资额占GDP比重	%	正向

7.1.2.2 数据来源

甘南州民族文化产业系统协同发展的序参量与指标对应的数据来源于《甘南藏族自治州统计年鉴》《甘肃统计年鉴》《2016中国文化及相关产业统计年鉴》以及"甘南统计信息网"和甘南藏族自治州官方网站。根据数据可获得性原则，我们选取了2008~2016年的相关数据。对个别不连续的数据，补充了缺失年份，按统一口径对指标数值进行了调整。

7.1.2.3 甘南州民族文化产业系统相关数据的测算结果

将2008~2016年甘南州民族文化产业系统序参量和指标体系对应的相关数据代入区域民族文化产业系统的协同进化模型（模型具体公式和求解

步骤详见本书"5.2 区域民族文化产业系统的协同进化模型"的论证），可以得出甘南藏族自治州民族文化产业系统的有序度和甘南州民族文化子系统、产业子系统、生态子系统的数值模拟结果以及复合系统的参数值。

（1）甘南藏族自治州民族文化产业系统的有序度

根据甘南州民族文化产业系统协同发展的序参量与指标体系和甘南州的相关数据，分析甘南州2008~2016年的统计数据，根据有序度计算公式（5-2）和（5-3），得出了甘南州民族文化子系统、产业子系统、生态子系统的有序度（见表7-2、图7-10）。

表7-2 甘南州民族文化子系统、产业子系统、生态子系统的有序度

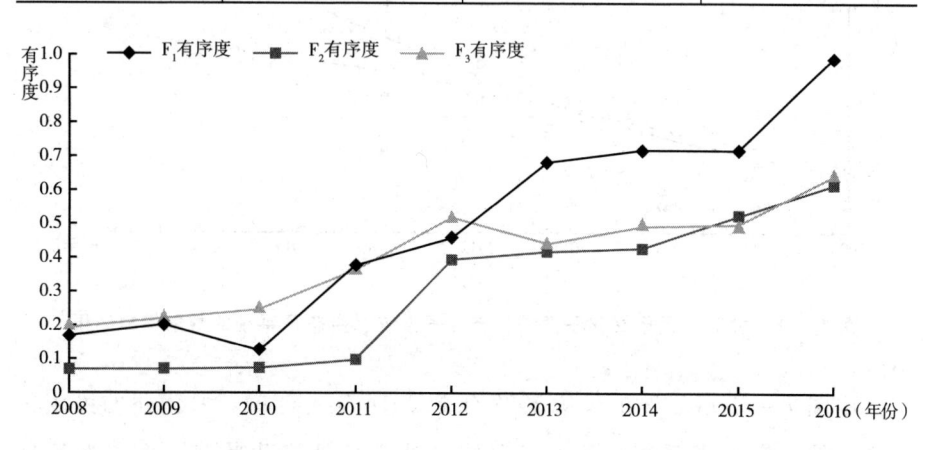

年份	F_1有序度	F_2有序度	F_3有序度
2008	0.1741	0.0708	0.1946
2009	0.2022	0.0713	0.2223
2010	0.1239	0.0758	0.2469
2011	0.3748	0.0984	0.3627
2012	0.4573	0.3958	0.5187
2013	0.6815	0.4182	0.4423
2014	0.7175	0.4280	0.4952
2015	0.7192	0.5234	0.4994
2016	0.9844	0.6170	0.6412

图7-10 甘南州民族文化子系统、产业子系统、生态子系统的有序度

由表7-2、图7-10可以看出，从2008年到2016年，甘南州民族文化子系统、产业子系统、生态子系统的有序度整体上呈上升态势。其中，民族文化子系统的有序度在2010年有所下降，但到2011年又迅速大幅回升，之后一直保持上升态势，尤其是在2012~2013年和2015~2016年有序度大幅增加；产业子系统的有序度在2011年以前一直保持缓慢上升趋势，但在2011~2012年有序度急剧增加，其后两年保持了稳定的缓慢增长态势，2014年至2016年又再次大幅增长；生态子系统的有序度在2010~2012年迅速增长，2012~2013年有所回落，其后两年又缓慢回升，到2016年又大幅增长。

（2）甘南州民族文化子系统、产业子系统、生态子系统的数值模拟结果

根据表7-2的结果，把F_1序参量指标、F_2序参量指标与F_3序参量指标的具体数据代入最小二乘法模型的目标函数，得到甘南州民族文化子系统、产业子系统、生态子系统的数值模拟结果（见图7-11）。

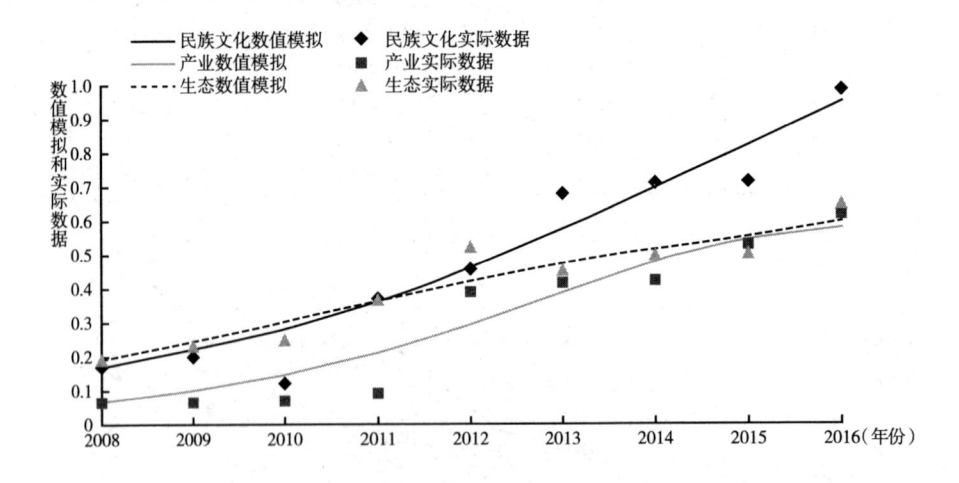

图7-11 甘南州民族文化子系统、产业子系统、生态子系统的数值模拟结果

由图7-11可以看出，从2008年到2016年九年间，甘南州的民族文化子系统、产业子系统、生态子系统都处于持续进化状态，发展态势良好。

(3) 甘南州民族文化产业系统的参数值

同上,根据表7-2的结果,把F_1序参量指标、F_2序参量指标与F_3序参量指标的具体数据代入最小二乘法模型的目标函数,同时可得出甘南州民族文化产业系统的参数值(见表7-3、表7-4)。

表7-3 甘南州民族文化产业系统协同进化模型参数估计结果

ρ_1	0.1816	u_{12}	1.8052	u_{23}	-2.9994
ρ_2	0.3223	u_{13}	-2.9996	u_{31}	-1.7558
ρ_3	0.2664	u_{21}	2.2186	u_{32}	2.9997

表7-4 甘南州民族文化产业系统协同进化模型平衡点的特征值

平衡点\特征值	λ_1	λ_2	λ_3
P_1	0.1816	0.3223	0.2664
P_2	-0.1816	-0.3928	0.7341
P_3	-0.3223	0.1462	-0.5327
P_4	-0.2664	0.7263	1.2890
P_5	0.0751	-0.2545	0.0677
P_6	-0.2216	0.5639	0.3682
P_7	0.2270	-0.3026	-0.0585
P_8	-0.0795	-0.1942	-0.1278

表7-3显示,$\rho_1 > 0$、$\rho_2 > 0$、$\rho_3 > 0$,因此,甘南州的民族文化子系统、产业子系统、生态子系统都是进化系统,说明甘南州的民族文化子系统、产业子系统、生态子系统都获得了较大发展;$u_{12} > 0$、$u_{21} > 0$,说明甘南州民族文化子系统与产业子系统是双输关系;$u_{23} < 0$、$u_{32} > 0$,说明甘南州产业子系统与生态子系统是输赢互补关系;$u_{13} < 0$、$u_{31} < 0$,说明甘南州民族文化子系统与生态子系统是双赢关系。

由表7-4可以看出,甘南州民族文化子系统、产业子系统、生态子系统共同进化发展,向着一个稳定的结构状态P_8转化,在此点$\lambda_1 < 0$、$\lambda_2 < 0$、$\lambda_3 < 0$,因此该点属于稳定点,该稳定点为P_8(0.3310, 0.5010, 0.0785),表示甘南州民族文化产业系统的有序度在目前条件下的极限值,

在达到该值之前,甘南州民族文化子系统、产业子系统、生态子系统将处于一种协同进化状态,由此实现甘南州民族文化产业系统的协同演化,激发民族文化产业系统大于各子系统功能之和的整体协同效应。

7.1.3 甘南州民族文化产业系统有序度分析

7.1.3.1 甘南州民族文化产业系统的有序度状态

由前文测算结果以及表7-2、表7-3、表7-4可知:①2008~2016年,甘南州民族文化子系统、产业子系统、生态子系统这三个子系统的有序度不断增加,说明近年来甘南州民族文化保护与传承、民族文化产业发展、生态环境保护与改善各自都取得了很大的进步;②伴随着民族文化、产业、生态这三个子系统有序度的不断增加,甘南州民族文化产业系统的有序度也不断增大,其整体功能逐步显现,民族文化产业获得了长足的发展。

此测算结果与甘南州民族文化产业的发展现状与特点相吻合。

7.1.3.2 甘南州民族文化产业发展的现状与特点

(1) 民族文化产业快速发展

自西部大开发以来,甘南州抓住历史机遇,发挥其资源优势、地理环境优势和区位优势,对州内丰富的民族文化资源进行产业化开发,并通过优化产业布局、延伸产业链条、完善产业体系、创新产业业态等方式,促进了民族文化产业的快速发展,主要体现在以下四个方面。

第一,文化产业增加值稳步增长①。以近五年为例,2016年甘南州实现文化产业增加值2.27亿元,比2012年翻一番,占地区生产总值的1.67%,比2012年提高0.54个百分点。甘南州文化产业的增长速度甚至超过全国数个百分点,2015年,甘南州文化产业增加值1.98亿元,同比增加0.29亿元,增长17.16%,而同年全国文化产业增长率是11%,高出6.16个百分

---

① 由于缺乏专门针对民族文化产业的统计数据,且甘南州文化产业主要是围绕当地各民族传统文化资源、民俗文化资源、宗教文化资源、红色文化资源等进行产业化开发,这里选择以甘南州文化产业的统计数据作为例证,下同。本部分数据来源于甘南统计信息网、《甘南统计年鉴(2016)》和《中国文化及相关产业统计年鉴(2016)》。

点。2016 年，甘南州文化产业增加值 2.27 亿元，同比增加 0.29 亿元，增长 14.7%，虽然比 2015 年有所下降，但同年全国文化产业增长率是 13%，仍高出 1.7 个百分点（见图 7-12）。

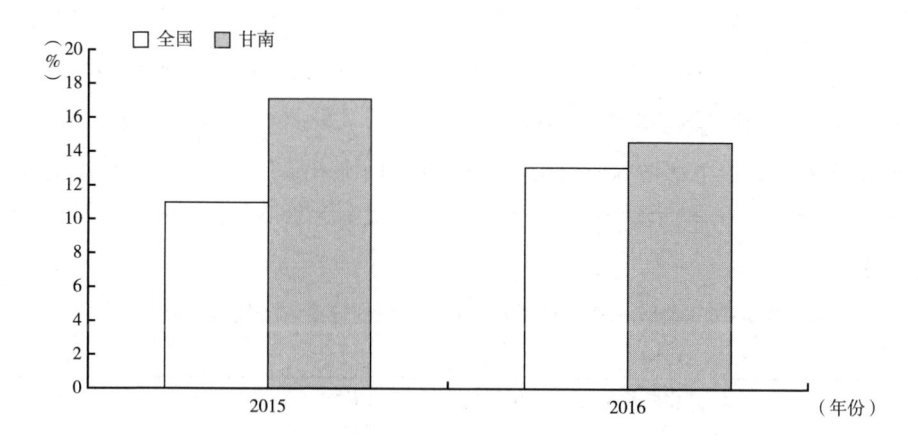

图 7-12　2015 年、2016 年甘南州与全国的文化产业增长率比较

第二，文化产业法人单位与从业人员数量以及文化产业法人单位的资产增长幅度较大。以 2016 年、2015 年为例，2016 年甘南州文化产业法人单位 260 个，比上年增长 16.07%，从业人员 4459 人，比上年增长 13.37%，文化产业法人单位资产总计达到 6.2 亿元，比上年增长 15.03%；2015 年增长幅度更大，文化产业法人单位增长率达到 20.43%，文化产业从业人员增长率达到 23.56%，文化产业法人单位资产增长率更是高达 57.14%（见表 7-5）。

表 7-5　2015～2016 年甘南州文化产业法人单位、从业人员、资产总计增加值

指标 年份	文化产业法人单位（个）	文化产业法人单位增长率(%)	文化产业从业人员（人）	文化产业从业人员增长率(%)	资产总计（亿元）	资产总计增长率(%)
2015	224	20.43	3933	23.56	5.39	57.14
2016	260	16.07	4459	13.37	6.2	15.03

数据来源：甘南统计信息网，http://www.gnztj.gov.cn/htm/20162/25_2938.htm，2016 年 2 月 23 日；http://www.gnztj.gov.cn/htm/20173/25_3778.htm．2017 年 3 月 2 日。

第三,行业增加值占比结构不断发生变化,文化服务业企业逐渐成为领军行业。以 2015 年、2016 年的统计数据为例,2016 年甘南州文化服务业企业完成增加值 8131 万元,占全部增加值的比重为 35.8%,同比增长 5.8%,成为领军行业;其次是文化事业单位,完成增加值 7430 万元,占全部增加值的比重为 32.7%,同比下降 5.2%;文化制造业企业完成增加值 5096 万元,占全部增加值的比重为 22.5%,同比增加 1.1%;文化批发零售业企业完成增加值 1932 万元,占全部增加值的比重为 8.5%,同比下降 1.4%;文化社团完成增加值 111 万元,占全部增加值的比重为 0.5%,同比下降 0.3%(见表 7-6)。

表 7-6 2015~2016 年甘南州文化产业分行业增加值占比情况

单位:%

	文化服务业企业	文化事业单位	文化社团单位	文化制造业企业	文化批发零售业企业
2015 年增加值占比	30	37.9	0.8	21.4	9.9
2016 年增加值占比	35.8	32.7	0.5	22.5	8.5

数据来源:甘南统计信息网,http://www.gnztj.gov.cn/htm/20173/25_3778.htm.2017 年 3 月 2 日。

第四,文化产业园区、文化集市的建设也初见成效。仅"十二五"期间甘南州就建设了 4 个文化产业园区、14 个文化产业基地、15 个文化产业建设项目,重点培育了 6 个文化产业骨干企业(见表 7-7)。

作为甘南州三产首位产业,民族文化产业展示出极大的后发优势,已成为甘南州经济稳定增长与结构优化升级的重要推动力。

(2)以民族文化旅游产业为核心,带动其他类型民族文化产业的发展

甘南州民族文化产业的核心是民族文化旅游产业,以民族文化旅游产业为依托逐步带动其他多种类型民族文化产业发展的特点非常突出。

拥有特殊的地理位置、独特丰富的人文资源、与众不同的自然环境,甘南州民族文化旅游产业的发展具有先天的资源优势与区位优势。近年来,甘南州秉承"文化撑州""旅游兴州"战略,坚持以资源为基础、以市场为导向发展民族文化旅游产业,探索具有"甘南特色"的发展之路。

第7章 区域民族文化产业生态化发展路径的实证分析

表7-7 "十二五"期间甘南州文化产业建设重点项目概览

文化产业园区 （4个）	文化产业基地 （14个）	文化产业建设项目 （15个）	文化产业骨干企业 （6个）
羚城藏族文化产业园	夏河唐卡绘制基地	甘南"香巴拉"文化长廊	甘南羚城藏族文化科技开发有限责任公司
夏河拉卜楞产业园区	藏族服饰制作基地	甘南羚城藏族文化产业园	夏河拉卜楞摩尼宝藏族文化艺术有限责任公司
甘南白龙江流域民俗和生态文化产业园区	合作藏族歌舞演出交流基地	甘南文化艺术会展中心	卓尼挑砚公司
洮河风情文化产业园区	合作藏香生产基地	夏河拉卜楞民俗原生态文化村	碌曲藏医药厂
	玛曲格萨尔文化开发基地	夏河县歌舞演艺中心	临潭铸铜厂
	碌曲藏医药生产基地	甘南羚城藏文化印刷出版中心	治力关唐古拉风演艺公司
	拉卜楞藏传佛教文化产业基地	临潭磨沟寺洼文化遗址展示中心	
	拉卜楞藏族服饰、地毯和帐篷生产基地	临潭铸铜技艺中心	
	夏河原生态民族歌舞传承基地	玛曲格萨尔文化艺术展示中心	
	舟曲博峪多地舞文化产业基地	临潭国际拔河中心	
	迭部腊子口生态文化产业基地	卓尼洮砚公司	
	舟曲、迭部藏族服饰、织锦带生产基地	夏河摩尼宝藏族文化艺术有限公司	
	卓尼洮砚生产基地	舟曲营联文化展示中心	
	临潭治力关影视演艺基地	迭部生态文化园	
		碌曲郎木寺民族歌舞演艺中心	

资料来源：甘南藏族自治州政府官方网站。

围绕本州丰富的旅游资源（见表7-8），甘南州采取了打造旅游核心景区，改善交通、厕所、住宿、观景台等基础设施条件，开发推广多种旅游产品与线路，培育多样化的民族文化旅游新业态，提供优质服务，促进深层次融合，坚持大力宣传等一系列措施优化本州旅游市场结构，丰富旅游产品，延伸旅游产业链，吸引外部消费市场，促进了本州民族文化旅游产业的高速发展，并带动了当地民族工艺品制造、民族歌舞艺术展演、民族餐饮、民族服饰等其他类型民族文化产业的快速发展，创造了较好的经济效益。2007～2016年十年间，甘南州国内外游客数量不断增加，2016年达到了1003.15万人，实现旅游综合收入46.78亿元，比2007年的3.7亿元翻了近三番（见图7－13、图7－14）。

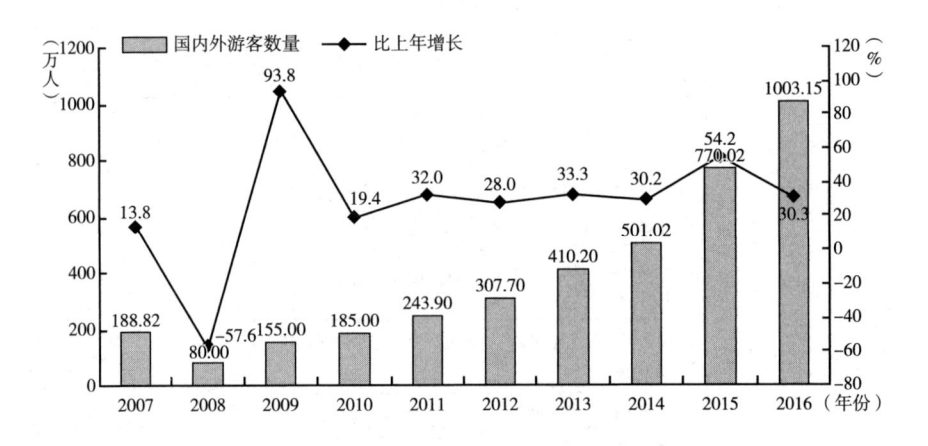

图7－13 2007～2016年甘南州国内外游客数量及增长速度

随着旅游产业的不断优化与升级，甘南旅游的知名度、影响力不断提升，获得了较多好评（见表7－9），这些好评又进一步促进了甘南州旅游产业的发展、优化与升级，由此形成了良性循环。2016年，甘南州成为首批"国家全域旅游示范区"创建单位。

（3）形成了比较完善的民族文化产业体系，民族文化产业新业态逐渐兴盛

经过多年的发展，甘南州的民族文化产业已形成了比较完善的体系，该体系包括民族文化旅游、民族歌舞乐等艺术展演、民族工艺品制造、民族饮食经营、民族服饰制作与经营、民族节日文化展示、宗教民俗文化展示、民

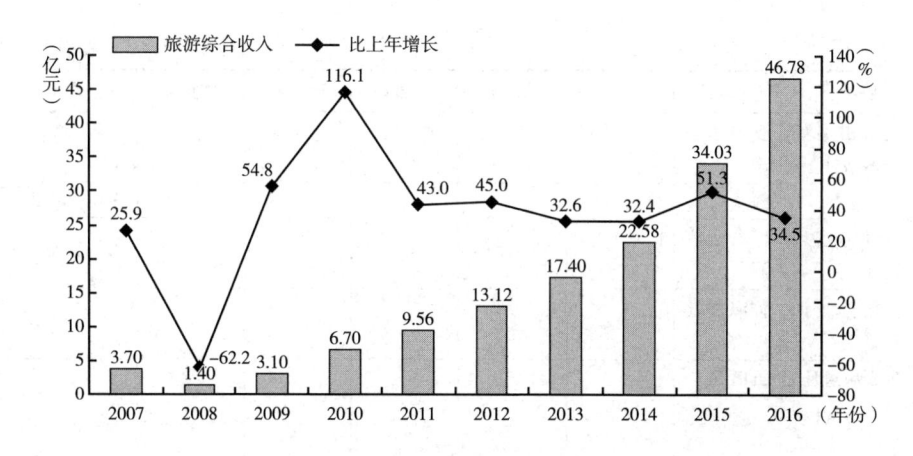

第7章 区域民族文化产业生态化发展路径的实证分析

图 7-14　2007~2016 年甘南州旅游综合收入及增长速度

族体育文化展示、民族建筑文化展示、民族医药生产经营、民族出版物生产经营、民族电影制作与经营等多种民族文化产业类型，它们依托作为核心的民族文化旅游产业迅速发展壮大，产生了明显的综合效益。

表 7-8　甘南州旅游景点概览

临潭县	夏河县	卓尼县	碌曲县	迭部县	玛曲县	舟曲县	合作市
磨沟遗址（含墓葬）+	拉卜楞寺AAAA	卓尼大峪沟AAAA	尕海	然闹遗址+	玛曲草原	拉尕山AAAA	合作寺★★
莲峰耸秀	德哇仓文殊佛殿	九甸峡	则岔石林AA	九龙峡	尼玛乡外香寺	舟曲泉城	米拉日巴佛阁AA★★
天池冶海	桑科草原	藏王坟	西仓寺	茨日那革命遗址	格萨尔广场AA	峰迭古城址	郎木寺AA★★
冶木峡	八角城	郭札沟	郎木寺佛塔	腊子口AAA	吉祥花滩	沙滩森林公园	达力加山
镇关雄柱	八角城遗址+	石门峡景区	郎木寺仙女洞	古叠州城遗址	黄河首曲	巴寨沟AAA	勒秀兆河风景区
黄涧子国家级森林公园	格桑花草原	阿子滩景区	郎木寺纳摩大峡谷	俄界会议遗址	古麻海		美仁大草原
洮州八景	德尔隆寺	康多峡	郎木寺白龙江峡谷	石城扎尕那			太子山风景区
新城隍庙	贡唐宝塔	兆河流珠					合作森林公园

续表

临潭县	夏河县	卓尼县	碌曲县	迭部县	玛曲县	舟曲县		合作市
大石山秦始皇弥马桩	夏河达宗湖	卓尼禅定寺						当周草原AA
洪州卫城	阿姨山	麻路小镇						雪压太子山
新城苏维埃旧址	白石崖溶洞							岗岔溶洞
伊斯兰教派西道堂	佐海黑教寺							
牛头城遗址	贡巴寺							
黄捻子森林公园								
西大寺								
泉滩遗址								
将军睡千年								
冶力关景区AAAA								

注：表中"+"表示"全国重点文物保护单位"；"★★"表示"文物古迹"。
资料来源：甘南藏族自治州政府官方网站。

表7－9　甘南州旅游评价概览

来源	评价和称号
中国社会科学院西部发展研究中心西部大开发活动组织委员会	西部最具魅力的旅游景区
美国旅游杂志《视野》《探险》	"让生命感受自由"的世界50个户外天堂
《中国国家地理》《时尚旅游》杂志	"梦幻之旅"·人一生要去的50个地方
联合国人居环境发展促进会、世界华人联合会	中国最具民族特色旅游目的地
2009年"中国最美旅游胜地排行榜"	甘南草原：中国最美的六大草原
	拉卜楞寺：中国最佳的十大宗教寺院
	冶力关景区：中国十大休闲旅游目的地
	迭部县：中国最佳旅游休闲目的地
2010年"第三届博鳌国际旅游论坛"	国家精品旅游景区
2011年中国绿色低碳旅游发展高峰论坛组委会	中国最美的生态低碳旅游目的地
2015年度"中国自驾游线路"评选	卓尼县自驾线"洛克之路"以最高票数获得"中国自驾游线路人文金奖"
2016创新"互联网＋全域旅游"暨第四届旅游业融合与创新论坛	2016年最美中国榜
	推动全域旅游示范目的地

第7章 区域民族文化产业生态化发展路径的实证分析

以民族工艺品制造为例，本书针对去甘南旅行的游客所做的调查问卷统计结果显示，有较多消费者喜欢唐卡、藏毯、藏香、藏族木雕、洮砚、藏式家具、藏式刺绣等民族工艺制品，其中唐卡、藏毯、洮砚最受消费者青睐，调查所回收的246份有效问卷中，选择喜欢唐卡的有221人，喜欢藏毯的有189人，喜欢洮砚的有147人。唐卡已成为甘南州民族工艺制品的代表，其制作经营不仅取得了较好的经济收益，"甘南唐卡"文化品牌也已走向全国各地，走向世界，以甘南"千幅唐卡"为代表的文化产业项目入选国家藏羌彝文化产业走廊，甘南州羚城藏族文化科技开发有限责任公司的唐卡基地被列为甘肃省重点文化产业基地。

民族医药产业也有较大发展，甘南州凭借其独特的藏医药文化优势和丰富的中藏药资源优势，构建中藏药大健康产业链与价值链，通过中藏药材种植、中藏药新产品研发、中藏药品牌建设、骨干企业培育等方面的相关措施，推进中藏药产业的可持续发展。从消费者角度看，针对游客所做的246份有效问卷中也有83人选择会购买并尝试使用甘南藏药，77人选择了不一定。

民族演艺产业也迈出了积极的步伐，以藏剧《唐东杰布》和《金顶梵音》为代表的剧目在形式与内容上均有创新性突破。此外，民族电影、民族出版物等产业也初具规模，甘南多罗影视文化传媒公司成立了大学生影视文化创业基地，该公司导演完玛才让执导的电影《青稞熟了》荣获2012年北京大学生电影节最佳民族题材特别奖。

随着人们消费需求的变化与科学技术的进步，甘南州民族文化产业也发展了一些新业态。比如，开发出游牧生活体验游、民族歌舞观赏游、藏医药保健游等一系列体验型、研修型的民族文化旅游新项目，也受到消费者较好的评价。246份有效问卷中，71.32%的游客体验评价为"中等以上"，其中14.92%的游客体验评价为"很好"，33.63%的游客体验评价为"较好"，22.77%的游客体验评价为"中等"。

（4）产业融合度不断加深，促进了产业竞争力的有效提升

近年的发展中，甘南州民族文化产业与相关产业的融合度不断加深，这个特点不仅体现在民族文化产业体系内部，也体现在民族文化产业与农牧业

及其他产业之间，各种产业良性互动，新技术、新产业、新模式不断催生，三次产业交融的现代产业体系雏形初现。

民族文化旅游产业是甘南州的重要优势产业之一，其发展有效带动了甘南州的交通运输业、住宿和餐饮业的发展。甘南州交通运输能力不断增强，2016年完成客运量774万人次，比上年增长10.3%，客运周转量50472万人公里，比上年增长10.2%，货运量630万吨，比上年增长11.3%，货物周转量111538万吨公里，比上年增长13.7%。住宿和餐饮业服务质量不断提高，2016年完成营业额80699万元，同比增长4.5%[①]。

民族文化旅游产业与种植业、畜牧业等农业特色产业不断融合。在"旅游兴州"战略实施过程中，甘南州引导、鼓励、扶持旅游小镇、专业旅游村、农家乐、牧家乐的建设和发展；整合各类资金，建设万亩油菜花观赏带和三条绿色长廊，打造"最美彩色风景线"；围绕生态和藏医药文化打造藏医药保健旅游；围绕牧民的日常生活与民俗文化打造游牧生活体验旅游。这些措施促使产业之间的融合度持续加深，丰富的旅游产品有效延伸了旅游产业链，吸引了外部消费市场，促进了甘南州旅游市场结构的不断优化。随着旅游产业的发展，"甘南旅游"的品牌效应也有效推动了种植业与畜牧业的发展，藏中药材、优质青稞、核桃花椒、高原夏菜、牦牛藏羊等农牧产品市场不断扩大，销量不断增加，品牌培育也初见成效，现已有国家地理标志保护产品玛曲牦牛、玛曲藏羊、夏河甘加藏羊，也拥有了中国驰名商标华羚商标，至2016年，已有"三品一标"认证122个，种植业和畜牧业效益显著提升。

在国家"互联网+"和"一带一路"倡议背景下，电子商务成为加速甘南州经济社会转型与产业结构升级的动力和引擎，为促进民族文化产业发展发挥着不可替代的作用。目前，甘南州已建成"藏宝网"、"拉卜楞网城"、"启源科技"、淘宝"特色中国·甘南馆"、京东"中国特产·甘南拉卜楞馆"等多家网络与微信销售平台，主要销售藏区土特产、佛教用品、

---

① 该数据来源于甘南统计信息网。

民族工艺品、藏医保健、原材料等商品。2016年1月至11月，电商平台的农畜特产品销售额达到了8476万元。其中最有特色的是甘南州自建电商平台"藏宝网"，有来自甘、青、川、云、藏等地的600多家企业入驻，并建立了集旅游、餐饮、酒店、休闲、娱乐、出行、政务等为一体的O2O智慧信息化同城平台。

7.1.3.3 甘南州民族文化产业快速发展的主要原因

如前文所述，甘南州民族文化子系统、产业子系统、生态子系统各自的有序发展及其相互之间的密切配合促成了民族文化产业系统有序度的不断增加，形成了近年来甘南州民族文化产业发展的良好态势，究其原因，主要有以下四点。

（1）甘南州充分发挥自身各方面的优势，为民族文化产业的快速发展创造了有利环境

甘南州民族文化产业在发展过程中充分发挥了自身的资源优势、区位优势、后发优势，这为该产业获得长足发展奠定了扎实的基础。

从资源角度看，甘南州丰富、独特、多样化、原真性强的原生态民族文化构成了民族文化产业发展的核心资源禀赋；同时，丰富的地貌地质形态以及自然美景为甘南州民族文化产业发展提供了有利的环境基础；此外，甘南州独特的气候条件也为民族文化产业发展提供了辅助条件。三者紧密结合，形成了甘南州民族文化产业发展的资源优势。

从区位角度看，甘肃省在"一带一路"建设中处于重要的战略位置，经过多年的发展，交通运输体系逐步完善，交通条件较为便利，政策环境利好。甘南州作为甘肃南部重镇，位于丝绸之路经济带黄金段，与周围多个省区毗邻，向北连接兰白经济区，向南融入长江流域经济带和成渝经济区，向西融入青藏高原经济板块，连接宁青国际民族用品出口区，向东连接关中天水经济区，与天津建立对口支援关系，与湖南、福建等地签署了一系列合作框架协议。充足的对外开放空间与优化发展的布局为甘南州民族文化产业的发展提供了区位优势。

从后发优势角度看，甘南州正因为曾经的经济落后、交通不便等而得以

保持其民族文化与自然生态环境的原真性,从而形成了如今发展民族文化产业的资源优势,并通过向北欧以及国内云南、贵州等民族文化产业先发地区及时有效的学习和模仿而获得了通过诱致性或强制性制度移植变迁形成的成本优势、时间优势、经验优势等制度性后发优势,避免了不断"试错"、走弯路而支付的高额成本,再充分利用技术性后发优势,有效提高了甘南州民族文化资源配置的效率,降低了交易费用和风险,促进了民族文化产业的快速发展与优化升级。

(2) 保护民族传统文化,为甘南州民族文化产业的快速发展夯实了基础

保持民族文化资源的丰度与民族文化生态的平衡是民族文化产业发展的基础。甘南州抓住建设华夏文明传承创新区与藏羌彝文化产业走廊的机遇,文化事业与文化产业相互配合,静态保护与动态保护相互结合,采取了一系列措施保护本州民族文化。比如,在全面梳理全州文化资源的基础上建立文物名录数据库,实施重点文物的抢救性保护、修缮和加固,将拉卜楞寺申报世界文化遗产,保护和出版重要古籍,编纂出版藏文化丛书,建立一批文化生态保护区、民族传统节日标志地,建设州综合博物馆、非遗保护中心、特色民俗馆、村级文化室,等等。这些措施有效地传承保护了民族传统文化,为甘南州民族文化产业发展夯实了基础。

(3) 相关工作协同配合,为甘南州民族文化产业的快速发展提供了助力

甘南州民族文化产业的快速发展得益于相关工作的大力配合,协同共进。

除了创建国家全域旅游示范区外,近年来甘南州抓住创建国家生态主体功能区、国家生态文明先行示范区、青藏高原绿色现代化先行示范区、国家级草原畜牧业可持续发展示范区、国家旅游局"旅游扶贫试验区"等机遇,开展了生态文明小康村建设、精准扶贫精准脱贫、环境卫生整治、交通水利等项目工程建设,推进普惠金融体系创新完善、公共文化服务等工作。

第7章 区域民族文化产业生态化发展路径的实证分析

这些工作都围绕绿色发展的目标：涵养水源、治理草原、保护河湖与湿地、保护森林、保护生物多样性、防治大气水体土壤污染，构筑生态安全屏障；构建生态文化旅游等六大绿色产业为主的低碳循环产业体系，培育特色农畜产品加工、藏中医药等生态产业，推进种植业、畜牧业和工农业复合循环利用，打造区域绿色经济增长极，促进绿色经济发展；综合治理环境卫生，提倡绿色生活方式，形成绿色生活理念，提高绿色消费意识，弘扬绿色生态文化，培育全民生态道德，普及生态文明理念；等等。

各项工作相互交叉、相互配合、相互促进，形成共生格局，逐步在经济、环境、文化、人居等各方面将甘南州"生态立州、旅游兴州、文化撑州、产业富州、稳定安州"战略落到实处。

甘南州绿色发展、绿色崛起的大背景为民族文化产业的发展提供了经济发展、文化传承、生态保护三者良性互动的环境，促进了甘南州民族文化产业的快速发展。

（4）政策引导制度保障，为甘南州民族文化产业的快速发展保驾护航

在甘南州民族文化产业发展的过程中，政策引导与制度保障发挥了重要作用。以甘南州民族文化旅游产业为例，除了国家"一带一路"倡议的实施和华夏文明传承创新区与藏羌彝文化产业走廊的建设为其提供了良好的发展环境之外，国家、甘肃省、甘南州还颁布实施了多个规范性文件与地方性法规，为甘南州民族文化产业的迅速发展保驾护航。

比如：国家层面有《国务院关于促进旅游业改革发展的若干意见》《国务院办公厅关于进一步促进旅游投资和消费的若干意见》《"十三五"旅游业发展规划》（甘南玛曲被明确写入草原旅游目的地），国家旅游局发布的《"十三五"全国旅游信息化规划》、文化部财政部制定的《藏羌彝文化产业走廊总体规划》等，以及《旅游法》《消费者权益保护法》《环境保护法》《文物保护法》《非物质文化遗产法》《旅游行政处罚办法》《旅行社条例》《导游人员管理条例》《风景名胜区管理条例》《国家生态旅游示范区管理规程》等法规和大量关于旅游安全监管、发展规划、宣传推广、公共服务等方

面的规章制度。

甘肃省层面有《甘肃省委省政府关于推进华夏文明传承创新区建设的实施意见》、《甘肃省委省政府关于促进旅游业改革发展的意见》、《关于加快推进文化和旅游深度融合发展的实施意见》、《甘肃省政府办公厅关于进一步促进旅游投资和消费的实施意见》、《甘肃省人民政府办公厅关于推进特色小镇建设的指导意见》（甘南州夏河县拉卜楞民族风情小镇是全省重点建设的18个特色小镇之一）、《关于做好自然保护区旅游项目生态环境保护问题自查整改工作的通知》、《关于进一步核定全省A级旅游景区最大承载量的通知》、《关于进一步提升全省A级旅游景区质量的通知》、《甘肃省森林公园管理条例》、《甘肃省旅游条例》、《甘肃省自然保护区管理条例》、《甘肃省非物质文化遗产条例》、《甘肃省文物保护条例》、《甘肃省林业生态环境保护条例》等。

甘南州层面有《"十二五"文化产业发展专项规划》《中共甘南州委甘南州人民政府关于印发甘南州创建国家全域旅游示范区实施方案》《甘南州旅游业发展"十三五"规划》《甘南州绿色旅游长廊和万亩油菜花观赏带建设方案》《拉卜楞（桑科草原）大景区规划》《冶力关大景区修建性详细规划》《"丝绸之路经济带"甘肃甘南段"十三五"建设规划》《甘南州"十三五"循环经济发展规划》《甘南州普惠金融发展规划（2015~2018年）》《甘南州旅游消费侵权先行赔付办法（试行）》《甘肃省甘南藏族自治州非物质文化遗产保护条例》《甘南州知名商标认定和管理办法》等。

国家层面与地方层面大量的相关政策和法律为甘南州民族文化产业的发展构建了一个立体有效的引导、激励与保障体系，是甘南州民族文化产业协同发展路径顺畅运行的重要因素。

7.1.4 甘南州民族文化产业系统竞争与合作关系分析

7.1.4.1 甘南州民族文化产业系统竞争与合作关系现状

从前文的测算以及表7-3、表7-4显示的结果可以看出甘南州民族文化产业系统的总体发展情况以及其内部三个子系统之间的竞争与合作关系。

①$\rho_1 > 0$、$\rho_2 > 0$、$\rho_3 > 0$，甘南州的民族文化子系统、产业子系统、生态子系统都是进化系统，说明子系统都获得了较大的发展；②$u_{12} > 0$、$u_{21} > 0$，说明甘南州民族文化子系统与产业子系统是双输关系；③$u_{23} < 0$、$u_{32} > 0$，说明甘南州产业子系统与生态子系统是输赢互补关系；④$u_{13} < 0$、$u_{31} < 0$，说明甘南州民族文化子系统与生态子系统是双赢关系；⑤甘南州民族文化子系统、产业子系统、生态子系统之间的竞争与合作为民族文化产业系统的整体发展提供了动力，三个子系统之间的竞争激发了甘南州民族文化产业系统演化发展的活力，而它们之间的合作则扩大了民族文化产业系统的发展空间，使其最终向着一个稳定的点 P_8 发展。

7.1.4.2 甘南州民族文化子系统与产业子系统双输关系分析

测算结果显示，甘南州民族文化子系统与产业子系统之间是双输关系，但这两个系统各自的有序度却呈现上升趋势，这说明甘南州的民族文化子系统与产业子系统之间既存在竞争关系，也存在合作关系，但竞争关系大于合作关系，二者之间虽然存在相互协作，但更多的是相互竞争。

（1）甘南州民族文化子系统与产业子系统的相互协作主要表现在两个方面。

第一，甘南州丰富、独特的民族文化为甘南州民族文化产业发展提供了富足的产业资源。

甘南州是古丝绸之路唐蕃古道的重要通道，其特殊的地理位置、悠久的历史以及多民族聚居的特点，汇集了草原文化、游牧文化、佛教文化、农耕文化、红色文化等多种文化。不同民族有多样的民族文化，即便是同一个民族，如处于州内不同地域的藏族，其饮食、起居、嫁娶等民俗文化也各有特点，互不相同，这使得甘南州民族文化独特性与多样性的特点极其突出，从而使甘南州民族文化产业发展具备了先天的资源优势。

甘南州的民族文化资源主要体现为以下几类。

藏传佛教文化。甘南州有夏河拉卜楞寺、米拉日巴佛阁、郎木寺、禅定寺、贡巴寺等121座藏传佛教寺院，其中，夏河拉卜楞寺是世界最大的藏传佛教学府①，也是国家AAAA级旅游景区，各寺院的法会、宗教节日、日常活动、藏戏表演等都是人们了解藏传佛教文化的途径。

民族节庆文化。甘南各地有丰富多彩的宗教与民俗节庆活动（见表7-10），其中藏历年、毛兰节、娘乃节、草原香浪节、采花节、莲花山花儿会、赛马会、插箭节等都是富有民族特色的活动，近些年连续举办的诸如"九色甘南香巴拉旅游艺术节"等活动也逐渐固定下来，成为甘南独具特色的节庆活动。

民居文化。甘南州的民居多种多样，苫子房、碉房、切木囊、帐房、平房等各具特色，构成了甘南独特的民居文化。

民族饮食文化。酥油、青稞、奶茶、酥油糌粑、蕨麻米饭、牦牛肉干、灌汤水晶包、手抓肉和血肠、烤全羊、石炙肉、酸奶、藏糕、人参羹等独具民族特色与地域特色的美食吸引了大批游客品尝。

民族服饰文化。甘南居住的藏、汉、回、土、蒙、满等24个民族都有各自与众不同的服饰文化。不同地域的同一个民族服饰也有差别，碌曲县、玛曲县、卓尼县、迭部县、舟曲县藏族同胞的服饰就各有不同。即便是汉族，临潭县妇女的服饰也因其具有明清时期江南服饰的特点而声名远播，被誉为"江淮遗风"。

民族医药文化。甘南各民族都有自己传统的医药文化，尤其是藏医药文化保留得比较完整，在民众生活中至今仍发挥着重要作用。

历史文化遗址。甘南有仰韶文化、马家窑文化、齐家文化以及寺洼文化等遗存，现存有桑科古城、甘加八角城古城堡、羊巴古城、华年古城、汉零王国天子珊瑚城和砖瓦窑等各类古遗址。

---

① 夏河拉卜楞寺是藏传佛教格鲁派六大寺院之一，被誉为"世界最大的藏传佛教学府"。

第7章 区域民族文化产业生态化发展路径的实证分析

表7-10 甘南州节庆活动概览

甘南州节庆活动					
活动内容	地点	时间(农历)	活动内容	地点	时间(农历)
正月祈愿大法会	各藏传佛教寺院	正月初三至十七	鹿儿沟嘛呢会	临潭县	六月初六
元宵节万人扯绳赛	临潭县	正月十四至十五	草沙沟庙会	卓尼县	五月二十七
松棚灯会	舟曲县	正月十二至十九	农历六月发愿法会	各藏传佛教寺院	七月中旬
娘乃节(闭斋、转嘛呢经纶)	各藏传佛教寺院	正月十四至十六	香浪节	各藏族村寨寺院	六月初至下旬
农历二月法会	各藏传佛教寺院	二月初四至初八	九色甘南香巴拉旅游艺术节	州县市	八月中旬
农历三月春季中期经会	各藏传佛教寺院	三月中旬	格萨尔赛马大会	玛曲县	七月中旬
农历四月八白塔寺庙会	卓尼县	四月初八	农历七月法会(跳法舞)	各藏传佛教寺院	七月中旬
朝水节	舟曲县	五月初五	农历八月中期经会	各藏传佛教寺院	八月中旬
采花节	舟曲县	五月初五	农历九月毛兰木法会	各藏传佛教寺院	九月中旬
洮州民俗文化节	临潭县	五月初五	十一月冬季经会	各藏传佛教寺院	十一月中旬
莲花山花儿会	临潭县	六月初一至初六	农历十二月抛施食经会	各藏传佛教寺院	十二月中旬
插箭节	各藏族村寨	四月初一至月底			

资料来源：甘南藏族自治州政府官方网站。

红色文化遗产。甘南有俄界会议旧址、茨日那毛主席故居、临潭苏维埃旧址、冶力关肋巴佛纪念馆、卓尼杨积庆烈士纪念馆等红色文化遗迹。其中"天险腊子口"是红军走向胜利的"门户"，是中国革命史上举世闻名的革命胜迹，现已成为国家AAA级旅游景区，被列为全国100个红色旅游经典景区之一和30条精品线路之一。

第二，甘南州民族文化产业成为传播与发扬甘南州特色民族文化的途径之一，并通过增强甘南州的经济实力为民族文化保护提供资金支持与物质保障。

在以旅游为核心依托的甘南州民族文化产业发展过程中，通过"民族风情游、宗教文化游、红色圣地游、中藏医药养生游"等大量旅游产品的开发、设计与生产，通过对甘南悠久独特的历史文化与美丽自然风景的广告与媒体宣传，通过游客对甘南各种民族文化的亲身体验，通过"九色甘南香巴拉""全域旅游的大观园、雪域圣地的锦绣园、绚丽甘肃的后花园、东方世界的伊甸园"等旅游品牌的创立等，甘南的民族文化被越来越多的人所了解。

文化旅游是甘南州的重要优势产业之一，是经济发展的增长极，是甘南州的支柱性产业。以民族文化旅游为核心的民族文化产业体系为甘南州创造了较大的经济效益，增强了甘南州的经济实力，也从一定程度上保障了各相关主体在民族文化保护与传承中所需投入的物质与资金。

（2）甘南州民族文化子系统与产业子系统的相互竞争主要表现在两个方面

第一，强势的民族传统文化观念和科学技术、文化创意的缺失制约了甘南州民族文化产业的进一步快速发展。

甘南州具有这样几个特点：一是多民族聚居，二是拥有历史悠久的丰富的多民族文化，三是处于牧区与农区接合部，四是交通不便，五是经济社会发展较为落后。这就意味着在甘南州必定会产生强势的传统文化观念和弱势的现代经济理念的对抗和融合。甘南州的藏族和其他各民族的传统文化中很多民风民俗和一些根深蒂固的旧思想会影响人们对市场经济的接受程度，从而阻碍产业的快速发展。同时，由于当地经济社会发展落后，教育和科研资源较为贫乏，缺乏相应的科学技术、文化创意等，而这些却是民族文化产业快速发展的重要因素，这也是阻碍甘南州民族文化产业快速发展的另一个原因。

第二，产业的发展加速了民族传统文化的变迁与融合，产业发展过程中也存在一些对民族文化的负面影响。

甘南州民族文化产业的发展和经济社会条件的改善，尤其是民族文化旅游产业的快速发展，必定会伴随着甘南州现代化市场的不断扩大和各民族经济生产方式的逐渐转型，州内各民族之间以及州内与州外（包括国外）不同民族之间的交往与联系也日益频繁。同时，先进的科学技术也不断引进，相关知识会越来越普及，产业发展过程中各类人才也会越来越多。这些都会形成多元文化观念的不断碰撞和相互侵蚀，而这种民族文化和现代文化以及他域文化相交融的过程，却恰恰会导致民族文化的变异和消失。

同时，甘南州的民族文化产业虽然在近年来有较快发展，但总体来看发展水平仍然较低，产业投入不足，要素市场、产品市场都处于初级阶段，市场化理念不强，宣传不到位，家庭式经营的中小企业多，集约化程度低，经营管理水平较低，创新能力不足，人才缺乏。在产业发展的过程中，同质化倾向较为明显，对民族文化资源的开发也比较低效，产品开发与设计能力不足，附加值也较低，存在为追求短期经济利益而破坏性开发和滥用民族文化资源的情况，导致民族文化失真、萎缩甚至消亡，影响民族文化生态。而这种情况反过来又会对甘南州民族文化产业发展造成不利影响，导致该产业缺乏后劲，无法实现可持续发展。

如果甘南州民族文化子系统与产业子系统的相互竞争和相互制约不断加剧，当它们累积到一定程度时，就会破坏甘南州民族文化子系统和产业子系统的有序度，使它们逐渐向无序发展，从而破坏甘南州民族文化产业系统的有序度，使其朝着衰退的方向演化发展，甚至最终走向崩溃。

因此，在甘南州民族文化产业发展的过程中，相关主体和相关部门应该针对甘南州民族文化子系统与产业子系统相互竞争的现状，分析原因，找到症结，在遵循民族文化发展规律与文化产业发展规律的基础上，通过设计有效的机制加以科学调控，不断弱化二者相互制约的作用，持续增强它们相互促进的作用，推动甘南州民族文化产业的协同发展与可持续发展。

7.1.4.3 甘南州产业子系统与生态子系统输赢互补关系分析

测算结果显示，甘南州产业子系统与生态子系统之间是输赢互补的关系，这说明甘南州的产业子系统与生态子系统之间既存在竞争关系，也存在合作关系，二者之间在某些方面相互促进，但在某些方面却相互制约。

（1）甘南州生态子系统对产业子系统的促进作用主要表现在三个方面

第一，甘南州绚丽多彩的自然风光为甘南州民族文化产业提供了发展空间和环境以及物质基础。

甘南州处于青藏高原东部边缘与黄土高原接壤地带，是离内地最近的雪域高原，独特的地理地貌形成了很多美丽的自然景观。甘南不仅拥有世界最大的绿色峡谷群、亚洲最大的天然草原玛曲草原、甘肃省唯一列入国际重要湿地名录的尕海湿地等，其他美景也多不胜数，随处可见。比如，巍峨俊秀的莲花山、太子山、翠峰山、迭山，神秘的岗岔溶洞、腊子口溶洞、白石崖溶洞，神奇的扎尕那石林、赤壁幽谷、六字真言石，一望无际的甘加草原、桑科草原，郁郁葱葱的森林景观老龙沟、大峪沟、黄捻子、大海沟，还有独特的动物保护区尕海候鸟保护区、阿夏沟熊猫栖息地。尤其独特的是甘南的水，作为长江、黄河水源的重要补给区，甘南域内有120多条大小河流，汇成了"一江三河"，即白龙江、大夏河、洮河、黄河，被称为我国的"蓄水池"，婀娜多姿的黄河首曲、冶木峡、尕海湖、冶海湖、达宗湖等水域风光更是扬名中外。

这些自然风景不仅是甘南民族文化产业发展的环境与物质依托，也以其蜚声中外的美丽与神奇为甘南民族文化旅游产业的蓬勃发展提供强大助力。更重要的是，它们还是甘南民族文化资源产生与发展的土壤，甘南丰厚独特的各种民族文化正是各族人民在长期历史发展过程中与自然不断互动而逐渐形成的生产生活与行为方式。民族文化旅游产业最吸引消费者的就是对民族文化原真性的体验，而民族文化的原真性恰恰就体现在与其产生土壤的密切关联与互动中，就此意义而言，甘南州的自然与生态甚至决定着甘南州民族文化旅游产业的生命力。

第7章　区域民族文化产业生态化发展路径的实证分析

第二，甘南州的自然资源、生态环境、地理位置以及交通等因素为甘南民族文化产业发展带来了"坐中连三、承东启西、南来北往"的区位优势，提供了极大的助力。

甘南的地理位置处于中国的中心，正处于"一带一路"布局当中，向南融入长江流域经济带，向北融入丝绸之路经济带，向西融入青藏高原经济板块，向东联络一线发达城市，以区域交通干线为主骨架的经济廊道已逐渐打通，这为甘南州提供了较大的对外开放空间，为以开放促发展提供了便利的条件，也成为甘南州民族文化产业进一步优化升级的动力。

第三，甘南州对生态环境的保护与建设进一步推动了民族文化产业的发展。

作为我国重要的生态安全屏障，甘南州生态环境的状况关系到全国的气候与生态的改善，但由于自然因素以及公众保护生态环境的观念落后，长期以来，滥垦乱牧、滥砍乱伐等破坏生态环境的行为与现象较为普遍，再加上粗放式的经济发展模式，对资源的掠夺式开发和对生态环境的不合理利用导致生态失衡。作为贫困地区，保护生态环境的投资也不足，甘南州一度出现了生态环境恶化的问题，如森林覆盖率下降、草地退化碱化、土壤沙化、水土流失加剧、水源减少、沼泽湿地萎缩、生物多样性锐减等。

针对这种情况，甘南州把生态环境保护与改善作为全州重点工作，围绕绿色发展与绿色崛起的主题，严格执行国家生态主体功能区规划，实施生态文明先行示范区建设，打造碳汇交易示范区，倡导生态文明价值，完善生态文明制度，开展自然资源资产评估，加快编制实施甘南州青藏高原绿色现代化先行示范区建设规划等，加快转变发展方式、生产方式和生活方式，形成了生产发展、生活富裕、生态良好的青藏高原绿色现代化道路。

生态环境的改善使甘南州民族文化产业发展具有了更坚实的客观基础，也为甘南州民族文化产业开发优质产品、提供优质服务提供了客观条件。以甘南州"全域旅游无垃圾示范区建设"为例，为配合创建青藏高原绿色现代化先行示范区、国家生态文明先行示范区、国家全域旅游示范区的工作，2015年甘南州开展了全域旅游无垃圾示范区建设，实现了全域无垃圾的目标，整洁的环境让游客对甘南优美的风景和深厚的文化底蕴更加折服，更觉赏心悦目、流连忘返，游客普遍赞叹："这里的水那么清澈！""真干净！连购物袋都只用布袋和纸袋！"导游认为保护环境已经成为甘南州社会与个人生产生活中的自觉和习惯①，而游客的良好印象与广泛宣传无疑为甘南民族文化旅游产业的进一步发展提供了更广阔的空间。针对游客的246份有效调查问卷显示，203人认为甘南的城镇以及旅游景点比较干净整洁，占82.52%，201人认为干净、卫生、整洁会为甘南的旅游形象加分，占81.71%。

（2）甘南州产业系统对甘南州生态系统的促进作用主要表现在两个方面

第一，甘南州民族文化产业的发展加速了甘南州生态环境保护与建设。

甘南州的民族文化产业以旅游业为核心，而优美的自然风景与环境是吸引游客的重要因素。为加速旅游产业发展，扩大旅游消费市场，甘南州推出了一系列生态环境保护与建设措施，包括植树绿化、退耕还林、退耕还草、建设绿色旅游长廊及万亩油菜花观赏带、全域无垃圾"环境革命"等。全州在建设国家生态主体功能区、生态文明先行示范区和全域旅游示范区过程中，加快生态项目建设、加强环境综合治理、强化依法从严监管、推动绿色低碳发展、狠抓生态文明教育、大力建设生态文明小康村等，极大地改善了甘南州的生态环境，也促进了甘南州旅游产业的进一步优化升级。近两年甘南州推出的生态山水游、草原湿地游、高原峡谷游、黄河风情游等旅游产品与线路就吸引了众多消费者。

第二，甘南州民族文化产业的发展极大地提高了公众参与保护甘南州生态环境的积极性与主动性。

---

① 王占东：《游客点赞甘南全域旅游无垃圾示范区》，中国甘肃网，2017年2月16日，http://www.gscn.com.cn/tourism/system/2017/02/16/011608261.shtml。

第7章　区域民族文化产业生态化发展路径的实证分析

民族文化产业的发展推动了甘南州经济的快速发展，提高了当地公众的经济收入。甘南州生态环境的改善对民族文化产业的助力也让大家意识到，要继续保持或提高基于民族文化产业发展带来的收入，就要不断加强生态环境保护，为民族文化产业发展提供良好的环境。

同时，生活在青山碧水、蓝天白云之中，呼吸着越来越好的空气，生态环境的改善让公众的生活质量、健康水平也有了很大提高。这都促发了公众参与环境保护的主动性和自觉性。

本书针对甘南本地居民所做的273份有效调查问卷中，234人认为甘南的自然风景与生态环境促进了甘南旅游产业的发展，占85.71%；209人认为甘南旅游产业的发展有益于甘南生态环境保护，占76.56%；203人认为甘南干净卫生整洁的环境提升了自己的生活质量和健康水平，占74.36%；181人认为自己保护生态环境的意愿是基于进一步促进旅游产业发展以提高自己收入的想法，占66.30%；242人认为自己保护生态环境的意愿是基于进一步提升自己生活质量和健康水平的想法，占88.64%。

另外，政府在生态环境保护方面的积极宣传与引导更强化了公众主动参与环境保护的意识。273份有效调查问卷中，217人认为"全域无垃圾"行动让甘南的环境变得干净、卫生、整洁，占79.49%；201人认为干净整洁的环境会进一步促进甘南旅游产业的发展，占73.63%；207人愿意为甘南生态环境保护做一些力所能及的事情，占75.82%。一个立体化、全方位的甘南州生态环境保护公众参与的良好氛围已经形成。

现在，在甘南州，保护环境已逐渐成为大家自觉的行为习惯，街上看不到一片纸屑，购物不用塑料袋以杜绝白色污染，垃圾要集中处理，每个村都定期进行村容整治，环保意识已经深入人心。194人认为自己已经形成了保护生态环境的行为习惯，占71.06%；89人认为对甘南本地居民而言环保意识已经深入人心，127人认为正在深入人心的过程中，合计占79.12%。

（3）甘南州产业子系统与生态子系统的相互制约主要体现在以下方面

甘南州民族文化产业的发展模式主要是以民族文化旅游产业为核心，带动其他类型的民族文化产业以及其他相关产业发展，民族文化旅游产业是甘南州民族文化产业发展的驱动力，也是其民族文化产业的主体部分。但旅游产业会对当地生态环境造成一定的负面影响。甘南州自然生态环境所能提供的空间与资源是有限的，其分解循环能力也是有限的，而民族文化旅游产业发展越快，其规模就越大，带给甘南生态环境的负面影响就越大，这就形成了甘南州生态环境与民族文化旅游产业之间的竞争关系。如果不尊重当地生态环境的自然规律，一味放任民族文化旅游产业规模的扩大，就可能会超越当地生态环境的承载力，打破原有的生态平衡，破坏生态环境，导致环境负债，从而使生态环境系统出现恶性循环，由此又反过来影响甘南州民族文化旅游产业的发展，导致其停滞甚至衰退，最终影响民族文化旅游产业的可持续发展。

因此，在甘南州民族文化产业发展的过程中，当地政府应当严格遵循甘南州自然生态环境发展的客观规律，通过相关制度的制定与执行，在生态承载力范围内科学地发展民族文化旅游产业，以保障甘南州民族文化产业的可持续发展。

7.1.4.4　甘南州民族文化子系统与生态子系统双赢关系分析

测算结果显示，甘南州民族文化子系统与生态子系统是双赢关系，这说明甘南州的民族文化子系统与生态子系统体现的主要是合作关系，二者相互制约的作用被抑制，而相互促进的作用被放大。

（1）甘南州民族文化子系统对生态子系统的促进作用主要体现在两个方面

第一，甘南州民族文化中那些有益于生态环境保护的文化仍在教化着人们如何与自然和谐相处。

以生活在玛曲草原上的藏族牧民为例，其民族文化中有益于生态保护的思想至今仍在规范着人们的行为，影响着人们的生活，对生态环境保护发挥着重要作用。比如，传统的藏族轮牧、迁牧制度，牧民会在不同季节根据气候变化的规律与草场分布的情况实行分群放牧，使家畜处于最佳气候与最佳草场之中，既降低了牲畜在恶劣气候条件下的死亡率，也保护了草场的环境与生态平衡。夏河的甘加思柔部落就明确规定每年要迁牧六次，对每一次迁居的时间和地点也都有详细、明确的规定。

藏族传统的环保习惯法中也规定了很多关于神山、神湖、鸟类、动物的禁忌，如有违反，就会受到惩罚，如甘加藏区习惯法中就规定禁止本部落成员与外部落成员在甘加草原上捕捉旱獭，违者罚款或罚青稞[①]。

藏传佛教文化中也有大量保护生态与环境的教义，如把"杀生"视为四种根本罪之一，不准杀害动物。甘南州的很多宗教节日与仪式也都与禁杀护生有关，如每年藏历4月15日的放生节、正月祈愿大法会期间的放生法事活动等。被僧人加持后放生的动物，任何人不得猎取、出卖、宰杀，只能任其自生自灭。在节日和法会上演出的藏戏也会告诫人们秉持慈悲心不杀生，如甘南拉卜楞寺每年阴历七月举行的"东贝柔扎"法会上就会表演米日舍巴大师劝化猎人贡波多杰戒杀生的藏戏。

此外，作为藏区社会活动中心的寺院对其所拥有的森林和草原也都有严格的种植与禁止砍伐的制度，寺院保护环境的信仰与活动对信教群众产生了很大的影响，对保护甘南州的自然环境作出了贡献。

第二，甘南州的生态文明建设正大力推动着甘南州生态环境的改善与和谐发展。

生态文明强调人是自然生态的有机组成部分，强调人与自然相互依存、相互促进、相互融合、共处共荣，是中华传统文明的精髓[②]，它包含着"天人合一""人法地，地法天，天法道，道法自然"等系统的生态伦理思想，是对中华传统生态文化的继承与发展。

甘南州在生态文明建设过程中，以生态文明小康村建设为抓手，通过加强基础设施建设、培育生态产业、发展生态文化、完善生态制度、保护生态环境、提升社会保障等方式，将生态文明贯彻到经济社会发展和人民生活的方方面面，改变农牧村贫穷落后的面貌，全面提升了甘南州的发展水平。

[①] 张济民、戈明副主编《源远流长——藏族部落习惯法规及案例辑录》，青海人民出版社，2002，第148页。

[②] 余振国：《浅论生态文明建设的内涵、源流与核心》，《中国国土资源经济》2013年第3期。

(2) 甘南州生态子系统对民族文化子系统的促进作用主要体现在以下方面

民族文化本就是人们在长期的生产生活过程中与所处的自然和生态环境不断互动而逐渐形成的行为与思维方式，生态环境是文化形成的先天土壤。甘南州生态环境的改善促进了经济与社会的发展，让人们感受到了其对自己的生活与健康带来的益处，促使人们主动发扬传承优秀的民族传统生态文化。

生态文明建设与社会文化水平的提高也会让人们对自然环境与生态以及经济发展的内在规律有更深刻的了解和把握，这种认识会潜移默化地影响人们的行为及选择，并逐渐形成新的生产生活方式，形成新的文化。

综上所述，总体来看，甘南州民族文化产业系统内部的民族文化子系统、产业子系统、生态子系统之间有机联系、相互作用，在对甘南州民族文化资源进行开发、利用、保护与配置的过程中，形成整体合力，使甘南州民族文化产业系统发挥较好的整体功能，获得了较大的整体效益。

当然，系统是不断从无序到有序再到无序再到有序的过程中逐渐演化发展的，因此，随着甘南州在经济社会发展过程中持续的体制与机制创新，民族文化产业的发展会形成新的动力，促使民族文化产业系统向着一个更高水平的稳定点协同进化。

7.1.5 甘南州民族文化产业生态系统分析

甘南州民族文化产业发展过程中初步构建了甘南州民族文化产业生态系统。

7.1.5.1 甘南州民族文化生态产业链初步形成

构建民族文化产业生态系统的关键是形成民族文化生态产业链，它是该系统的骨架和经络。

甘南州民族文化产业在资源开发、资本投入、产品设计生产、决策水平提升、人才培养与引进、先进科学技术应用、政策引导、制度保障等方面，通过较为科学的方法进行调控和管理，促使甘南州民族文化生态产业链初步形成。

甘南州依托本州丰富多样的民族文化资源与优美的自然景观资源以及独特的土壤及气候条件，以发展全域旅游为策略，对民俗、宗教、历史、饮食、服饰、歌舞、体育、藏药、建筑等各种民族文化资源和自然资源进行了较为全面与科学的开发。相较于甘南州外，其民族文化产业有显著的独特性，在州内各市县之间、每个文化产业园区之间，其民族文化产业的资源、产品、运作模式又有自己的特点，由此形成了若干具有密切互动关系、相互交叉的区域民族文化产业链，并共同构成了复杂的甘南州民族文化生态产业链。

该产业链以民族文化旅游产业链为核心，连接着民族饮食文化产业链、民族服饰文化产业链、民俗文化产业链、民族歌舞艺术文化产业链、宗教文化产业链、历史文化产业链、民族体育文化产业链、民族医药文化产业链等等，它们交互作用，发挥着大于其各自功能之和的集体效应。

从消费者的反馈来看，本书针对游客所做的 246 份有效调查问卷显示，186 人认为甘南之行给自己留下了较好的印象，占 75.61%；关于在吃、穿、住、用、行等哪方面感受到甘南当地民族原汁原味的原生态文化这个问题，221 人选择了吃，占 89.84%，228 人选择了穿，占 92.68%，209 人选择了住，占 84.96%，213 人选择了用，占 86.59%，197 选择了行，占 80.08%；对甘南的自然风景，76 人认为非常美，123 人认为比较美，合计占 80.89%；197 人认为自己了解到一些甘南当地民族文化的来源和传承过程变化，占 80.08%；对甘南民族文化的了解与体验有 73 人选择满意，117 人选择比较满意，合计占 77.24%；对如果不考虑费用和时间因素是否愿意再来甘南旅游这个问题，68 人选择非常愿意再来，119 人选择愿意再来，合计占 76.02%；76 人非常愿意向他人推荐甘南旅游，133 人愿意推荐，合计占 84.96%；对本次来甘南旅游的满意度，43 人选择非常满意，131 人选择比较满意，合计占 70.73%。

可见，消费者对甘南旅行的印象普遍评价较好，能在吃、穿、住、用、行等各方面感受到多个民族（尤其是藏族）原汁原味的原生态文化，也欣赏到了美丽的自然风景，还了解到一些民族传统文化的来源与传承过程的变化，留下了深刻的印象，旅行结束回去后大部分人会向周围的朋友宣传介绍自己的甘南之旅，以后有机会也会再来。

当然，这也意味着，如果其中某一产业出现问题，就会影响其他产业和整个产业链。也有个别消费者评价认为，虽然甘南风景很美，人文底蕴也很丰厚，但在旅行过程中发现甘南餐饮业服务质量有待提高，自己吃得不舒服、不愉快，旅行社服务不好，有强迫消费之嫌，玩得不尽兴，等等，对甘南旅行留下了一些不好的印象，以后不会再来，也会向周围的人如实告知这些情况。

从降低交易费用的角度来看，甘南州大力实施全域旅游，旅游文化名城、旅游名镇以及大量的旅游村以网状链接的形式覆盖甘南大地。同时，文化产业园区和文化产业基地以及文化产业建设项目也形成了一个网状的链接，二者交织在一起，形成了一个复杂的民族文化产业网状链接，它将各种相关产业连接在一起，有利于形成更加丰富、精良和优质的民族文化产品与服务，吸引更多的消费者，从而增加了交易的频繁性，扩大了交易规模。同时，这个产业链中形成了企业有形资产的专用性、地理位置上的专用性、优惠政策上的专用性，以及民族文化专业人才、民族文化产品设计开发人才、管理人才、广告人才等人才资本的专有性。凡此种种，都降低了甘南州民族文化产业链的交易费用，为产业带来了较大的市场吸引力和广阔的发展前景。

7.1.5.2 甘南州民族文化产业生态系统的多样性初步显现

甘南州民族文化产业生态系统的多样性在参与者、投入与产出、系统结构等方面均已初步显现。

（1）参与者的多样性

从参与者来看，甘南州民族文化产业的发展过程中，大量旅游、餐饮、住宿、演艺、制造、科技等各种类型的生产企业，来自国内外、州内外的消费者，政府及其相关部门、甘南州各民族公众、各民族文化的传承人、教育机构、科研机构、民族文化保护机构、各种中介机构、志愿者组织等不同类型的主体均参与其中,初步形成了一个较为多样化、立体化的甘南州民族文化产业参与者体系。

(2) 投入与产出的多样性

从投入与产出来看,甘南州民族文化产业在发展过程中,结合本州民族文化资源种类与数量众多,自然美景多样,并且是全国生态安全屏障的具体情况,充分了解市场,抓住人们生活水平提高后对旅游产品的消费需求急剧增加的机会,大力发展旅游产业。根据市场需求设计出生态山水游、草原湿地游、高原峡谷游、民族风情游、宗教文化游、红色圣地游等各种类型的主打旅游产品,开发出自驾游、农业景观游、中藏医药保健游、摄影游、朝圣游、修学游、体验游等多样的新兴特色旅游产品,受到消费者好评。

在旅游产业带动下,依托各种原生态民族文化资源,开发出多种多样的具有市场发展潜力的文化产品,并打造"九色甘南香巴拉旅游艺术节"、唐卡、格萨尔赛马大会、"南木特"藏戏、洮州花儿、临潭万人拔河等较为优质的民族文化产品。

旅游产业和各种类型民族文化产业的发展也带动了甘南州种植业、畜牧业、电子商务等产业的发展,初步形成了一个多样化的投入产出体系。

(3) 系统结构的多样性

从系统结构来看,在甘南州民族文化产业发展过程中,资源、决策、资金、耦合关系等各方面也都初步体现了多样化的特点。

州内七县一市的民族文化资源各具特色,自然景观各不相同,主打产品与旅游线路各有特点;整个产业体系中涉及众多决策者,不同决策者的决策方式、决策偏好、决策背景各有不同;资金的来源、数量、支配方式也比较多样,甘南州已通过创新筹资模式,健全财政引导、金融信贷、项目整合,构筑投融资平台等途径构建起多元化的资金投入机制,利用"九色甘南香巴拉旅游艺术节"、兰洽会、津洽会、西洽会、丝绸之路(敦煌)国际文博会等平台招商引资,有效建立政府投融资平台"甘南州文旅交建集团",推出一系列金融扶贫信贷产品如"藏饰贷""双业贷""双联惠农贷""精准扶贫贷""生态文明小康贷"等，这些都已成为重要的产业发展资金来源；设计、构建、管理、调控民族文化产业链的方式不同会形成不同的耦合关系。甘南州民族文化产业利用不同季节与气候，结合当季民族文化的优势与特点，进行科学的产品设计与开发。耦合关系也体现出一定的多样化特点，如为解决四季旅游不均衡的问题，甘南州针对冬春两个旅游淡季推出了饭店打折、景区免票等优惠措施，设计开发了"银色草原""圣湖观鸟"等旅游新产品，使甘南的冬春季旅游具有了与夏秋旅游旺季不同的独特魅力。

7.1.5.3 甘南州民族文化产业关键种企业逐步成长，企业共生体初步形成

选定具有关键结构属性与优势功能地位的关键种企业构筑企业共生体，是发展区域民族文化生态产业的关键。

甘南州民族文化产业发展过程中已逐步成长起一批有实力、有活力的文化骨干企业，发挥着关键种企业的作用。比如：集印刷、制香、唐卡绘制、毪氇卡垫、木雕石雕、藏族服饰等产业为一体的甘南羚城藏族文化科技开发有限责任公司，集绘画、文化交流、国际加盟连锁青年旅舍休闲购物为一体的夏河拉卜楞摩尼宝藏族文化艺术有限责任公司，集民族特需商品、工艺品、土特产品加工、销售为一体的卓尼鼎元艺术品开发有限责任公司，拥有从编剧、导演、制作到市场推广完整生产体系的甘南多罗影视文化传媒公司，以及甘南拉卜楞网城互联网科技有限公司、甘南全域旅游集团、碌曲藏医药厂、临潭铸铜厂、冶力关唐古拉风演艺公司等。

其中值得一提的是，甘南拉卜楞网城互联网科技有限公司和甘南全域旅游集团。甘南拉卜楞网城互联网科技有限公司是甘南藏区首个大型集中化信息平台，旗下拥有甘南拉卜楞网城、甘南拉卜楞商城、甘南州信息网、藏地旅游网、大学生创业网，业务范围涵盖信息咨询服务、旅游、购物、传媒、文化、商城线下体验、科创孵化、学术交流、慈善、房地产等，致力于以"互联网+藏文化"方式让世界了解甘南，让甘南走向世界。积极推广藏文化智慧旅游，不断提高特色产品的民族文化附加值，延

第7章 区域民族文化产业生态化发展路径的实证分析

伸产业链。拉卜楞网城已成为世界绿色投资贸易促进会甘肃工作站、世界绿色投资贸易促进会副理事长单位、甘南藏族自治州电子商务运营中心、甘南州电子商务产业园等，并于2017年3月29日在上海股权托管交易中心挂牌。甘南全域旅游集团旗下有甘南藏地国际旅行社、甘南藏地生态文化旅游汽车有限公司、拉卜楞多吉藏文化传播公司、迭部贡阁宾馆、多儿民俗村、夏河多吉酒店。

这些文化产业骨干企业凭借自身优势，带动一大批相关企业协同作用、互促发展，形成企业共生体，为打造甘南知名文化品牌、提升甘南民族文化产业的竞争力和影响力发挥着重要作用。

7.1.5.4 甘南州民族文化产业共生网络初步形成

如前文所述，"十二五"期间，甘南州建设了4个文化产业园区、14个文化产业基地、15个文化产业建设项目，一个涵盖民族服饰、饮食、工艺品、生活用品制作，医药生产，歌舞艺术、宗教文化、生态文化、文化遗址、手工技艺展示，印刷出版等产业类型的民族文化产业网络已经初步形成。

此外，在发展全域旅游的过程中，甘南州构建了一个复杂的旅游网络，推动全州旅游布局由"珍珠玛瑙"镶嵌式向"满天群星"全域式转变。该网络包括合作、夏河、临潭等七个旅游文化名城，冶力关、新城、扎古录等十个旅游名镇，各县市在城区建设的美食、旅游商品购物、民俗文化体验等特色街区，央德新村、达洒等80个旅游村和吉利、鹿台子等国家旅游局确定的75个旅游扶贫重点村；此外，还有三条绿色旅游走廊沿线和万亩油菜花观赏带、"洛克之路"等自驾游精品线路、"银色草原"等特色旅游产品。

依托"一带一路"建设和"丝绸之路经济带黄金段"建设，甘南州民族文化产业园区、基地、项目建设与全域旅游示范区建设相互促进，民族文化与旅游共生共荣，甘南州民族文化产业的共生网络已初步形成。

7.1.5.5 甘南州民族文化产业信息网络初步构建

利用现代信息技术手段建立畅通灵敏的信息网络是进行资源、环境、主体成员、产品及服务、消费需求等信息的收集与交流，促进民族文化产业发展的重要因素。

甘南州近年来实施"网络强州"战略，主动融入全球信息化大环境，依托数字、网络等高新技术，按照积极利用、科学发展、依法管理、确保安全的思路，初步构筑了大数据信息化平台，并不断推进"互联网+"行动，促进互联网和经济社会的融合发展。

随着数字甘南、宽带甘南、智慧甘南的建设，甘南州民族文化产业信息网络初步构建。"旅游+互联网"战略大力推进，全州智慧旅游大数据平台一期项目已完成，移动、运管、公安、银联等部门数据正在加快接入，4A级景区旅游产业运行监测与应急指挥平台建设正在进行，数十个景区已完成视频监控系统接入和客流统计系统接入，初步实现了游客的精准分流、合理限流与巧妙避流，旅游品质得到提升。州、县、市开通十个官方微信平台，甘南旅游政务网、甘南旅游网、甘南旅游英文网运营较好，成为甘南旅游宣传推广的重要途径。云计算、云服务、云技术正在逐步融入产业发展。集旅游、餐饮、酒店、休闲、娱乐、出行、政务等为一体的O2O智慧信息化同城平台已建立。电子商务快速发展壮大，"藏宝网"、"拉卜楞网城"、"京东商城·拉卜楞甘南馆"、"淘宝特色中国·甘南馆"、苏宁易购"中华特色·甘南馆"等电商平台运营顺畅。信息网络的构建正在助推甘南州民族文化产业升级换代。

通过甘南州民族文化产业系统内民族文化子系统、产业子系统、生态子系统的相互促进与甘南州民族文化产业生态系统的初步构建，甘南州民族文化产业的经济功能、文化功能、生态功能得以发挥，产业的经济效益、文化效益、生态效益得到了共同提升，初步实现了该产业的生态化发展，使该产业初步朝着可持续发展的方向迈进。

7.2 五个自治区民族文化产业协同度测度分析

本书在设计研究方案时，原本计划选择以甘南州和与甘南州同层次的其他民族自治州的民族文化产业作协同度测度分析，但在搜集数据的过程中发现，我国30个民族自治州的数据有大部分无法获得。因此，本书选择以内蒙古、广西、新疆、西藏和宁夏五个自治区为例，从省域的角度，对其民族文化产业系统的协同度进行分析。

之所以选择五个自治区，一是因为目前国内缺乏专门针对民族文化产业的统计数据，而五个自治区作为民族自治地方，可以认为其文化产业是民族文化产业，且相对自治州和自治县而言，其文化产业的统计数据是可以获得的；二是因为五个自治区在民族文化的独特性和多样性方面、在经济社会以及民族文化产业的发展水平方面、在自然环境与生态方面具有差异性和典型性，可以说明问题。

7.2.1 五个自治区民族文化产业系统协同度序参量与指标体系

根据前文所述指标选取的四个原则，即科学性与合理性、全面性与不重叠、层次性与系统性、指标可比性与数据易获得性原则，结合五个自治区相关数据的实际情况（五个自治区分别都有个别指标数据缺失），对民族文化产业系统协同发展的序参量与指标体系中的个别指标作了调整，形成了五个自治区民族文化产业系统协同度序参量与指标体系（见表7-11）。

7.2.2 数据来源说明

五个自治区民族文化产业系统协同度序参量与指标对应的数据来源于《中国文化及相关产业统计年鉴》《新疆统计年鉴》《西藏统计年鉴》《宁夏统计年鉴》《广西统计年鉴》《内蒙古统计年鉴》以及五个自治区政府的官方网站。

本书计划对五个自治区民族文化产业的发展现状进行分析，因此选取了目前可获得的最新统计数据，即2017年上述相关统计年鉴，收集到的是2016年五个自治区的相关统计数据。

7.2.3 协同度分析及协同类型的判定

7.2.3.1 五个自治区民族文化子系统的得分

将 2016 年五个自治区民族文化产业系统序参量和指标体系对应的相关数据代入区域民族文化产业系统协同度测度模型的公式（5-5）中（具体公式详见本书"5.3 区域民族文化产业系统协同度测度模型"的论证），通过 MATLAB 分析数据可以得出 2016 年五个自治区民族文化子系统的得分总值（见表 7-12、图 7-15）。

表 7-11　五个自治区民族文化产业系统协同度序参量与指标体系

系统	子系统	序参量	指标	单位	性质
五个自治区民族文化产业复合系统	五个自治区民族文化子系统	民族文化资源特色性与丰裕度	该区域生活的民族数	个	正向
			世界文化遗产数	个	正向
			世界级、国家级、省级非物质文化遗产数	个	正向
			国家级历史文化名城名镇名村数	个	正向
			国家级重点文物保护单位数	个	正向
			中国民间文化艺术之乡数	个	正向
		民族文化传承能力	国家级非物质文化遗产传承人数	人	正向
			文化生态保护区数	个	正向
			公共图书馆藏书量	万册	正向
			广播人口综合覆盖率	%	正向
			电视人口综合覆盖率	%	正向
			报纸出版增长率	%	正向
			中小学学校数	个	正向
			中小学在校学生数	万人	正向
	五个自治区产业子系统	总量规模	民族文化产业增加值	亿元	正向
			民族文化产业增加值占 GDP 比重	%	正向
			民族文化产业固定资产投资额	亿元	正向
		政府投入	文化事业财政支出占该地区财政支出比重	%	正向
		发展速度	民族文化产业增加值年增长率	%	正向
			民族文化产业固定资产投资额年增长率	%	正向
		市场化程度	居民文化消费比重	%	正向
		经济贡献	国民经济贡献率	%	正向
	五个自治区生态子系统	自然旅游资源丰裕度	世界自然遗产数	个	正向
			国家级、省级自然保护区数	个	正向
			生态功能保护区数	个	正向
			A 级景区数	个	正向

续表

系统	子系统	序参量	指标	单位	性质
五个自治区民族文化产业复合系统	五个自治区生态子系统	生态环境质量	人均造林面积	公顷/人	正向
			人均耕地面积	公顷/人	正向
			人均水资源量	立方米/人	正向
			废水排放总量	万吨	负向
			二氧化硫排放总量	万吨	负向
			烟尘排放总量	万吨	负向
			工业固体废物产生量	万吨	负向
			环境污染治理投资额占 GDP 比重	%	正向

表 7-12 五个自治区民族文化子系统总得分

单位：分

区域	新疆	西藏	宁夏	广西	内蒙古
总得分	0.1686	0.2671	0.0362	0.3942	0.1339

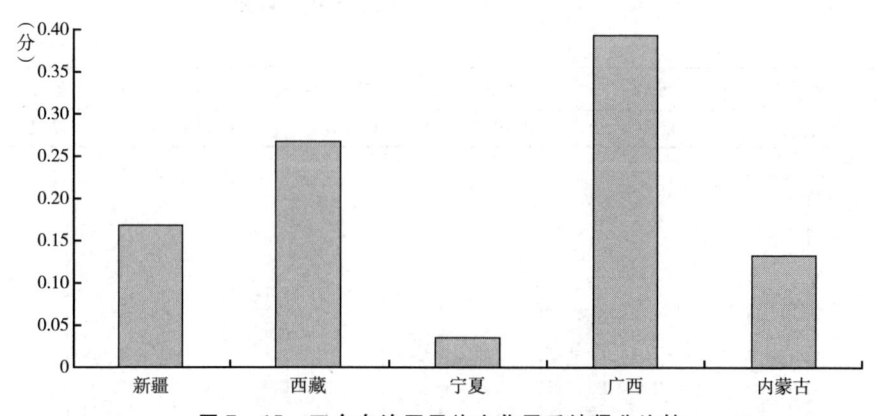

图 7-15 五个自治区民族文化子系统得分比较

从表 7-12 和图 7-15 可以看出：五个自治区中，广西壮族自治区民族文化子系统的总得分最高，为 0.3942 分；其次是西藏自治区，其民族文化子系统的总得分是 0.2671 分；新疆维吾尔自治区的总得分是 0.1686 分，排在第三位；排在第四位的是内蒙古自治区，其总得分是 0.1339 分；宁夏回族自治区民族文化产业子系统的总得分较低，并且与其他四个自治区得分差距较大，只有 0.0362 分。这说明 2016 年对民族文化保护与传承最好的是广西，其后是西藏、新疆和内蒙古，相比较而言，宁夏对民族文化的保护与传承工作有待加强。

7.2.3.2 五个自治区产业子系统的得分

将2016年五个自治区民族文化产业系统序参量和指标体系对应的相关数据代入区域民族文化产业系统协同度测度模型的公式（5-6），通过MATLAB分析数据可以得出2016年五个自治区产业子系统的得分（见表7-13、图7-16）。

从表7-13和图7-16可以看出：五个自治区中，内蒙古自治区产业子系统的总得分最高，为0.2712分；排在第二位的是广西壮族自治区，其产业子系统的总得分是0.2169分；第三位是西藏自治区，它的总得分是0.1963分；宁夏回族自治区排在第四位，其总得分是0.1747分；排在第五位的是新疆维吾尔自治区，它的产业子系统总得分是0.1409分。这说明2016年内蒙古的民族文化产业化领先于其他四个自治区。

表7-13 五个自治区产业子系统总得分

单位：分

区域	新疆	西藏	宁夏	广西	内蒙古
总得分	0.1409	0.1963	0.1747	0.2169	0.2712

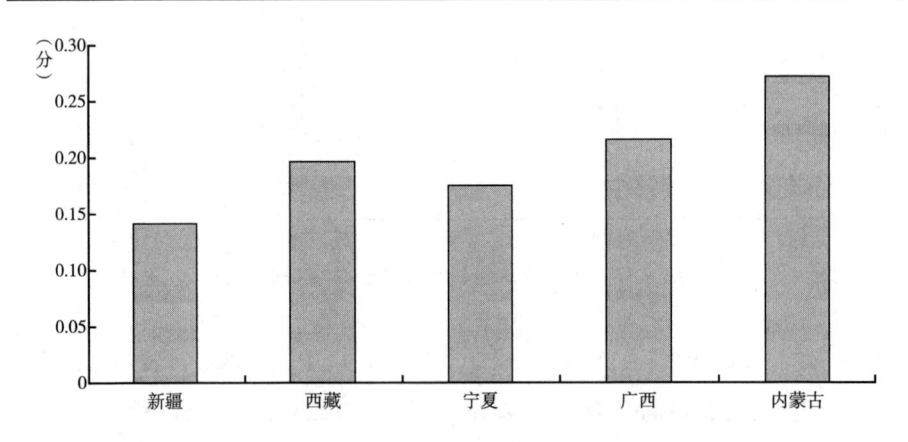

图7-16 五个自治区产业子系统得分比较

7.2.3.3 五个自治区生态子系统的得分

将2016年五个自治区民族文化产业系统序参量和指标体系对应的相关数据代入区域民族文化产业系统协同度测度模型的公式（5-7），通过

MATLAB 分析数据可以得出2016年五个自治区生态子系统的得分（见表7 - 14、图7 - 17）。

表7 - 14 五个自治区生态子系统总得分

单位：分

区域	新疆	西藏	宁夏	广西	内蒙古
总得分	0.3609	0.2786	0.0679	0.1104	0.1823

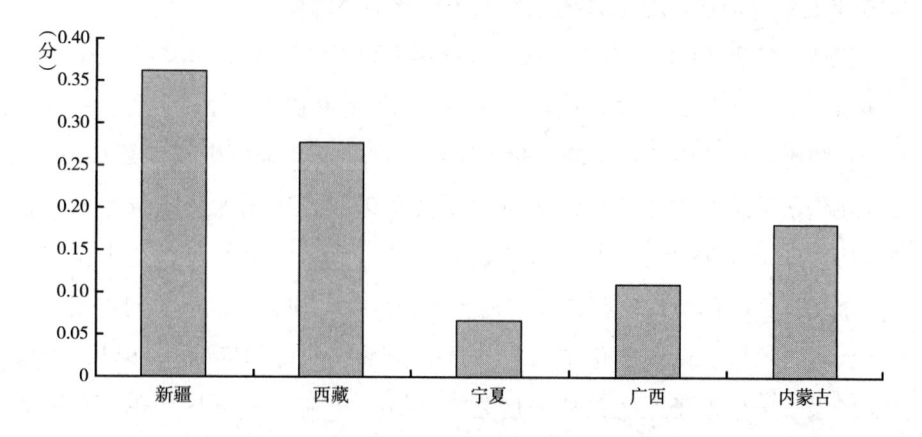

图7 - 17 五个自治区生态子系统总得分

从表7 - 14和图7 - 17可以看出：五个自治区的生态子系统中，新疆维吾尔自治区的总得分最高，为0.3609分；第二位是西藏自治区，其生态子系统的总得分是0.2786分；排在第三位的是内蒙古自治区，它的总得分是0.1823分；广西壮族自治区排在第四位，其总得分是0.1104分；宁夏回族自治区排在第五位，其生态子系统的总得分是0.0679分。这说明，2016年新疆自然生态环境的现状最好，其次是西藏，远远领先于其他三个自治区，而宁夏自然生态环境的改善与保护工作还需要加强。

7.2.3.4 五个自治区民族文化子系统、产业子系统、生态子系统的协同度及其协同类型

将五个自治区民族文化子系统与产业子系统的总得分代入区域民族文化产业系统协同度测度模型公式（5 - 8），通过MATLAB分析数据可以得出

2016年五个自治区民族文化子系统与产业子系统的协同度。

将五个自治区民族文化子系统与生态子系统的总得分代入区域民族文化产业系统协同度测度模型公式（5-9），通过 MATLAB 分析数据可以得出2016年五个自治区民族文化子系统与生态子系统的协同度。

将五个自治区产业子系统与生态子系统的总得分代入区域民族文化产业系统协同度测度模型的公式（5-10），通过 MATLAB 分析数据可以得出2016年五个自治区产业子系统与生态子系统的协同度。

其结果见表7-15、图7-18，可以得出如下结论。

（1）各自治区民族文化产业系统的协同度及其协同类型

新疆维吾尔自治区：民族文化子系统与产业子系统的协同度是0.9994，民族文化子系统与生态子系统的协同度是0.9730，产业子系统与生态子系统的协同度是0.9648。可见新疆维吾尔自治区民族文化产业系统中，三个子系统相互之间的协同度都很高，而且比较均衡，均属于优质协同类型。

西藏自治区：民族文化子系统与产业子系统的协同度是0.9951，民族文化子系统与生态子系统的协同度是0.9916，产业子系统与生态子系统的协同度是0.9995。可见西藏自治区民族文化产业系统中三个子系统相互之间的协同度都很高，而且最为均衡，也都属于优质协同类型。

宁夏回族自治区：民族文化子系统与产业子系统的协同度是0.5447，民族文化子系统与生态子系统的协同度是0.9085，产业子系统与生态子系统的协同度是0.7812。可见宁夏回族自治区民族文化产业系统中三个子系统相互之间的协同度不均衡，民族文化子系统与生态子系统属于优质协同类型，而民族文化子系统与产业子系统处于轻度失调状态，产业子系统与生态子系统则属于中度协同类型。

表7-15 五个自治区民族文化子系统、产业子系统、生态子系统协同度

协同度	民族文化子系统与产业子系统	民族文化子系统与生态子系统	产业子系统与生态子系统
新疆	0.9994	0.9730	0.9648
西藏	0.9951	0.9916	0.9995

续表

协同度	民族文化子系统与产业子系统	民族文化子系统与生态子系统	产业子系统与生态子系统
宁夏	0.5447	0.9085	0.7812
广西	0.9890	0.7839	0.8568
内蒙古	0.8704	0.9970	0.9033

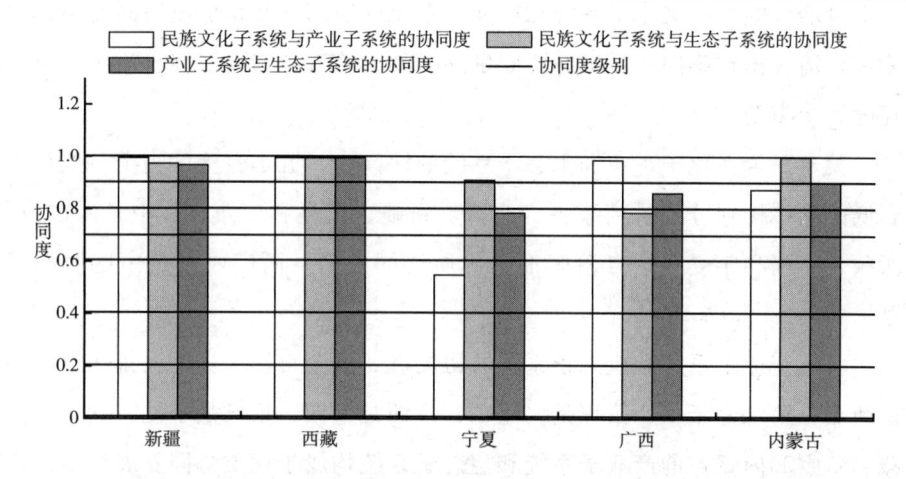

图7-18 五个自治区民族文化子系统、产业子系统、生态子系统的协同度与协同度级别

广西壮族自治区：民族文化子系统与产业子系统的协同度是0.9890，民族文化子系统与生态子系统的协同度是0.7839，产业子系统与生态子系统的协同度是0.8568。可见广西壮族自治区民族文化产业系统中三个子系统相互之间的协同度也不均衡，民族文化子系统与产业子系统属于优质协同类型，民族文化子系统与生态子系统则属于中度协同类型，而产业子系统与生态子系统属于良好协同类型。

内蒙古自治区：民族文化子系统与产业子系统的协同度是0.8704，民族文化子系统与生态子系统的协同度是0.9970，产业子系统与生态子系统的协同度是0.9033。可见内蒙古自治区民族文化产业系统中三个子系统相互之间的协同度也不均衡，民族文化子系统与产业子系统属于良好协同类型，而民族文化子系统与生态子系统则属于优质协同类型，产业子系统与生态子系统也属于优质协同类型。

(2) 五个自治区民族文化产业系统协同度与协同类型比较

从表7–16和图7–18同样可以得出如下结论。

关于民族文化子系统和产业子系统的协同度，五个自治区当中，第一是新疆维吾尔自治区，第二是西藏自治区，排在第三的是广西壮族自治区，这三个自治区的民族文化子系统和产业子系统的协同度都是优质协同类型，内蒙古自治区排在第四，是良好协同发展类型，第五是宁夏回族自治区，属于轻度失调类型。

关于民族文化子系统和生态子系统的协同度，五个自治区当中，按从高到低的顺序排列分别是内蒙古、西藏、新疆、宁夏和广西，其中，内蒙古、西藏、新疆和宁夏四个自治区都是优质协同类型，而广西则是中度协同类型。

关于产业子系统和生态子系统的协同度，五个自治区当中，排在第一的是西藏，第二是新疆，第三是内蒙古，广西是第四，第五是宁夏，其中，西藏、新疆和内蒙古的产业子系统和生态子系统均属于优质协同发展类型，广西的则是良好协同类型，宁夏则属于中度协同发展类型。

表7–16　五个自治区民族文化产业系统协同类型比较

协同类型	民族文化子系统与产业子系统	民族文化子系统与生态子系统	产业子系统与生态子系统
新疆	优质协同	优质协同	优质协同
西藏	优质协同	优质协同	优质协同
宁夏	轻度失调	优质协同	中度协同
广西	优质协同	中度协同	良好协同
内蒙古	良好协同	优质协同	优质协同

综上所述，2016年五个自治区当中，西藏自治区和新疆维吾尔自治区的民族文化产业系统发展协同度最高，都是优质协同类型，其中西藏民族文化产业系统中三个子系统的协同度相比新疆而言更为均衡。处于第二梯队的是内蒙古自治区和广西壮族自治区，其民族文化产业系统中三个子系统的发展都是协同类型，其中内蒙古相比广西而言，协同度更高，也更为均衡。宁

夏回族自治区民族文化产业系统的协同度则不如其他四个自治区，其三个子系统的协同度也不太均衡，虽然其民族文化子系统和生态子系统是优质协同类型，但其产业子系统和生态子系统仅属于中度协同类型，而其民族文化子系统和产业子系统的发展则是轻度失调的，说明其民族文化产业在之后的发展中，需要设计更加科学合理的调控机制，以保障民族文化的保护传承与民族文化产业化的协同发展。

7.3　本章小结

本章分别以甘肃省甘南藏族自治州和五个自治区为例对区域民族文化产业的生态化发展路径进行了实证分析。

对甘南州民族文化产业系统的协同进化进行纵向分析，结果显示，2008～2016年，甘南州民族文化子系统、产业子系统、生态子系统的有序度不断增加，说明甘南州民族文化的保护与传承、民族文化产业的发展、生态环境的保护与改善都取得了很大进步。但从三个子系统的竞争与合作关系来看，民族文化子系统与产业子系统之间是双输关系，说明二者竞争大于合作；产业子系统与生态子系统之间是输赢互补关系，说明二者之间既存在竞争也存在合作，在某些方面相互促进，但在某些方面相互制约；民族文化子系统与生态子系统之间是双赢关系，说明二者之间占据主导地位的是合作关系，二者相互制约的作用被抑制，相互促进的作用被放大。正是三个子系统之间的竞争与合作为系统的整体发展提供了动力，系统的整体功能逐步显现，甘南州民族文化产业获得了长足的发展。

同时，经过分析发现，甘南州民族文化产业在发展过程中已初步构建了民族文化产业生态系统，初步形成了民族文化生态产业链，系统的多样性在参与者、投入与产出、系统结构等方面也有所显现，关键种企业逐步成长，企业共生体、产业共生网络、产业信息网络均已初步形成。

以内蒙古、广西、新疆、西藏、宁夏五个自治区为例对其民族文化产业系统的协同度进行分析，结果显示：2016年，西藏和新疆的民族文化产业系统的发展最为协同，都是优质协同类型，西藏的协同度相比新疆更为均衡；处于第二梯队的是内蒙古和广西，其三个子系统的发展均处于优质协同、良好协同或中等协同的状态，内蒙古相比广西而言，协同度更高，也更为均衡；宁夏民族文化产业系统的协同度则不如其他四个自治区，其三个子系统的协同度也不太均衡，民族文化子系统和生态子系统是优质协同，产业子系统和生态子系统是中度协同，而民族文化子系统和产业子系统则轻度失调。

第 8 章　区域民族文化产业生态化发展的制度保障

"制度是一个社会的博弈规则，或者更规范地说，它们是一些人为设计的、形塑人们互动关系的约束。"① 制度包括正式制度与非正式制度，正式制度包括法律、法规、政策、规章等，非正式制度则包括价值道德规范、风俗文化习惯、意识形态、伦理等（本章主要探讨正式制度）。

制度是文化产业形成与发展的重要因素，文化产业的发展需要科学的制度为其设定主体间的权利义务、保障公权力的合法有效运行、实现资源的有效配置、促成良性的市场秩序。美、英、德、法、日、韩等文化产业发达国家的成功经验也一再证明，构建良好的制度环境是促进文化产业快速发展的先决条件。推动文化产业成为国民经济的支柱性产业，离不开完善的保障机制，这是文化产业发展对制度环境的基本需求。

区域民族文化产业是文化产业的重要组成部分，其生态化发展就是要将区域民族文化产业的发展、区域民族文化的保护与传承、区域自然生态环境的保护三者结合起来，在明确它们内在联系与相互作用机制的基础上，通过相应的调控机制，扩大它们相互促进的作用，抑制其相互制约的作用，形成三者的良性互动与协同发展，从而实现产业的经济、文化、生态功能，并最终实现产业自身的可持续发展。该调控机制当中，制度环境的创设是关键，

---

① 道格拉斯·C. 诺斯〔美〕：《制度、制度变迁与经济绩效》，杭行译，格致出版社、上海人民出版社，2008，第 3 页。

如何通过制度推动和保障区域民族文化产业的生态化发展值得深思。由于现阶段我国区域民族文化产业的核心形态是民族文化旅游产业，特定区域独特的民族文化是该产业发展的核心资源禀赋，而区域独特的自然生态环境也是该产业极其重要的支撑资源。因此，本章的论证主要围绕民族文化产业的发展与民族文化产业资源的保护两个方面展开。

8.1 充分发挥产业政策的引导和推动作用

产业政策对于产业发展有巨大的推动和促进作用，我国的文化产业政策一直都是国家和各地文化产业发展的强劲推动力。政府应在民族文化产业资源特点的基础上，结合我国各地区民族文化产业的发展现状，有针对性地制定相关产业政策，充分发挥其引导与宏观调控作用，促进和推动区域民族文化产业的生态化发展。

8.1.1 制定科学有效的区域民族文化产业促进政策

生态化发展首先要求政府制定科学有效的产业促进政策，推动区域民族文化产业的快速发展。

第一，应在尊重文化产业发展规律的基础上，针对区域民族文化产业的特点，确定制定政策的方向和思路。我国民族文化产业资源丰富，开发潜力巨大，但同时各民族又有着迥异的传统和特色，因此，政策制定应强调在尊重各民族传统风俗习惯的前提下支持保护性开发，同时注重惠及民族地区，使区域民族文化产业的开发真正促进民族地区的经济发展，提高当地人民的生活水平。

第二，在尊重市场经济发展规律的基础上，充分运用财政、税收、金融等经济杠杆，在区域民族文化产业的整体布局、产业结构、资金投向、产品生产、市场管理等方面发挥政策引导和宏观调控作用。

第三，制定积极的投融资政策，建立多元化的投融资体系，设立各种产业发展专项基金，健全融资担保体系，鼓励和吸引各种资金投入民族文化产业的开发。

第四，建立市场协调机制为主、组织协调机制为辅的民族文化产业协调机制。目前我国民族文化产业无序竞争、地区封锁、地方保护主义等现象严重，造成大量的重复建设和资源浪费，这些问题的解决需要建立民族文化产业协调机制。在市场经济制度成熟的国家，可以依靠市场的价格、供求、竞争等机制来协调产业内部和各企业间的矛盾，但在我国社会主义市场经济体制初步建立和逐步完善的过程中，市场经济条件尚未成熟，除了逐步建立和完善市场协调机制，让市场发挥资源调控作用外，还应辅助以组织协调机制，由不同利益主体通过协商交流来协调，两种机制相互配合，待市场经济条件成熟后再逐步退出组织协调机制。

第五，鼓励创新性和保护性开发，优化民族文化产业结构。创新是文化产业的核心竞争力，民族文化产业也需要进行创新性开发。要加强产业的原创力，走产业集聚的道路，为产业发展创造良好的创新环境。同时，我国区域民族文化产业大多集中于民族文化旅游、休闲娱乐及相关工艺品、文化产品制造等文化产业的外围层和相关层，产业结构同质化严重，内部结构不合理。区域民族文化产业的创新可向文化产业的核心层倾斜，向高端水平倾斜，促使产业结构优化。此外，区域民族文化产业的开发还应是保护性开发，即从保护入手，进行选择性、能够展现特色并且有益于民的开发[①]，只有这样，才能既促进民族文化产业的快速和有后劲的发展，又激发民族文化产业资源的生命力和活力，真正实现区域民族文化产业的生态化发展。

第六，建立科学合理的评估机制。评估机制应包括对区域民族文化产业发展的评估和相关政策对该产业生态化发展作用的评估两个方面。对民族文化产业发展的评估，已有学者构建了一些以产业增加值为核心指标，包括总量指标、政府投入指标、发展水平指标、经济效益指标、市场化程度指标、国民经济贡献指标在内的民族文化产业运行评价指标体系的结构框架，本书

---

① 薛丽娥：《多元推进民族文化保护与传承的思考》，《贵州社会科学》2009年第7期。

在第五章也构建了区域民族文化产业系统协同发展的序参量与指标体系。制定科学的政策很重要，相关政策对民族文化产业发展的作用评估则更加重要，既可以考察现有政策对民族文化产业生态化发展所发挥的作用，又可以对现有政策的优劣作出评价和考量，以便趋利避害，使政策能够更加科学有效地发挥引导作用。评估机制应通过由点到线再到面，以及由中央到地方或者由地方到中央的方式逐步建立。

8.1.2 将区域民族文化产业发展与产业资源保护相结合

区域民族文化产业的生态化发展需要在制定政策时将民族文化产业发展与民族文化产业资源保护相结合，在党和国家一贯的民族文化保护与生态环境保护政策的基础上，充分发挥政府主导、全民参与有效保护民族文化产业资源的作用。

第一，加强对民族文化资源的保护。

民族文化作为人类共同的财富在一定程度上是一种公共资源，它是人类自身发展历程的缩影，也是人类了解和研究自己的通道，可持续发展也应该是民族文化发展战略，其实施需要制定科学的规划，将民族文化的总体保护规划、单项保护规划、区域保护规划并重，实现多层次、立体化保护。

充分发挥公益性文化事业单位在民族文化保护中不可替代的重要作用。公益性文化事业单位包括文化馆、博物馆、图书馆、科技馆、群众艺术馆、美术馆、文艺院团、艺术研究机构、文物保护机构、考古科研管理机构、艺术院校等。这些单位在机构设置、人员、设备、资金、专业知识、科技力量、组织能力等方面都具有保护民族文化的条件和优势，集合这些力量构建民族文化的次保护网络较为可行。

加强人才培养。人才是民族文化保护与传承的关键，包括民族文化技艺的传承者（如非遗传承人、民间歌舞师、民间建筑师、民间工匠等）、民族文化保护的管理人才和研究人才等。尤其是民族文化技艺的传承者，在保障其生活的基础上，还应关注和支持其民族文化传承工作，避免"人去歌亡""人去艺绝"的现象。

第二，加强对民族文化旅游区生态环境与自然风景的保护。

生态环境与自然风景是区域民族文化旅游产业发展的基础资源，保护措施是否有效直接影响产业的进一步发展。

对旅游区的管理要加大监管力度，加强对污染的治理，明确禁止游人的破坏行为，及时评估游客对景观与环境的干扰程度并制定相应措施加以修复。

在旅游区的开发中要秉承生态化原则，实现科学适度的开发。要针对区域生态环境与自然资源的具体特点合理规划，分级分区；根据旅游区的生态承载力确定游客量，设计旅游线路，有效整合旅游点，形成经营的规模化与集约化优势，降低环境保护的难度；因地制宜地规划建设环保设施，布局旅游基础设施和服务接待设施；采取相应措施防止水土流失、植被破坏、景观破坏；注重旅游交通的生态化建设，在道路的设计建设与交通工具的选择使用上，都必须体现绿色、低碳、环保的生态化原则①。

对符合联合国教科文组织颁布的《实施世界遗产公约操作指南》规定的标准和条件的旅游区，积极申报世界遗产，以提升知名度，并争取更多的资金、政策、人才等支持，对旅游区的资源与环境进行更为科学系统的研究、保护、利用和管理。

第三，完善投入保障机制。

资金支撑为民族文化产业资源的保护提供物质保障。可以设立民族文化保护与传承方面的专项基金和奖励机制，保障和鼓励各方力量对民族文化的保护与传承。同时，向有关部门积极争取旅游人才培训、文物保护、环境和生态建设等方面的专项补助。政府作为资金保障机制的主导，除了保证自身投入足够的经费外，还可考虑有效利用各种社会资金，积极争取各种社会援助，如联合国开发计划署、国际绿色环保机构和团体等的相关援助基金。

---

① 李文杰：《旅游开发视角下的草原生态环境保护与管理——以希拉穆仁草原旅游区为例》，《内蒙古大学学报》（哲学社会科学版）2013年第2期。

第四，考虑建立政府主导、全社会参与的保护机制。

中央和各级地方政府都可将民族文化产业资源的保护和民族文化的传承纳入经济社会发展规划，实现有计划有步骤的保护。切实发挥政府职能，保持各相关职能部门的协调一致，同时运用鼓励、宣传、教育等方式，加大力度，充分调动全社会各方力量自发自觉地参与保护民族文化产业资源，传承民族文化，保护生态环境。充分利用各种传统和现代技术，通过媒体、社区等各种途径，展示区域特色民族文化与生态环境，宣传保护民族文化与生态环境的相关政策和法律法规，逐步推动保护民族文化与生态环境的理念深入人心，营造全社会保护民族文化产业资源的氛围。

8.2 有效发挥法律法规的保障作用

"市场经济，就是法治经济。"① "理性的法律不可或缺。"② 法律保障是文化产业健康有序发展的有效促力，也是实现我国文化产业到 2020 年发展为国民经济支柱性产业战略目标和保护国家文化安全的必然要求。民族文化产业的健康可持续发展必须依靠科学有效的立法加以保障。

相较于政策，法律法规所具有刚性特点能够为区域民族文化产业的生态化发展提供具有强制效力的、长期的、普适的且较为稳定的保障。但同时也应意识到，由于区域民族文化产业以民族文化作为核心资源禀赋，民族文化的特点使区域民族文化产业相比其他文化产业类型具有一定的特殊性，并由此产生了生态化发展过程中特殊的法制需求。

8.2.1 区域民族文化产业生态化发展对法律保障的普适性要求

区域民族文化产业的属性和特点决定了它的生态化发展既要遵循文化产业发展的普遍规律，也要尊重自身在资源结构等方面的特殊性。因此，区域

---

① 吴家麟：《吴家麟自选集》，宁夏人民出版社，1996，第 278 页。
② M. Weber. *Economy and Society*, Berkeley, California: University of california Press, 1978: p. 882.

民族文化产业生态化发展的法律保障需要在遵守上位法规则的基础上,立足实际,进行符合当地产业发展的制度设计和规范。

8.2.1.1 区域民族文化产业生态化发展适用文化产业对法律保障的一般要求

第一,对区域民族文化产业生态化发展的法律保障应同时关注区域民族文化产业的经济性和其他非经济属性。

如本书第二章所述,区域民族文化产业具有一般文化产业所具有的经济性、政治性、社会性、文化性、意识形态性等多重属性。显然,文化产业不同于其他产业,不是单纯的经济行为,文化产品也不同于其他产品,而是一种精神产品,并不能完全商业化和市场化[①]。因此,对区域民族文化产业生态化发展的法律保障应同时关注区域民族文化产业所具有的经济性和其他非经济属性,既遵循市场经济发展规律、产业发展规律,也遵循文化发展规律、社会发展规律,在全面把握区域民族文化产业特点的基础上建立相关法律体系,确立其整体定位、基本发展目标、促进机制、保障机制等。

第二,对区域民族文化产业生态化发展的法律保障应以健全的法律体系为依托。

区域民族文化产业的核心资源是民族文化。民族文化是丰富、多元、复杂的,其多样性决定该产业的综合性,它是覆盖全社会的跨部门跨行业的社会整体工程,它的经营规模不断扩大,需要健全的法律保障体系为其保驾护航。该法律体系不仅要涵盖宪法、法律、行政法规、地方性法规、规章、地方自治条例、单行条例、国际条约等法律渊源,也涉及民商法、经济法、行政法、程序法等不同的法律部门。

第三,对区域民族文化产业生态化发展的法律保障应紧跟时代与科学技术发展的步伐。

区域民族文化产业的发展具有明显的时代性,在不同时代具有不同的特点。同时,其发展也越来越具有高科技特征,各种数字和信息新技术快速广

---

① 张晓玲:《完善我国文化产业法律环境的思考》,《经济纵横》2007年第5期。

泛运用其中，使其内涵和外延都不断扩展。这都要求在其生态化发展的过程中，法律保障要紧跟时代变化与科技发展的步伐，避免立法滞后带来的各种法律空白。

8.2.1.2 区域民族文化产业生态化发展对法律保障的特殊要求

区域民族文化产业最大的特点在于依托特有的民族文化产业资源进行生产和经营。民族文化产业资源尤其是民族文化资源的特点决定了区域民族文化产业的特殊性，也决定了其生态化发展对法律保障的特殊要求。

第一，民族文化产业资源的地域性特点要求对区域民族文化产业生态化发展的法律保障应因地制宜，重视发挥地方立法的作用。

首先，民族文化是特定族群在特定历史发展时期与当地自然生态环境相互融合的过程中逐步创造并世代相传的生产生活方式。它根植于当地的自然生态环境，并在历史发展过程中不断烙上本民族和本区域独特的印记，逐渐形成不同民族各具特色的文化现象和具有浓郁地域特色的民族文化圈。因此，民族文化体现着鲜明的地域性，以它作为核心资源禀赋的民族文化产业也由此具有了地域性特征。其次，目前各地民族文化产业的核心形态——民族文化旅游产业也是依托当地自然生态环境而发展的，独特的地域文化正是其特色所在。此外，由于受当地经济社会发展水平和民族文化产品消费需求的影响，各地民族文化产业的生产能力不同，即便是同类型的民族文化产业，其分工的深化与产业边界的拓展程度也都有差异，因此，区域民族文化产业的发展水平也体现了极其明显的地域性特点。地域性特点意味着用国家统一立法保障区域民族文化产业的生态化发展难度大且不现实，它要求法律保障应在遵守国家统一立法的基础上因地制宜，重视地方立法并充分发挥保障本地区民族文化产业生态化发展的作用。

第二，民族文化的多样性特点要求对区域民族文化产业生态化发展的法律保障应充分发挥规章和规范性立法的作用，并注重产业整体的均衡发展。

民族文化的差异性和民族成分的复杂性造就了民族文化的多样性，各民族在历史发展过程中的相互交流和个性发展又加剧了其多样性。民族文化的多样性特点使区域民族文化产业的类型极其丰富，涉及民族文化产品制造业、民族体育业、民族文化音像制品生产、民族文化景观旅游、民族歌舞表演经营、民族出版物生产经营、民族医药生产经营、民族饮食文化经营、民族建筑文化产业等。这些产业经营类型涉及很多行业，要求我们大量运用规章与规范性立法文件的形式，加强产业规制与保障。同时，不同类型的区域民族文化产业发展又是不均衡的，其中也有大量的地方保护主义现象，从而影响了产业的整体健康发展。这都要求法律制度作出相应调整。

第三，民族文化的生态脆弱性特点要求对区域民族文化产业生态化发展的法律保障应尤其注重保护民族文化资源。

区域民族文化产业可持续发展的关键就在于对民族文化资源的合理开发与利用。但是，民族文化资源具有明显的生态脆弱性和难以保护的特点[①]：从民族文化的本质看，它是各地区在漫长历史进程中形成的共同价值观念与文化理念，不能像一般意义上的文化产业那样迅速大量地生产和复制；从传播媒介看，很多民族没有文字，文化的传承主要依靠世代口耳相传；从地域条件看，民族文化具有零星分布的格局，极易流失，民族地区大多也地广人稀、交通不便，民族间与民族内部的文化交流受到阻碍，只能局限在小范围之内；从人为因素看，民族文化在经济与社会发展过程中受到不同程度的破坏，制约了其进一步发展；从民族文化的传承看，其代表着一个民族整体记忆的积淀，同时它也潜移默化地存在于本土的物质和精神生活中，体现着时代的特点，其一脉相承的发展要求避免传统与现代的割裂，进行符合时代发展的诠释与创新。民族文化的生态脆弱性意味着其在资源角度所具有的稀缺性。民族文化的缺失会使民族文化产业丧失资源依托，无以为继。区域民族文化产业的发展一定要注重合理开发、有效保护、积极传承脆弱的民族文化，维持民族文化生态系统的稳定，以保障民族文化产业的可持续发展。因此，区域民族文化产业生态化发展的法律保障应尤其注重对民族文化资源的保护和对民族文化传统的继承与创新。

[①] 王雅霖、贾登勋：《论民族文化产业的生态化发展及其制度保障》，《兰州大学学报》（社会科学版）2014年第3期。

第四，民族文化产业资源占有者的弱势特点要求对区域民族文化产业生态化发展的法律保障应注重协调各方利益，真正惠及当地。

区域民族文化产业围绕特定地域的特色民族文化产业资源进行开发、生产和经营，而民族文化资源往往又是由本民族全体成员或特定人员所掌握。民族文化是该族群与当地自然生态长期互动形成的特定生产生活方式，离开本地域，自然生态环境发生变化，民族文化的内容也会发生变化，因此，特定地域的特定民族对资源和技术往往存在事实上的独占，也似乎具备由于民族的身份和地域的便利所带来的竞争优势，从而使自己以比较成本的相对优势在文化产业竞争中占得先机。但我国区域民族文化产业发展的实际情况却并非如此。事实上，民族文化产业资源的占有者（如民族地区的居民）往往处于弱势地位，该产业发展中占据主流话语权的经常是一些大型的文化企业和政府部门。由于区域民族文化产业的发展涉及多方利益群体，利益协调不能仅仅依靠市场机制，这就要求法律保障更注重发挥资源配置和权利分配的作用，调动各方积极性，整合力量，在发展区域民族文化产业的同时真正惠及当地。

第五，民族文化集体共有以及生态环境保护的特点要求对区域民族文化产业生态化发展的法律保障应注重发挥法律激励机制的作用，并通过对公众普及相关法律，鼓励他们积极参与到民族文化产业资源的保护中来，以促进该产业的可持续发展。

民族文化由本民族公众集体共享，每个人都是民族文化的创造者、传承者和所有者，理应享有本民族文化资源的相关权利及其所带来的经济利益。但在区域民族文化产业发展过程中，强势的市场主体往往忽视当地民众的力量，使这些权利享有者被边缘化，甚至无法意识到自己的权利受到侵害，或者不知道如何寻求法律救济。企业往往只注重经济发展而忽视民族文化的传承、破坏当地的文化生态环境。当地民众也会因为受到外来强势文化的影响而对本土的民族文化妄自菲薄。此外，自然生态环境是当地居民共同的生存空间，也是民族文化旅游产业蓬勃发展的重要支撑，关系到公众的切身利益，对自然生态环境的保护也是每个人的责任。因此，对区域民族文化产业生态化发展的法律保障要特别注重发挥法律激励机制的作用，注重产权制度设计，并对公众普及相关法律，形成民族文化保护自觉，建立民族文化自信心和自豪感，营造公众积极参与民族文化保护和生态环境保护的良好氛围，激励公众共同支持和促进区域民族文化产业的健康可持续发展。

8.2.2 区域民族文化产业法律保障的现状——以甘肃省为例

由于区域民族文化产业的法律保障体系包括国家立法和地方立法两大层面，要探讨其现状，就必须落脚到特定区域。同时，按照我国立法体制，选择以省域作为特定区域来讨论这个问题更加科学。因此，本部分内容选择以甘肃省为例研究区域民族文化产业法律保障的现状。

甘肃省是中华文化的发祥地之一，也是丝绸之路的要道。它地理位置狭长，地域辽阔，民族众多（有55个民族），拥有多种迥异的自然风光和极其丰富的民族文化资源，具有很高的经济和社会价值，民族文化产业发展潜力巨大。国家对文化产业的战略部署和政策扶持也为甘肃省民族文化产业的发展提供了机遇，但其发展现状却不尽如人意。反思资源优势与发展现状之间的巨大落差，法律保障的缺失与落后是重要因素之一。

甘肃省民族文化产业的现有法律保障体系是在文化产业法律体系基础上，辅以调整规范民族文化产业特殊性的法律法规，涵盖了各种法律渊源，包括国家立法和地方立法，涉及多领域、多部门、多行业。

8.2.2.1 国家立法层面

（1）从宏观的文化产业法律体系构建来看，民族文化产业法律保障体系涉及从宪法到规范性文件的各个法律层级

我国宪法没有直接针对文化产业的相关规定，但它对文化生活、文化水平和文化权利的规定，对各级人大和政府关于文化管理权限和有关职能的规定，对少数民族文化发展和民族自治地方的相关规定都为建立文化产业法律体系提供了依据和基本原则。

在法律这一层级，现有民商法、行政法、经济法、程序法及其司法解释

都有规范文化产业的相关内容:《合同法》《公司法》等民商法对规范文化产业的市场主体资格、权利和义务,调整文化产品的交换和市场运作等作了一般的原则性规定;《商标法》《专利法》《著作权法》等知识产权法律保护了"创造者的合法权益,促进知识产品的广泛传播"[①];《文物保护法》《非物质文化遗产法》《档案法》等行政法为文化市场的管理提供了法律依据;《反不正当竞争法》《反垄断法》《产品质量法》《消费者权益保护法》等经济法保障着文化产业市场的正常运行;《民事诉讼法》《刑事诉讼法》《行政诉讼法》等程序法为文化产业的市场主体提供了通过诉讼寻求法律救济的途径。

在行政法规和部门规章层级,国务院和各部委先后出台了各种文化产业相关条例、办法和通知,如《营业性演出管理条例》《出版管理条例》《著作权法实施条例》《印刷业管理条例》《关于发展电子书产业的意见》《文化市场综合行政执法管理办法》《关于进一步推动新闻出版产业发展的指导意见》等,内容涉及新闻、出版发行、印刷、广告、会展、广播、电视、电影、计算机软件、互联网、数字出版、动漫、游戏、演艺、休闲娱乐、旅游、文化艺术、艺术品交易等各个领域,促进和保护了文化产业的健康发展。

全国人大及其常委会批准加入的《世界知识产权组织版权公约》《保护非物质文化遗产公约》《伯尔尼公约》《与贸易有关的知识产权协定》等国际公约也是文化产业的法律渊源。

此外,在遵守国家立法的前提下,地方政府结合当地实际情况对文化产业制定的地方性法规,发挥着试验田的作用,为国家立法提供了经验,是促进我国文化产业蓬勃发展的有效途径。

最后,有关文化产业的规范性文件为文化产业从合理化向合法化发展奠定了基础,包括地方相关部门在法律权限内根据本地区具体情况制定的文化产业发展规划,都对文化产业的有序运行发挥着规范和引导作用。

---

① 吴汉东:《知识产权基本问题研究(总论)》,中国人民大学出版社,2009,第146页。

在万律中国法律数据库以"文化产业"为标题，以精确查询方式搜索法律法规，结果为 430 件，主要是以"文化产业"专项内容为调整对象的法律、行政法规、部门规章、地方性法规以及规范性文件①。这些法律法规一定程度上反映了我国现有文化产业法律体系的状况。

（2）从横向的法律环境构建来看，对民族文化产业的法律保障涉及文化市场管理、税收管理、投资管理等各方面

民族文化产业的发展需要以物质条件为基础的"硬环境"和以人文条件为基础的"软环境"的支持，其中法律环境对其他各种环境因素发挥着基础性的确认、保障、维护和促进作用。我国现有法律法规通过对文化市场、税收、投资等的管理为民族文化产业的发展构建了一个基础的法律环境。例如：《文化市场行政执法管理办法》《营业性歌舞娱乐场所管理办法》《文化市场稽查暂行办法》《美术品经营管理办法》《涉外文化艺术表演及展览管理规定》《文化行政处罚程序规定》等文化市场管理的法律法规；综合性的税收条例以及财政部、国家税务总局颁布的《关于继续对宣传文化单位实行财税优惠政策的规定》，国家税务总局出台的《关于新办文化企业企业所得税有关政策问题的通知》等文化税收管理的法律法规；文化部制定的《文化产业投资指导目录》，中宣部、中国人民银行、财政部等会同有关部门制定的《关于金融支持文化产业振兴和发展繁荣的指导意见》等文化投资管理的法律法规，都对加强文化市场管理、维护市场正常秩序、保障公平竞争、引导文化产业健康发展发挥着重要作用。

（3）从对民族文化产业资源的法律保护来看，现有法律主要是通过知识产权、文化旅游资源、非物质文化遗产、传统工艺美术、历史文化名城名镇名村等几个部分的保护来体现

目前我国法律对民族文化产业资源的保护主要体现以下几个方面：

---

① 万律中国法律数据库，http://edu.westlawchina.com/maf/china-cn/app/search/，访问日期：2019 年 2 月 26 日。

一是对民族文化产业资源的知识产权保护，主要由《著作权法》《专利法》《商标法》等基本法律和《著作权法实施条例》《信息网络传播权保护条例》《计算机软件保护条例》《专利代理条例》《商标法实施条例》《出版文字报酬规定》等行政法规和规章组成的知识产权法律体系来实现；二是对民族文化旅游资源的保护，主要是通过《旅游法》《旅行社管理条例》《导游人员管理条例》《风景名胜区条例》等来实现；三是对非物质文化遗产的保护，民族文化产业资源中有很多属于非物质文化遗产，《非物质文化遗产法》《国务院关于加强文化遗产保护的通知》《国家级非物质文化遗产项目代表性传承人认定与管理暂行办法》对非物质文化遗产的保护发挥着重要作用；四是对传统工艺美术的保护，1997年国务院就出台了《传统工艺美术保护条例》，是民族文化中传统工艺和美术保护的基本法律依据；五是对历史文化名城名镇名村的保护，主要通过国务院出台的《历史文化名城名镇名村保护条例》以及《城乡规划法》《文物保护法》来实现。

8.2.2.2　甘肃省民族文化产业地方立法现状

（1）甘肃省民族文化产业地方立法总体概况

对网络资料和数据的搜索查询与不完全统计显示，截至2015年12月，甘肃省民族文化产业相关地方立法有57件，包括地方性法规9件，地方政府规章8件，其他规范性文件40件。其中明确以"文化产业"作为标题字段命名的相关地方立法有10件，包括地方政府规章3件，其他规范性文件7件。其他则都是涉及文化产业发展的各个方面或不同领域。此外，甘肃省下辖各市州县也有针对当地文化产业整体或专门事项的相关规定，经粗略统计，有各种规范性文件17件。

甘肃省民族文化产业的现有地方立法总体来看呈现以下特点。

第一，缺乏专门针对文化产业或民族文化产业的地方性法规，现有地方性法规都是其中某些规定涉及民族文化产业发展的某些事项，如《甘肃省文物保护条例》《甘肃省专利保护条例》《甘肃省旅游条例》《甘肃省非物质文化遗产条例》《甘肃省风景名胜区条例》《甘肃省宗教事务管理暂行规定》《甘肃省娱乐场所管理条例》《甘肃敦煌莫高窟保护条例》《甘肃省文化娱乐市场管理条例》等。

第二，现有以"文化产业"作为标题字段命名的相关立法的形式都是地方政府规章与规范性文件，层级较低，而且大多只是规定民族文化产业的某个具体事项，如《甘肃省文化产业改革发展专项资金管理办法》《甘肃省文化产业基地和园区认定（暂行）办法》《甘肃省文化产业发展专项资金管理暂行办法》《甘肃省文化产业协会章程》《甘肃省文化产业协会会费管理办法》《甘肃省人民政府关于加快和促进文化产业发展的意见》《甘肃省"十二五"文化事业与文化产业发展规划》《关于鼓励、支持和引导非公有制经济发展文化产业的意见》《甘肃省非公有资本投资文化产业指导目录》《甘肃省"十三五"文化产业发展规划》等。

第三，存在一些未以"文化产业"命名但与民族文化产业相关的规定，且大多在政府及其相关部门的政策性规范文件中，如《甘肃省加快文化大省建设的若干政策规定》《甘肃省人民政府关于推进文化创意和设计服务与相关产业融合发展的实施意见》《甘肃省人民政府关于加快发展对外文化贸易的实施意见》《甘肃省实施文化遗产"历史再现"工程的意见》，以及甘肃省文化厅制定的《甘肃省民族民间文化保护工程实施方案》等。

第四，甘肃省下辖的一些市州也针对本地民族文化产业发展的具体情况出台了相关规定，如《陇南市文化产业创意产品以奖代补资金管理暂行办法》《定西市非物质文化遗产项目代表性传承人命名与管理办法》《甘肃省临夏回族自治州加快全州文化事业和文化产业发展的意见》等。

（2）甘肃省促进民族文化产业发展的地方立法现状

甘肃省没有关于民族文化产业发展的地方性促进条例，只在一些民族自治条例中规定了保障民族文化发展的条文，如《甘肃省甘南藏族自治州自治条例》《甘肃省临夏回族自治州自治条例》《甘肃省肃南裕固族自治县自治条例》等。此外，一系列政策性文件如《甘肃省人民政府关于加快和促进文化产业发展的意见》《甘肃省"十一五"文化产业发展规划》《甘肃省"十二五"时期文化改革发展规划纲要》《甘肃省加快文化大省建设的若干政策规定》等的出台促进了甘肃省民族文化产业的发展，形成了富有甘肃特色的文化产业法律保障体系。

在文化产业法律环境构建方面，《甘肃省文化娱乐市场管理条例》、甘肃省人民政府《关于支持文化事业发展有关问题的通知》、省文化厅《关于繁荣和发展文化市场意见的通知》、《甘肃省餐饮娱乐修理业价格行为规则》、甘肃省国税局出台的《甘肃省税收减免管理办法（试行）》、地税局出台的《甘肃省地方税务局减免税管理办法》为民族文化产业的发展营造了基础法律环境。

（3）甘肃省保护民族文化产业资源的地方立法现状

甘肃省保护民族文化产业资源的地方立法和国家立法一致，除了传统工艺美术之外，对知识产权、文化旅游资源、非物质文化遗产、历史文化名城名镇名村等几个部分都制定了专门的地方立法进行保护。

《甘肃省专利保护条例》《甘肃省保护知识产权行动纲要》是地方性民族文化知识产权保护的法律依据；《甘肃省旅游条例》《甘肃省风景名胜区条例》《甘肃省甘南藏族自治州旅游管理条例》和甘肃省人民政府《关于进一步加快旅游业发展的意见》等，为民族文化旅游业的发展提供了法律法规和政策依据；《甘肃省非物质文化遗产条例》，甘肃省财政厅、文化厅出台了《关于加强非物质文化遗产保护工作的实施意见》《甘肃省非物质文化遗产保护专项资金管理办法》等，都极大地提升了对非物质文化遗产的保护力度；甘肃省文化厅《历史文化名城名镇名村保护建设板块实施方案》作出了详细规划和安排，将对甘肃历史文化名城名镇名村的保护落到了实处；此外，还有专门针对特定民族文化区保护制定的法规，如《甘肃敦煌莫高窟保护条例》《甘肃省甘南藏族自治州拉卜楞寺保护与管理条例》等。

这些地方立法除了覆盖面广之外，层级也较高，大多都是地方性法规和地方政府规章，较少采用规范性文件的形式。

8.2.3 区域民族文化产业生态化发展法律保障存在的问题——再以甘肃省为例

甘肃省民族文化产业的生态化发展需要建立由国家立法和地方立法组成的，既注重促进产业发展又注重产业资源保护的，涉及多领域、多部门的法律体系加以保障。但通过对甘肃省民族文化产业现有法律保障体系的梳理，我们发现存在较多问题，并不能适应民族文化产业生态化发展的要求。

（1）立法缺乏系统性和统一性

根据国家文化部官网公布的信息，我国文化相关政策法规有543件，其中包括国际公约5件、法律18件、法规32件、规章57件、发展规划12件、规范性文件419件[①]。虽然数量较多，但存在"整体失衡问题，即国家立法少，部门规章多；基本法律少，单行法规多；管理规范多，权利保障少"[②]。

在文化产业立法体系基础上建构的甘肃省民族文化产业法律体系也缺乏系统性和逻辑性，产业类型覆盖不完整，大多数立法都是行业性行政立法，有些立法的科学性与协调性欠佳，下位法和上位法相冲突，部门法之间缺乏衔接和沟通，不同行政规章间常出现利益冲突。造成这种现象的根本原因在于现有立法大多不是以文化产业为支柱性产业进行的系统性立法。

从横向的立法环境来看，甘肃省民族文化市场的管理带有很深的计划经济烙印（这是我国文化市场的整体特点），缺乏对市场有效规制的法律依据，保障市场主体权利的规定很少；税收和投资相关法律也较少，投资者的法律地位和权益保障更多是单纯依靠政策和行政手段，其不确定性导致投资成本增加，影响了投资者的积极性。

（2）立法滞后于产业发展现状

甘肃省民族文化产业立法滞后于整个产业发展的现状，涵盖范围不够广泛，这也是我国文化产业立法面临的共同问题。众所周知，文化产业

---

① 文化部官网，http://zwgk.mcprc.gov.cn/? classInfoId=21，访问日期：2016年6月13日。
② 张庆盈：《我国文化产业法制的历史发展》，《社会科学家》2011年第1期。

（包括民族文化产业）是与科技密切融合的产业，科学技术尤其是高科技的迅猛发展在该产业中体现得非常明显，但相关立法却多是早期制定的，与现行产业发展脱节，无法起到指引作用。数字技术、动漫、手机互联网等领域缺乏相关立法，层出不穷的新问题游离于法律调整范围之外。此外，对民族文化产业的管理大多也仍然运用行政手段，产业制度建设无法满足实践需求。

（3）立法位阶较高的法律规定不足

由于民族文化产业发展还处于初级阶段，政府选择的往往是操作性较强的政策、法规和规章，它们往往都是以"条例""办法""通知"等形式存在，缺乏高位阶的立法。在甘肃省民族文化产业的现有法律保障体系中，国家层面没有产业基本法的支撑，文化产业促进法缺失，大多是国务院各部委制定的规范性文件，甘肃省地方立法中也缺乏促进民族文化产业发展的相关条例，政策性规范文件占比极高。整体来看，立法位阶较低，法律效力不高。

（4）地方立法不完善，未有效发挥对民族文化产业生态化发展的法律保障优势

地方立法在区域民族文化产业生态化发展法律保障中具有较大的优势和独有的价值。这种价值既体现在其对国家立法的补缺上，也表现在它对各地自然人文环境的适应上，还体现在对中央与地方（特别是民族地方）的权力分配与权力整合的价值关怀上[①]。

我国地域辽阔，民族众多，民族文化产业资源极其丰富和多样，各地民族文化产业在类型、结构、内容及特点上差别极大，这就需要各地利用地方立法权制定针对本地民族文化产业发展状况和特点、更具操作性的补充规定和配套规定。事实上，民族文化产业发展较快的省域如云南、贵州等均有相比其他省份更加科学完善的地方相关立法。

---

① 李婉琳：《民族地区非物质文化遗产保护的地方立法思考》，《贵州社会科学》2012年第11期。

甘肃省民族文化产业的地方立法近年也有较快发展，但总体来看，还是存在调整对象单一（多为文化市场管理和产业发展规划方面的内容）、地域覆盖不广、产业覆盖不全、立法缺失较多、政策性规定较多、保护力度不够等问题，在促进本省民族文化产业发展时内生动力不足，未能有效发挥地方立法在民族文化产业生态化发展法律保障中的优势。

（5）对民族文化产业资源的保护力度不够

甘肃省对民族文化产业资源的法律保障覆盖面较广，立法层级较高，但也存在与国家立法一样的问题，即制度设计不科学，保护力度不够，偏重管理、义务与处罚而忽视对主体权利的保障等。

以知识产权保护为例，郑成思先生曾用"流"和"源"来表述知识产权制度对传统知识保护的不足。他认为，现有知识产权制度中的专利、商业秘密等保护促进了发明创造，版权保护促进了工业与文化领域的智力创作，但这些都是"流"，知识产权制度在保护各种智力创作与创造之"流"时，在相当长的时间里忽视了对"源"的保护，这不能不说是一个缺陷，而传统知识（尤其是民间文学的表达成果）正是这个"源"的重要组成部分①。实践中很多案例也印证了这一点，如甘肃庆阳的香包文化，历届香包节上获奖的香包图片没有经过权利人同意，也未支付任何经济报酬，就被出版为"庆阳香包产品名录"图片集。由于民族文化产权归属不明，利益分配不均，开发商与当地居民的纠纷不断。制度设计不科学，不能有效发挥资源配置和利益协调作用，自然也无法将"惠及当地"落到实处。

此外，民族文化旅游资源方面也缺乏操作性较强的保护当地人文资源和生态资源的规定，威胁着民族文化的传承和民族文化旅游产业的发展。

对非物质文化遗产的保护也存在较多的空白：缺乏有效的传承机制；对传承人权益的保障人身权方面的规定较多，财产权利规定很少（一般仅规定了对相关资料和实物的所有权，《甘肃省非物质文化遗产条例》同时规定了传承人享受传承人补助费），对资助传承人开展传承活动的经费来源、资

---

① 郑成思：《知识产权文丛》，中国方正出版社，2002，第3页。

助额度和范围等都不明确；非物质文化遗产的特殊性决定了其需要特殊的纠纷解决机制，但现有诉讼制度难以担此重任。

凡此种种都表明，甘肃省民族文化产业资源的法律保护力度还有待提高。

（6）法律激励机制不完善，无法提升相关公众参与的积极性

现代民主法治国家的一个重要任务就是保障各族人民在公共生活中的参与权[1]，促进公众的利益表达与公共参与。该目的可通过法律激励机制来实现，法律制度的设计和条文规定应对每一个参与者都能产生激励作用，在实现参与者个人利益最大化的同时也满足国家（组织）所制定的目标和要求[2]。区域民族文化产业资源尤其是民族文化资源由本民族公众创造并传承，他们是民族文化的所有者，他们如果积极主动地参与保护自己的民族文化，会起到事半功倍的效果。

但甘肃省民族文化产业的法律体系中，不论是国家层面还是地方层面，都体现了重处罚重义务而轻激励轻权利的特点，尤其是产权制度设计不合理。现有相关法律规定中，要么是未明确规定民族文化资源的产权制度，要么是将产权主体确定为国家，如国务院颁布的《风景名胜区条例》即为如此[3]。由于本民族公众对自己文化资源的开发没有发言权，也很少能享受到基于民族文化资源进行产业开发而带来的经济收益，公众对于保护自己民族的传统文化没有积极性，对政府或其他经营者也采取不合作甚至抵制的态度[4]，造成了民族文化资源无效率或破坏性的开发，使民族原生文化迅速消亡，从而造成区域民族文化产业的非持续发展。此外，对现有民族文化产业的相关法律规定，公众也普遍存在了解不多或不了解的情况，法制观念淡薄，不知道或不习惯用法律武器来维护自己的合法权益。总的来看，公众对相关法律保障的参与意识不强，缺乏积极主动性。

---

[1] 廖维晓、王琦：《民主技术的演进：从辩论、投票、选举、媒介到网络》，《社会主义研究》2011年第2期。

[2] 李怀、赵万里：《制度设计应遵循的原则和基本要求》，《经济学家》2010年第4期。

[3] 袁泽清：《论少数民族文化旅游资源集体产权的法律保护》，《贵州民族研究》2014年第1期。

[4] 单纬东：《少数民族文化旅游资源保护与产权合理安排》，《人文地理》2004年第4期。

8.2.4 区域民族文化产业生态化发展法律保障的完善

(1) 完善促进民族文化产业发展的法律体系

第一，弥补相关立法的缺失。

"良好的文化体制应当是通过健全的文化立法构筑起来的制度体系"[①]，加强文化产业立法，是促进文化产业发展繁荣、建设社会主义文化强国的必然选择。

2014年，《中共中央关于全面推进依法治国若干重大问题的决定》中提出，要制定"文化产业促进法"，2015年9月文化部牵头正式启动了"文化产业促进法"的起草工作，《国务院2016年立法工作计划》也明确将其列入预备项目，作为需要提请全国人大常委会审议的五件法律草案之一，2018年3月11日，十三届全国人大一次会议举行第三次全体会议，会议对十三届全国人大常委会今后五年的立法规划提出建议，"文化产业促进法"在建议之列，这意味着"文化产业促进法"将于五年内出台。作为我国文化产业的基本法，"文化产业促进法"将对文化产业发展的基本原则、整体定位、发展目标、促进机制、保障机制等作出规定，也将明确地方政府在促进地方文化产业发展中的责任和义务。

相应地，各省份也应尽快出台本省文化产业促进条例，在遵守国家基本法规定的前提下，结合自身特点，创造性地进行有利于促进当地文化产业发展的立法尝试，营造市场主体公平竞争的环境，协调各行政部门的权限，整合法律资源。另外，还可以根据宪法和法律赋予的立法权限，对全国人大、国务院颁布的其他文化产业相关法律和行政法规，做好补充立法，推动地方民族文化产业的健康发展。

第二，提高相关立法的位阶。

对相关法规规章，条件成熟时可提升其立法位阶。将实践证明能够促进区域民族文化产业生态化发展的政策法制化，保证产业的可持续发展。

---

① 周叶中：《加快文化立法是建设社会主义文化强国的必然选择》，《求是》2012年第6期。

第三，加强立法的系统性和规范性。

应尽快协调清理各级各类民族文化产业立法的冲突，根据行业特点整合现有法律资源，提高产业立法的科学性与系统性。

第四，完善地方性法规、自治条例和单行条例。

充分发挥地方立法在区域民族文化产业生态化发展法律保障中的优势和价值，通过制定符合区域特点的可操作性强的补充规定和配套规定，保障区域民族文化产业在自身人文环境和自然环境基础上健康发展。完善相关地方性法规时要注意从调整对象、全域覆盖性、产业覆盖面、保护力度等方面把握。由于民族文化资源分布的先天优势，民族文化产业蓬勃发展的地区大部分是民族地区，民族地区可以根据宪法和法律规定的权限制定符合本地区、本民族特点的自治条例和单行条例，重点扶持民族文化产业的发展。

第五，构建良好的法律环境。

投资方面，须制定明确的投资实施细则，改善投资环境，鼓励金融介入，放宽民间资本的限制；税收方面，应合理调整产业税率，对不同的民族文化产业行业实行差别税率制度；市场管理体制方面，应适应现阶段市场经济的发展，积极转变政府职能，明确市场行政执法主体，权责相统一；对外交流方面，应完善现有审批制度，明确交流项目的审批范围和程序、申请者的权利和义务以及主办者和中介者的资质等条件。

（2）加强对民族文化产业资源的保护

第一，加强对民族文化资源的知识产权保护。

建立合理的分配机制，保障相关利益主体享有精神权利和财产权利，协调相关主体的利益关系，调动社会各界保护民族文化资源的积极性；确立民族文化的成果权，赋予该成果权身份权与财产权的双重属性，商业性和非商业性用途都应当指明来源和出处，权利人应当获得报酬，不能确定权利人的由行政法授予特定组织和机构获取报酬的权利。建立民族文化知识产权登记审核制度，鼓励在尊重民族传统文化前提下的合理开发与有偿利用，促进民族文化的传承创新。加强民族文化知识产权管理和服务，不同地区知识产权行政管理机关可以整合管理资源，建立民族文化知识产权保护联动机制，提高工作效率。在现有知识产权保护框架内,通过司法解释或实施细则,对具有普遍性的民族文化知识产权问题有针对性加以保护。充分重视地方性法规和规章保障民族文化资源的独特作用,制定符合本地区特点的相关立法。

第二,加强对民族文化旅游资源的法律保障。

在资源开发方面,协调好旅游区民族文化保护、生态环境保护与经济发展的关系;实行严格的旅游资源开发环境影响评价制度;明确旅游资源开发者的行业准入条件与法律责任,从源头上控制不法经营;完善对当地社区居民的利益回报制度,保证资源开发真正惠及当地居民。在产业监管方面,严格按照法定权限和程序行使权利,履行职责;建立相应的管理和监督制度,推动建立行业自治组织即民族文化旅游行业协会,通畅其联系政府和旅游开发者的纽带作用。民族文化旅游资源丰富的省域,可根据各地具体情况,鼓励各旅游区在遵守统一的旅游管理条例的基础上出台各地针对性的地方条例进行管理,如甘肃省现有的《甘肃祁连山国家级自然保护区管理条例》《甘肃白水江国家级自然保护区管理条例》等,都为民族文化旅游区的自然资源保护提供了有益借鉴。

第三,加强对非物质文化遗产的法律保障。

对于非物质文化遗产的保护,在保持静态保护的基础上,也应当对保护式开发这种动态的保护形式采取更加积极的态度,这需要通过立法在具体实施细节上予以规定;注意国内立法与国际公约的衔接,加强国际交流与合作,通过积极申报不同级别非物质文化遗产的方式加强对各种非物质文化遗产的保护;构建公法私法合力的非物质文化遗产保护法律体系,各级文化行政部门应结合我国现有文物保护、风景名胜区保护、历史文化名城保护等制度,在各自职权范围内协调开展工作;完善非物质文化遗产的知识产权保护制度,保障非物质文化遗产主体的权利,注重完善非物质文化传承人机制;根据非物质文化遗产的特点建立公益诉讼纠纷解决机制。对有些地区存在的非物质文化遗产研究不平衡现象,可以制定非物质文化遗产普查手册,对本地区的非物质文化遗产进行归类整理,尤其要注重保护和传承因未申报非物质文化遗产而濒危的民族文化资源。此外,还应考虑加强与非物质文化遗产生存环境密切联系的文化生态环境的保护。

(3) 完善法律激励机制,促进公众积极参与

不论是在国家立法还是在各级地方立法中,应更加注重完善法律激励机制,促使与民族文化产业发展有切身利益关系的当地公众积极参与到保护民族文化产业资源与促进民族文化产业生态化发展中来,表达和实现他们的利益需求。

可通过设立科学的民族文化资源产权制度(如民族文化资源集体产权制度)来发挥法律的激励作用。从法学角度看,文化权利包括文化财产权,它具有经济价值,可以计量和转让[1]。从经济学角度看,市场经济条件下在对民族文化资源开发利用的过程中,建立合理的产权制度是保护民族文化资源最有效的方法之一。原因有三:通过产权肯定和保护当事人的利益可以保障主体行为的内在动力,从而提高各利益主体保护民族文化资源的积极性;通过产权界定可以使外部性成本内部化,从而有效防止投资商或开发商搭资源便车的现象,迫使其采取相应措施更好地使用和保护民族文化资源,延长资源的生命周期;明确产权关系可以明确当事人的责任,明确侵权或越权的后果和所要付出的代价[2]。通过设立民族文化资源产权制度,使当事人即资源的所有人本民族公众、国家或地方政府、投资商或开发商明确自己的权利与义务,强化自我约束,遵守产权边界,从而实现民族文化产业发展中利益分配的公平合理,并促使民族文化资源得到有效保护,实现区域民族文化产业的生态化发展,并最终促进民族文化产业整体的可持续发展。

法律的激励作用还可以通过完善立法配套制度和监督制度来实现。本民族公众作为权利主体应该参与对利益平衡至关重要的立法环节,可通过建立立法前的听证制度、立法后的评估制度,畅通司法救济途径等方式促使公众对民族文化产业的立法、司法、执法等进行监督。

此外,对民族文化产业发展相对落后的地区而言,还应通过加强对现有

---

[1] 袁泽清:《论少数民族文化财产权》,《贵州民族研究》2008年第2期。
[2] 文红、唐德彪:《产权制度的构建与民族文化旅游资源开发》,《云南社会科学》2007年第5期。

民族文化产业相关法律的普法宣传和法制教育，逐渐在全社会尤其是民族地区确立公众对当地民族文化产业资源的法律意识和维权观念，在尊重当地风俗习惯的前提下，引导他们理解现行法律，熟悉运用法律保护自己所享有的民族文化、生态环境及民族文化产业发展中的合法权益。

8.3 本章小结

本章探讨了区域民族文化产业生态化发展的制度保障。区域民族文化产业的生态化发展既需要充分发挥产业政策的引导和推动作用，也需要法律法规的有效保障。

产业政策的制定要将促进产业发展与保护产业资源相结合。产业促进方面，应在尊重文化产业发展规律的基础上，针对区域民族文化产业的特点，确定制定政策的方向和思路；在尊重市场经济发展规律的基础上，充分运用财政、税收、金融等经济杠杆发挥政策的引导与宏观调控作用；制定积极的投融资政策，建立多元化的投融资体系；建立市场协调机制为主、组织协调机制为辅的民族文化产业协调机制；鼓励创新性和保护性开发，优化民族文化产业结构；建立科学合理的区域民族文化产业发展评估机制与相关政策对产业生态化发展作用的评估机制。在促进区域民族文化产业发展的同时，也应注重运用各种方式加强对产业资源（包括民族文化与生态环境）的有效保护，完善投入保障机制，建立政府主导全社会参与的保护机制。

法律法规能为区域民族文化产业的生态化发展提供具有强制效力的、长期的、较为稳定的保障。

区域民族文化产业的生态化发展对法律保障有一些普适性要求。作为文化产业的重要组成部分，其生态化发展适用文化产业对法律保障的一般要求，即应同时关注区域民族文化产业所具有的经济性和其他非经济属性，应以健全的法律体系为依托，应紧跟时代与科学技术的发展。但民族文化产业资源尤其是民族文化资源的特点也决定了该产业的生态化发展对法律保障的特殊要求，即民族文化产业资源的地域性特点要求法律保障应因地制宜，重视发挥地方立法的作用；民族文化的多样性特点要求法律保障应充分发挥规章与规范性立法文件的作用，并注重产业整体的均衡发展；民族文化的生态脆弱性特点要求法律保障应尤其注重对民族文化资源的保护；民族文化产业资源占有者的弱势地位要求法律保障应注重协调各方利益，真正惠及当地；民族文化集体共有以及生态环境保护的特点要求法律保障应注重发挥法律激励机制的作用，鼓励公众积极参与到民族文化产业资源的保护中来。

以甘肃省为例对我国区域民族文化产业法律保障的现状加以分析发现，甘肃省民族文化产业的现有法律保障体系是在文化产业法律体系基础上辅以调整规范民族文化产业特殊性的法律法规，涵盖了各种法律渊源，包括国家立法和地方立法，涉及多领域、多部门、多行业。从国家立法层面看，其体现出三个特点：一是法律体系涉及从宪法到规范性文件的各个法律层级；二是围绕文化市场管理、税收管理、投资管理等方面构建了横向的法律环境；三是对民族文化产业资源的法律保护主要通过知识产权、文化旅游资源、非物质文化遗产、传统工艺美术、历史文化名城名镇名村等几个部分来体现。从地方立法层面看，甘肃省没有关于民族文化产业发展的地方性促进条例，只在一些民族自治条例中规定了保障民族文化发展的条文，也出台了一些促进民族文化产业发展的政策性文件，对民族文化产业资源的保护则是通过在知识产权、文化旅游资源、非物质文化遗产、历史文化名城名镇名村等几个方面制定专门的地方立法来实现。

甘肃省民族文化产业现有法律保障体系也存在以下问题，不能适应民族文化产业生态化发展的要求：立法缺乏系统性和统一性；立法滞后于产业发展现状；立法位阶较高的法律规定不足；地方立法不完善，未有效发挥对民族文化产业生态化发展的法律保障优势；对民族文化产业资源的保护力度不够；法律激励机制不完善，无法提升相关公众参与其中的积极性。

区域民族文化产业生态化发展的法律保障可从以下三个方面加以完善：第一，完善促进民族文化产业发展的法律体系，包括弥补相关立法的缺失，提高相关立法的位阶，加强立法的系统性和规范性，完善地方性法规、自治条例和单行条例，构建良好的法律环境；第二，加强对民族文化产业资源的保护，包括加强对民族文化资源的知识产权保护，加强对民族文化旅游资源的法律保障，加强对非物质文化遗产的法律保障；第三，完善法律激励机制，促进公众积极参与，包括设立科学的民族文化资源产权制度，完善听证、评估等立法配套制度和监督制度，加强对现有民族文化产业相关法律的普法宣传和法制教育。

第 9 章　结论与展望

9.1　主要研究结论

本书以提出问题、分析问题、解决问题为逻辑主线，围绕民族文化产业为何要生态化发展、何为区域民族文化产业的生态化发展、如何实现生态化发展、特定区域的民族文化产业是否是生态化发展、制度如何保障区域民族文化产业的生态化发展等问题，对民族文化产业生态化发展的理论、路径与制度保障进行了研究，得出了以下主要结论。

(1) 我国区域民族文化产业近年来发展迅速，民族文化资源富集，产业效益逐年增加，民族文化品牌效应逐渐显现，消费需求不断增强，形成了以民族文化旅游产业为核心带动其他类型民族文化产业发展的模式。虽然各地民族文化产业发展不平衡，在民族文化资源的内容、种类、分布，产业发展水平、策略、产品与服务质量，自然生态环境等各方面都呈现典型的区域性特点，但总体来看，各地民族文化产业发展过程中也普遍存在经济效益不高、文化效益较差、生态效益较低的问题，影响产业经济功能、文化功能和生态功能的发挥，也直接影响了该产业自身的可持续发展。区域民族文化产业的生态化发展是实现其可持续发展的新思路与新方向。

(2) 区域民族文化产业生态化发展就是以区域经济学、生态经济学、产业经济学、产业生态学、系统学、文化学、民族学、法学等基本理论为指导，选择生态经济模式，在遵循文化产业发展规律、民族文化发展规律和生态经济协调发展规律的基础上,以区域民族文化产业系统的生态化为核心,通过该系统内相关子系统之间良性互动、协同发展的路径和构建区域民族文化产业生态系统的路径,保障区域民族文化产业经济功能、文化功能、生态功能的充分发挥,促进该产业经济效益、文化效益、生态效益的共同提升,以实现产业的可持续发展,并为整个社会经济、文化、生态等方面全方位的和谐发展作出贡献。

(3) 区域民族文化产业生态化发展的运行基础是区域民族文化产业系统。它是典型的复合系统,其内部存在由多个不同民族文化产业类型及其内部众多企业构成的多层次子系统,也存在民族文化资源和自然资源、资本、技术、人才、市场、环境、管理、制度等多种要素,这些不同层次的众多子系统和各子系统内部各要素以及各子系统的外部环境及其相互之间的互动关系构成了区域民族文化产业系统这个有机整体。该系统内部区域民族文化子系统、区域产业子系统、区域生态子系统三者之间持续不断地相互作用,决定着产业的发展方向与发展状态,只有当这三个子系统协同发展时,才能实现区域民族文化产业的生态化发展。

(4) 区域民族文化产业的生态化发展既要遵循文化产业发展规律,也要遵循民族文化发展规律,还要遵循生态经济协调发展规律。

(5) 区域民族文化产业生态化发展的作用对象是区域民族文化产业系统,实现路径是模仿自然生态系统的运行机制。该运行机制有两个要点:一是自然生态系统内部各要素与各子系统之间的协同进化机制是其成为自组织系统的原因;二是自然生态系统的协同是高度的协同,之所以是高度协同则是基于自然生态系统的结构方式。因此,模仿的具体路径就有两种:第一种是模仿自然生态系统内部各要素与子系统等组分之间的协同作用与进化机制,即区域民族文化产业系统的协同发展路径;第二种则是直接模仿高度协同的自然生态系统的结构方式,即构建区域民族文化产业生态系统路径。两种路径紧密联系,后者是前者发展到更高协同程度的理想状态。

(6) 区域民族文化产业生态化发展是对该产业传统发展模式的改造。它以民族文化资源与生态资源的稀缺性为基础,强调在资源利用上的持续性、高效性和空间性，以达到区域民族文化生态、自然生态与民族文化产业发展三者的协调与平衡。它是生态文明建设的有效途径，具有明显的区域性和巨大的差异性，但它注重区域间的分工协作与共赢。它具有紧迫性。它的本质是可持续发展战略下区域生态经济模式的发展。

（7）区域民族文化产业的生态化发展有三大优势：一是符合民族文化资源特性的要求，二是能保障该产业经济功能、文化功能、生态功能的充分发挥，三是有利于该产业的可持续发展。

（8）区域民族文化产业系统协同发展的路径就是要通过区域民族文化产业系统内各子系统的协同发展实现区域民族文化产业的生态化发展。区域民族文化产业系统内区域民族文化子系统、区域产业子系统、区域生态子系统在一定条件下相互促进，形成自组织结构，通过相互之间的快速高效反应和有效联合运行产生协同效应，使该系统在结构、功能、时空等各方面形成协同进化的状态，最终实现区域民族文化产业系统整体、协调、良性的可持续发展。区域民族文化产业系统协同进化的目标是系统的自组织与耗散结构，前提是系统的开放与非平衡，诱因是系统内部的涨落与失稳，表征是系统的有序度与序参量，动力是系统内部各子系统与各要素之间尤其是区域民族文化子系统、区域产业子系统、区域生态子系统相互之间的竞争与合作，协同发展的模式是高效持续式，该系统的协同发展可通过复合调控机制实现。通过构建区域民族文化产业系统的协同进化模型，构建相应的序参量与指标体系，可对该系统的纵向演化过程进行计量分析。通过构建协同度测度模型，可对区域民族文化产业系统的协同度进行分析。

（9）构建区域民族文化产业生态系统的路径就是要通过构建产业生态系统实现区域民族文化产业的生态化发展。区域民族文化产业生态系统是模拟自然界的生物食物链与自然生态系统的运行机制形成的，能高效利用民族文化资源与自然资源，减少废弃物排放，保障区域民族文化生态平衡，是结构与功能高度一体化的有机整体。它具有开放性、循环性、层次性、本土性、经济性、演进性、调节性、整体性、差异性、增值性、文化性等特征，通过特定的结构方式实现自身各种功能。当它是一个层次多样、结构合理、功能完善并能促进物质能量的高效循环与流动的物质载体和功能体系时,才能实现区域民族文化产业的生态化发展。形成区域民族文化产业生态系统的关键是构建区域民族文化生态产业链,它是一个协同发展的耗散的自组织结构,具有系统整体性、有序性、多样性、结构功能的可控性。正是基于这些特性,它才能在不断优化发展成为远离平衡态开放体系的过程中逐渐优化产出,并实现其经济功能、文化功能与生态功能。

(10) 甘南州民族文化产业系统中民族文化子系统、产业子系统、生态子系统的有序度在2008~2016年均不断增加,说明甘南州民族文化的保护与传承、民族文化产业的发展、生态环境的保护与改善都取得了很大的进步。但从三个子系统的竞争与合作关系来看,民族文化子系统与产业子系统之间是双输关系,产业子系统与生态子系统之间是输赢互补关系,民族文化子系统与生态子系统之间是双赢关系。三个子系统之间的竞争与合作为甘南州民族文化产业系统的整体发展提供了动力,甘南州民族文化产业系统的整体功能逐步显现,民族文化产业获得了长足的发展。同时,甘南州民族文化产业在发展过程中也已初步构建了民族文化产业生态系统,初步形成了民族文化生态产业链,系统的多样性在参与者、投入与产出、系统结构等方面也有所显现,关键种企业逐步成长,企业共生体、产业共生网络、产业信息网络均已初步形成。

(11) 内蒙古、广西、新疆、西藏、宁夏五个自治区民族文化产业系统2016年的协同度与协同类型各不相同。其中,西藏和新疆的民族文化产业系统发展最为协同,都是优质协同状态,西藏的协同度较之于新疆更为均衡;处于第二梯队的是内蒙古和广西,其三个子系统的发展均处于优质协同、良好协同或中等协同的状态,内蒙古相比广西协同度更高,也更为均衡;宁夏民族文化产业系统的协同度则不如其他四个自治区,其三个子系统的协同度也不太均衡,民族文化子系统和生态子系统是优质协同,产业子系统和生态子系统是中度协同,而民族文化子系统和产业子系统则轻度失调。

(12) 制度保障是实现区域民族文化产业生态化发展的关键。区域民族文化产业的生态化发展既需要充分发挥产业政策的引导和推动作用,也需要法律法规的有效保障。

(13) 区域民族文化产业政策的制定要将促进产业发展与保护产业资源相结合。产业促进方面:应在尊重文化产业发展规律的基础上,针对区域民族文化产业的特点,确定制定政策的方向和思路;在尊重市场经济发展规律的基础上,充分运用财政、税收、金融等经济杠杆发挥政策的引导与宏观调控作用;制定积极的投融资政策,建立多元化的投融资体系;建立市场协调机制为主、组织协调机制为辅的民族文化产业协调机制;鼓励创新性和保护性开发,优化民族文化产业结构;建立科学合理的区域民族文化产业发展评估机制与相关政策对该产业生态化发展作用的评估机制。在促进区域民族文化产业发展的同时,也应注重运用各种方式加强对该产业资源(包括民族文化与生态环境)的有效保护,完善投入保障机制,建立政府主导、全社会参与的保护机制。

(14) 区域民族文化产业的生态化发展对法律保障有一些普适性要求。作为文化产业的重要组成部分,其生态化发展适用文化产业对法律保障的一般要求,即应同时关注区域民族文化产业所具有的经济性和其他非经济属性,应以健全的法律体系为依托,紧跟时代与科学技术的发展。但民族文化产业资源尤其是民族文化资源的特点也决定了该产业的生态化发展对法律保障的特殊要求,即民族文化产业资源的地域性特点要求法律保障应因地制宜,重视发挥地方立法的作用;民族文化的多样性特点要求法律保障应充分发挥规章与规范性立法文件的作用,并注重产业整体的均衡发展;民族文化的生态脆弱性特点要求法律保障应尤其注重对民族文化资源的保护;民族文化产业资源占有者的弱势地位要求法律保障应注重协调各方利益,真正惠及当地;民族文化集体共有以及生态环境保护的特点要求法律保障应注重发挥法律激励机制的作用,鼓励公众积极参与到民族文化产业资源的保护中来。

(15) 以甘肃省为例对我国区域民族文化产业法律保障的现状加以分析发现,甘肃省民族文化产业的现有法律保障体系是在文化产业法律体系基础上辅以调整规范民族文化产业特殊性的法律法规，涵盖了各种法律渊源，包括国家立法和地方立法，涉及多领域、多部门、多行业。其存在以下问题，不能适应民族文化产业生态化发展的要求：立法缺乏系统性和统一性；立法滞后于产业发展现状；立法位阶较高的法规不足；地方立法不完善，未有效发挥其在民族文化产业生态化发展法律保障中的优势；对民族文化产业资源的保护力度不够；法律激励机制不完善，无法促进相关公众参与的积极性。

（16）区域民族文化产业生态化发展的法律保障可从三个方面加以完善：第一，完善促进民族文化产业发展的法律体系，包括弥补相关立法的缺失，提高相关立法的位阶，加强立法的系统性和规范性，完善地方性法规、自治条例和单行条例，构建良好的法律环境；第二，加强对民族文化产业资源的保护，包括加强对民族文化资源的知识产权保护，加强对民族文化旅游资源的法律保障，加强对非物质文化遗产的法律保障；第三，完善法律激励机制，促进公众积极参与，包括设立科学的民族文化资源产权制度，完善听证、评估等立法配套制度和监督制度，加强对现有民族文化产业相关法律的普法宣传和法制教育。

9.2 研究展望

（1）在针对区域民族文化产业系统协同发展路径的研究中，本书主要运用了定量分析的方法，构建了系统协同进化模型和协同度测度模型，并建立了区域民族文化产业系统协同发展的序参量与指标体系。民族文化资源具有特殊的属性，其发展变迁有特殊的规律，民族文化、民族文化产业、自然生态三者之间的互动机制也很复杂，因此，对相关序参量与指标的选取还需进一步深入研究，以期建立更加科学的序参量与指标体系。

（2）在构建区域民族文化产业生态系统路径的研究中，对区域民族文化产业生态系统的运行机制在物质能量利用方式、系统反馈机制等方面还需进行更加具体化、细致化的针对性研究。

（3）本书对区域民族文化产业的生态化发展在区域分类方面作了初步研究，在后续研究中，有待进一步建立更加科学、客观、可量化、易操作的区域分类标准。

（4）对区域民族文化旅游产业、区域民族饮食文化产业、区域民族医药文化产业等各种具体类型的区域民族文化产业生态化发展路径的特性，有待进一步深入研究，以便更有针对性地服务实践。

（5）对如何建立更加科学有效的区域民族文化产业生态化发展调控机制，以及制度环境构建过程中如何具体设计民族文化集体产权制度、法律激励机制、制度评估机制等问题，还有待进一步的深入研究。

参考文献

一、国内文献

（一）著作文献

贝塔朗菲：《一般系统论》，社会科学文献出版社，1987。

陈庆德、郑宇、潘春梅：《民族文化产业论纲》，人民出版社，2014。

陈泉生：《科学发展观与法律发展：法学方法论的生态化》，法律出版社，2008。

陈霞红、林日葵：《文化产业生态学》，浙江工商大学出版社，2012。

戴琳：《民族民间传统文化产业的制度环境》，中国社会科学出版社，2007。

高洪深：《区域经济学》，中国人民大学出版社，2002。

高永久：《民族学概论》，南开大学出版社，2009。

顾基发、王浣尘、唐锡晋：《综合集成方法体系与系统学研究》，科学出版社，2007。

韩俊伟、姜东旭：《区域文化产业》，中山大学出版社，2011。

胡芬：《可持续旅游产业生态化发展论》，中国环境科学出版社，2009。

胡惠林、王婧主编《中国文化产业发展指数报告（CCIDI）》，上海人民出版社，2014。

胡惠林：《文化产业学》，高等教育出版社，2006。

黄永林：《从资源到产业的文化创意——中国文化产业发展现状述评》，华中师范大学出版社，2012。

贾银忠：《中国少数民族文化产业发展概论》，民族出版社，2012。

蒋冬梅：《经济立法的生态化理念研究》，中国法制出版社，2012。

兰新萍：《煤炭城市产业生态化转型研究》，中国矿业大学出版社，2011。

李国纲、李宗山：《管理系统工程》，中国人民大学出版社，1993。

李锦：《民族文化生态与经济协调发展——对泸沽湖周边及香格里拉的研究》，民族出版社，2008。

李周：《生态经济学》，中国社会科学出版社，2015。

梁山、姜志德：《生态经济学》，中国农业出版社，2007。

罗争玉：《文化事业的改革与发展》，人民出版社，2006。

米都斯：《增长的极限》，吉林人民出版社，1997。

明庆忠：《基于生态文明的云南旅游产业生态化转型研究》，中国社会科学出版社，2014。

聂华林、王成勇：《区域经济学通论》，中国社会科学出版社，2006。

欧阳坚：《文化产业政策与文化产业发展研究》，中国经济出版社，2011。

欧阳友权：《文化产业通论》，湖南人民出版社，2006。

潘鸿、李恩：《生态经济学》，吉林大学出版社，2010。

彭翊主编《中国省市文化产业发展指数报告（2015）》，中国人民大学出版社，2015。

钱学森、许国志、王寿云：《论系统工程（增订本）》，湖南科学技术出版社，1988。

邵培仁：《文化产业经营通论》，四川大学出版社，2007。

沈满洪：《生态经济学》，中国环境科学出版社，2008。

沈小峰、吴彤、曾国屏：《自组织的哲学》，中共中央党校出版社，

1993。

施惟达：《文化与经济：民族文化与产业化发展》，云南大学出版社，2011。

石建平：《良性循环的理论及其调控机制》，中国环境出版社，2006。

孙信茹：《广告与民族文化产业》，人民出版社，2011。

谭崇台：《发展经济学概论（第2版）》，武汉大学出版社，2008。

谭璐、姜璐：《系统科学导论》，北京师范大学出版社，2009。

田昕加：《基于循环经济的林业资源型城市产业生态化发展研究》，中国林业出版社，2011。

王贵明：《产业生态与产业经济——构建循环经济之基石》，南京大学出版社，2009。

王克岭：《微观视角的西部地区少数民族文化产业可持续发展研究》，光明日报出版社，2011。

王云霞：《文化遗产法教程》，商务印书馆，2012。

吴汉东：《知识产权基本问题研究（总论）》，中国人民大学出版社，2009。

吴家麟：《吴家麟自选集》，宁夏人民出版社，1996。

伍进：《现代系统科学方法论及应用》，电子科技大学出版社，2005。

晏雄：《丽江民族文化产业集群式发展研究》，经济科学出版社，2015。

于海广、王巨山：《中国文化遗产保护概论》，山东大学出版社，2008。

余谋昌：《生态文化论》，河北教育出版社，2001。

曾国屏：《自组织的自然观》，北京大学出版社，1996。

曾健、张一方：《社会协同学》，科学出版社，2000。

湛垦华、沈小峰等：《普利高津与耗散结构理论》，陕西科学技术出版社，1982。

张宏武、时临云：《技术创新与产业生态化研究》，经济管理出版社，2009。

张济民、戈明副主编《源远流长——藏族部落习惯法法规及案例辑录》，青海人民出版社，2002。

张能全：《刑事诉讼生态化研究》，中国人民公安大学出版社，2009。

赵桂慎：《生态经济学》，化学工业出版社，2008。

赵世林：《云南少数民族的文化产业与文化传承机制研究》，民族出版社，2010。

赵爽：《能源法律制度生态化研究》，法律出版社，2010。

郑成思：《知识产权文丛》，中国方正出版社，2002。

中国现代化战略研究课题组、中国科学院中国现代化研究中心：《中国现代化报告2007：生态现代化研究》，北京大学出版社，2007。

周长玲：《专利法生态化法律问题研究》，中国政法大学出版社，2011。

周玉玲：《生态文化论》，黑龙江人民出版社，2008。

朱晓进、唐纪如：《鲁迅概论》，苏州大学出版社，1999。

（二）报刊文献

蔡守秋：《深化环境资源法学研究，促进人与自然和谐发展》，《法学家》2004年第1期。

曹秀玲：《我国体育文化产业发展的限制因子及生态化策略》，《广州体育学院学报》2015年第3期。

陈航、王海鹰、张春雨：《我国海洋产业生态化水平评价指标体系的构建与测算》，《统计与决策》2015年第10期。

陈柳钦：《产业发展的可持续性趋势——产业生态化》，《未来与发展》2006年第5期。

陈晓雪、潘海芹：《江苏省产业生态化水平的动态分析》，《江苏社会科学》2014年第6期。

陈有真、段龙龙：《产业生态与产业共生——产业可持续发展的新路径》，《理论视野》2014年第2期。

陈祖海：《西部循环经济战略：产业生态化重组与政策选择》，《中南民族大学学报》（人文社会科学版）2006年第4期。

程春生：《产业生态化与福建可持续发展》，《福建论坛》（人文社会科学版）2007年第1期。

崔新建：《文化系统论》，《江汉论坛》1990年第5期。

单纬东：《少数民族文化旅游资源保护与产权合理安排》，《人文地理》2004年第4期。

范斐、孙才志、王雪妮：《社会、经济与资源环境复合系统协同进化模型的构建及应用——以大连市为例》，《系统工程理论与实践》2013年第2期。

方忠、张华荣：《创意产业生态化商业模式对企业绩效的影响》，《现代经济探讨》2014年第5期。

付丽芬、刘福森：《生态化：经济社会发展观上的一场革命》，《学习与探索》1995年第2期。

傅于川、欧阳德君：《民族地区生态文化产业发展初探——以黔东南苗族侗族自治州为例》，《贵州民族研究》2009年第1期。

何景熙：《产业生态化，人力资本投资与西部农村可持续发展：问题和建议》，《社会科学研究》1998年第5期。

胡惠林：《构建具有目标导向的中国文化产业发展指标体系》，《中国文化产业评论》2013年第2期。

胡永宏：《综合评价中指标相关性的处理方法》，《统计研究》2002年第3期。

黄娅：《民族地区旅游产业发展中县域文化经济协同度定量研究》，《山东农业大学学报》（自然科学版）2014年第5期。

黄娅：《民族文化旅游产业可持续发展的综合评价体系及评价方法研究——基于文化经济协同发展的视角》，《贵州民族研究》2012年第1期。

季玉群、黄鹍：《旅游业系统经济——文化特性协同关系研究》，《科研管理》2005年第1期。

姜仁良：《会展产业生态化：特征、价值及对策研究》，《科技管理研究》2014年第6期。

蒋柳鹏、封学军、王伟：《"港口—产业—城市"复合系统协调度模型》，《水利经济》2011年第1期。

金德智、韩美贵、杨建明：《基于系统论的文化体系结构模型研究》，《中国制造业信息化》2010年第2期。

金海救、于永和、陈维新：《论民族文化持续发展的动态规律》，《东疆学刊》2000年第10期。

金元浦：《定义大众文化》，《中华读书报》2001年7月25日，第20版。

李爱花、李原园、郦建强：《水资源与经济社会及生态环境系统协同发展初探》，《人民长江》2011年第9期。

李百晓：《生态化创作人文性关怀——四川影视文化产业发展创新模式研究》，《黄河之声》2016年第6期。

李德智：《房地产业生态化及其在我国的实现》，《东南大学学报》（哲学社会科学版）2011年第4期。

李海央、朱明月、唐璞：《促进云南民族文化产业发展的法律思考》，《西南农业大学学报》（社会科学版）2012年第10期。

李怀、赵万里：《制度设计应遵循的原则和基本要求》，《经济学家》2010年第4期。

李慧明、朱红伟、廖卓玲：《论循环经济与产业生态系统之构建》，《现代财经》2005年第4期。

李慧明、左晓利：《破解"生态"隐喻的困境——基于环境禀赋的产业生态化研究》，《中国科技论坛》2009年第3期。

李孔岳：《对产业生态化理论的思考》，《生态经济》2001年第9期。

李世涛：《试析"非物质文化遗产"的基本特点与性质》，《广西民族研究》2007年第3期。

李婉琳：《民族地区非物质文化遗产保护的地方立法思考》，《贵州社会科学》2012年第11期。

李文杰：《旅游开发视角下的草原生态环境保护与管理——以希拉穆仁

草原旅游区为例》,《内蒙古大学学报》(哲学社会科学版) 2013 年第 2 期。

李云燕:《产业生态系统的构建途径与管理方法》,《生态环境》2008 年第 4 期。

厉无畏、王慧敏:《产业发展的趋势研判与理性思考》,《中国工业经济》2002 年第 4 期。

厉无畏:《中国产业生态化发展的实现途径》,《绿叶》2008 年第 12 期。

廖维晓、王琦:《民主技术的演进:从辩论、投票、选举、媒介到网络》,《社会主义研究》2011 年第 2 期。

廖重斌:《环境与经济协调发展的定量评判及其分类体系——以珠江三角洲城市群为例》,《热带地理》1999 年第 2 期。

林毅夫、李永军:《比较优势,竞争优势与发展中国家的经济发展》,《管理世界》2003 年第 7 期。

刘传江、吴晗晗、胡威:《中国产业生态化转型的 IOOE 模型分析——基于工业部门 2003~2012 年数据的实证》,《中国人口·资源与环境》2016 年第 2 期。

刘红玉、彭福扬:《马克思的产业思想与当代产业发展》,《自然辩证法研究》2011 年第 2 期。

刘洪、刘志迎、徐茂:《论经济系统的特征》,《系统辩证学学报》1999 年第 4 期。

刘求实、沈红:《区域可持续发展指标体系与评价方法研究》,《中国人口·资源与环境》1997 年第 4 期。

刘涛:《论民族文化产业发展中的若干问题》,《中国文化产业评论》2013 年第 2 期。

刘贤龙、胡国亮:《综合评价结果的合理性研究》,《统计研究》1998 年第 1 期。

刘则渊、戴锦:《产业生态化与我国经济的可持续发展道路》,《自然辩证法研究》1994 年第 12 期。

鲁枢元：《文化生态与生态文化——兼谈消费文化、城市文化与美学的生活化转向》，《文艺争鸣》2010年第11期。

鲁雁：《产业生态化动因机制及其模型构建》，《统计与决策》2011年第4期。

罗昌勤：《文化生态学视角下探析民族地区文化产业的生态缺失及对策——以广西红水河流域民族文化产业发展为例》，《经济与社会发展》2011年第10期。

罗连祥：《民族文化变迁的规律分析》，《重庆科技学院学报》（社会科学版）2014年第9期。

罗贞礼：《边缘区域经济协同发展理论与实践体系研究》，《贵州社会科学》2011年第1期。

马向东、孙金华、胡震云：《生态环境与社会经济复合系统的协同进化》，《水科学进展》2009年第4期。

马勇、刘军：《长江中游城市群产业生态化效率研究》，《经济地理》2015年第6期。

孟航：《机理·类型·模式：民族文化产业发展论纲》，《理论月刊》2013年第4期。

孟庆松、韩文秀：《复合系统协调度模型研究》，《天津大学学报》2000年第4期。

孟祥林：《产业生态化：从基础条件与发展误区论平衡理念下的创新策略》，《学海》2009年第4期。

苗东升：《文化系统论要略———兼谈文化复杂性（一）（二）（三）（四）》，《系统科学学报》2012年第11期、2013年第5期、2014年第2期、2015年第2期。

闵文义、戴正、才让加：《民族地区生态文化与社会生态经济系统互动关系研究——对民族地区传统多元宗教生态文化的形成特性的分析及启示》，《湖北民族学院学报》（哲学社会科学版）2005年第1期。

明庆忠、陈英、李庆雷：《低碳旅游：旅游产业生态化的战略选择》，

《人文地理》2010年第5期。

牛文元：《可持续发展理论的内涵认识》，《中国人口·资源与环境》2012年第5期。

欧阳志远：《生态化——第三次产业革命的实质与方向》，《科技导报》1992年第9期。

潘学峰、傅泽田：《农村社会经济系统与生态系统协同进化的机制分析》，《北京农业工程大学学报》1995年第1期。

漆凌云、龙开义：《钟敬文与中国民间文化遗产抢救》，《西北民族大学学报》（哲学社会科学版）2004年第2期。

綦良群、孙凯：《高新技术产业与传统产业协同发展机理研究》，《科学学与科学技术管理》2007年第1期。

钱学森、于景元、戴汝为：《一个科学新领域——开放的复杂的巨系统及其方法论》，《自然杂志》1990年第1期。

屈峰：《湄洲岛妈祖文化产业生态化开发路径探析》，《厦门理工学院学报》2014年第4期。

任海军、曹盘龙、王国富：《生态经济与文化产业协同发展机理探究——以甘肃省为例》，《甘肃社会科学》2012年第3期。

任腾、周忠宝：《复合系统的动态协同演化分析——以保险、信贷与股票金融复合系统为例》，《中国管理科学》2017年第8期。

邵强、李友俊、田庆旺：《综合评价指标体系构建方法》，《大庆石油学院学报》2004年第3期。

施本植、许树华：《产业生态化改造及转型：云南走向绿色发展的思考》，《云南社会科学》2015年第1期。

施惟达、肖青：《论民族文化生态及其评估指标》，《思想战线》2010年第5期。

覃萍、梁培林：《突破人才瓶颈：西部民族文化产业发展的关键》，《经济与社会发展》2006年第10期。

覃玉荣：《中国—东盟跨境民族文化产业发展与合作——基于文化距离

的探究》,《广西社会科学》2012 年第 11 期。

唐孝辉:《内蒙古民族文化产业发展的立法体系构建》,《黑龙江民族丛刊》2015 年第 4 期。

汪桥红:《基于超网络模型的互联网金融产业生态化发展研究》,《湖南科技大学学报》(社会科学版) 2015 年第 6 期。

王干梅:《试论生态经济协调发展规律》,《中国农村经济》1987 年第 1 期。

王贵生、三月:《甘肃民俗文化产业开发的"生态化"战略》,《甘肃社会科学》2009 年第 1 期。

王国印:《论产业生态化的两种形式及其耦合》,《当代经济研究》2012 年第 11 期。

王洪涛、丁智才:《民族文化产业发展与特色文化保护互动机制研究》,《文化产业研究》2014 年第 1 期。

王凯宏:《中国北方冰雪文化产业生态化发展探究》,《学术交流》2013 年第 7 期。

王平:《民族地区新型城镇化建设进程中民族文化产业发展的原则及路径探析》,《青海民族大学学报》(社会科学版) 2015 年第 2 期。

王如松:《产业生态学和生态产业转型》,《世界科技研究与发展》2000 年第 5 期。

王希恩:《论中国少数民族传统文化现状及其走向》,《民族研究》2000 年第 6 期。

王晓君、邓志新:《民族文化产业发展的知识产权策略——以贵州省为例》,《国家行政学院学报》2013 年第 5 期。

王雅霖、贾登勋:《论民族文化产业的生态化发展及其制度保障》,《兰州大学学报》(社会科学版) 2014 年第 3 期。

王艳秀:《基于"互联网+"时代的民族文化产业发展研究》,《云南社会科学》2016 年第 3 期。

王兆华、尹建华:《生态产业园中工业共生网络运作模式研究》,《中国软科学》2005年第2期。

王子龙、谭清美、许箫迪：《产业系统演化模型及实证研究》，《统计研究》2007年第2期。

文红、唐德彪：《产权制度的构建与民族文化旅游资源开发》，《云南社会科学》2007年第5期。

乌杰：《协同论与和谐社会》，《系统科学学报》2010年第1期。

吴巨培、彭福扬：《产业生态化发展及其实现路径》，《湖南社会科学》2013年第5期。

谢国先：《论民族文化的发展规律——兼说"民族文化保护"的认识论问题》，《西北民族研究》2006年第4期。

谢涛、夏训峰、乔琦、海热提：《关键种理论对构筑生态工业园的指导作用研究》，《生态经济》2006年第5期。

邢志勤：《文化产业生态化系统的实现路径》，《重庆社会科学》2015年第1期。

熊贤良：《比较优势与竞争优势的分离与结合》，《国际贸易问题》1991年第6期。

熊正贤、吴黎围：《乌江流域文化产业协同创新发展研究》，《贵州民族研究》2014年第9期。

徐宝华、郭英：《民族文化产业的发展路径探析》，《当代经济》（下半月）2007年第6期。

徐国祯：《生态系统可持续发展的系统思考》，《林业经济》2010年第8期。

徐晶：《民族文化产业发展的深层驱动》，《理论月刊》2012年第12期。

徐俊六：《民族文化资源的开发应遵循生态美的规律》，《文山学院学报》2015年第2期。

徐艳芳：《促进我国文化产业可持续发展》，《宏观经济管理》2013年第8期。

薛丽娥：《多元推进民族文化保护与传承的思考》，《贵州社会科学》2009 年第 7 期。

晏雄：《文化自觉与民族文化产业发展——以云南丽江为例》，《西南民族大学学报》（人文社会科学版）2012 年第 9 期。

杨福泉：《探寻文化资源与民族文化产业发展之间的平衡——以云南为例》，《中央民族大学学报》（哲学社会科学版）2013 年第 2 期。

杨凯：《上海第三产业生态化建设的调控激励机制》，《上海社会科学院学术季刊》2002 年第 3 期。

杨尚勤、沈阳：《系统论视角下文化产业发展要素探讨》，《中国国情国力》2012 年第 5 期。

杨庭硕、彭兵：《生态文明建设与文化生态之间的区别与联系》，《云南师范大学学报》（哲学社会科学版）2015 年第 7 期。

叶皓：《经济搭台，文化唱戏——兼论文化与经济的关系》，《南京社会科学》2010 年第 9 期。

尹绍亭：《文化的保护、创造和发展——民族文化生态村的理论总结》，《云南社会科学》2009 年第 3 期。

余振国：《浅论生态文明建设的内涵、源流与核心》，《中国国土资源经济》2013 年第 3 期。

袁泽清：《论少数民族文化财产权》，《贵州民族研究》2008 年第 2 期。

袁泽清：《论少数民族文化旅游资源集体产权的法律保护》，《贵州民族研究》2014 年第 1 期。

袁增伟、毕军、张炳、刘文英：《传统产业生态化模式研究及应用》，《中国人口·资源与环境》2004 年第 2 期。

张福庆、胡海胜：《区域产业生态化耦合度评价模型及其实证研究——以鄱阳湖生态经济区为例》，《江西社会科学》2010 年第 4 期。

张建勇、宋书巧、宁常郁：《桂东经济区产业生态化模式与发展对策研究》，《地域研究与开发》2005 年第 5 期。

张强、龙鳞：《对民族文化产业评价指标体系的构建》，《经济问题探索》2005年第6期。

张庆盈:《我国文化产业法制的历史发展》,《社会科学家》2011年第1期。

张文龙、邓伟根:《产业生态化:经济发展模式转型的必然选择》,《社会科学家》2010年第7期。

张文龙、邓伟根、余锦龙:《产业生态化的外部性及其内部化研究》,《湖南社会科学》2012年第3期。

张文龙、余锦龙:《基于产业共生网络的区域产业生态化路径选择》,《社会科学家》2008年第12期。

张晓玲:《完善我国文化产业法律环境的思考》,《经济纵横》2007年第5期。

张雅:《钢铁产业的生态化设计与政策选择》,《中国人口·资源与环境》2012年第7期。

张艳辉:《基于生态学视角的产业经济理论新阐释》,《学术研究》2005年第10期。

赵刚、宋娜梅:《体育非遗项目组织文化生态环境系统评价指标体系研究》,《首都体育学院学报》2018年第1期。

赵玫:《基于三维度的民族文化产业发展评价指标构建》,《统计与决策》2018年第11期。

赵世林:《论民族文化的传承》,《云南民族学院学报》(哲学社会科学版)1995年第4期。

钟敬文:《民俗文化学发凡》,《北京师范大学学报》(社会科学版)1992年第5期。

周纪昌:《马尔萨斯的自然资源稀缺论》,《生态经济》2012年第5期。

周叶中:《加快文化立法是建设社会主义文化强国的必然选择》,《求是》2012年第6期。

周正刚:《论湖南文化产业可持续发展的三大基本战略》,《湖南社会科学》2007年第4期。

朱红伟：《产业生态化理论的演化和发展研究》，《中国地质大学学报》（社会科学版）2008年第5期。

庄晋财、许玉平、程李梅：《复合系统视角的企业集群三重绩效综合评价模型研究》，《科学学与科学技术管理》2009年第10期。

（三）博士学位论文

戴锦：《产业生态化理论与政策研究》，东北财经大学博士学位论文，2004。

邱跃华：《科学发展观视域下我国产业生态化发展研究》，湖南大学博士学位论文，2013。

万志前：《知识产权制度生态化研究》，华中科技大学博士学位论文，2009。

王金霞：《欧盟税收制度生态化研究》，吉林大学博士学位论文，2010。

王晶：《鄱阳湖生态经济区产业生态化研究》，江西财经大学博士学位论文，2013。

王婧：《区域产业生态系统研究》，武汉大学博士学位论文，2010。

王力年：《区域经济系统协同发展理论研究》，东北师范大学博士学位论文，2012。

尹坚：《工业园产业生态化评价指标体系及其升级路径研究——以镇江新区为例》，江苏大学博士学位论文，2013。

尹新哲：《基于资源与环境约束下的生态农业与生态旅游业耦合产业系统机制研究》，重庆大学博士学位论文，2010。

虞震：《我国产业生态化路径研究》，上海社会科学院博士学位论文，2007。

张雪梅：《中国西部地区产业生态化的发展路径研究》，兰州大学博士学位论文，2009。

左晓利：《基于区域差异的产业生态化路径选择研究》，南开大学博士学位论文，2010。

（四）网络文献

See UNESCO & WIPO. Model Provisions for National Laws on the Protection of Expressions of Folklore against Illicit Exploitation and Other Prejudicial Actions (1985)，转引自刘银良《传统知识保护的法律问题研究》，法律快车网，http：//www.lawtime.cn/info/zscq/zscqlw/2010123158414.html，2016.1.20。

《贵州文化产业催生品牌集群效应》，《贵州日报》2016年1月12日，金黔在线，http：//news.163.com/16/0112/06/BD40UB4D00014AED.html。

《火锅店员工变脸失败尴尬离场》，《成都晚报》2017年6月23日，江苏快讯网，http：//news.jsdushi.net/2017/0621/148773.shtml。

王占东：《游客点赞甘南全域旅游无垃圾示范区》，中国甘肃网，2017年2月16日，http：//www.gscn.com.cn/tourism/system/2017/02/16/011608261.shtml。

二、中文翻译文献

阿·巴布洛杨茨（A. Babloyantz）：《分子、动力学与生命》，卢侃译，上海三联书店，1993。

道格拉斯·C.诺斯〔美〕：《制度、制度变迁与经济绩效》，杭行译，格致出版社、上海人民出版社，2008。

格雷德尔（T. E. Graedel）、阿伦比（B. R. Allenby）：《产业生态学》，施涵译，清华大学出版社，2004。

哈肯：《高等协同学》，郭治安译，赵惠之校，科学出版社，1989。

哈肯：《协同学引论》，徐锡申、陈式刚、陈雅深等译，章扬忠、徐锡申校，原子能出版社，1984。

哈肯：《协同学——自然成功的奥秘》，戴鸣钟译，上海科学普及出版社，1988。

秋道智弥：《人类学生态环境史研究》，尹绍亭译，中国社会科学出版社,2006。

斯廷森、〔澳〕斯托、〔澳〕罗伯茨:《区域经济发展分析与规划战略》,朱启贵译,格致出版社、上海人民出版社,2012。

〔加拿大〕斯图亚特·麦克法蒂因:《开放型经济中的文化发展问题》,李惠斌、薛晓源主编《世界文化产业前沿发展报告(2003~2004)》,社会科学文献出版社,2004。

〔澳〕朱利安·斯图尔德:《文化变迁论》,谭卫华、罗康隆译,贵州人民出版社,2013。

三、国外文献

Basu. A J, Vanzyl J. A. "Industrial Ecology Framework for Achieving Cleaner Production in the Mining and Minerals Industry", *Journal of Cleaner Production*, 2006 (14).

Cabezash. "Simulated Experiments with Complex Sustainable Systems: Ecology and Technology", *Resources, Conservation and Recycling*, 2005, (44).

Carolyn Eve Nobel. A Model for Industrial Water Reuse: A Geographic Information Systems (GIS) Approach to Industrial Ecology, The University of Texas, Austin, 1998. http//: www. usc. eduPsppdP research PNCEID.

Craedel T E, Allenby B R. *Industrial Ecology (Second Edition)*, Upper Saddle River, NJ: Prentice-Hall, 2008.

ERKMAN. S. "Industrial Ecology: An Historical View", *Cleaner Prod*, 1997, (122): 15.

Ernest AL. "Eco-Industrial Park Handbook", Accessed at 6, 10, 2004. http//: www. Indigodev. com.

F. A. Robert. "N. E. Gallopoulos. Strategies for Manufacturing", *Scientific American*, 1989, 189 (3).

Gradel, T. E. B. R. Allenby, P. B. Linhart. "Implementing Industrial

Ecology", *IEEE Technology and Society Magazine*, 1993, 5.

Hardin Tibbs. *Industrial Ecology: An Environmental Agenda for Industry*, Published by Arthur D. Little, Inc, 1995, 3.

KORHONEN J. "Some Suggestions for Regional Industrial Ecosystems Extended Industrial Ecology", *Eco-Management and Auditing*, 2001, 8 (1).

Lowenthal. MD. Kastenberg. WE. "Industrial Ecology and Energy Systems: A First Step", *Resources, Conversation and Recycling*, 1998, 24 (1).

MILLS L S, SOULE M E, DOAK D F. "The Keystone Species Concept in Ecology and Conservation", *Biol Science*, 1993, 43 (2).

M. R. Chertow. "Industrial Symbiosis: Literature and Taxon-omy", *Annual Review of Energy and Environment*, 2000 (25).

M. Solow R, Tobin J, Weizsacker V, etal. "Neoclassical Growth with Fixed Factor Proportions", *REVIEW OF ECONOMIC STUDIES*, 1966, 33 (2).

M. Weber. *Economy and Society*, Berkeley, California: University of california Press, 1978: 882. PAINE R T. "A Note on Tropic Complexity and Community Stability", *American Naturalist*, 1969, 103 (1).

Rees WE. "Ecological Footprints and Appropriated Carrying Capacity: What Urban Economics Leaves Out", *Environment and Urbanization*, 1992, 4 (2).

Research Triangle Institute. *Eco-industrial Park: A Case Study and Analysis of Economic, Environmental, Technical and Regulatory Issues*, final report for the U. S. Environmental Protection Agency, Research Triangle Park (RC), 1994. 123.

SOULE M E, SIMBERLOFF D. "What do Genetics and Ecology Tell Us about the Design of Nature Reserve", *BiologicalConservation*, 1986, 35 (1).

Thermoshare. "Integrated Eco-Industrial Park with Cogeneration, Energy Cascading and Recycling, a Report Prepared for Environment Canada", *Industry Canada and Natural Resources Canada. Ottawa*, 1997. 67.

Tibbs H. B. C. "Integrating the Supply Chain", *International Journal of*

Physical Distribution and Materials Management, 1992, 19 (8): 3.

WALKER L R, VITOUSEK P M. "An Invader Alters Germination and Growth of Native Dominant Tree in Hawaii", *Ecolo-gy*, 1991.

WALLNER H P. "Regional Embeddedness of Industrial Parks: Strate-gies for Sustainable Production Systems at the Regional Level", *Journal of Cleaner Production*, 2001 (4).

WIPO. *Intellectual Property Needs and Expectations of Traditional Knowledge Holders: WIPO Report on Fact-Finding Missions on Intellectual Property and Traditional Knowledge* (1998 – 1999). Geneva, April 2001.

附录一
关于游客对甘南州民族
文化旅游体验的调查问卷

尊敬的游客：

您好！非常感谢您能在百忙中抽出时间接受这次问卷调查。这是一份研究问卷，主要研究您在此次旅游中的体验与感受。本问卷采用不记名方式填写，您所填写的内容信息仅供学术研究之用，敬请放心填写。您所填写的问卷对我们的研究有重要价值，我们将严格保密，谨慎使用！

对您的真诚合作致以衷心的感谢！

调查地点：　　　　　　　　　　调查员：

调查时间：　年　月　日　　　　问卷编号：

一、游客个人背景资料

1. 您来自（　）国（　）省（　）市　［填空题］

　　_____

2. 您的性别（　）　［填空题］

　　_____

3. 您的年龄（　）　［填空题］

　　_____

4. 您的学历（ ）　［填空题］

　　_____

5. 您的职业（ ）　［填空题］

　　_____

6. 您的文化程度（ ）　［填空题］

　　_____

二、游客对此次旅游的体验

1. 您是第几次来甘南旅游？［单选题］［必答题］

　　○ A. 第1次　　○ B. 2次以上（包括2次）

2. 您是如何知道甘南以及甘南的旅游景区的？［多选题］［必答题］

　　□ A. 网络　　□ B. 报纸杂志　　□ C. 电视广播　　□ D. 旅行社

　　□ E. 书籍　　□ F. 他人推荐　　□ G. 其他

3. 您选择来甘南旅游的主要目的是？［单选题］［必答题］

　　○ A. 体验甘南的民族文化　　○ B. 领略甘南的自然风景

　　○ C. 二者都有　　　　　　　○ D. 其他

4. 甘南的以下旅游品牌中您听过哪些？［多选题］［必答题］

　　□ A. 九色甘南香巴拉　　□ B. 全域旅游大观园

　　□ C. 雪域圣地锦绣园　　□ D. 绚丽甘肃后花园

　　□ E. 东方世界伊甸园

5. 您对甘南生态山水游、草原湿地游、高原峡谷游、民族风情游、宗教文化游、红色圣地游等主打旅游产品的体验是否满意？［单选题］［必答题］

　　○ A. 很不满意　　○ B. 不太满意　　○ C. 一般

　　○ D. 满意　　　　○ E. 很满意　　　○ F. 没体验过，不知道

6. 您对甘南游牧生活体验游、民族歌舞观赏游、藏医药保健游、自驾游、农业景观游、摄影游、朝圣游、修学游等旅游新项目的体验是否满意？［单选题］［必答题］

　　○ A. 很不满意　　○ B. 不太满意　　○ C. 一般　　○ D. 满意

○ E. 很满意　　○ F. 没体验过，不知道

7. 您喜欢甘南的哪些民族工艺制品？［多选题］［必答题］

　　□ A. 唐卡　　□ B. 藏毯　　□ C. 藏香　　□ D. 藏族木雕
　　□ E. 洮砚　　□ F. 藏式家具　□ G. 藏式刺绣　□ H. 其他

8. 您会购买并尝试使用甘南藏药吗？［单选题］［必答题］

　　○ A. 会　　○ B. 不会　　○ C. 不一定

9. 您会选择观看甘南的各种民族歌舞演出吗？［单选题］［必答题］

　　○ A. 会　　○ B. 不会　　○ C. 不一定

10. 您会选择观看甘南的各种民族体育活动展示吗？［单选题］［必答题］

　　○ A. 会　　○ B. 不会　　○ C. 不一定

11. 您愿意去了解甘南当地各民族的民俗风情吗？［单选题］［必答题］

　　○ A. 愿意　　○ B. 不愿意　　○ C. 不一定

12. 您在以下哪些方面感受到了甘南原生态的少数民族文化？［多选题］［必答题］

　　□ A. 吃　　□ B. 穿　　□ C. 住
　　□ D. 用　　□ E. 行　　□ F. 其他

13. 您是否了解到一些甘南当地民族文化的来源和传承过程中的变化？［单选题］［必答题］

　　○ A. 没有了解到　　○ B. 了解到很少
　　○ C. 了解到一些　　○ D. 了解到很多

14. 您对甘南民族文化的了解与体验是否满意？［单选题］［必答题］

　　○ A. 很不满意　　○ B. 不太满意　　○ C. 一般
　　○ D. 满意　　　　○ E. 很满意

15. 您对甘南自然风景的评价是？［单选题］［必答题］

　　○ A. 不美　　○ B. 一般　　○ C. 比较美　　○ D. 非常美

16. 您认为甘南的城镇以及旅游景点是否干净、卫生、整洁？［单选题］［必答题］

　　○ A. 是　　○ B. 否　　○ C. 一般

17. 您认为干净、卫生、整洁会不会为甘南的旅游形象加分？［单选题］［必答题］

   ○ A. 会　　○ B. 不会　　○ C. 不一定

18. 您认为甘南的民族文化是否促进了甘南旅游产业的发展？［单选题］［必答题］

   ○ A. 是　　○ B. 否　　○ C. 不知道

19. 您认为甘南的自然风景是否促进了甘南旅游产业的发展？［单选题］［必答题］

   ○ A. 是　　○ B. 否　　○ C. 不知道

20. 您认为甘南旅游产业的发展是否有益于甘南民族文化的保护与传承？［单选题］［必答题］

   ○ A. 是　　○ B. 否　　○ C. 不知道

21. 您认为甘南旅游产业的发展是否有益于甘南生态环境的保护与传承？［单选题］［必答题］

   ○ A. 是　　○ B. 否　　○ C. 不知道

22. 您的甘南之行是否为您留下了美好的感受？［单选题］［必答题］

   ○ A. 是　　○ B. 否　　○ C. 说不上

23. 您觉得甘南的整体旅游形象怎么样？［单选题］［必答题］

   ○ A. 非常差　　○ B. 差　　○ C. 一般
   ○ D. 好　　○ E. 非常好

24. 您觉得所花费的钱与所得到的旅游体验相比值不值？［单选题］［必答题］

   ○ A. 非常不值　　○ B. 不值　　○ C. 一般
   ○ D. 值　　○ E. 非常值

25. 如果不考虑费用与时间因素，您是否愿意再来甘南旅游？［单选题］［必答题］

   ○ A. 非常不愿意　　○ B. 不愿意　　○ C. 无所谓
   ○ D. 愿意　　○ E. 非常愿意

26. 您是否愿意向他人推荐甘南旅游？[单选题][必答题]
○ A. 非常不愿意　　○ B. 不愿意　　○ C. 无所谓
○ D. 愿意　　　　　○ E. 非常愿意

27. 总的来说，您对这次旅游是否满意？[单选题][必答题]
○ A. 非常不满意　　○ B. 不满意　　○ C. 一般
○ D. 满意　　　　　○ E. 非常满意

28. 您对甘南旅游是否有一些不好的印象与感受？如果有，它们是
　　＿＿＿＿＿＿＿＿＿＿＿＿＿。[填空题]

最后，对您的支持再次表示感谢！祝您旅途愉快！

附录二
关于本地居民对甘南州民族文化旅游产业发展感受的调查问卷

尊敬的女士/先生：

您好！非常感谢您能在百忙中抽出时间接受这次问卷调查。这是一份研究问卷，主要研究您对甘南州民族文化旅游产业发展的感受。本问卷采用不记名方式填写，您所填写的内容信息仅供学术研究之用，敬请放心填写。您所填写的问卷对我们的研究有重要价值，我们将严格保密，谨慎使用！

对您的真诚合作致以衷心的感谢！

调查地点：　　　　　　　　　　　调查员：

调查时间：　　年　　月　　日　　问卷编号：

一、个人背景资料

1. 您居住在甘南州（　　）市/县［填空题］

_____

2. 您在此居住了（　　）年［填空题］

_____

3. 您的性别（　　）［填空题］

_____

4. 您的年龄（ ）［填空题］

　　_____

5. 您的学历（ ）［填空题］

　　_____

6. 您的职业（ ）［填空题］

　　_____

7. 您的文化程度（ ）［填空题］

　　_____

二、您对甘南州民族文化旅游产业发展的感受

1. 您是否了解甘南州民族文化旅游产业的发展？［单选题］［必答题］

○ A. 不了解　　○ B. 了解很少　　○ C. 了解一些

○ D. 了解很多　　○ E. 很了解

2. 您觉得甘南州民族文化旅游产业的发展速度怎么样？［单选题］［必答题］

○ A. 很慢　　○ B. 较慢　　○ C. 一般

○ D. 较快　　○ E. 很快

3. 您觉得甘南州民族文化旅游产业的发展对您的生活有无影响？如果有的话，是好的影响还是不好的影响？［单选题］［必答题］

○ A. 无影响　　○ B. 有好的影响　　○ C. 有不好的影响

○ D. 有好的影响，也有不好的影响

4. 您认为甘南州民族文化旅游产业的发展是否增加了您或您家庭的经济收入？［单选题］［必答题］

○ A. 是　　○ B. 否　　○ C. 两者之间没有关系　　○ D. 不知道

5. 您认为甘南的民族文化是否促进了甘南旅游产业的发展？［单选题］［必答题］

○ A. 是　　○ B. 否　　○ C. 两者之间没有关系　　○ D. 不知道

6. 您认为甘南旅游产业的发展是否有益于甘南民族文化的保护与传承？

［单选题］［必答题］

○ A. 是　　○ B. 否　　○ C. 两者之间没有关系　　○ D. 不知道

7. 您认为甘南民族文化旅游产业的发展是否激发了您对自己民族文化的自信心、自豪感与责任心？［单选题］［必答题］

○ A. 是　　○ B. 否　　○ C. 两者之间没有关系　　○ D. 不知道

8. 您是否愿意保护自己的民族文化？［单选题］［必答题］

○ A. 愿意　　○ B. 不愿意　　○ C. 不一定

9. 您保护自己民族文化的意愿是否与您的民族文化自信心与责任心有关？［单选题］［必答题］

○ A. 是　　○ B. 否　　○ C. 不知道

10. 您认为保护好甘南当地的各种民族文化是否会进一步促进甘南旅游产业的发展？［单选题］［必答题］

○ A. 是　　○ B. 否　　○ C. 两者之间没有关系　　○ D. 不知道

11. 您认为甘南旅游产业的进一步发展是否会促进甘南民族文化得到更好的保护？［单选题］［必答题］

○ A. 是　　○ B. 否　　○ C. 两者之间没有关系　　○ D. 不知道

12. 您认为甘南的自然风景与生态环境是否促进了甘南旅游产业的发展？［单选题］［必答题］

○ A. 是　　○ B. 否　　○ C. 两者之间没有关系　　○ D. 不知道

13. 您认为甘南旅游产业的发展是否有益于甘南生态环境的保护？［单选题］［必答题］

○ A. 是　　○ B. 否　　○ C. 两者之间没有关系　　○ D. 不知道

14. 您认为"全域无垃圾"行动是否让甘南的环境变得干净、卫生、整洁？［单选题］［必答题］

○ A. 是　　○ B. 否　　○ C. 不知道

15. 您认为干净、卫生、整洁的环境是否会进一步促进甘南旅游产业的发展？［单选题］［必答题］

○ A. 会　　○ B. 不会　　○ C. 两者之间没有关系　　○ D. 不知道

附录二 关于本地居民对甘南州民族文化旅游产业发展感受的调查问卷

16. 您认为甘南干净、卫生、整洁的环境是否提升了您的生活质量和健康水平？［单选题］［必答题］

　　○ A. 是　　○ B. 否　　○ C. 两者之间没有关系　　○ D. 不知道

17. 您是否愿意为甘南生态环境的保护做一些力所能及的事情？［单选题］［必答题］

　　○ A. 愿意　　○ B. 不愿意　　○ C. 不一定

18. 您保护生态环境的意愿是基于进一步促进旅游产业的发展以提高自己收入水平的想法吗？［单选题］［必答题］

　　○ A. 是　　○ B. 否　　○ C. 不知道

19. 您保护生态环境的意愿是基于进一步提升自己生活质量和健康水平的想法吗？［单选题］［必答题］

　　○ A. 是　　○ B. 否　　○ C. 不知道

20. 您认为您的民族传统文化中那些有益于生态环境保护的内容影响着您的行为吗？［单选题］［必答题］

　　○ A. 是　　○ B. 否　　○ C. 不知道

21. 您认为您是否已经形成了保护生态环境的行为习惯？［单选题］［必答题］

　　○ A. 已经形成　　○ B. 形成了一些　　○ C. 还未形成

22. 您认为对甘南本地居民而言环保意识是否已经深入人心？［单选题］［必答题］

　　○ A. 是　　○ B. 否　　○ C. 不知道　　○ D. 正在深入人心的过程中

23. 您对甘南民族文化旅游产业的发展是否还有其他感受？如果有，它们是（　　）。［填空题］

_____

24. 最后，请您谈谈对本问卷的理解程度。［单选题］［必答题］

　　○ A. 不理解　　○ B. 一般　　○ C. 理解

对您的支持再次表示感谢！

后　记

　　本书的写作始于几年前，其间断断续续，耗时许久，如今终于付梓，让人感触良多。本书的选题更多是基于自己一直以来对民族文化的喜爱和关注，如今回头来看，甚至有些"任性"，交叉的学科太多，知识储备不足以支撑，需要不断学习和补充，无疑是给自己出了个大难题。再加上写作期间，我的生活也遭遇了亲人突然离世、疾病误诊这样一些变故和挫折，让这几年成为我有生以来最难过的一段时间。当然，生活给予我们的无论是好是坏，都一定会让我们有所收获，这几年的种种经历也让我不断思考，带给我很多启发与感悟，让我的人生有了一些别样的收获。正因如此，在写这篇后记之前，我原以为定会心潮澎湃，下笔千言，但当我真正坐于桌前，打开电脑，敲击键盘时，却发现虽然思绪很多，却都不足为人道也，此刻想表达的唯有满腔的感激之情。

　　感谢恩师贾登勋教授和师母吕树君女士。老师学识渊博、思维敏捷、治学严谨、幽默豁达，不仅让我在学业和工作上受益匪浅，也学到了很多人生的道理。这几年是我人生中的低谷期，老师和师母对我照顾有加，用很多人生智慧启发我、鼓励我，让我感受到亲人般的温暖！

　　感谢在本书研究与写作过程中所有给予我帮助的人，因为有你们的支持，本书才能顺利成稿！感谢高新才教授、郭爱君教授、任海军教授在本书写作过程中对我的启发！感谢岳立教授、李忆春副教授、张庆来副教授和保海旭老师，在本书成稿之后，四位老师在繁忙的工作之余专门抽出时间阅读，提出了中肯的修改意见，对我完善书稿提供了很多帮助！感谢朋友刘燕平女士、毛建欣女士、丁宬先生在本书写作过程中对我的帮助！还要感谢为

后 记

本书提供文献资料的专家与学者！

　　本书的出版得到了兰州大学"双一流"建设资金人文社科类图书出版经费的资助。感谢兰州大学社科处与法学院的大力支持！感谢迟方旭副教授在出版过程中给予我的无私帮助！感谢社会科学文献出版社！尤其感谢编辑曹长香女士，虽素未谋面，但她严谨、细致、有条不紊、极具感染力的工作风格令人敬佩，在出版过程中，她也很体恤我在出版时间上的需求，尽力帮我协调实现，让我很感动！

　　一路走来，一直都很感谢闺密和朋友们的支持！尤其是孙丽静女士，我写作书稿的这几年正是她抗癌最辛苦的阶段，我们互相鼓励，互相扶持，一起走过了一段艰难的日子，不幸的是，去年夏天，斯人已逝！如今，本书顺利出版，相信她在另一个世界也会感到欣慰！

　　由衷地感谢我的家人。感谢我的父母，他们含辛茹苦抚养我长大，给我和妹妹创造了一个充满爱的成长环境。"树欲静而风不止，子欲养而亲不待"，当我能回报他们的时候，他们却已离去，空留无限遗憾！感谢我的妹妹，这几年她的生活也遭遇了一些挫折，有时候我却不能陪在她身边，也让人有些无奈！感谢我的丈夫，这几年他承担了很多家务，对我和女儿无限地关爱与照顾，不仅无私地支持我，在精神上也不断鼓励我，是我最强大的后盾！感谢我的女儿，她阳光、自信、体贴、独立，和我是无话不谈的好朋友，每当看到她甜甜的笑容，我就会感觉自己是世界上最幸福的人！

　　还要说明的是，当前，关于文化产业生态化的研究成果比较少见，因此，在写作过程中，虽兢兢业业，但囿于学识水平有限以及本研究多种学科交叉的复杂性，必然有一些疏漏、不足甚至差错，还望读者朋友海涵，并衷心希望能够得到大家的指正，以便我在以后的工作学习中进一步深化与完善。

　　最后，谨以此书献给我在天堂的父亲和母亲，也以此书纪念我逝去的青春，感恩我拥有的美好！我将坚持不懈，继续努力！

王雅霖

2019.3.29

图书在版编目(CIP)数据

民族文化产业的生态化发展与制度保障/王雅霖著
.--北京:社会科学文献出版社,2019.4
ISBN 978-7-5201-4606-7

Ⅰ.①民… Ⅱ.①王… Ⅲ.①民族文化-文化产业-产业发展-中国 Ⅳ.①G124

中国版本图书馆 CIP 数据核字(2019)第 060519 号

民族文化产业的生态化发展与制度保障

著　　者 / 王雅霖

出 版 人 / 谢寿光
责任编辑 / 曹长香
文稿编辑 / 周永霞

出　　版 / 社会科学文献出版社·社会政法分社(010)59367156
　　　　　地址:北京市北三环中路甲29号院华龙大厦　邮编:100029
　　　　　网址:www.ssap.com.cn

发　　行 / 市场营销中心(010)59367081　59367083

印　　装 / 三河市龙林印务有限公司

规　　格 / 开　本:787mm×1092mm　1/16
　　　　　印　张:23.5　字　数:359千字

版　　次 / 2019年4月第1版　2019年4月第1次印刷

书　　号 / ISBN 978-7-5201-4606-7

定　　价 / 89.00元

本书如有印装质量问题,请与读者服务中心(010-59367028)联系

▲ 版权所有 翻印必究